高等教育财经类核心课程系列教材
高等院校应用技能型精品规划教材
高等院校教育教学改革特色教材·财经商贸大类核心课程

# 国际贸易实务
## International Trade Practice
### （第三版）

应用·技能·案例·实训

李 贺 王海涛 ◎ 编 著

视频版·课程思政

## 图书在版编目(CIP)数据

国际贸易实务:应用·技能·案例·实训/李贺,王海涛编著.—3版.
—上海:上海财经大学出版社,2024.8
高等教育财经类核心课程系列教材
高等院校应用技能型精品规划教材
高等院校教育教学改革特色教材·财经商贸大类核心课程
ISBN 978-7-5642-4393-7/F·4393

Ⅰ.①国… Ⅱ.①李…②王… Ⅲ.①国际贸易-贸易实务-高等学校-教材 Ⅳ.①F740.4

中国国家版本馆CIP数据核字(2024)第096137号

□ 责任编辑　台啸天
□ 书籍设计　贺加贝

## 国际贸易实务
### ——应用·技能·案例·实训
### (第三版)

李　贺　王海涛　◎编著

上海财经大学出版社出版发行
(上海市中山北一路369号　邮编200083)
网　　址:http://www.sufep.com
电子邮箱:webmaster@sufep.com
全国新华书店经销
上海叶大印务发展有限公司印刷装订
2024年8月第3版　2024年8月第1次印刷

787mm×1092mm　1/16　19.25印张　493千字
印数:9 501—12 500　定价:59.00元

# 前　言

党的二十大报告指出,"教育是国之大计、党之大计。培养什么人、怎样培养人、为谁培养人是教育的根本问题。育人的根本在于立德。全面贯彻党的教育方针,落实立德树人的根本任务,培养德智体美劳全面发展的社会主义建设者和接班人"。落实立德树人根本任务,必须将价值塑造、知识传授和能力培养三者融为一体,不可割裂。《国际贸易实务:应用·技能·案例·实训》(第3版)由校企行的专业教师团队,结合应用技能型院校的教学特色,体现二十大精神,以基于工作过程的"项目引领、任务驱动、实操技能"为导向,按照"必须、够用"的原则进行本次修订。《礼记》中有这样的句子:"师也者,教之以事而喻诸德也。"著名的教育家陶行知先生也说过:"先生不应该专教书,他的责任是教人做人;在教师手里操着幼年人的命运,便操着民族和人类的命运。"可见,教育的本真绝不仅仅是传授知识,更重要的是要让学生成为一个具有崇高思想品格和道德情操的社会人,拥有正确的世界观、人生观和价值观。习近平总书记指出,要在教育教学全过程中实施思政教育,始终将立德树人作为高等教育的中心环节,从而开创中国高等教育发展新格局。在此背景下,有必要深入探讨如何将思政教育的任务和元素纳入"国际贸易实务"课程,将专业教育和思政教育有机融合起来,这是一个具有重要现实意义的课题,也是回归教育本真,培养具有社会主义核心价值观和合格的社会主义事业接班人的必然要求。鉴于此,新修订的第3版教材注重课程思政元素的挖掘,以教育部关于印发《高等学校课程思政建设指导纲要》的通知(教高〔2020〕3号)为指导依据,课程中的思政建设内容紧紧围绕着坚定学生的理想信念。在介绍专业理论知识、实务技能和分析应用的同时,重点将从业人员的职业道德、社会主义核心价值观的内容融入课程教学全过程中,实现"知识传授"和"价值观引领"的有机统一,以培养合格的外贸业务人才。

《国际贸易实务:应用·技能·案例·实训》(第3版)把知识要素、技能要素、素质要素和思政要素落实到具体内容中,实现了课堂教学与企业岗位的零距离对接,依据高等院校应用技能型教育人才培养目标和培养模式的要求,注重理论联系实际,以提高学生的应用能力、实践能力和创新能力,按照"原理先行、实务跟进、案例同步、实训到位"的原则,结合"以能力为本位,以就业为导向"的思想和理念,在注重培养学生外贸业务实践应用能力的同时,结合最新外贸政策,做到与时俱进,使得教材更接近企业的实际应用操作。本教材坚持"必须""够用"的原则,涵盖9个项目,35个任务。在结构安排上,以基于外贸具体工作过程为导向构建教材体系,采用"项目引领、任务驱动、实操技能"的编写方式,力求结构严谨、层次分明;在表述安排上,力求语言平实凝练、通俗易懂;在内容安排上,尽可能考虑到财经类专业不同层次的不同需求;课后的应知考核、应会考核和项目实训均结合每个项目的实际工作技能要求而编写,以使读者在学习每一项目内容时做到有的放矢,增强学习效果。

高等院校教育教学改革特色教材、财经商贸大类核心课程教材力求体现以下特色。

(1)内容全面,体系规范。教材对外贸业务的基本内容进行了深入细致的讲解,通过图文并茂及利用现代二维码技术呈现相关内容,活泼了本书的形式,拓展了本书的载体,使之具备"富媒体"特色。本书以基于工作过程为导向,对实践应用的具体操作做了系统而全面的介绍,以便读者进行比较、分析,增强其发现问题、分析问题和解决问题的能力。

(2)结构新颖,栏目丰富。为便于读者学习,本教材力求在结构上有所突破,激发读者的学习兴趣和学习热情,每一项目的开篇有清晰的知识目标、技能目标、素质目标、思政目标、项目引例、引例评析、课程思政、同步案例、案例精析、动漫视频、学中做、做中学、视野拓展;课后编排了单项选择题、多项选择题、判断题、观念应用、技能应用、案例分析、职场在线和项目实训,以呼应本教材的实践性、应用性的特色。

(3)与时俱进,紧跟政策。本教材及时将外贸业务中涉及的 UPC 600、INCOTERMS ® 2020、《中华人民共和国民法典》、《中华人民共和国进出口商品检验法》、《中华人民共和国票据法》和《中华人民共和国电子签名法》等最新动态纳入教材。本教材将最新的内容和实务案例融入所涉及的项目及任务,做到了及时与国家和国际的相关政策规定同步,内容更新的政策调整截至 2024 年 7 月。

(4)学练结合,学以致用。鉴于本课程实践应用性较强的特点,为了便于及时复习所学的知识内容,提高学习效率,每一个项目的课后都编排了应知考核、应会考核、项目实训;主要引导学生学中做和做中学,以做促学,学练结合,一边学理论,一边将理论知识加以应用,充分体现应用型外贸人才的培养目标,遵循"以应用为目的,以够用为原则",实现理论和实训一体化,从而做到学思用贯通,知信行统一。

(5)理实一体,素能共育。在强化应用技能型教育特色的同时,特别注重学生人文素质的培养。我们力求在内容上有所突破,在注重人才培养的同时,把社会主义核心价值观的教育融入教材内容,以课程思政工作贯穿全过程,营造全员育人环境,全面提升人文素质,以培养和提高学生在特定业务情境中发现问题、分析问题和解决问题的能力,从而强化学生的职业道德素质。

(6)校企合作,接近实际。为培养应用技能型人才,践行知行合一,教材以校企行为依托,把实践教学作为深化教学改革的关键环节,推动校企行共同修订培养模式,推动校企行共同开发课程,共建实训培训,发展创新创业教育,开展校企行合作育人。教材对接最新职业标准、行业标准和岗位规范,组织开发和修订融合职业岗位所需知识、技能和素养的人才培养方案和课程标准而编写的校企一体化教材。

**(7)课证融合，双证融通**。本教材以全国经贸人员资格考试认证及1+X证书为目标，在注重实践操作能力的同时，与相关外贸考试大纲内容相配套，在每个项目后设计了与考证对接的相关习题及实训题目，从而为资格认证打下基础，同时也适用于外贸技能大赛，融通了考证对接、课证融合和岗课赛证"。

**(8)教辅资源，配备齐全**。为了使课堂教学达到多元立体化，编著者合力开发教学资源（含有教师课件、习题答案、教学大纲、学习指南、习题指导、模拟试卷、教师教案、课程标准、项目小结等），同时提供外贸业务中常用的电子单据、最新相关政策等，读者发邮件至 jxzy666888@126.com 联系索取。

本教材由李贺、王海涛编著。其中：李贺编写项目一、项目二、项目三、项目六和项目七，王海涛编写项目四、项目五、项目八和项目九，最后由李贺总撰并定稿。赵昂、王海涛、李虹、王玉春和李洪福5人负责全书教学资源包的制作。本教材适用于国际经济与贸易、物流管理、工商管理和国际贸易实务等财经商贸类专业方向的高等教育应用技能型院校使用，同时也适用于外贸行业的培训、技能大赛、从事国际交流和对外贸易的从业人员自学，也可作为专升本的辅助教材。

本教材得到了校企行合作单位和长期从事外贸一线工作岗位的李纲、赵毅、马广俊、王海涛给予实践业务上的指导及出版单位的大力支持。本教材在编写过程中参阅了参考文献中作者的教材、著作、法律、法规和网站，特别是中国铁路沈阳局集团有限公司职工培训基地货运教研室王海涛老师的实践任务编写，谨此一并表示感谢！由于编写时间仓促，加之编者水平有限，本教材难免存在一些不足之处，恳请专家、学者批评指正，以便我们不断更新、改进与完善。

| 内容更新与修订 | 学习指南与习题指导 | 模拟试卷 |
| --- | --- | --- |
| 跟单信用证统一惯例600号 | 国际贸易术语解释通则 | 联合国国际货物销售合同公约 |

编 者

2024年6月

# 目 录

绪论 ········································································································· 001

**项目一 交易磋商与国际货物买卖合同的订立** ··············································· 008

 知识目标 ································································································ 008
 技能目标 ································································································ 008
 素质目标 ································································································ 008
 思政目标 ································································································ 008
 项目引例 ································································································ 008
 课程思政 ································································································ 009
 任务一 进出口交易前的准备工作 ···························································· 009
 任务二 交易磋商的方式、内容和环节 ······················································ 014
 任务三 国际货物买卖合同 ······································································ 028
  应知考核 ··························································································· 035
  应会考核 ··························································································· 039
  项目实训 ··························································································· 041

**项目二 国际贸易术语** ················································································ 043

 知识目标 ································································································ 043
 技能目标 ································································································ 043
 素质目标 ································································································ 043
 思政目标 ································································································ 043
 项目引例 ································································································ 043
 课程思政 ································································································ 044
 任务一 国际贸易术语概述 ······································································ 044
 任务二 常用的国际贸易术语 ··································································· 051
 任务三 其他国际贸易术语 ······································································ 068

任务四　国际贸易术语的选用 ································································· 077
　　　　应知考核 ························································································ 080
　　　　应会考核 ························································································ 084
　　　　项目实训 ························································································ 086

## 项目三　国际贸易合同的标的 ································································· 089
　　知识目标 ······························································································ 089
　　技能目标 ······························································································ 089
　　素质目标 ······························································································ 089
　　思政目标 ······························································································ 089
　　项目引例 ······························································································ 089
　　课程思政 ······························································································ 090
　　任务一　商品的品名 ············································································· 090
　　任务二　商品的品质 ············································································· 093
　　任务三　商品的数量 ············································································· 101
　　任务四　商品的包装 ············································································· 107
　　任务五　商品的价格 ············································································· 117
　　　　应知考核 ························································································ 126
　　　　应会考核 ························································································ 130
　　　　项目实训 ························································································ 132

## 项目四　国际货物运输 ············································································· 134
　　知识目标 ······························································································ 134
　　技能目标 ······························································································ 134
　　素质目标 ······························································································ 134
　　思政目标 ······························································································ 134
　　项目引例 ······························································································ 134
　　课程思政 ······························································································ 135
　　任务一　国际货物运输方式 ···································································· 135
　　任务二　合同中的装运条款 ···································································· 144
　　任务三　国际货物运输单据 ···································································· 151
　　　　应知考核 ························································································ 159
　　　　应会考核 ························································································ 163
　　　　项目实训 ························································································ 165

## 项目五　国际货物运输保险 …… 166
　知识目标 …… 166
　技能目标 …… 166
　素质目标 …… 166
　思政目标 …… 166
　项目引例 …… 166
　课程思政 …… 167
　任务一　海洋运输货物保险保障范围 …… 167
　任务二　我国海运运输货物保险条款 …… 172
　任务三　伦敦海洋运输货物保险条款 …… 177
　任务四　其他运输方式货物保险 …… 180
　任务五　保险条款和货物保险的做法 …… 182
　　应知考核 …… 186
　　应会考核 …… 190
　　项目实训 …… 192

## 项目六　国际贸易货款支付结算 …… 194
　知识目标 …… 194
　技能目标 …… 194
　素质目标 …… 194
　思政目标 …… 194
　项目引例 …… 194
　课程思政 …… 195
　任务一　支付工具 …… 195
　任务二　支付方式 …… 202
　任务三　其他支付方式及信用融资 …… 217
　任务四　不同支付方式的结合使用 …… 221
　　应知考核 …… 223
　　应会考核 …… 227
　　项目实训 …… 229

## 项目七　国际贸易争端的预防及处理 …… 231
　知识目标 …… 231
　技能目标 …… 231

素质目标 ································································································ 231
　　思政目标 ································································································ 231
　　项目引例 ································································································ 231
　　课程思政 ································································································ 232
　任务一　商品检验 ···················································································· 232
　任务二　索赔 ··························································································· 237
　任务三　不可抗力 ···················································································· 242
　任务四　仲裁 ··························································································· 245
　　　应知考核 ························································································· 248
　　　应会考核 ························································································· 252
　　　项目实训 ························································································· 255

项目八　国际贸易合同的履行 ············································································ 256
　　知识目标 ································································································ 256
　　技能目标 ································································································ 256
　　素质目标 ································································································ 256
　　思政目标 ································································································ 256
　　项目引例 ································································································ 256
　　课程思政 ································································································ 257
　任务一　出口合同的履行 ········································································· 257
　任务二　进口合同的履行 ········································································· 262
　　　应知考核 ························································································· 265
　　　应会考核 ························································································· 268
　　　项目实训 ························································································· 269

项目九　国际贸易方式 ······················································································ 270
　　知识目标 ································································································ 270
　　技能目标 ································································································ 270
　　素质目标 ································································································ 270
　　思政目标 ································································································ 270
　　项目引例 ································································································ 270
　　课程思政 ································································································ 271
　任务一　经销、代理与寄售 ····································································· 271
　任务二　招标、投标与拍卖 ····································································· 277

任务三　对销贸易·················································································· 280
任务四　对外加工装配贸易······································································· 283
任务五　跨境电子商务············································································· 286
　应知考核······························································································ 289
　应会考核······························································································ 292
　项目实训······························································································ 293

**参考文献** ·································································································· 294

# 绪 论

在国际贸易研究中主要包含三个部分的内容,即国际贸易理论、国际贸易政策与措施和国际贸易实务。本教材只讲述国际贸易中第三部分国际贸易实务的内容。

## 一、国际贸易实务的科学内涵

动漫视频
国际贸易

国际贸易(International Trade)又称世界贸易,是指世界各国、各地区之间所进行的商品(Goods)、技术(Technology)和服务(Services)的交换活动。商品是广义上的商品,既包括各种有形的、物质性的商品(如货物),也包括无形的劳务、技术以及其他相关的经济联系与往来。从一个国家或地区来看,它与世界上其他国家或地区之间所进行的商品交换活动被称为对外贸易(Foreign Trade),如中国。某些国家把对外贸易也称为海外贸易(Overseas Trade),如日本。

国际贸易实务(International Trade Practice)是指国际商品交换具体过程的学科,是一门具有涉外活动特点、实践性很强的综合性应用学科。其中,交换的商品包括货物(Goods)和服务(Service)两类,但近年来技术贸易从服务类中逐渐分离出去。本教材主要讨论的内容为国际货物交换实务,包括货物进口(Import)和出口(Export)。

在货物贸易中,有时会出现一些争议和违约的情形,解决争议和处理违约往往会涉及所适用的法律。国际贸易和国内贸易所适用的法律有所不同。许多国家的法律和国际条约依据不同标准赋予"国际性"含义,对同一笔交易是否具有"国际性",不同国家可能有不同的判定标准,但综合来看,各国法律和国际条约对"国际性"的判定标准主要有四点:①买卖双方当事人的营业地处于不同的国家。②当事人具有不同的国籍。③订立合同的行为完成于不同的国家。④货物须由一国运往另一国。因此,明确货物贸易是否具有"国际性",具有重要的现实意义。

## 二、国际贸易实务的研究对象

国际贸易实务的研究对象是以国际贸易实务的操作技能为核心,研究整个贸易交易过程的操作方法及防范与处理贸易纠纷的国际贸易技术。在这里,国际贸易技术指在经营和从事国际商品买卖中所必须具备的专门知识与实际应用技能,包括对国际买卖条件的把握与运用,例如品质、数量、包装、价格、交货、运输、保险、支付及检验等合同要素;整个贸易过程的操作方法,包括调研、交易洽商、签订合同及履约等技术技能与方法;防范与处理贸易纠纷的能力,主要包括洽商和签订合同过程中对贸易规则及相关法律约束的把握,以及履约时对贸易纠纷及索赔的恰当处理。

### 三、国际贸易实务的基本内容

国际贸易实务的基本内容包括国际贸易的法律规范、贸易条件、贸易程序和贸易方式。

#### (一)国际贸易法律规范

国际贸易法律规范是开展国际贸易实务的基本条件。从国际贸易实践的角度来看,掌握国际贸易法律规范在经济发展高质量态势下越来越重要。国际贸易法律规范是以各国制定的有关贸易的法律为基础。但是,由于各国法律制度存在着差异性,因此,国家之间及国际组织制定的一系列条约协定,在一定程度上调整了各国之间的法律关系,力求在国际上实施统一的法律规范。另外,由于各国法律及国际条约对国际贸易实务的很多具体细节问题难以规范,因此,往往会借用国际贸易中长期以来被反复使用的国际贸易惯例作为法律规范的补充。所以,各国的法律、国际条约和国际惯例共同组成了国际贸易法律规范的框架,而这三个方面是从事国际贸易实务活动必须学习和掌握的内容。

#### (二)国际贸易条件

国际贸易条件主要包括货物的品质(质量)、数量、包装、价格、交货(运输和保险)、支付、检验、索赔、不可抗力和仲裁等交易条件。我们将前六项交易条件称为主要交易条件(Major Terms and Conditions),后四项交易条件称为一般交易条件(General Terms and Conditions)。

鉴于贸易商为了实现各自的经济目的,在贸易中必然要提出一系列贸易条件。因此,国际贸易是围绕这些贸易条件来进行,贸易商之间的谈判主要也是针对这些贸易条件。当各项贸易条件在贸易商磋中达成一致后,以合同的形式把这些条件确定下来。因此,贸易条件是国际贸易实务活动的基本活动。

#### (三)国际贸易程序

国际贸易程序是指国际贸易实务操作是按照怎样的顺序进行。国际贸易程序大体上可分成三个阶段。第一个阶段:国际贸易前的准备阶段。主要是开展国际市场调研,制订国际贸易计划,以及对将要进行的一笔交易进行成本、价格和经济效益核算。第二个阶段:交易磋商和合同订立阶段。主要是谈判成交的过程,其中包括询盘、发盘、还盘、接受和订立合同等环节。第三个阶段:履行合同和违约处理阶段。主要包括怎样履行合同、在履行合同过程中要注意哪些问题、怎样避免违约、如果发生了违约事件应该如何去处理等问题。

#### (四)国际贸易方式

国际贸易方式也是国际贸易实务中的一个重要内容。要发展对外贸易,就要研究和运用新型的国际贸易方式。在当代国际贸易中,除了单边进口和单边出口的一般贸易方式外,已经有很多其他贸易方式被应用了。例如,为了稳定贸易双方长期关系的经销、代销、寄售和展卖,为了引起买家之间和卖家之间竞争的招标、投标和拍卖,生产和贸易相结合的加工贸易,进口和出口相结合的易货贸易、互购贸易、补偿贸易、以不转移货物所有权为特点的租赁贸易、以有特定组织形式和买卖公开竞争为特点的期货贸易等。此外,随着互联网、大数据的兴起,基于网络发展起来的跨境电子商务已形成一种主流。跨境电子商务是指分属不同关境的交易主体,通过电子商务平台达成交易,进行电子支付结算,并通过跨境电商物流及异地仓储送达商品,从而完成交易的一种国际商业活动,可分为一般跨境电子商务和 E 贸易跨境电子商务。

### 四、国际贸易适用的法律、惯例

对国际货物贸易关系的法律适用主要包括三个方面,即各国有关国际贸易的法律、国际条约和协定以及国际贸易惯例。

## (一)国内法

在国际货物买卖中,交易双方所处的国家不同,他们都要遵守各自所在国的国内法。大陆法系国家,大多把有关贸易的法律编入民法典内,将其作为民法典的一个组成部分。例如,《法国民法典》第三篇第六章、《德国民法典》第二篇第二章、《日本民法典》第三篇第二章,都对贸易双方的权利和义务作出了具体规定。这些国家除了民法典外,还制定了商法典,专门就商事行为、海商、保险、票据或公司等方面的法律分别作出具体的规定。我国有关货物贸易的法律主要有《中华人民共和国对外贸易法》(2022年12月30日第二次修正)我国《民法典》(自2021年1月1日起施行)《中华人民共和国海关法》(2021年修订)《中华人民共和国海商法》(自1993年7月1日起施行)《中华人民共和国仲裁法》(2017年9月1日第二次修正)《中华人民共和国商标法》(2019年4月23日第四次修正)《中华人民共和国著作权法》(2020年修订)《中华人民共和国专利法》(2020年10月17日第四次修正)等。英美法系国家,贸易法由普通法和成文法两部分组成,如英国的《1893年货物买卖法》、美国的《1906年统一贸易法》以及《美国统一商法典》。

由于各国法律制度的不同,对同一问题各国往往有不同的规定,为了解决这种"法律冲突",一般在国内法中规定冲突规范的方法。

## (二)适用有关的国际条约和协定

在国际货物贸易中,由于各国国内法的规定往往差异很大,加之各国贸易利害关系不同,故单靠某一国家的国内法,不能解决各国的利害冲突和国际贸易争议。为此,各国政府和一些国际组织为消除国际贸易障碍和解决国际贸易争议,便相继缔结和订立了一些双边或多边的国际条约或公约。所以,进出口合同的订立和履行,以及合同争议的处理,还必须符合合同当事人所在国缔结或参加的与合同有关的双边或多边的国际条约或公约。有关国际货物买卖法律的国际条约主要有:1980年《联合国国际货物销售合同公约》(以下简称《公约》)(United Nations Convention on Contracts for the International Sale of Goods);《国际货物买卖合同时效公约》(Convention on the Prescription to Contracts for the International Sale of Goods);《国际货物买卖合同法律适用公约》(Convention on the Law Applicable to Contracts for the International Sale of Goods);1924年《关于统一提单若干法律规定的国际公约》(International Convention for the Unification of Certain Rules of Law Relating to Bills of Lading),又称《海牙规则》(Hague Rules);1968年《关于修订统一提单若干法律规定的国际公约议定书》(Protocol to Amend the International Convention for the Unification of Certain Rules of Law Relating to Bills of Lading),又称《维斯比规则》(Visby Rules);1978年《国际海上货物运输公约》(United Nations Convention on the Carriage of Goods by Sea),又称《汉堡规则》(Hamburg Rules)等。

动漫视频
海牙规则

1980年的《公约》是迄今为止有关国际货物买卖合同的一项最为重要的国际条约。它是由联合国国际贸易法委员会主持制定的,于1980年在维也纳举行的外交会议上获得通过,并于1988年1月1日正式生效。我国是该《公约》的缔约国之一。我国基本上赞同《公约》的内容,但在《公约》允许的范围内,我国只同意该公约的适用范围限于营业地分处于不同缔约国的当事人之间所订立的买卖合同。据此,如果合同争议的双方都是该公约成员国,则解决其争议所适用的法律就以该公约的规定为准。

### (三)国际贸易惯例

国际贸易惯例是指由国际组织或商业团体,根据国际贸易长期实践中逐渐形成的一般贸易习惯做法而制定成文的国际贸易规则,它是国际贸易法律的重要渊源之一,在国际贸易中被广泛使用,影响很大。国际惯例本身不是法律,不具有法律效力,但是通过各国的立法和国际立法就赋予了其法律效力。比如,许多国家在国内立法中明文规定了国际贸易惯例的效力。在国际立法中,《公约》对国际贸易惯例的作用作了充分的肯定。根据该公约的规定,当事人在合同中没有排除适用的惯例,即使当事人未明确同意采用,也可作为当事人默示同意该惯例,从而对双方当事人发生约束力。在当前国际货物贸易中,影响较大且适用范围广泛的国际贸易惯例有:

1. 国际商会制定的《国际贸易术语解释通则》(*INCOTERMS*)

该《通则》制定于1936年,于1953年、1967年和1976年分别做了修订,近年来为了适用国际货物运输方式的变化和电子技术的发展,又于1980年、1990年、2000年、2010年和2020年做了五次修订。现行的文本是2020年修订本。该《通则》在国际上已获得了广泛的承认和采用,也被我国国际贸易界广泛使用。

2. 国际法协会制定的《1932年华沙—牛津规则》

该《规则》是针对CIF合同制定的,对CIF合同中买卖双方所应承担的责任、风险与费用做了详细的规定,在国际上有相当大的影响。

3. 国际商会制定的《跟单信用证统一惯例》(2007年修订本)

国际商会在2007年修订的新版本《跟单信用证统一惯例》(2007年修订本)被称为(*UCP 600*——国际商会第600号出版物)(Uniform Customs and Practice for Documentary Credits, 2007 Revision, I. C. C. Publication No. 600)、《托收统一规则》(*URC 522*)、《1998年国际备用信用证惯例》等,这些有关国际贸易支付方面的重要惯例,确定了在采用信用证和托收方式时,银行与有关当事人之间的责任与义务,在国际上有很大的影响,我国在外贸业务中也普遍使用。

国际贸易惯例虽然不是法律,但在实践中经常被引用,实际上已成为国际贸易法律的补充。但是,不是任何贸易商的习惯做法都可成为国际贸易惯例的。只有在长期的国际贸易活动中被应用,具有确定的内容,而且被许多国家和地区认可的习惯做法,才可被称为国际贸易惯例。国际贸易惯例为贸易当事人提供了共同遵守的行为准则,为解决当事人之间的纠纷提供了依据。当国际货物买卖合同中做了与国际贸易惯例相抵触的规定,本着法律优于惯例的原则,在履行合同和处理争议时,应以合同的规定为准。国际贸易惯例本身虽不是法律,它对合同当事人不具有强制性的约束力,但买卖双方如在合同中约定采用某种惯例,则该项惯例就具有强制性的约束力,买卖双方都应遵守。在发生争议时,法院和仲裁机构也可以参照国际贸易惯例来确定当事人的权利与义务。

## 五、国际贸易遵循的准则

开展进出口货物贸易时,在对外订立、履行合同和处理合同争议的过程中,还要遵循下列行之有效的准则。

### (一)当事人的法律地位平等

在订立进出口合同和履约过程中,交易双方当事人的法律地位平等,不论其背景如何,也不论其势力强弱,都处于平等的法律地位,都同样受到法律的约束和保护。我国《民法典》第4

条规定："民事主体在民事活动中的法律地位一律平等。"其含义是交易条件必须由交易双方当事人平等地协商确定,合同内容确是双方真实意思的表现;合同一旦依法成立,交易双方当事人都必须严格履行约定的义务,未经双方协商一致,任何一方不得擅自变更或解除合同;任何一方当事人违约,都必须承担相应的违约责任,在追究违约责任时都适用同一法律,不得区别对待。

### (二)缔约自由

缔约自由是指根据当事人意思自治的原则订立合同,这是国际上一般通行的准则。《国际统一私法协会国际商事合同通则》第1条第1款中明确规定:当事人有权自由订立合同并确定合同的内容。我国《民法典》第3条规定:"民事主体的人身权利、财产权利以及其他合法权益受法律保护,任何组织或者个人不得侵犯。"缔约自由,并不意味着当事人可以随意订立合同,而是要依法订立合同,即订立合同的程序和合同的内容都应遵守法律和行政法规。当事人在法定范围内,有权根据自己的意愿决定是否签订合同、与谁签订合同、合同包括哪些内容以及采取何种合同形式,任何单位和个人都不得非法干涉。

### (三)公平交易

公平交易是国际上公认的一项通行准则,与此相对应的是显失公平,即明显地偏袒一方当事人而损害另一方当事人的合法权益。例如,约定的价格明显过高或过低,或违约责任的约定过于不对等。我国《民法典》第6条规定:"民事主体从事民事活动,应当遵循公平原则,合理确定各方的权利和义务。"据此,当事人约定履行的义务和享受的权利应当对等,应当公正合理,否则,受损害一方的当事人有权请求法院或仲裁机构予以纠正。

### (四)诚实信用

《公约》和《国际统一私法协会国际商事合同通则》都强调,开展国际贸易必须遵循诚实信用的原则。我国《民法典》第7条规定:"民事主体从事民事活动,应当遵循诚信原则,秉持诚实,恪守承诺。"诚实信用是当事人订立、履行合同和处理合同争议必须遵循的准则。合同各方当事人应以诚相待、实事求是、言而有信、表里如一,意思表达要真实,言行要符合实际,不得歪曲事实真相,不得谎报实情或进行欺诈活动。总之,诚实信用原则是一项强制性规范,它将道德规范与法律规范融为一体,当事人既不得约定排除其适用,也不得有任何违反此项准则的行为。

### (五)恪守合同

进出口合同订立后,交易双方都应严格履行约定的义务,任何一方都不得擅自单方面变更合同内容或终止合同,如一方不履行合同或违反约定条件,即构成违约,守约方就有权追究违约方的法律责任。若当事人因不可抗力等原因不能履行或不能按期履行合同,应及时向对方通报情况,以避免对方的损失扩大。一方当事人因故需要变更或解除合同时,也应与对方协商,并取得对方的同意后方可解除或终止合同。总之,合同是对各方当事人具有法律约束力的文件,当事人在履约过程中必须严肃对待合同,切实恪守合同,不折不扣地行使合同的权利和履行合同的义务。

### (六)遵守法律

法律是一项最基本的强制性的规范,也是国际上公认的准则。在订立、履行合同和处理合同争议的过程中,合同各方当事人都必须具有法律意识和法制观念,严格遵守法律,切实依法行事,这样才能得到法律保护,否则,不仅得不到法律保护,而且需要承担违法的责任和后果。

### 六、国际贸易实务的学习方法

根据本课程的性质、研究对象及其涵盖的内容,在学习过程中,需要掌握下列基本学习方法。

#### (一)必须贯彻理论联系实际的原则

在学习本课程时,要以国际贸易基本原理和国家对外方针政策为指导,将《国际贸易学》《中国对外贸易》等先行课程中所学到的基础理论和基本政策,在本学科中加以具体运用,以便理论与实践、政策与实务有效地结合起来,不断提高提出问题、发现问题、分析问题和解决问题的能力,明确是什么、为什么、怎么做、做什么、谁来做的科学范式。

#### (二)必须注意业务与法律的联系

国际贸易法律课程的内容同本课程内容关系密切,如《国际商法》。因为,国际货物买卖合同的成立必须经过一定的法律步骤,国际货物买卖合同是对合同当事人双方有约束力的法律文件,履行合同是一种法律行为,处理履约当中的争议实际上是解决法律纠纷问题。在学习本课程时,应同有关法律课程联系起来考虑,即要求从实践和法律两个层面来研究本课程的内容。

#### (三)认真贯彻"洋为中用"的原则

为了适应国际贸易发展的需要,国际商会等国际组织相继制定了一系列有关国际货物贸易、国际货款结算和国际备用信用证与银行保函等方面的国际惯例与规则,这些惯例与规则,已成为当前国际贸易中公认的一般国际惯例,并被人们普遍接受和经常使用,从而为国际贸易界从业人员所共同遵守。因此,学习本课程时,我们必须根据"洋为中用"的原则,密切结合本国国情来研究国际上一些通行的惯例和普遍实行的原则,并学会灵活运用国际上行之有效的贸易方式和贸易习惯做法,按国际规范办事,力求在商务运作上做到同国际市场接轨。

#### (四)坚持"学""用"结合的原则

由于本课程是一门实践性很强的综合性应用学科,故在教学过程中要注重实例分析、案例教学和操作演练,多多开展模拟教学、现场教学活动,并结合现场参观实习,增加感性知识,要加强基本技能的训练,提高业务素质和商务运作能力,把"学"和"用"结合起来。

### 七、《国际贸易实务》课程中的思政元素

"国际贸易实务"是财经商贸大类的专业核心课程,这门课程的设置主要是服务于国际经贸人才的培养计划和目标。它是围绕国际货物买卖合同从签订到履约的整体业务环节中的相关专业知识展开,如合同交易条款的磋商、运输、保险、支付结算、报检、报关、纳税或出口退税等。无论具体业务知识的专业性如何,贯穿整个贸易流程的所有业务环节始终是从业人员对所有业务环节涉及的业务规则、相关国家和部门的法律要求的遵从。而为了帮助学生在处理所有业务环节过程中树立规则意识,则要求专业课教师在讲授"国际贸易实务"专业知识的同时,需要积极融入相关思政元素对学生进行思政教育,例如,在讲授国际货物买卖合同内容时,可以融入"法治""平等"等社会主义核心价值观,教育学生无论合同的具体条款如何,最终确定外贸合同的具体条款不能违反国家的相关法律规定,需要双方在平等磋商的基础上达成。国际贸易货款支付结算专业知识的讲授需要融入"爱国""诚信"等思政元素,教育学生遵守国家有关货款支付的具体业务规则,不能弄虚作假,伪造票据等,要诚实守信,热爱国家,不做有损国家利益之事。

课程思政是借助于专业理论知识的传授来实现立德树人,将德育工作溶解在专业知识的讲授过程中,形成"润物细无声"式的德育工作模式。其主要侧重于德育工作的个性化,是结合专业特征、学生将来的职业岗位和课程的专业内容进行个性化的道德熏陶和升华教育。而思政课程则是通过马克思主义思想政治课和思想品德课等系列化思政课程的具体内容讲授,对学生进行道德层面的基础教育,培养学生基本的人文素养、统一的政治素质,其主要侧重于德育的共性和基础培养。明确了以上区别,就可以正确地设定专业课程思政的教学目标,而不是走向极端,生搬硬套思想政治课程的教学目标和定位,将专业课程变成思想政治课程。

结合财经商贸专业的特点和学生将来从事外贸工作的岗位特点以及国际贸易实务课程内容,在挖掘国际贸易实务课程内容中融入思政元素的基础上,课程的教学目标除了传统的知识目标、技能目标和素质目标外,可以将其思政目标设定为培养具有家国情怀、爱国友善、具有法治观念和意识、诚实守信的国际经贸人才。

习近平总书记在党的二十大的报告强调"青年强,则国家强""当代中国青年生逢其时,施展才干的舞台无比广阔,实现梦想的前景无比光明""立志做有理想、敢担当、能吃苦、肯奋斗的新时代好青年"。我们要牢记习近平总书记的嘱托,以理想者、担当者、吃苦者和奋斗者的姿态,奋进新征程,诠释新青春,创造新业绩!

综上所述,本门课程涉及的内容非常广泛,为便于今后能有效地参加国际竞争和开展国际商务活动,我们必须认真学好本门专业基础课程,掌握从事国际贸易的"生意经",以获得学以致用的预期效果。

# 项目一　　交易磋商与国际货物买卖合同的订立

● **知识目标**

理解：国际货物买卖合同的含义、特点；订立国际货物买卖合同的基本原则。
熟知：国际货物买卖合同的形式和内容；进出口交易前的准备工作。
掌握：交易磋商的方式、内容和环节。

● **技能目标**

能够熟知询盘、发盘、还盘、接受的电文表达方式；掌握发盘和接受撤回的技巧；具备交易磋商以及订立国际货物买卖合同的能力。

● **素质目标**

具有交易磋商以及订立国际货物买卖合同的意识；清楚交易磋商环节中实盘和虚盘的区别，从而做到学、思、用贯通，知、信、行统一。

● **思政目标**

培养学生具备规则意识，树立大格局和国际视野，能结合我国国际贸易的发展现状，客观认识差距，肯定取得的成绩，激励学生脚踏实地、积极创新。培养学生懂得商务礼仪，做到有约在先、守时践约、尊重对方风俗习惯等良好职业行为，体现中华民族的优秀传统和文化自信；在国际贸易交易磋商中具备有理有据、不卑不亢的职业素养，以事实为依据，以法律为准绳，参照国际贸易惯例，勇于拒绝对方不合理要求；加强爱国主义思想教育，培养爱国意识，努力维护企业和国家的正当利益，牢记国家利益高于一切；树立法制观念和创新意识，提升民族自信；坚守诚信意识及诚实守信的职业品德。

● **项目引例**

**引进设备合同的多项条款规定不当致损案**

中国某外贸公司曾代国内某用户引进一套榨菜籽油的设备，合同总金额为 14 778 515 欧元。合同规定："主要设备在瑞士、德国、奥地利、瑞典及其他卖方选择的国家制造。卖方保证供应的设备都是新的和现代化的，以及在植物油工业中都达到先进技术标准。卖方保证该设备能够达到国际标准。保证期限将限于开工后12个月或设备装运后20个月,哪一个发生在先,便以哪一个为准"。在检验、索赔条款中规定:"货物运抵后……买方应请求中国海关做初步检验。若买方提出索赔,卖方有权自费指派SGS(国外检验机构)检验员证实有关索赔。检验员的检验结果为最终的,对双方具有约束力。"在支付条款中规定:"为了保证××本金和利息的偿还,买方应按卖方指定××形式开出5份本票,应由中国银行无条件并不可撤销的以××形式(保函)给予保证。"在仲裁条款中规定:"执行本合同发生的一切争执,应通过友好协商解决,如不能……任何一方都可提交RD王国国际商会仲裁。仲裁员将采用RD王国实体法。仲裁是终局的,对双方有约束力。"后来,购进的设备经过安装、调试和试车发现,部分设备不能正常运转。买方即凭中国海关出具的品质检验证书向外商索赔,但经过多次交涉,均未获结果,致使买方遭受无法补救的经济损失。

请根据上述案例分析导致买方损失的主要原因。

**引例评析:**

本案合同中的多项条款规定不明确,是导致买方损失的主要原因。

第一,在设备品质条款中,既未规定设备品质的具体质量指标和具体内容,也未规定卖方在交货品质方面应承担的具体责任。这种对卖方有利的不公正条款,存在很大的片面性、随意性和可变性,给卖方以可乘之机,以致出现设备质量保证期已过而仍不能正常开工的被动局面。

第二,检验、索赔条款中的不合理规定,不仅限制了中国海关检验出证的法律效力,使买方失去了凭中国商检局出具的证明向外商索赔的权利,而且还要受外商片面指定的外国检验员检验结果的约束,这明显有失公平原则。

第三,支付条款的规定不合理,它实质上是一种无条件的不可撤销的延期计息现汇付款的支付方式。外商利用此项对其片面有利的付款条件,在推卸其一切责任的情况下,按期得到货款,而我方却难以采取有效的补救措施。

第四,合同中的仲裁条款内容,无论是就仲裁地点的选择抑或是适用法律的规定,对买方都是不利的。

总之,由于本案合同中的多项条款都规定不明确,使我方遭受巨额经济损失。我们一方面应从中吸取深刻的教训;另一方面,要大力提高我国外经贸人员素质,提高自身专业知识和技能,力求约定好合同条款,以维护国家和企业的正当权益。

● **课程思政**

> 通过本项目的学习,新生代大学生要不断提高学习兴趣,获得积极的情感体验,丰富心灵世界;形成踏实认真的学习态度、健康乐观的人生态度;树立严谨、求真的科学精神及正确的世界观、人生观、价值观;通过国际货物买卖合同的订立,具有爱国精神和家国情怀,提升社会责任感,提高职业素养和职业技能,增强职业认同感,守正创新,开启经贸人才职业生涯发展新篇章。

## 任务一　进出口交易前的准备工作

### 一、出口交易前的准备工作

在出口贸易中,交易对象都是国外商人,而国际市场情况又是错综复杂和变化多端的,因此,在开展出口业务时,一定要充分做好各项前期准备工作。这些准备工作主要包括:①国际市场调研。②制订出口商品经营方案。③组织落实货源。④开展出口促销。⑤建立业务关系等。

### (一)国际市场调研

国际市场调研,是指出口商所进行的以国外客户信息为中心的调查研究活动,运用科学调研方法与手段,系统地搜集、记录、整理和分析有关国际市场的各种基本状况及其影响因素,以帮助企业制定有效的市场营销决策,实现企业的经营目标。该活动要解决的问题有:现有客户和潜在市场顾客由哪些人或组织构成?这些顾客需要购买哪些产品或服务?顾客为什么购买此产品或服务?顾客在何时何地以及如何购买?国际市场调研的具体内容主要包括两个方面:一是关于市场的调研,二是关于客户的调研。

1. 关于市场的调研

在对外洽谈之前,企业应对国外市场做深入、细致、准确和多方面的调查研究,以便从中择优选取适当的目标市场。这些调研主要包括:对进口国别(地区)的调研、对商品市场的调研和对商品销售情况的调研。

2. 关于客户的调研

关于客户的调研就是对交易对象的调查研究,主要是调查已经或有可能经营本企业出口产品的客户或潜在客户的资信情况、经营范围、经营能力以及客户与我国的贸易往来情况等,以便于企业根据自身的特点有区别地选择和利用客户。

### (二)制订出口商品经营方案

外贸企业在对国际市场调查研究的基础上,一般均应对所经营的出口商品制订经营方案。出口商品经营方案是根据国家的方针政策和本企业的经营意图,对该出口商品在一定时期内所做出的全面业务安排。一个企业在细分市场、选定自己的目标市场以后,就要针对目标市场需求、影响市场销售的不可控的宏观因素以及本企业可控的销售因素,采取最有效地利用本身的人力、物力资源,趋利避害,扬长避短,设计企业的销售策略,制订最佳的综合销售方案,即出口商品经营方案,以便达到企业的预期目标。

### (三)组织落实货源

组织落实货源是出口交易前的必要工作,没有货源就无法进行交货,也根本谈不上出口。对制造企业或其他非专业外贸公司而言,要制订好出口商品的生产计划,生产适应目前国际市场需要的产品,同时应试制新品种,扩大出口货源。对专业外贸公司而言,则要制订收购计划。

### (四)开展出口促销

出口促销是出口商通过运用和选择各种促销手段向国际市场传递商品的信息,争取国外顾客并提高其出口商品的知名度,以便促进和影响国外顾客的购买行为,创造需求、扩大销售、拓展国际市场。出口促销方式与国内促销方式,即人员推销、广告、营业推广和公共关系是一致的,只不过出口促销方式的内容更宽广、形式更复杂和影响因素更多。

### (五)建立业务关系

出口商通常在寻找新的进口商之前,先根据本方的营销策略,对潜在市场的基本情况进行一些调查了解。如果潜在市场的基本情况符合本方的要求,就将这个市场定为目标市场,并在目标市场上寻找潜在的进口商作为交易对象,从而与之建立业务关系。

## 二、进口交易前的准备工作

进口交易前的准备工作包括两个方面:一方面,必须进行市场调研,如对欲订购商品的调研、对产品国际市场价格的调研和对国际市场供应情况的调研、对客户资信情况的调研,在调研的基础上选择客户并与之建立业务关系。另一方面,进口商品有许多必要的基础手续需要办理,如取得进出口经营权、办理海关登记备案、申请进口配额、申请进口许可证和制订进口经营方案等。

### (一)展开市场调研

在进口交易之前,进口商必须对国内外市场进行充分的调研,才能确保进口交易的顺利进行,并实现预期的经济收益和社会效益。因为同国内贸易相比,进口贸易具有更大的风险性。在绝大多数情况下,进口商不仅承担着在国际市场上采购进口商品所面临的一系列风险,还承担着在国内市场上销售该产品的风险。进口交易前的市场调研是进口商在进口贸易准备工作中面临的首要任务。一般而言,应围绕以下信息的获取展开市场调研:①国内市场上该产品的需求情况和用户信息。②主要生产国和主要生产厂商的供应情况。③拟进口商品的国际市场价格水平和具体质量标准。④拟与之建立关系的客户的资信状况与业务经营能力。⑤与进口该产品相关的政策和管理规定等。

1. 国内市场调研

开展进口贸易的最终目的是满足国内市场的需要,因此,进口商开展进口贸易前,首先要做好国内市场调研。进口商进行国内市场调研,主要是调研国内市场上某拟进口产品的需求情况和用户信息,落实国内使用单位,同时还要对与进口该产品相关的国内政策和管理规定展开调研。

2. 国际市场调研

受商品产地、生产周期、产品销售周期、消费习惯和收入水平因素的影响,国际市场上我方欲购进商品的供给与需求状况也会发生不断变化。因此为保证我方进口货源充足和其他有利条件,有必要对世界各地进口市场的供求状况进行详细研究,以便做出最有利的选择。

### (二)建立业务关系

一笔具体的进口交易磋商通常是从进口商的一方向潜在的客户发函,开始建立业务关系,其后经过询盘、发盘、还盘和接受等磋商过程,最终达成交易。选择贸易伙伴直接关系着进口业务的得失与成败,是交易前的准备工作中至关重要的环节。进口商应通过各种途径从各个方面对国外供应商进行全面了解,从而选择最合适、成交可能性最大的客户,并与之建立业务关系。

### (三)办理相关手续

在进口贸易前,除进行前面所述的市场调研、与国外客户建立业务关系外,还需办理许多必要的手续,如取得进出口经营权、办理海关备案登记手续、申请进口许可证、申请进口配额以及申请外汇账户等。

### (四)制订进口经营方案

进口经营方案是指在对进口商品进行市场调研和成本核算的基础上,为进口交易制订的经营方案和为实施这种方案而采取的各种措施。进口经营方案的主要内容包括:进口交易对象的选择、进口商品的品质和数量、进口时间、进口价格、支付方式及贸易方式的掌握等。一般只对大宗商品的进口制订一个完整的进口经营方案,对少量商品的进口,可以不制订书面的经营方案或制订一个简单的方案即可。

【注意】在执行方案的过程中,应注意经常检查方案的执行情况,定期总结经营,及时修订方案中不再适用的内容。

## 三、建立业务关系

完成进出口交易前的准备工作后,需要考虑选择客户并与之建立业务联系。建立业务联系是交易的基础,草拟建立业务联系的信函是每个外贸业务人员必须掌握的最基本技能。在国际贸易实务中,买卖双方业务关系的建立,往往是由交易一方通过主动向对方写信、发传真或 E-mail 形式进行的。一笔具体的交易往往始于出口商主动向潜在客户发函方与之建立业务关系。

### (一)网络的即时通信工具

即时通信(Instant Messenger,IM)系统可以说是目前我国上网用户使用率最高的网络服务平台,它们能迅速便捷地与贸易伙伴进行实时交谈和互传信息。现在的 IM 软件还集成了数据交换、语音聊天、网络会议和电子邮件的功能。除了以上通用的即时通信平台,一些电子商务公司推出了面向电子商务的商业服务软件,其中阿里巴巴的贸易通和慧聪的买卖通是比较有代表性的两个产品。

阿里巴巴的贸易通是一个提供类似 QQ 界面的商务即时聊天工具。所有的功能都围绕着方便用户做生意展开,如产品搜索引擎、发布商情、用户分组(我的采购商、我的供应商、未分组商友等)、搜索商业伙伴和添加商业伙伴等,还可以进行语音视频交谈。

### (二)外贸函电的基本要求

(1)礼貌。函电磋商是买卖双方不见面的往来,因此,在函电的用语上要礼貌。此外,在对待对方的来电时要及时答复。通常在信函的开头,要表现出客气与尊重,如:

- Thanks for…
- We thank you for…
- It is a great pleasure to…
- Received your fax—and many thanks for your…
- We have received with many thanks your letter of…
- We take the pleasure of…

(2)清晰。商业信函要求意思表达清晰、明确,不能含混不清。在用词上要准确,不能引起歧义。信函内容与形式都要做到清楚,做生意讲求效率与节省时间,一封清晰的信函最受欢迎,避免使用长句冗词以及不必要的修饰词。

(3)简洁。外贸函电要求用最简单的词语表达准确的商务信息,因此书写中应避免烦琐、重复。例如,在表示金额时直接用"for"就可以了,不必用"in the amount of"表述。

(4)完整。函电磋商已经形成了一定的固定模式,有关的国际公约或各国的法律对函电磋商也有一定的约定。例如,构成一项发盘要内容完整,应包括主要的交易条件。

(5)准确。交易磋商是一项复杂的商务活动,政策性、策略性、技术性和专业性都很强。在国际贸易中,交易双方分属不同的国家或地区,彼此有着语言和文字沟通方面的差异,因此必须注意函电文字表达的准确性。

### (三)函电的一般结构

(1)信头(Letter Head)。信头是写信人公司的名称,位于信纸的上部。外贸公司或厂家一般都有印有信头的信纸。信头通常应包括公司名称、地址、邮编、电话号码、传真号码和 E-mail 等。

(2)日期(Date)。其写法有三种,如 2024 年 3 月 10 日,可写成:①10th March,2024。②

March 10,2024。③March 10th,2024。

(3)引证号码(Reference)。其一般有两个:"Our Ref:"和"Your Ref:"。它是发信人为了便于归档分类所做的编号,同时也是希望对方复信时指明原信编号,以便查找。引证号码通常可用文件号码、部门编码、函电书写者姓名的缩写及打字员姓名的缩写等来编制。

(4)信内地址(Inside Address)。收信人的公司名称及地址。

(5)称呼(Salutation)。写信给公司时常用 Dear Sir(s)[英]或 Gentlemen[美、加],如写信给公司的某个人,可用(My)Dear Mr...,女性用 Dear Madam...,较熟悉的人可称呼 Dear John,Dear Alice 等。

(6)事由(Subject Line)。事由位于称呼下面,常用大写或划底线形式以示醒目,使收信人一看便知其内容,并能及时转交有关经办人。事由一般言明信件的主题,也可写明商品名称、数量和订单合同号码等。

(7)正文(Body)。正文大多包括三部分:第一段,引导段;第二段,提供信息或说明事实;第三段,涉及将来的打算和行动。

(8)结尾敬语(Complimentary Close)。外贸函电不管什么内容大都采用格式俗套 Yours faithfully/sincerely/truly,其中 Yours 可以与后面部分颠倒,如 Sincerely yours。

(9)签名(Signature)。签名通常打印在手写签名的下面,其下打印写信人的职务或职位。

(10)附件(Enclosure)。外贸书信常有附件随信附寄,如报价单、发票、支票等。附件位于信纸左下角,用缩写 ENCL 或 ENC 表示,后用冒号,然后注明附件名称,如:

ENCL:1check

ENC:one B/L

### (四)外贸书信的格式

(1)平头式(Block Form)。信件每行都向左对齐,不留空格,包括日期、地址、事由和结尾敬语。

(2)缩进式(Indented Form)。信头、信内地址及签名每逢换行都向右缩进3～5个字母的位置,正文各段缩进5～10个字母,其他部分的排列是:日期位于右边,事由居中,结尾敬语位于右边或中间。

(3)混合式(Semiblock Form with Indented Paragraphs)。大体与平头式相同。不同点:日期位于右边,事由居中,结尾敬语靠中右,正文每段开始都采用缩行。

【提示】目前最常见的是平头式,其次是混合式。

### (五)如何撰写建交函电

在国际贸易实务中,买卖双方业务关系的建立,往往是由交易一方主动给对方写信、发传真或 E-mail 开始的。草拟建立业务联系的信函是外贸业务人员所应掌握的基本操作技能。建立业务关系的信函一般包括如下内容。

(1)说明信息来源,即如何取得对方的资料。贸易商可以有各种途径来了解客户资料,如通过驻外使馆商务参赞处、商会、商务办事处、银行或第三家公司的介绍;或在企业名录、各种传媒广告、互联网上寻得;或在某交易会、展览会上结识;甚至是在进行市场调查时获悉。因此,我们也有各种表达方式来说明信息来源,例如:

We learned from the Commercial Counselor's Office of our Embassy in your country that you are interested in Chinese handicraft.

Mr Jacques,Head of Arcolite Electric AG has recommended you to us as a leading importer in Korea of lightweight batteries for vehicles.

We have obtained your name and address from the Internet.

Our market survey showed that you are the largest importer of cases and bags in Egypt.

(2)言明去函的目的。一般说来，出口商主动联系进口商，总是以扩大交易地区及对象、建立长期业务关系、拓宽产品销路为目的。例如：

In order to expand our products into South America, we are writing to you to cooperate possibilities.

We are writing to you to establish long-term trade relations with you.

We wish to express our desire to enter into business relationship with you.

(3)本公司概述。其包括对公司性质、业务范围、宗旨等基本情况的介绍以及对公司某些相对优势的介绍，如经验丰富、供货渠道稳定、有广泛的销售网等。例如：

We enjoy a good reputation internationally in the circle of textile.

A credible sales network has been set up and we have our regular clients from over 100 countries and regions worldwide.

Located in Shanghai, we take the advantage to set up our solidified production basis in coastal and inland areas.

(4)产品介绍。在这部分，可能会出现两种不同的产品介绍：在较明确对方需求时，我们会选取某类特定产品，进行具体的推荐性介绍；否则，我们通常只就公司经营产品的整体情况，如质量标准、价格水平、目前销路等，做较为笼统的介绍。当然，附上目录、报价单，或另寄样品供对方参考也是公司经常采取的做法。例如：

Art. No. 76 is our newly launched one with superb quality, fashionable design, and competitive price.

We have a good variety of colors and sizes to meet different needs.

Our products are enjoying popularity in Asian markets.

To give you a general idea of our products, we are enclosing our catalogue for your reference.

(5)激励性结尾。与其他商业促销信函一样，在结尾部分，我们通常都会写上一两句希望对方回应或劝服对方立即采取行动的语句，例如：

Your comments on our products or any information on your market demand will be really appreciated.

We are looking forward to your specific inquiries.

## 任务二　交易磋商的方式、内容和环节

买卖双方在签订买卖合同之前，通常要经过反复的交易磋商。磋商是为了通过沟通来减少买卖双方的分歧，使交易条件变得更加清晰，最终能够达成交易。所以，磋商是买卖双方进行交易的重要阶段，它关系到合同的签订，以及达成所签合同的各项交易条件。

交易磋商（Business Negotiation）是指买卖双方通过口头或函电的形式，就某项交易的达成进行协商，以求完成交易的过程。交易磋商是国际贸易的重要环节之一，商品的国际交易双方能否顺利签订合同，主要取决于交易磋商的结果。

## 一、交易磋商的方式

交易磋商的方式主要有口头磋商和函电磋商。口头磋商通常适合于交易双方初次进行贸易,或交易内容复杂、条件多的情况,往往可以组成谈判班子采用集体谈判的方式。函电磋商一般通过信函、电传、E-mail 等进行。在实际的业务中最常用的方式就是函电磋商。

## 二、交易磋商的内容

交易磋商的目的是达成交易,订立合同。因此交易磋商的内容是围绕合同各条款进行的,分为主要交易条件和一般交易条件。主要交易条件包括货物的品名、质量、数量、包装、价格、装运、保险和支付八项内容,它们是合同成立必不可少的交易条件。一般交易条件是指商品的检验、索赔、不可抗力和仲裁四项条款,用来保障交易的顺利实施及解决争议。

## 三、交易磋商的环节

每一笔交易磋商的程序不完全相同,但一般都包括询盘、发盘、还盘和接受四个环节,其中发盘与接受是达成交易所必需的两个环节。磋商的内容包括:商品名称、数量、品质、规格或花色品种、包装、价格、交货方式、运输方式、付款方式、发生意外的处理方式、保险的办理及发生纠纷的处理方式,这些问题在磋商中都要明确下来。

### (一)询盘

询盘(Enquiry or Inquiry)又称询价,是准备购买或出售商品的人向潜在的供货人或买主探询该商品的成交条件或交易的可能性的一种洽商邀请业务行为,它不具有法律上的约束力。其间接的意图是建立贸易合同关系,同时也是商界惯用的打听市场行情和对方业务状况的一种手段。所以,询盘所涉及的内容较广,可以就某项交易条件进行询问,也可以就几项交易条件进行询问。询盘通常由买方发出,也可由卖方发出,例如:

(1)买方询盘:Interested in northeast Soybean please telex CIF New York lowest price.(对东北大豆感兴趣,请电告 CIF 纽约最低价。)

(2)卖方询盘:We can supply Soybean 1 000M/T please bid.(我们可以提供大豆 1 000 吨,请递盘。)

询盘的内容可以涉及某种商品的品质、规格、数量、包装、价格和装运等成交条件,也可以索取样品,其中多数是询问成交价格,因此在实际业务中,也有人把询盘称为询价。如果发出询盘的一方,只是想探询价格,并希望对方开出估价单(Estimate),则对方根据询价要求所开出的估价单,只是参考价格,它并不是正式的报价,因而也不具备发盘的条件。

在国际贸易业务中,发出询盘的目的,除了探询价格或有关交易条件外,有时还表达了与对方进行交易的愿望,希望对方接到询盘后及时作出发盘,以便考虑接受与否。这种询盘实际上属于邀请发盘。

【注意】邀请发盘是当事人订立合同的准备行为,其目的在于使对方发盘,询盘本身并不构成发盘。

询盘不是每笔交易磋商必经的程序,如交易双方彼此都了解情况,不需要向对方探询成交条件或交易的可能性,则不必使用询盘,可直接向对方作出发盘,但往往询盘是一笔交易的起点。

询盘中,当事人一般需要注意以下问题。

(1)询盘不一定要有"询盘"(Inquiry)字样,凡含有询问、探询交易条件或价格方面的意思表示均可作询盘处理。

(2)业务中询盘虽无法律约束力,但当事人仍需考虑询盘的必要,尽量避免只是询价而不购买或不售货,以免失掉信誉。

(3)询价时,询价人不应只考虑如何询问商品的价格,也应注意询问其他交易条件,争取获得比较全面的交易信息或条件。

(4)要尊重对方,对对方询价,无论是否出售或购买均应及时处理与答复。

(5)询盘可以同时向一个或几个交易对象发出,但不应在同时期集中作出,以免暴露我方销售或购买意图。

在实践中书写询价函时应注意开门见山、简明扼要、具体明了和合理有礼,语言不宜冗长和过分客气,更不可显得自卑。询价时常用的术语有:"interested in…please…""please advise…""please quote…""please offer…""please bid"等。

下面是一则询价函的实例。

Inquiry

Dear Sirs,

May 20,2024

Tin Foil Sheets

We are desirous of having your lowest quotation for the above article on the terms and conditions mentioned below, to which your prompt attention is requested.

Description of Article: Tin Foil Sheets.

Quantity Required: About 50 long tons of 2 440 pounds.

Prices: CFR Shanghai, including cost of suitable packing for export.

Terms of Payment: By irrevocable L/C to be opened in your favour ten days after your acceptance of the order.

Time of Shipment: September/October, 2024.

We trust that you will send us your reply by return.

Yours faithfully,

### (二)发盘

发盘(Offer)又称发价、报盘或报价,在法律上称为要约,是交易的一方向另一方提出各项交易条件,并愿意按这些条件达成交易、签订合同买卖某种商品的表示。根据《联合国国际货物销售合同公约》(以下简称"公约"①)第14条第1款规定:"凡向一个或一个以上的特定的人提出的订立合同的建议,如果其内容十分确定并且表明发盘人有在其发盘一旦得到接受就受其约束的意思,即构成发盘。"发出发盘的一方就是发盘人,收到发盘的一方则被称为受盘人。发盘往往是发盘人在收到对方询盘后发出的,但也可以直接由发盘人发出。发盘既可由卖方提出,也可由买方提出,发盘人如果是卖方则称为售货发盘(Selling Offer);如果是买方则称为购货发盘(Buying Offer),后者习惯上称为递盘(Bid)。

1. 构成有效发盘的条件

---

① 全书《联合国国际货物销售合同公约》均以简称《公约》表示。

(1)发盘应向一个或一个以上特定的人提出

在发盘中必须指定一个或多个可以对发盘表示接受的人,只有这些特定的人才可以对发盘表示接受并与发盘人签订合同。向特定的人提出,即向有名有姓的公司或个人提出。提出此项要求的目的在于,把发盘同普通商业广告及向广大公众散发的商品价目单等行为区别开来。对广大公众发出的商业广告是否构成发盘的问题,各国法律规定不一。大陆法规定,发盘需向一个或一个以上特定的人提出,凡向公众发出的商业广告,不得视为发盘。如北欧各国认为,向广大公众发出的商业广告,原则上不能作为发盘,而只是邀请看到广告的公众向登广告的人提出发盘。英美法的规定则与此相反,如英国有的判例认为,向公众做的商业广告,只要内容确定,在某些场合下也可视为发盘,《公约》对此问题持折中态度,该公约第 14 条第 2 款规定:"非向一个或一个以上特定的人提出的建议,仅应视为邀请发盘,除非提出建议的人明确地表示相反的意向。"根据此项规定,商业广告本身并不是一项发盘,通常只能视为邀请对方提出发盘。但是,如商业广告的内容符合发盘的条件,而且登此广告的人明确表示它是作为一项发盘提出来的,如在广告中注明"本广告构成发盘"或"广告项下的商品将售给最先支付货款或最先开来信用证的人"等,则此类广告也可作为一项发盘。

【注意】我国《民法典》第 473 条规定:要约邀请(Invitation of Offer)是希望他人向自己发出要约的表示。拍卖公告、招标公告、招股说明书、债券募集办法、基金招募说明书、商业广告和宣传以及寄送的价目表等为要约邀请。商业广告和宣传的内容符合要约条件的,构成要约。

鉴于《公约》对发盘的上述规定既原则又具体,且有一定的灵活性,加之世界各国对发盘又有不同的理解,因此,在实际应用时要特别小心。我方对外做广告宣传和寄发商品价目单,不要使对方理解成我方有"一经接受,即受约束"的意思表示。在寄发商品价目单时,最好在其中注明"可随时调整,恕不通知"或"需经我方最后确认"等字样。

【学中做 1—1】 普通的商业性的广告、向大众分发的商品目录、价目表是不是发盘?

分析:因为发盘中没有指定受盘人,它便不能构成具有法律约束力的发盘,而只能被视为邀请发盘。

(2)发盘的内容必须十分确定

根据《公约》第 14 条第 1 款规定,发盘的内容必须十分确定(Sufficiently Definite)。所谓十分确定,指在提出的订约建议中,至少应包括下列三个基本要素:①标明货物的名称。②明示或默示地规定货物的数量或规定数量的方法。③明示或默示地规定货物的价格或规定确定价格的方法。

【提示】凡包含上述三项基本因素的订约建议,即可构成一项发盘。如该发盘被对方接受,买卖合同即告成立。即一项定约的建议应包括以上三个方面的主要交易条款。

我国的贸易习惯一般是明示或默示至少包括 6 项主要交易条件:品质、数量、包装、价格、交货和支付条件,并表明发盘的有效期。

在实践业务中,发盘人发盘时,如能明确标明要出售或要购买的货物的价格和数量,当然是最好的处理办法。但是,合同项下货物的数量,有时只能由当事人酌情处理或只能在交货时具体确定。订约建议中关于交货时间、地点及付款时间、地点等其他内容虽然没有提到,但并不妨碍它作为一项发盘,因而也不妨碍合同的成立。因为发盘中没有提到的其他条件,在合同成立后,可以按照双方当事人建立的习惯做法及采用的惯例予以补充,或者按《公约》中关于货物销售部分的有关规定予以补充。

构成一项发盘应包括的内容,各国的法律规定不尽相同。有些国家的法律要求对合同的主要条件,如品名、品质、数量、包装、价格、交货时间与地点以及支付办法等,都要有完整、明确、肯定的规定,并不得附有任何保留条件,以便受盘人一旦接受即可签订一份对买卖双方均有约束力的合同。《公约》关于发盘内容的上述规定,只是对构成发盘的起码要求。在实际业务中,如发盘的交易条件太少或过于简单,会给合同的履行带来困难,甚至容易引起争议,因此,在对外发盘时,最好将品名、品质、数量、包装、价格、交货时间、地点和支付办法等主要交易条件一一列明。

(3)表明经受盘人接受,发盘人即受约束的意思

必须表明,发盘人的发盘一旦被受盘人接受,发盘人即受约束的意思。发盘是订立合同的建议,这个意思应当体现在发盘之中,如发盘人只是就某些交易条件的建议同对方进行磋商,而根本没有受其建议约束的意思,则此项建议不能被认为是一项发盘。例如,发盘人在其提出的订约建议中加注诸如"仅供参考""须以发盘人的最后确认为准"或其他保留条件,这样的订约建议就不是发盘,而只是邀请对方发盘。

在此需要指出,我国《民法典》对发盘及构成要件的规定同上述《公约》的规定与解释基本上是一致的。我国《民法典》第472条规定:要约是希望和他人订立合同的意思表示,该意思表示应当符合下列规定:内容具体确定;表明经受要约人承诺,要约人即受该意思表示约束。

### 同步案例1-1　　　　一项因发盘而引发的争议

日本某中间商A就某商品向我方询盘,我方于2024年3月10日向A商发盘,并要求3月20日前复到。16日我方突然收到美商B按我方发盘的规定开来的信用证。随后又收到A商的电报称:"你方10日发盘已转B商。"当时,该商品的价格正在上涨。我公司将信用证退回,又按调整后的价格直接向B商发盘。但B商来电称信用证于有效期内送到我方,是以行为表示的接受,所以,合同已经成立,并拒绝接受新的报价。就此,双方产生争议。

【案例精析】　在本案中我方是向A商做出的发盘,只有A商做出的接受才有效,B商并非我方的发盘特定人,其按我方发盘的规定开来的信用证实际上只是相当于一个发盘,B商是发盘人,我方成为其特定人,因此,我方享有该项交易的主动权。

(4)发盘生效的时间

发盘生效的时间有各种不同的情况:①口头方式做出的发盘,其法律效力自对方了解发盘内容时生效。②书面形式做出的发盘,关于其生效时间,主要有两种不同的观点与做法。一是发信主义,即认为发盘人将发盘发出的同时,发盘就生效;另一种是受信主义,又称到达主义,即认为发盘必须到达受盘人时才生效。根据《公约》的规定,发盘送达受盘人时生效。我国《民法典》关于发盘生效时间的规定同上述《公约》的规定是一致的,即也采取到达主义。我国《民法典》第137条规定:以对话方式做出的意思表示,相对人知道其内容时生效。以非对话方式做出的意思表示,到达相对人时生效。以非对话方式做出的采用数据电文形式的意思表示,相对人指定特定系统接收数据电文的,该数据电文进入该特定系统时生效;未指定特定系统的,相对人知道或者应当知道该数据电文进入其系统时生效。当事人对采用数据电文形式的意思表示的生效时间另有约定的,按照其约定。

以上是构成有效发盘的四个条件,也是考查发盘是否具有法律效力的标准。若不能同时满足这四个条件,就不是具有法律约束力的发盘。

2.明确发盘生效时间的意义

(1)关系到受盘人能否表示接受

一项发盘只有在送达受盘人时才能发生效力,即只有当受盘人收到发盘之后,也就是发盘生效之后,受盘人才能表示接受,从而导致合同的成立。在受盘人收到发盘之前,即使受盘人通过其他途径已经知道发盘的发出及发盘的内容,也不能做出接受的答复。

(2)关系到发盘人何时可以撤回发盘或修改其内容

一项发盘即使是不可撤销的,只要在发盘生效之前,发盘人仍可随时撤回或修改其内容,但撤回通知或更改其内容的通知,必须在受盘人收到发盘之前或同时送达受盘人。

【注意】如发盘一旦生效,那就不是撤回发盘的问题,而是撤销发盘的问题。

3. 发盘的有效期

发盘的有效期是指可供受盘人对发盘做出接受的时间或期限,也是发盘人对发盘承受约束的期限。发盘人在发盘的有效期内受其约束,超过有效期,发盘人则不再受其约束。因此,发盘的有效期既是对发盘人的限制,也是对发盘人的保障。

【提示】在发盘的有效期内,发盘人不能够任意地撤销或修改它的内容。发盘一经对方在有效期内接受就应受到该发盘的约束,就应承担按照发盘的条件跟对方订立合同的责任。

在通常情况下,发盘都会具体规定一个有效期,发盘的有效期并不是构成发盘不可缺少的条件,一项发盘可以明确规定有效期,也可以不明确规定。

对发盘有效期的规定有以下几种情况。

(1)在发盘中明确规定有效期。在明确规定有效期时,常见的一种做法是在发盘中规定一个最后时限。这时发盘人既要在发盘中规定最后时限的具体日期,也要说明受盘人的接受是在这一日期前发出,还是在这一日期前送达发盘人,另外还要说明以何处的时间为准,例如:"本发盘限3月2日复到,以我方时间为准。"我国外贸企业对外发盘时,一般都采用这种方法规定发盘有效期,发盘在送达受盘人时生效,至规定的有效期满为止。

(2)在发盘中对有效期不做明确规定。这时,接国际惯例,发盘在合理时间内接受是有效的。对"合理时间",国际上并没有统一规定,一般要依据发盘的方式、货物的行情等因素去掌握。这种对有效期的规定方法极易使交易双方产生争议,因此,在实际操作中应尽量不用或少用。

(3)若发盘采用的是口头表达方式,则除非交易双方另有约定,受盘人必须立即表示接受才有效。

根据《公约》的规定,采用口头发盘时,除发盘人发盘时另有声明外,受盘人只能当场表示接受,方为有效。采用函电成交时,发盘人一般都明确规定发盘的有效期。

【提示】作为对方表示接受的时间限制,超过发盘规定的时限,发盘人即不受约束,当发盘未具体列明有效期时,受盘人应在合理时间内接受才能有效。何谓"合理时间",需根据具体情况而定。根据商品的品种、特性和市场行情的不同,都有其合理的有效期。

在外贸实践中,发盘有效期的规定主要采用以下两种方法:①规定最迟接受的期限:如限6月6日复到有效。②规定一段接受的期限:如发盘有效期为6天。

按《公约》的规定,这个期限应从电报交发时刻或信上载明的发信日期起算。如信上未载明发信日期,则从信封所载日期起算。采用电话、电传发盘时,则从发盘送达受盘人时起算。如果由于时限的最后一天在发盘人营业地是正式假日或非营业日,则应顺延至下一个营业日。此外,当发盘规定有效期时,还应考虑交易双方因营业地点不同而产生的时差问题。

4. 发盘的撤回与撤销

一项实盘发出后,在特定的受盘人做出接受以前,若受盘人未在发盘规定的有效期或合理时间内接受发盘,则该发盘自动失效。发盘后,发盘人想改变主意,要么将其撤回,要么将其撤销。

发盘的撤回(Withdrawal)与撤销(Revocation)是两个不同的含义。前者是指在发盘送达受盘人之前,将其撤回,以阻止其生效。后者是指发盘已送达受盘人,即发盘生效之后将发盘取消,使其失去效力。

(1)发盘的撤回

发盘的撤回是指发盘人将还没有被受盘人收到的发盘予以撤销的行为,即终止了一项还没有生效的发盘。

发盘发出后,发盘人是否可以撤回发盘或变更其内容,在这个问题上,英美法与大陆法两大法系之间存在着尖锐的矛盾。英美法认为,发盘原则上对发盘人没有约束力。发盘人在受盘人对发盘表示接受之前的任何时候,都可撤回发盘或变更其内容。而大陆法系法则认为,发盘对发盘人有约束力。如《德国民法典》规定,除非发盘人在发盘中订明发盘人不受发盘的约束,否则发盘人就要受到发盘的约束。

根据《公约》的规定,一项发盘(包括注明不可撤销的发盘),只要在其尚未生效以前,都是可以修改或撤回的,因此,如果发盘人的发盘内容有误或因其他原因想改变主意,可以用更迅速的方法,将发盘的撤回或更改通知赶在受盘人收到该发盘之前或同时送达受盘人,则发盘即可撤回或修改。了解这一点,对我国从事进出口业务的工作人员具有实际意义。假如想撤回或修改已经发出的发盘,就必须要有准确的时间含义,例如,发盘是何时发出的,预计何时可送达对方,然后再考虑采取最快的通讯方法撤回或修改发盘。

(2)发盘的撤销

发盘的撤销是指发盘已到达受盘人并已经开始生效,发盘人通知受盘人撤销原发盘,解除其生效的行为,即终止了一项已经生效的发盘。

【注意】一项发盘即使标明了不可撤销,也可以撤回,前提是撤回通知要提前送达或同时送达受盘人;撤回只适用于信件或电报方式,电传、传真、邮件等方式就不存在撤回的可能性。

【视野拓展1-1】　　　　对发盘能否撤销的不同分歧

关于发盘能否撤销的问题,英美法系与大陆法系国家存在着严重的分歧。

英美法系国家认为,在受盘人表示接受之前,即使发盘中规定了有效期,发盘人也可以随时予以撤销,这显然对发盘人片面有利。这种观点,在英美法系国家中也不断受到责难。有的国家在制定或修改法律时,实际上已在不同程度上放弃了这种观点。

大陆法系国家对此问题的看法相反,认为发盘人原则上应受发盘的约束,不得随意将其发盘撤销。例如,德国法律规定,发盘在有效期内,或没有规定有效期,则依通常情况在可望得到答复之前不得将其撤销(除非在发盘中注明不受发盘的约束)。法国的法律虽规定发盘在受盘人接受之前可以撤销,但若撤销不当,发盘人应承担损害赔偿的责任。美国法律规定由商人签署的买卖货物的书面发盘,并且保证在一定时间内是不可撤销,即使没有对价,该发盘在规定时间也不可以撤销,如无规定时间,则合理时间内不可撤销。

为了调和上述两大法系在发盘可否撤销问题上的分歧,《公约》采取了折中的办法,该《公约》第16条规定,在发盘已送达受盘人,即发盘已经生效,但受盘人尚未表示接受之前这一段时间内,只要发盘人及时将撤销通知送达受盘人,仍可将其发盘撤销。如一旦受盘人发出接受通知,则发盘人无权撤销该发盘。

此外，《公约》还规定，并不是所有的发盘都可撤销，下列两种情况下的发盘一旦生效，则不得撤销：①在发盘中规定了有效期，或以其他方式表示该发盘是不可撤销的。②受盘人有理由信赖该发盘是不可撤销的，并本着对该发盘的信赖采取了行动。

【注意】一项发盘是否可以撤销，主要取决于受盘人是否可能因为撤销发盘而受到损害。

5. 发盘的实盘和虚盘

发盘分为实盘和虚盘。实盘是指含有确定意思的发盘。实盘主要有两个特点：①必须提出完整、明确、肯定的交易条件。②必须规定有效期限。虚盘是指不含有明确意义的报价，也就是发盘人有保留地愿意按一定条件达成交易的一种表示。实盘对发盘人来说，具有法律约束力，如果受盘人在有效期限内表示接受，合同即告成立。虚盘对发盘人没有法律约束力，发盘人可以随时撤回或修改虚盘的内容。即使受盘人对虚盘表示接受，仍须经过发盘人的最后确认，才能成立一项对双方都有约束力的合同。虚盘主要有两个特点：①在发盘中附有保留条件。②在发盘中不规定有效期。

6. 发盘效力的终止

发盘的终止即：①其法律效力的消失。②发盘人不再受该项发盘的约束。③受盘人无权再对该发盘表示接受。

任何一项发盘，其效力均可在一定条件下终止。发盘效力终止的原因，一般有以下几个方面：①在发盘规定的有效期内未被接受，或虽未规定有效期，但在合理时间内未被接受，则发盘的效力即告终止，即过了发盘的有效期。②发盘被发盘人依法撤销，即有效的撤销。③被受盘人拒绝或还盘之后，即拒绝或还盘通知送达发盘人时，发盘的效力即告终止。④发盘人发盘之后，发生了不可抗力事件，如所在国政府对发盘中的商品或所需外汇发布禁令等。在这种情况下，按出现不可抗力可免除责任的一般原则，发盘的效力即告终止。⑤发盘人或受盘人在发盘被接受前丧失行为能力，则该发盘的效力也可终止。

【提示】不可抗力，是指发盘人或受盘人难以控制的因素，如战争、封锁、政府禁令、当事人死亡或法人破产等，这种特殊情况一旦出现，发盘立即失效。

【注意】针对一项发盘，如果受盘人不同意发盘的交易条件，做出拒绝的表示，不论发盘的有效期是否到期，原发盘即告终止。

发盘可采用谈判或函电的形式。一封理想的报盘书信，通常应包括以下内容：①对对方的询盘表示感谢。②说明欲交易商品的品质、数量、价格、交货、包装和支付条件等。③报盘的有效期限。④表示希望该报盘能为对方接受。发盘因撰写情况或背景不同，在内容、要求上也有所不同。但从总的情况看，其结构一般包括下列内容。

(1) 感谢对方来函，明确答复对方来函询问的事项。如 Thank you for your inquiry for...（感谢您对……的询盘）。

(2) 阐明交易的条件（品名、规格、数量、包装、价格、装运、支付、保险等）。如，For the Butterfly Brand sewing machine, the best price is USD 79.00 per set FOB Dalian（蝴蝶牌缝纫机的最低价格为每台 79 美元 FOB 大连）。

(3) 声明发盘有效期或约束条件。如，In reply we would like to offer, subject to your reply reaching us before...（我方愿意报盘，但你方回复到达我方应在……之前）。

(4) 鼓励对方订货。如，We hope that you place a trial order with us（我们希望你方能试订货）。

下面是一则发盘函的实例。

Offer

May 20,2024

Dear Sirs,

Tin Foil Sheets

  We acknowledge receipt of your letter of April 15,2024 and confirm having cabled you today in reply, as per confirmation copy enclosed. You will note from our cable that.

  We are in a position to offer you 50 long tons of Tin Foil Sheets at the attractive price of GBP. 235 per long ton CFR Shanghai for delivery within one month after your placing an order with us. Payment of the purchase is to be effected by an irrevocable letter of credit in our favour, payable by draft at sight in Pounds Sterling in London.

  This offer is firm subject to your immediate reply which should reach us not later than the end of this month. There is little likelihood of the goods remaining unsold once this particular offer has lapsed.

  Yours faithfully,

### (三)还盘

还盘(Counter Offer)不是磋商的必要环节,一次交易可以没有还盘,也可以有多次还盘;还盘时可只对不同意的条件做出说明,同意的条件不再说明。

还盘又称还价,在法律上称为反要约,是指受盘人不同意或不完全同意发盘提出的各项条件,并提出了修改意见,建议原发盘人考虑,即还盘是对发盘条件进行添加、限制或其他更改的答复。

【注意】一项还盘等于受盘人向原发盘人提出的一项新的发盘。还盘做出后,还盘的一方与原发盘人在地位上发生改变。还盘人由原来的受盘人变成新发盘的发盘人,而原发盘人则变成了新发盘的受盘人。新受盘人有权针对还盘内容进行考虑,接受、拒绝或者再还盘。

受盘人的答复如果在实质上变更了发盘条件,就构成对发盘的拒绝,其法律后果是否定了原发盘,原发盘即告失效,原发盘人就不再受其约束。

【提示】根据《公约》的规定,受盘人对货物的价格、付款、品质、数量、交货时间与地点、一方当事人对另一方当事人的赔偿责任范围或解决争端的办法等条件提出添加或更改,均作为实质性变更发盘条件。

此外,对发盘表示有条件的接受,也是还盘的一种形式。例如,受盘人在答复发盘人时,附加有"以最后确认为准""未售有效"等规定或类似的附加条件,这种答复只能视作还盘或邀请发盘。还盘的内容就构成一个新的发盘,还盘人成为新的发盘人,原发盘人则成为新受盘人,他有对新发盘做出接受、拒绝或再还盘的权利。

【做中学1-1】　　　　　　正确理解发盘和还盘

我国某出口企业于6月1日向英商电传发盘销售某商品,限6月7日复到。6月2日收到英商电传称:"接受但价格减5%",我方对此未做答复。由于该商品市价剧涨,6月3日英商又来电表示"无条件接受6月1日发盘,请告知合同号码。"在此情况下,我方可如何处理?简述理由。

解析:(1)我方可告知英商合同未成立,其6月2日接受是无效的。然后可按上涨市价向英商重新报价,或寻找其他客户以上涨的市价达成交易。

(2)按照《公约》规定,发盘终止的原因有很多,其中一项为发盘被受盘人拒绝或还盘之后,即拒绝或还盘通知送达发盘人时,发盘的效力即告终止,如果受盘人后悔又表示接受,即使在原发盘的有效期之内,合同也不能成立。

(3)本案例中,6月2日收到的英商电传即是一项还盘,还盘到达我方,我方原发盘即失效,而英商在6月3日做出的接受表示是对一个失效的发盘做出的,不是有效的接受,合同未达成。

在贸易谈判实践中,一方在发盘中提出的条件与对方能够接受的条件不完全吻合的情况经常发生,特别是在大宗交易中,很少有一方一发盘即被对方无条件全部接受的情况。因此,虽然从法律上讲,还盘并非交易磋商的必经环节,但在实际业务中,还盘的情况还是很多的。有时一项交易需要经过还盘、再还盘等多次讨价还价,才能完成。

还盘应注意的问题:

(1)还盘可以明确使用"还盘"字样,也可不使用,只是在内容中表示对发盘的修改。

(2)还盘可以针对价格,也可以针对交易商品的品质、数量、装运或支付条件。

(3)还盘时,一般只针对原发盘提出不同意见和需要修改的部分,已同意的内容在还盘中可以省略。

(4)接到还盘后要与原发盘进行核对,找出还盘中提出的新内容,结合市场变化情况和我方销售意图认真对待和考虑。

在国际贸易实务中,最常见的还盘是买方对卖方发盘价格的还盘。遇到此种还盘时,卖方一般可按以下方法予以处理和答复。

(1)感谢来函但不能接受其还价。如,Thank you for your fax of June 5. We regret to say that we cannot accept your counter offer.

(2)要求降价。如,If you can reduce the price by 10%,we can do the business(如你方能降价10%,我们可以成交)。

还盘可以用口头方式或书面方式表达,一般与发盘采用的方式相符。现举一封还盘函为例。

---

Counter-Offer

May 30,2024

Dear Sirs,

Tin Foil Sheets

We wish to thank you for your letter of the 20th inst. offering us 50 long tons of the captioned goods at GBP 235 per long ton CFR shanghai,usual terms.

In reply,we very much regret to state that our end-users here find your price too high and our of line with the prevailing market level. Information indicates that some parcels of Japanese market have been sold at the level of GBP 228 per long ton.

Such being the case it is impossible for us to persuade our endures to accept your price,as material of similar quality is easily obtainable at a much lower figure. Should you be prepared to reduce your limit by,say,8%,we might come to terms.

It is in view of our long-standing business relationship that we make you such a counter-offer. As the market is declining,we hope you will consider our counter-offer most favorably and cable us acceptance at your earliest convenience.

We are anticipating your early reply.

Yours faithfully,

### 同步案例 1－2　　　　更改主要交易条件引发的争议

我出口公司于 11 月 1 日向美商 A 发盘供应某商品,限时 11 月 10 日复到有效。11 月 3 日我方收到美商表示接受的电传,但提出必须降价 5%。当我方正在研究如何答复时,由于该商品的国际市场发生对美商有利的变化,于是该商又在 11 月 7 日来电传表示无条件接受我方 11 月 1 日的发盘。我方未予置理,而是于 11 月 9 日把该批货物卖给另一美商 B,随后,双方就合同是否成立产生了争议。

**【案例精析】** 在本案中,美商在 3 日答复时,已经更改了我方发盘中的价格条件,应视为还盘,我方的发盘就此失效,不再受该发盘的约束,我方掌握该交易的主动权,可以选择接受、拒绝或再还盘。因此,我方与美商 A 的交易不成立。

### (四)接受

接受(Acceptance)在法律上称为承诺,它是指受盘人在发盘规定的时限内,以声明或行为表示同意发盘提出的各项交易条件。可见,接受的实质是对发盘表示同意。这种同意,通常应以某种方式向发盘人表示出来。根据《公约》的规定,受盘人对发盘表示接受,既可以通过口头或书面向发盘人发表声明的方式接受,也可以通过其他实际行动来表示接受。沉默或不行动本身,并不等于接受,如果受盘人收到发盘后,不采取任何行动对发盘做出反应,而只是保持缄默,则不能认为是对发盘表示接受。因为从法律责任来看,受盘人一般并不承担对发盘必须进行答复的义务。但是,如沉默或不行动与其他因素结合在一起,足以使对方确信沉默或不行动是同意的一种表示,即可构成接受。假定交易双方有协议或按业已确认的惯例与习惯做法,受盘人的缄默也可以变成接受。例如,交易双方均为老客户,根据原定协议、惯例或习惯做法,几年来卖方一直按买方的定期订货单发货,并不需要另行通知对方表示接受其订货单。若卖方收到买方订货单后,既不发货,也不通知买方表示拒绝其订货单,则卖方的缄默就等于接受,买方就可以控告卖方违约。

1. 构成接受的要件

构成一项有效的接受,必须具备下列各项要件。

(1)接受必须由特定的受盘人发出

发盘是向特定的人提出的,因此,只有特定的人才能对发盘做出接受。由第三者做出的接受,不能视为有效的接受,只能作为一项新的发盘。

(2)接受必须表示出来

如声明,或用实际行动,如卖方发货表示接受,买方付钱表示接受,或开立信用证。这种行动必须在发盘的有效期内或合理时间内根据发盘的内容或双方的习惯做出。

(3)接受必须在发盘规定的时效内做出

当发盘规定了接受的时限时,受盘人必须在发盘规定的时限内做出接受方为有效。如发盘没有规定接受的时限,则受盘人应在合理时间内表示接受。对何谓"合理时间",往往有不同的理解。为了避免争议,最好在发盘中明确规定接受的具体时限。

### 【视野拓展 1－2】　　　　对接受生效时间的不同分歧

接受是一种法律行为,这种行为何时生效,各国法律有不同的规定。在接受生效的时间问题上,英美法系与大陆法系存在着严重分歧。

英美法采用"投邮生效"的原则,即接受通知一经投邮或交电报局发出,则立即生效;接受通知在投邮过程中因某原因延误或发盘人根本没有收到接受,也不影响接受的效力(即合同的成立)。也即传递延误或遗失的风险由发盘人承担。

大陆法系采用"到达生效"的原则,即接受通知必须送达发盘人时才能生效。《公约》第18条第2款明确规定,接受送达发盘人时生效。如接受通知未在发盘规定的时限内送达发盘人,或者发盘没有规定时限,且在合理时间内未曾送达发盘人,则该项接受称作逾期接受(Late Acceptance)。按各国法律规定,逾期接受不是有效的接受。由此可见,接受时间对双方当事人都很重要。

此外,接受还可以在受盘人采取某种行为时生效。《公约》第8条第3款规定,如根据发盘或依照当事人业已确定的习惯做法或惯例,受盘人可以做出某种行为来表示接受,并需向发盘人发出接受通知。例如,发盘人在发盘中要求"立即装运",受盘人可做出立即发运货物的行为对发盘表示同意,而且这种以行为表示的接受,在装运货物时立即生效,合同即告成立,发盘人就应受其约束。

(4)接受必须是同意发盘所提出的交易条件

根据《公约》的规定,一项有效的接受必须是同意发盘所提出的交易条件,只接受发盘中的部分内容,或对发盘条件提出实质性的修改,或提出有条件的接受,均不能构成接受,而只能视作还盘。但是,若受盘人在表示接受时,对发盘内容提出某些非实质性的添加、限制和更改(如要求增加重量单、装箱单、原产地证明或某些单据的份数等),除非发盘人在不过分延迟的时间内表示反对其间的差异外,仍可构成有效的接受,从而使合同得以成立。在此情况下,合同的条件就以该项发盘的条件以及接受中所提出的某些更改为准。我国《民法典》第488条规定:承诺的内容应当与要约的内容一致。受要约人对要约的内容作出实质性变更的,为新要约。有关合同标的、数量、质量、价款或者报酬、履行期限、履行地点和方式、违约责任和解决争议方法等的变更,是对要约内容的实质性变更。

【做中学1—2】　　　　　　　有效接受的理解

我某进口企业与某外商磋商进口机械设备交易一宗。经往来电信磋商,已就合同的基本条款达成协议,但在我方最后所表示接受的电传中列有"以签署确认书为准"的文字。事后,外商拟就合同书,要我方确认,但由于对某些条款的措辞尚待进一步商讨,同时又发现该商品的市场价格趋疲,因此,未及时给予答复,外商又连续来电催开信用证,我方拒绝开证。试分析这一拒绝是否合理?

**解析**:(1)本案中我方拒开信用证是合理的。

(2)根据《公约》规定,构成一项有效接受的条件之一是:接受必须是同意发盘所提出来的交易条件,若提出有条件的接受,则不是一项有效接受。

(3)在本案中我方表示接受的电传中列有"以签署确认书为准"字样,属于有条件接受,后一直没有签署确认书,故未构成有效接受,故合同未成立,对方要求我方开信用证,我方有权拒绝。

(5)接受通知的传递方式应符合发盘的要求

发盘人发盘时,有的具体规定接受通知的传递方式,也有未作规定的。如发盘没有规定传递方式,则受盘人可按发盘所采用的,或采用比其更快的传递方式将接受通知送达发盘人。

在这里需要强调说明的是,接受通知在规定期限内到达发盘人,对于合同的成立具有重要作用。因此,各国法律通常都对接受到达发盘人的期限做出了规定。我国《民法典》第481条规定:承诺应当在要约确定的期限内到达要约人。要约没有确定承诺期限的,承诺应当依照下列规定到达:①要约以对话方式作出的,应当即时作出承诺。②要约以非对话方式作出的,承诺应当在合理期限内到达。

我国《民法典》第482条规定:要约以信件或者电报作出的,承诺期限自信件载明的日期或者电报交发之日开始计算。信件未载明日期的,自投寄该信件的邮戳日期开始计算。要约以电话、传真、电子邮件等快速通讯方式作出的,承诺期限自要约到达受要约人时开始计算。

2. 逾期接受

逾期接受(Later Acceptance)又称迟到的接受,是指接受通知超过了发盘规定的有效期或超过了合理的时间才送达发盘人。虽然各国法律一般认为逾期接受无效,而只能视作一个新的发盘,但《公约》对这个问题作了灵活的处理。该《公约》第21条第1款规定,一项逾期接受只要发盘人毫不迟延地用口头或书面通知受盘人,认为该项逾期的接受可以有效,愿意承受逾期接受的约束,合同仍可于接受通知送达发盘人时订立。

如果发盘人对逾期的接受表示拒绝或不立即向发盘人发出上述通知,则该项逾期的接受无效,合同不能成立。《公约》第21条第2款规定,如果载有逾期接受的信件或其他书面文件显示,依照当时寄发情况,只要传递正常,它本来是能够及时送达发盘人的,则此项逾期的接受应当有效,合同于接受通知送达发盘人时订立。除非发盘人毫不迟延地用口头或书面通知受盘人,认为其发盘因逾期接受而失效。以上表明,逾期接受是否有效,关键要看发盘人如何表态。

例:中方对日方发盘,有效期是到3月15日,日方于3月5日表示接受,接受通知在3月15日前应当是能到达中方手中的,但是由于邮递员在投递过程中失误,导致信件的到达时间延迟了,到中方手中是3月17日——此接受即为逾期接受。我方从信件的日期上可看出是哪一天的,也就是说按理应是一份有效的接受,那么中方若不接受此项逾期接受,必须通知日方,若不做任何反映则认为是默认了。

### 同步案例1—3  对"逾期接受"的错误理解

我方某企业10月1日向日商发盘阿托品每100盎司为一批,大连船上交货价为5美元一盎司,5日内复到有效,日商在10月7日回电表示接受,我方立即电告对方此接受有效,并着手备货。两天后日商来电称,7号的电传已超出了发盘的有效期,属于无效的接受,合同不成立,问日商的做法是否合理?为什么?

【案例精析】 我方10月1日向日商发盘,有效期是5日内复到有效,结果日商在10月7日回电表示接受,这是一项逾期的接受。但是我方立即电告对方,他的接受有效,也就是说我方接受了他的逾期接受。在这种情况下,此项逾期接受仍然有法律效力,所以合同是成立的。因此,日商的做法不合理。

3. 接受的撤回或修改

在接受的撤回或修改问题上,《公约》采取了大陆法系"送达生效"的原则。《公约》第22条规定:"如果撤回通知于接受原发盘应生效之前或同时送达发盘人,接受得予撤回。"由于接受在送达发盘人时才产生法律效力,故撤回或修改接受的通知,只要先于原接受通知或与原发盘接受通知同时送达发盘人,则接受可以撤回或修改。如接受已送达发盘人,即接受一旦生效,合同即告成立,就不得撤回接受或修改其内容,因为这样做无异于撤销或修改合同。

【注意】接受没有撤销,在当前通信设施非常发达和各国普遍采用现代化通信的条件下,当发现接受中存在问题而想撤回或修改时,往往已来不及了。为了防止出现差错和避免发生不必要的损失,在实际业务中,应当审慎行事。

根据这一规定,受盘人发出接受之后,如想反悔,可撤回其接受,但必须采取比接受更加快速的传递方式,将撤回通知赶在接受通知之前送达发盘人,或者最迟与接受同时送达发盘人,才能撤回。如果撤回通知迟于接受送达发盘人,就不能撤回了。在国际贸易中,表示接受的可以是买方,也可以是卖方。如果是我方表示接受,一般应注意以下几个问题。

(1)接受时应慎重对洽商的函电或谈判记录进行认真核对,经核对认为对方提出的各项交易条件确已明确、肯定、无保留条件时,再予以接受。

(2)接受可以简单表示,如"你10日电接受",也可详细表示,即将洽商的主要交易条件再重述一下,表示接受。一般来讲,对一般交易的接受,可采用简单形式表示,但接受电报、电传或信函中需注明对方来电、信函的日期或文号;对大宗交易或交易洽商过程比较复杂的,为慎重起见,在表示接受时,应采用详细叙述主要交易条件的形式。

(3)表示接受应在对方报价规定的有效期之内进行,并严格遵守有关时间的计算规定。

(4)表示接受前,要详细分析对方报价,准确识别对方函件性质是发价还是询盘,以免使自己被动或失去成交的机会。

由国外客户表示接受时,应注意如下问题。

(1)收到国外客户接受后,要认真分析客户接受的有效性,根据客户接受情况及我方经营意图,正确处理把握合同成立与不成立的法律技巧。

(2)注意贯彻"重合同、守信用"的原则,只要对方接受有效,即使情况变化对我不利,我方仍应同客户达成交易、订立合同,维护我方信誉。

下面是一封表示接受的信函。

---

Decliing a Counter-Offer

June 5, 2024

Dear Sirs,

Tin Foil Sheets

We note from your letter of May 30 that the price offered by us for the subject article is found to be on the high side.

While we appreciate your cooperation in giving us the information about the Japanese supply in your market, we regret to say that there is no possibility of your cutting the price to the extent you indicated, i. e. 8%, For your information, we have received a crowd of enquiries from buyers in other directions and expect to close business at something near our level. At present, we cannot see our way clear to entertain your counter-offer, as our price is quite realistic.

If later on you see any chance to do better, please let us know, In the meantime, please keep us posted of developments at your end. We assure you that all your enquiries will receive our prompt attention.

Yours faithfully,

> Confirming an Order
>
> June 12,2024
>
> Dear Sirs,
>
> We are appreciative of your cable responses dated June 5 and June 12 to our request for an 8% reduction in price and through your full co-operation we have been able to confirm the following order with you at your revised price:
>
> "Fifty long tons of Tin Foil Sheets at GBP 224. 20 per long to CFR shanghai for shipment during July" for which we enclose our Purchase Confirmation NO. HxAS 4748 in duplicate. Please sign and return one copy for our file at your earliest convenience.
>
> We are arranging for the establishment of the relative L/C with the Bank of China, shanghai and shall let you know by cable as soon as it is opened.
>
> As we are in urgent need of the goods, we find it necessary to stress the importance of making punctual shipment within the validity of the L/C; any delay in shipment would be detrimental to our future business.
>
> Yours faithfully,

## 任务三　国际货物买卖合同

进出口双方经过询盘、发盘、还盘和再还盘,不断地讨价还价,直至一方无条件接受另一方所有交易条件而达成一致意见。接受产生的法律后果是双方达成交易,国际货物买卖合同成立。国际货物买卖合同一旦成立,必须签订一份正式的书面合同。需要根据具体的磋商结果,拟定品质、数量、包装、价格、运输、保险、支付、检验、异议与索赔,以及贸易纠纷的处理等条款,尤其需要注意具体条款内容及其订立的科学性和准确性。

### 一、国际货物买卖合同的含义

根据《公约》的规定,国际货物买卖合同又称外贸合同、进出口合同,是指营业地处于不同国家境内的买卖双方当事人之间,一方提供货物、收取价金,另一方接受货物、支付货款的协议。它是确定当事人权利和义务的依据。国际货物买卖合同中的供货方是出口商,或称卖方,受货方是进口商,或称买方。

国际货物买卖合同是卖方为了取得货款而把货物的所有权移交给买方的一种双务合同。所谓"双务合同"(Bilateral)是指合同双方相互承担义务,同时,双方都享有权利,一方所承担的义务正是另一方所享有的权利。

我国《民法典》第 464 条规定:合同是民事主体之间设立、变更、终止民事法律关系的协议。第 465 条规定:依法成立的合同,受法律保护。

【提示】依法成立的合同,仅对当事人具有法律约束力,但是法律另有规定的除外。

### 二、国际货物买卖合同的特点

作为买卖合同,国际货物买卖合同与国内货物买卖合同在许多地方是一致的。二者都是出卖人转移标的物的所有权,买受人支付价款的合同,具有买卖合同的一般特征。但是,二者也存在着许多不同之处。

### (一)国际性

国际性即国际货物买卖合同的当事人,即货物的卖方和买方,按照《公约》的标准,只要买卖双方当事人的营业地处于不同的国家,即使他们的国籍相同,他们之间订立的货物买卖合同仍被认为是国际货物买卖合同。反之,如果买卖双方的营业地在同一国家,即使其国籍不同,他们所订立的合同也不能被认为是国际货物买卖合同。

确定一份货物买卖合同是否具有国际性,关键是要确定当事人的营业地。所谓营业地,是指固定的、永久性的、独立进行营业的场所。代表机构所在地的处所(如外国公司在我国的常驻代表机构)就不是《公约》意义上的"营业地"。这些机构的法律地位实际上是代理关系中的代理人,它们是代表其本国公司进行活动的。这样,我国当事人和外国公司驻我国的常驻代表签订的货物买卖合同,仍然具有《公约》意义上的"国际性"。

### (二)国际货物买卖合同的标的物是货物

现代国际贸易包括的范围很广,除了各种有形动产可以买卖外,某些无形财产,如专利权、商标权等也可以成为国际贸易的标的物。由于货物具体内容和界限较难界定,《公约》采用了"排除法"来确定货物买卖的范围,即把某些种类的货物买卖合同排除在公约的适用范围之外,在《公约》第2条中规定了不适用的买卖范围:①购供私人、家人或家庭使用的货物的销售,除非卖方在订立合同前任何时候或订立合同时不知道而且没有理由知道这些货物是如何使用的。②经由拍卖的销售。③根据法律执行的销售。④公债、股票、投资证券、流通票据的销售。⑤船舶、船只、气垫船或飞机的销售。⑥电力的销售。

以上六种被排除适用《公约》的买卖合同的标的物外,有的不属于货物的范畴,如公债、股票、投资证券和流通票据等,电力在许多国家也不被列入货物的范畴;有的属于特殊贸易的标的物,这些特殊买卖要统一起来比较困难,如供私人、家人或家庭使用而购买的货物,属于消费品买卖。大多数国家都注意保护消费者的合法利益,制定有保护消费者的法律,具有强制性,为了避免冲突,《公约》将其排除在外。由于拍卖情况比较复杂,各国对拍卖都有制定自己的专门法律,拍卖一般要受拍卖发生地国家法律的约束,因此,《公约》将拍卖留待拍卖发生地国家的法律去管辖。对于依执行令状或法律授权的买卖,与一般国际货物买卖有根本的差别,当事人之间无法洽谈合同的条款,而且买卖的方式和合同效力要受有关国家的特殊法律规则的支配;船舶、飞机等的买卖也要受各国国内法的约束,同样难以统一,因此都被排除在《公约》的适用范围之外。

### (三)国际货物买卖涉及的法律关系复杂,风险高

由于国际货物买卖是跨越一国国界的贸易活动,合同所涉及的交易数量和金额通常都比较大,合同的履行期限也比较长,又采用与国内买卖不同的结算方式,故相比国内货物买卖的合同要复杂得多。

在进出口活动中,买卖双方多处于不同的国家和地区,买卖的货物多由负责运输的承运人转交,多利用银行收款或由银行直接承担付款责任,因此,双方当事人要与运输公司、保险公司或银行发生法律关系,长距离运输会遇到各种风险,使用外汇支付货款和采用国际结算方式,可能发生外汇风险,此外,还涉及有关政府对外贸易法律和政策的改变,因此,国际货物买卖合同是当事人权利、义务、风险责任的综合体。

### (四)法律适用的多样性

在国际货物买卖中,买卖双方面临着法律适用多样性的共性问题。国内货物买卖合同中一般只适用本国法律,而国际货物买卖合同从签订到履行要涉及国内法、国际法等一系列法律

规范。

### 三、订立国际货物买卖合同的基本原则

#### （一）当事人的法律地位平等

交易条件必须由交易双方的当事人平等地协商确定；合同一旦成立，双方当事人都必须严格履行合同，任何一方不得随意变更或解除合同；任何一方当事人违约，都适用同一法律来追究其违约责任。

#### （二）缔约自由

当事人享有自愿依法订立合同的权利，应根据合同当事人的自由意思决定，任何单位或个人都不得非法干涉。

#### （三）公平交易

公平主要是指合同当事人对经济活动所带来的预期利益，双方要公平合理，不能存在显失公平，即一方获利超过约定的利益，而使另一方处于不利地位的情形。

#### （四）信守合同

进出口合同是对交易双方的当事人均具有法律约束力的文件，合同一经订立，交易双方都必须严格履行合同规定的义务，任何一方不得随意违约或毁约。

#### （五）诚实信用

诚实信用原则是订立、履行合同和处理合同争议必须遵循的准则，是一项强制性规范，它将道德规范与法律规范融为一体。要求合同主体在订立和履行合同时讲道德，守信用，真实表达自己的意思，按照双方的约定行事。以避免欺诈、诱骗、恶意串通等不法行为的发生。

#### （六）遵守法律

遵守法律是一项基本的强制性规范，也是国际上公认的准则。从广义上讲，要遵守一切法律，比如环境保护法，保护自然资源。从狭义上讲，订立、履行合同和处理合同争议，各方当事人都必须严格遵守法律，切实依法行事。

【做中学 1-3】　　　　　　　　　有效合同——诚实信用

英国 A 公司与美国 B 公司是老顾客关系。A 一直把货物供应给 B。美国 C 公司冒充 B 的名义，与 A 签订了进口合同。C 从 A 处取得货物并向 A 支付了货款，后来 A 发现 C 是冒充的，因此 A 向 C 追回货物，但遭 C 的拒绝。请问：在上述情况下，A 有无权利向 C 追回货物？为什么？

**解析**：在此情况下，A 有权向 C 追回货物。因为 A 与 C 之间的合同关系是在违背了真实意愿的基础上确立的，不构成有效合同，故 A 可以向 C 追回货物。

### 四、国际货物买卖合同的形式

各国法律对国际货物买卖合同的形式要求不尽相同，但目前大多数国家的法律对货物买卖合同的形式没有做出特定的要求，当事人以口头方式、书面方式或以某种行为订立的合同，都被认为是合法和有效的。《公约》规定："销售合同无须以书面订立或书面证明，在形式方面也不受任何其他条件的限制。销售合同可以用任何方法证明。"由此可见，《公约》对合同形式没有限制。

在国际贸易中，订立合同的形式有下列三种：①书面形式。②口头形式。③以实际行动

表示。

## （一）书面形式

书面形式包括合同书、信件以及数据电文（如电报、电传、传真、电子数据交换和电子邮件）等可以有形地表现所载内容的形式。

## （二）口头形式

采用口头形式订立的合同又称口头合同或对话合同，是指当事人之间通过当面谈判或通过电话方式达成协议而订立的合同。口头合同因无文字依据，空口无凭，一旦发生争议，往往造成举证困难，不易分清责任。

## （三）以实际行动表示

实际行动表示是上述两种形式之外的订立合同的形式，即以行为方式表示接受而订立的合同。例如，根据当事人之间长期交往中形成的习惯做法，或发盘人在发盘中已经表明受盘人无须发出接受通知，可直接以行为做出接受而订立的合同，均属此种形式。

上述订立合同的三种形式，从总体上来看，都是合同的法定形式，因而均具有相同的法律效力，当事人可根据需要，酌情做出选择。

我国《民法典》第469条规定：当事人订立合同，可以采用书面形式、口头形式或者其他形式。书面形式是合同书、信件、电报、电传和传真等可以有形地表现所载内容的形式。

【注意】以电子数据交换、电子邮件等方式能够有形地表现所载内容，并可以随时调取查用的数据电文，均视为书面形式。

当事人订立合同，可以采用书面形式、口头形式或者其他形式。这种规定与我国过去相关法律中国际货物买卖合同只能以书面形式订立的规定有很大差别，标志着在国际货物买卖合同形式方面，我国最终与国际通行做法相一致。

尽管当事人以口头方式、书面方式或以实际行动订立的合同，都被认为是合法和有效的，但由于国际货物买卖过程中涉及的环节多，过程复杂，因此，在买卖双方订立合同时采用书面形式还是十分必要的。首先，书面合同可直接作为合同成立的证据。根据法律要求，合同是否成立，必须要有证明，而通过口头磋商达成的交易，举证一般难以做到，一旦双方发生争议，需要提交仲裁或采用诉讼时，如果没有充足的证据，则很难得到法律保护。其次，书面合同有时可作为合同生效的条件。交易双方在发盘或接受时，如声明以签订一定格式的书面合同为准，则在正式签订书面合同时合同方为成立。最后，书面合同可作为合同履行的依据。书面合同中明确规定了买卖双方的权利和义务，作为合同履行的依据，因此，我国进出口企业对外订立的买卖合同，最好采用书面形式。

关于书面合同的名称并无统一规定，其格式的繁简也不一致。在国际货物买卖中，可能出现的书面合同形式包括正式合同（Contract）、确认书（Confirmation）、协议书（Agreement）和备忘录（Memorandum）等多种形式。

【提示】在我国进出口贸易实践中，书面合同的形式包括合同、确认书和协议书等，主要使用合同和确认书两种形式。从法律效力来看，这两种形式的书面合同没有区别，具有同等的约束力，只是格式和内容的繁简有所差异。

合同又可分为销售合同（Sales Contract）和购买合同（Purchase Contract）。前者是指卖方草拟提出的合同，后者是指买方草拟提出的合同。确认书是合同的简化形式，它又分为销售确认书（Sales Confirmation）和购买确认书（Purchase Confirmation）。前者是卖方出具的确认书，后者是买方出具的确认书。

### 五、国际货物买卖合同的内容

国际销售合同是营业地处于不同国家的当事人自愿按照一定条件买卖某种商品以达成的协议。为了提高履约率,在规定合同内容时,应当考虑周全,力求使合同中的条款明确、具体、严密和相互衔接,且与磋商内容一致,以利于合同的履行,特别是一些基本条款,主要包括成交商品的品名、品质、数量、包装、价格、运输、保险、支付、检验、索赔、不可抗力和仲裁等。

【提示】在实践中,国际货物买卖合同的内容通常包括约首、正文和约尾三个部分。

#### (一) 约首

合同中的约首部分是合同的序言部分,主要包括以下内容。

(1) 合同名称。合同的名称应正确体现合同的内容,进口人制作的合同通常称为购货合同。出口人制作的合同通常称为售货合同或售货确认书。

(2) 订约日期和地点。订约日期应为接受生效日期。根据我国《民法典》第481条规定:承诺应当在要约确定的期限内到达要约人。订约地点有时可决定合同适用的法律,合同的订约地点是确定是否有密切联系的重要因素。根据我国《民法典》第492条规定:承诺生效的地点为合同成立的地点。

【注意】采用数据电文形式订立合同的,收件人的主营业地为合同成立的地点;没有主营业地的,其住所地为合同成立的地点。当事人另有约定的,按照其约定。

(3) 当事人名称、地址。当事人的全名和详细地址应在合同中正确载明,除了可以识别当事人外,在发生纠纷时,可作为确定诉讼管辖的重要依据,也便于在必要的时候进行联系。

(4) 前文。前文措辞必须与合同名称一致。如采用合同书面形式,则前文应使用第三人称语气,例如"本合同由××与××订立"或类似词句。

#### (二) 正文

正文是合同的主体,要详细列明各项交易条件。

(1) 商品的品名条款。在国际货物买卖合同中,商品品名条款的规定应明确、具体,适合商品的特点。在采用外文名称时,应做到译名准确,与原名意思保持一致,避免含混不清。

(2) 商品的品质条款。合同中商品的品质条款应列明商品的等级、标准、规格和商标等内容,如果是凭样品买卖,则要列明样品的编号和寄送日期。

(3) 商品的数量条款。交易双方在数量条款中,一般订明买卖的具体数量和计量单位,按重量计量的商品还应包括重量的规定方法。例如,3 000吨,允许有5%的溢短装。

(4) 商品的包装条款。它主要是对包装材料、包装方式的规定,如麻袋(Gunny Bag/Jute Bag)、纸箱(Carton)、木箱(Wooden Case)、塑料袋(Poly Bag)和尼龙袋(Nylon Bag)等,通常还要说明包装的数量以及如何包装。例如,单层新麻袋,每袋净重约25千克,双层线机器封口。

(5) 商品的价格条款。它主要包括单价和总值两项内容,单价由计价货币、单价、计量单位和贸易术语构成。例如,每吨870美元FOB大连。

(6) 商品的装运条款。它应包括装运时间、装运港(地)、目的港(地)和分批装运或转运等内容。例如,20××年10月/11月/12月份装运,允许分批装运和转运。

(7) 商品的支付条款。买卖合同中的支付条款要明确规定结算方式,其结算方式主要有汇付、托收和信用证等。

① 凡以汇付方式结算货款的交易,通常用于预付货款和赊账交易。为明确责任,在买卖合

同中应当规定汇付的时间、具体的汇付方法和金额等。例如,买方收到本合同所列单据后,应于10天内电汇付款。

②凡以托收方式结算货款的交易,在买卖合同的支付条款中,必须明确规定交单条件、付款责任、承兑责任和付款期限等内容。例如,买方对卖方开具的见票后10天付款的跟单汇票,于提示时予以承兑,并于汇票到期日即预付款,承兑后交单。

③凡以信用证方式结算货款的交易,在买卖合同中应明确规定开立信用证的时间、信用证的种类、信用证议付的时间和地点等内容。例如,买方应通过卖方所接受的银行于装运月份前30天开出不可撤销的即期信用证,于装运日后20天在中国银行议付。

(8)货运保险条款。这一条款须明确规定由谁办理保险,确定投保险别和保险金额,并注明以何种保险条款为依据以及该条款的生效日期。例如,保险由卖方按发票金额的110%投保一切险和战争险,以中国人民保险公司20××年1月1日的有关海洋运输货物保险条款为准。

(9)商品检验检疫条款。它一般包括检验权的规定、检验或复验的时间和地点、检验机构、检验项目和检验证书等内容。例如,买卖双方同意以装运港(地)中国海关签发的质量和重量检验证书作为信用证项下议付的单据之一。买方有权对货物的质量和重量进行复验,复验费由买方负担。如发现质量或重量与合同规定的不符,买方有权向卖方索赔,并提供经卖方同意的公证机构出具的检验报告。索赔期限为货物到达目的港(地)后180天内。

(10)不可抗力条款。它主要规定不可抗力的范围、不可抗力处理的原则和方法,还应包括不可抗力事故发生后通知对方的期限、方法以及出具证明机构等内容。例如,因不可抗力事件,使卖方不能在合同规定期限内交货或不能交货,卖方不负责任,但卖方必须立即以电报通知买方。如买方提出要求,卖方应以挂号函向买方提供由中国国际贸易促进委员会或有关机构出具的发生事件的证明文件。

(11)索赔条款。贸易合同中的索赔条款一般规定索赔的时效和责任的界定。例如,倘若买方提出索赔,凡属品质异议,须于货到目的地口岸之日起30天内提出;凡属数量异议,须于货到目的地口岸之日起15天内提出。对货物所提出的任何异议,属于保险公司、轮船公司、其他有关运输机构或邮递机构负责,卖方不负任何责任。

(12)仲裁条款。它的内容一般包括仲裁地点、仲裁机构、仲裁规则和裁决的效力。在规定仲裁地点时,一般情况下,我方首先争取规定在我国仲裁。例如,凡因本合同引起的或与本合同有关的任何争议,均应提交中国国际经济贸易仲裁委员会,并按照申请仲裁时现行有效的仲裁规则进行仲裁。仲裁裁决是终局的,对双方均有约束力。

### (三)约尾

约尾通常包括合同使用的文字及其效力、合同的份数、附件及其效力、订约双方当事人的签字等内容。

民事活动中的合同或者其他文件、单证等文书,当事人可以约定使用或不使用电子签名、数据电文。当事人约定使用电子签名、数据电文的文书,不得仅因为其采用电子签名、数据电文的形式而否定其法律效力。所谓电子签名,是指数据电文中以电子形式所含、所附用于识别签名人身份并表明签名人认可其中内容的数据。

电子签名同时符合下列条件的,视为可靠的电子签名:①电子签名制作数据用于电子签名时,属于电子签名人专有;②签署时电子签名制作数据仅由电子签名人控制;③签署后对电子签名的任何改动能够被发现;④签署后对数据电文内容和形式的任何改动能够被发现。

【提示】当事人也可以选择使用符合其约定的可靠条件的电子签名。可靠的电子签名与手写签名或者盖章具有同等的法律效力。

【注意】电子签名人应当妥善保管电子签名制作数据。电子签名人知悉电子签名制作数据已经失密或者可能已经失密时,应当及时告知有关各方,并终止使用该电子签名制作数据。

以下是国际货物买卖合同的范本。

---

销售合同

编号 No：
日期 Date：
签约地点 Signed at：

卖方 Sellers：
地址 Address： 邮政编码 Postal Code：
电话 Tel： 传真 Fax：
买方 Buyers：
地址 Address： 邮政编码 Postal Code：
电话 Tel： 传真 Fax：

买卖双方同意按下列条款由卖方出售,买方购进下列货物：
The seller agrees to sell and the buyer agrees to buy the undermentioned goods on the terms and conditions stated below.

1. 货号 Article No.：
2. 品名及规格 Description&Specification：
3. 数量 Quantity：
4. 单价 Unit Price：
5. 总值：

数量及总值均有_____％的增减,由卖方决定。
Total Amount：
With _____％ more or less both in amount and quantity allowed at the sellers option.

6. 生产国和制造厂家 Country of Origin and Manufacturer：
7. 包装 Packing：
8. 唛头 Shipping Marks：
9. 装运期限 Time of Shipment：
10. 装运口岸 Port of Loading：
11. 目的口岸 Port of Destination：
12. 保险：由卖方按发票全额110％投保至_____为止的_____险。

Insurance：To be effected by sellers for 110％ of full invoice value covering _____ up to _____ only.

13. 付款条件：

买方须于_____年___月___日将保兑的、不可撤销的、可转让可分割的即期信用证开到卖方。信用证议付有效期延至上列装运期后15天在中国到期,该信用证中必须注明允许分运及转运。

Payment：
By confirmed, irrevocable, transferable and divisible L/C to be available by sight draft to reach the sellers before _____/_____/_____ and to remain valid for negotiation in China until 15 days after the aforesaid time of shipment. The L/C must specify that transhipment and partial shipments are allowed.

14. 单据 Documents：

15. 装运条件 Terms of Shipment：

16. 品质与数量、重量的异议与索赔 Quality/Quantity Discrepancy and Claim：

17. 不可抗拒因素：

由于水灾、火灾、地震、干旱、战争或协议一方无法预见、控制、避免和克服的其他事件导致不能或暂时不能全部或部分履行本协议,该方不负责任。但是,受不可抗力事件影响的一方须尽快将发生的事件通知另一方,并在不可抗力事件发生 15 天内将有关机构出具的不可抗力事件的证明文件寄交对方。

Force Majeure：

Either party shall not be held responsible for failure or delay to perform all or any part of this agreement due to flood, fire, earthquake, draught, war or any other events which could not be predicted, controlled, avoided or overcome by the relative party. However, the party affected by the event of Force Majeure shall inform the other party of its occurrence in writing as soon as possible and thereafter send a certificate of the event issued by the relevant authorities to the other party within 15 days after its occurrence.

18. 仲裁：

在履行协议过程中,如产生争议,双方应友好协商解决。若通过友好协商未能达成协议,则提交中国国际贸易促进委员会对外贸易仲裁委员会,根据该委员会仲裁程序暂行规定进行仲裁。该委员会决定是终局的,对双方均有约束力。仲裁费用(除另有规定外)由败诉一方负担。

Arbitration：

All disputes arising from the execution of this agreement shall be settled through friendly consultations. In case no settlement can be reached, the case in dispute shall then be submitted to the Foreign Trade Arbitration Commission of the China Council for the Promotion of International Trade for Arbitration in accordance with its Provisional Rules of Procedure. The decision made by this commission shall be regarded as final and binding upon both parties. Arbitration fees shall be borne by the losing party, unless otherwise awarded.

19. 备注 Remark：

卖方 Sellers：　　　　　　　　　　　　买方 Buyers：

签字 Signature：　　　　　　　　　　　签字 Signature：

## 应知考核

### 一、单项选择题

1. 交易磋商必不可少的两个基本环节是(　　)。
　A. 询盘、接受　　　B. 发盘、签合同　　　C. 接受、签合同　　　D. 发盘、接受

2. 某发盘人在其订约建议中加有"仅供参考"字样,则这一订约建议称为(　　)。
　A. 发盘　　　B. 递盘　　　C. 邀请发盘　　　D. 还盘

3. 根据《公约》规定,合同成立的时间是(　　)。
　A. 接受生效的时间　　　　　　　　　B. 交易双方签订书面合同的时间
　C. 在合同获得国家批准时　　　　　　D. 当发盘送达收盘时

4. 根据《公约》规定,(　　)为一项发盘必须具备的基本要素。
　A. 货名、品质、数量　　　　　　　　B. 货名、数量、价格
　C. 货名、价格、支付方式　　　　　　D. 货名、品质、价格

5. 发盘撤回与撤销的区别在于（    ）。
   A. 前者发生在发盘生效后,后者发生在发盘生效前
   B. 前者发生在发盘生效前,后者发生在发盘生效后
   C. 两者均发生在发盘生效前
   D. 两者均发生在发盘生效后

6. 下列（    ）发盘有效。
   A. 请改报装运期10日复到有效
   B. 你15日电每吨30英镑20日复到
   C. 你15日电可供100件参考价每件8美元
   D. 你15日电接受,但以D/P替代L/C

7. 下列（    ）修改不属于实质性变更发盘的内容。
   A. 解决争端的方法
   B. 数量、支付方式
   C. 交货时间和地点
   D. 要求提供原产地证

8. 我国有权签订对外贸易合同的为（    ）。
   A. 自然人
   B. 法人
   C. 法人或自然人
   D. 自然人或法人且需取得外贸经营权

9. 我国某出口公司于5月5日以电报对德商发盘,限8日复到有效。对方于7日以电报发出通知,由于电讯部门的延误,出口公司于11日才收到德商的接受通知,事后该出口公司亦未表态,此时（    ）。
   A. 除非发盘人及时提出异议,否则,该逾期接受仍有接受效力,合同成立
   B. 不管我方是否及时提出异议,合同未成立
   C. 只有发盘人毫不延迟地表示接受,该通知才具有接受效力,否则,合同未成立
   D. 由电讯部门承担责任

10. 某公司向欧洲某客户出口一批食品,该公司于3月16日发盘,限3月20日复到有效,3月18日接对方来称:"你方16日电接受,希望在5月装船。"我方未提出异议。于是（    ）。
    A. 这笔交易达成
    B. 需经该公司确认交易地后达成
    C. 属于还盘,交易未达成
    D. 属于有条件的接受,交易未达成

11. 根据《公约》规定,发盘和接受的生效采取（    ）原则。
    A. 投邮生效
    B. 签订书面合约
    C. 口头协商
    D. 到达生效

12. 英国某商人3月15日向国外某客商用口头发盘,若英商与国外客商无特别约定,国外客商（    ）。
    A. 任何时间表示接受都可使合同成立
    B. 应立即接受方可使合同成立
    C. 当天表示接受即可使合同成立
    D. 在两三天内表示接受可使合同成立

13. A公司5月18日向B公司发盘,限5月25日复到有效。A公司向B公司发盘的第二天,A公司收到B公司5月17日发出的,内容与A公司发盘内容完全相同的交叉发盘,此时（    ）。
    A. 合同成立
    B. A公司向B公司或B公司向A公司表示接受且接受通知送达对方,合同成立
    C. 合同无效
    D. 必须是A公司向B公司表示接受且接受通知送达对方,合同成立

14. 下列条件（　　）不是构成有效发盘的必备条件。
   A. 发盘的内容必须十分明确　　　　B. 主要交易条件必须十分完整齐全
   C. 应向一个或一个以上的特定的人提出　　D. 经受盘人接受，发盘人即受约束的意思

15. 我方6月10日向国外某客商发盘，限6月15日复到有效，6月13日接到对方复电称："你10日电接受，以获得进口许可证为准。"该接受（　　）。
   A. 相当于还盘
   B. 在我方缄默的情况下，则视为有效接受
   C. 属有效的接受
   D. 属于一份非实质性改变发盘条件的接受

16. 按《公约》规定，一项发盘在尚未送达受盘人之前，是可以阻止其生效的，这叫发盘的（　　）。
   A. 撤回　　　　B. 撤销　　　　C. 还盘　　　　D. 接受

17. 逾期接受是否有效，主要取决于（　　）的意思表示。
   A. 发盘人　　B. 受盘人　　C. 出口地银行　　D. 传送接受通知的人

18. "兹报飞鸽牌自行车5 000辆（规格详见2月10日订单），68美元/辆CIF纽约，标准出口包装，6至7月份装船，不可撤销信用证付款，限2月25日复到有效。"这则传真属于（　　）。
   A. 询盘　　　　B. 发盘　　　　C. 还盘　　　　D. 接受

19. 在发盘人发盘后的第三天，发盘人收到受盘人通过往来银行开来的即期不可撤销信用证，受盘人的做法属于（　　）。
   A. 询盘　　　　B. 发盘　　　　C. 还盘　　　　D. 接受

20. "你方2月9日电悉，所提出的各项条件接受，另在外包装左侧刷唛头。"这则传真属于（　　）。
   A. 询盘　　　　B. 发盘　　　　C. 还盘　　　　D. 接受

## 二、多项选择题

1. 构成一项有效接受应具备的条件是（　　）。
   A. 必须由特定的受盘人发出　　　　B. 必须同意发盘所提出的交易条件
   C. 必须在发盘规定的有效期内做出　　D. 接受通知的传递方式应符合发盘的要求

2. 在实际进出口业务中，接受的形式有（　　）。
   A. 用口头或书面的形式表示　　　　B. 用缄默表示
   C. 用广告表示　　　　　　　　　　D. 用行动表示

3. 发盘中注明（　　），该发盘属于询盘性质。
   A. 在发盘中规定了商品的名称和数量
   B. 在发盘中规定了有效期，或以其他方式表示该发盘是不可撤销的
   C. 受盘人有理由依赖该发盘是不可撤销的，并本着对该发盘的依赖采取了行动
   D. 在发盘中规定了商品的名称和价格

4. 构成一项发盘应具备的条件是（　　）。
   A. 向一个或一个以上的特定人发出　　B. 表明发盘人受该发盘的约束

C. 发盘的内容必须十分确定　　　　　　D. 发盘必须规定有效期

5. 发盘终止的原因主要有(　　)。
   A. 发盘的有效期届满
   B. 发盘被发盘人依法撤销或撤回
   C. 受盘人对发盘的拒绝或还盘
   D. 发盘人发盘后发生不可抗力事故或当事人丧失行为能力

6. 国际货物买卖合同的特点包括(　　)。
   A. 国际性　　　　　　　　　　　　　B. 赠予性
   C. 标的物为货物　　　　　　　　　　D. 标的物不受限制

7. 国际货物买卖合同适用的法律规范包括(　　)。
   A. 进口国相关法律　B. 出口国相关法律　C. 国际条约　　　D. 国际贸易惯例

8. 合同的标的和内容必须合法是指(　　)。
   A. 合同不违法　　　　　　　　　　　B. 不得违反公共政策,损害社会公共利益
   C. 合同内容应当遵循公平原则　　　　D. 合同必须为书面形式

9. 若在合同订立过程中存在(　　)的情况,合同则无效。
   A. 一方以欺诈、胁迫的手段订立合同,损害国家利益
   B. 恶意串通,损害国家、集体或者第三人利益
   C. 以合法形式掩盖非法目的
   D. 未签订书面合同

10. 若在合同订立过程中存在(　　)的情况,合同则无效。
    A. 未签订书面合同　　　　　　　　　B. 以合法形式掩盖非法目的
    C. 损害社会公共利益　　　　　　　　D. 违反法律、行政法规的强制性规定

### 三、判断题

1. 逾期接受,只要发盘人立即表示同意,仍可作为有效接受。　　　　　　　　　　(　　)
2. 根据《公约》规定,买卖合同成立的程序是询盘、发盘、还盘、接受和签订书面合同。
   (　　)
3. 根据《公约》规定,构成一项有效发盘,必须明确规定买卖货物的品质、数量、包装、价格、交付、支付等六项主要交易条件,缺一不可。　　　　　　　　　　　　　　(　　)
4. 我国某公司对外做出一项发盘,其中规定"限8月15日复到"。外商接受通知于8月17日上午到达我方。根据《公约》规定,如我公司同意接受并立即予以确认,合同仍可成立。
   (　　)
5. 每笔交易都必须有询盘. 发盘. 还盘和接受四个环节。　　　　　　　　　　　(　　)
6. 根据《公约》规定,受盘人在对发盘表示接受的同时,对发盘的内容做任何添加或变更,均是对发盘的拒绝,并构成还盘。　　　　　　　　　　　　　　　　　　　　(　　)
7. 一项发盘即使是不可撤销的,也可以撤回,只要撤回的通知在发盘送达受盘人之前或同时送达受盘人。　　　　　　　　　　　　　　　　　　　　　　　　　　　　(　　)
8. 根据《公约》规定,一方当事人对另一方当事人的赔偿责任范围或解决争端的添加或不同的条件术语实质性是变更发盘条件。　　　　　　　　　　　　　　　　　　(　　)
9. 根据我国《民法典》的规定,书面合同是指合同、信件和数据电文等可以有形地表现所

载内容的形式。（　　）

10. 一项发盘如表明是不可撤销的,则意味着发盘人无权撤销该发盘。（　　）

### 四、综合题

我国A公司向国外B公司发实盘,限6月10日前复到有效。B公司于6月8日来电要求降价,A公司于9日与另一家公司达成交易。同一天(9日),B公司又来电要求撤回8日还盘,全部接受A公司原发盘的条件。A公司以货已出售为由予以拒绝。B公司声称其接受是在我方发盘的有效期内做出的,要求A公司履约。

请根据以上内容回答下列问题。

1. "B公司于6月8日来电要求降价"属于(　　)。
   A. 询盘　　　　　B. 发盘　　　　　C. 还盘　　　　　D. 接受

2. 实盘是指(　　)。
   A. 准备购买或出售商品的人向潜在的供货人或买主探询该商品的成交条件
   B. 发盘人对特定的人所提出的不肯定的交易条件
   C. 发盘人对特定的人所提出的内容完整、明确、肯定的交易条件
   D. 发盘人向广大公众散发的内容完整、明确的商品价目单

3. B公司能否撤回8日还盘?(　　)
   A. 能,因为只要在有效期内就能撤回还盘
   B. 能,因为A公司没有对B公司6月8日的还盘表示拒绝
   C. 不能,因为任何还盘都不得撤回
   D. 不能,因为撤回通知在还盘之前或同时到达对方才能成功撤回还盘

4. B公司9日的接受是否有效?(　　)
   A. 有效,因为其接受是在有效期内做出的
   B. 有效,因为B公司撤回8日还盘,所以接受有效
   C. 无效,因为A公司于9日与另一家公司达成交易
   D. 无效,因为B公司8日已还盘,所以原发盘对A公司已没有约束力

5. A公司是否应该履约?(　　)
   A. 应该,因为B公司9日的接受在有效期内,说明合同成立
   B. 应该,B公司在9日撤回8日的还盘,并接受原发盘,说明合同成立
   C. 不应该,因为双方没有签订书面合同,所以合同没有成立
   D. 不应该,因为B公司8日已还盘,所以原发盘对A公司已没有约束力,合同没有成立

## 应会考核

■ 观念应用

7月,毕业于大连某学院的学生孙超通过面试进入上海康诺贸易有限公司,成为一名外贸业务人员,主要从事进出口业务。该公司成立于1995年,是经国家批准的具有进出口经营权的综合性贸易公司。其经营范围包括纺织品、机电设备、服装、建筑材料、轻工产品等。公司与多家供货厂商有固定的业务往来,货源基础雄厚。工作了几个月之后,孙超还是没有接到订单,而公司的老业务员订单接踵而至,请你帮助分析一下问题出现在哪里?怎样才能找到开启国际贸易之门的钥匙呢?

■ 技能应用

大连某制鞋厂生产了一种海蓝色的涤纶坡跟鞋,在本地很受欢迎。鞋厂根据市场反应,给外地沿海城市的一家大型鞋帽商场发货5 000双。不久,商场来电要求退货。厂家很快派人赶赴这一城市,经初步调查,生产地与这一消费地风俗习惯不同,该城市市民认为这种鞋的颜色不太吉祥,因此,鞋上市后几乎无人问津。制鞋厂于是决定召回海蓝色的鞋,并委托调查机构对该城市的鞋类消费市场进行调查。

【考核要求】

假如你是调查机构的一员,你将如何进行调查?调查大致包括哪些内容?

■ 案例分析

1. 国外小麦出口商向我国某外贸公司报出小麦价格,在发盘中除列出各项必要交易条件外,还表示"编织袋包装运输"。在发盘有效期内我方复电表示接受,并称"用最新编织袋包装运输"。外商收到上述复电后即着手备货,并准备在双方约定的7月份装船。之后3月份小麦价格从每吨420美元暴跌至350美元左右。我方向对方去电称:"我方对包装条件进行了变更,你方未确认,合同并未成立。"而出口商则坚持认为合同已经成立,双方为此发生了争执。请分析此案应如何处理,简述你的理由。

2. 我方A公司向美国旧金山B公司发盘某商品100吨,每吨2 400美元CIF旧金山以不可撤销即期信用证支付,收到信用证后2个月内交货,限3日内答复。第二天收到B公司回电称"接受你方发盘立即装运"。A公司未予答复。又过了两天B公司通过旧金山银行开来即期信用证,注明"立即装运",当时该货物国际市场价格上涨20%,A公司以合同并未达成为由拒绝交货,并立即将信用证退回。请结合本项目的相关内容,分析这种做法是否合理并说明理由。

3. 某月18日,我方向德国A商发盘"可供一级红枣100吨,每吨500美元CIF纽约,适合海运包装。订约后即装船,不可撤销即期信用证付款,请速复电。"A立即复电:"你18日电我方接受,用麻袋包装,内加一层塑料袋。"我方收到复电后着手备货,数日后,一级红枣的国际市场价格猛跌,A商来电称:"我方对包装条件做了变更,你方未确认合同并未成立。"而我公司坚持合同已成立。试按照《公约》的规定对此案进行分析。

4. 大连某公司于12月20日以电传发盘,并规定"限12月25日复到"。国外客户于12月23日复电至我方,要求将即期信用证改为远期见票后30天。我公司正在研究中,次日又接到对方当天发来的电传,表示无条件接受我12月20日的发盘。问此笔交易是否达成?

5. 我国某公司于8月1日上午以电报向伦敦某商人就某项商品发出实盘,限8月3日复到有效。电报刚一发出,收到总公司紧急通知:该商品自8月1日起提高价格20%。我国某公司当即以电传通知对方撤回我原发盘。2日上午公司收到对方发来的电传通知,表示无条件接受我方8月1日发盘。试分析根据国际惯例,我方是否只得以原发盘为条件与对方达成交易。

6. 我国某出口企业于3月5日用电传向英商发盘销售商品,限3月9日复到。3月6日收到英商发来电传称:如价格减10%可接受。我方尚未对英商做出答复,由于该商品国际市场价剧涨,英商又于3月7日来电传表示:无条件接受你3月5日发盘,请告合同号码。试问:在此情况下,我方应如何处理?

7. A国商人将从别国进口的初级产品转卖,向B国商人发盘,B国商人复电接受发盘,同时要求提供原产地证。两周后,A国商人收到B国商人开来的信用证,正准备按信用证规定发运货物,获海关通知,因该货非本国产品,不能签发原产地证。经电请 B 国商人取消信用证中要求提供原产地证的条款,遭到拒绝。于是引起争议。A 国商人提出,其对提供原产地证的要求从未表示同意,依法无此义务,而 B 国商人坚持 A 国商人有此义务。请根据《公约》的规定,对此案做出裁决。

8. 我国某公司于周一上午九时向美商以电报发盘。公司原定价为每吨 500 美元 CIF 旧金山,但我方工作人员由于工作疏忽而误报每吨 500 元人民币。请分析下述三种情况下应当如何处理。①在当天下午发现问题。②在第二天上午九时发现,客户尚未接受。③在第二天上午九时发现,但客户已经接受。

【考核要求】

结合所学的内容,请分别对上述案例进行分析。

■ 职场在线

1. 专业术语翻译

(1)合同　　　(2)订单　　　(3)约首　　　(4)备忘录

(5)Sales Confirmation　　(6)Law application　　(7)Signed in

2. 试翻译以下条款

(1)本合同用中英文两种文字写成,两种文字具有同等效力。本合同共四份,自双方代表签字(盖章)之日起生效。

(2)本合同使用的贸易术语系根据国际商会《2020 年国际贸易术语解释通则》。

(3)The Seller and the Buyer agree to conclude this Contract subject to the terms and conditions stated below.

(4)Additional clause :Conflicts between Contract clause here above and this additional clause,if any,it is subject to this additional clause.

# 项目实训

【实训项目】

国际货物买卖合同。

【实训情境】

根据交易磋商的四个环节内容,结合双方往来外贸函电,缮制合同(销售确认书)。

SALES CONTRACT

THE SELLERS:　　　　　　　　　　　　　CONTRACT NO :LNDL240308

DALIAN GARMENTS IMPORTS& EXPORTS CO. ,LTD. DATE:MARCH. 23,2024

THE BUYERS:

BLUE SKY TRADING CO. ,LTD.

THE SELLER AGREES TO SELL ANF THE BUYER AGREES TO BUY THE UNDERMENTIONED GOODS ON THE TERMS AND CONDITIONS STATED BELOW .

NAME OF COMMODITY :MEN'S SHIRTS

ARTICLE:M45

QUANTITY:4 000 PCS

UNIT PRICE:USD 10.50/PC CIF HAMBURG

TOTAL VALUE:SAY U. S. DOLLARS TWO HUNDRED AND FORTY THOU-

SAND ONLY

PACKING:20 PIECE IN EXPORT STANDARD CARTION OF 20 PIECE EACH, SOLD COLOUR AND SOLD SIZE. SHIPPING MARK:AT SELLER'S OPTION

SHIPMENT:FROM DALIAN TO HAMBURG,GERMANY BY SEA WITHIN 60DAYS UPON RECEIPT OF THE L/C. TRANSSHIPMENT IS ALLOW. PARTIAL SHIPMENT IS NOT ALLOW.

PAYMENT:BY IRREVOCABLE SIGHET L/C TO REACH THE SELLERS 30DAYS BEFORE THE TIME OF SHIPMENT AND REMAAIN VALID FOR NEGOTIATION IN CHINA UNTIL THE 15 TH DAY AFTER THE DATE OF SHIPMENT.

【实训任务】

1. 根据实训情境,结合本项目内容,翻译销售合同并撰写国际货物买卖合同。
2. 撰写《国际货物买卖合同》实训报告。

| 《国际货物买卖合同》实训报告 |||
|---|---|---|
| 项目实训班级: | 项目小组: | 项目组成员: |
| 实训时间: 年 月 日 | 实训地点: | 实训成绩: |
| 实训目的: ||||
| 实训步骤: ||||
| 实训结果: ||||
| 实训感言: ||||
| 不足与今后改进: ||||
| 项目组长评定签字: | 项目指导教师评定签字: ||

# 项目二　国际贸易术语

● 知识目标

　　理解：国际贸易术语的含义、作用；有关贸易术语的国际贸易惯例。
　　熟知：国际贸易术语的选用；贸易术语的异同之处。
　　掌握：11个贸易术语的基本含义和买卖双方的责任与义务；E组、F组、C组、D组贸易术语的特点。

● 技能目标

　　具备正确选用贸易术语的能力，并能领悟到其在工作中如何运用；具备分析相关案例的能力。

● 素质目标

　　具有根据交易条件，如何划分买卖双方的风险、责任和费用，选择对自己有利的贸易术语的能力进行价格谈判，从而做到学、思、用贯通，知、信、行统一。

● 思政目标

　　培养学生遵守国际贸易职业道德和规范，通过本项目的学习，要求学生具备良好的社会职业道德、商业伦理、保守商业秘密等意识，并能够在对外贸易实践中结合国家、法律、文化等因素，给出合理的贸易术语选用方案；树立新时代大工匠精神，增厚国之底蕴，付出职业情感，以"质"的提升带动"量"的提高，激发自己勤奋作为、创新发展意识。

● 项目引例

CIF 术语象征性交货

　　某公司以 CIF 条件进口一批货物。货物自装运港，启航不久，载货船舶因遇风暴而沉没。在这种情况下，卖方仍将包括保险单、提单、发票在内的全套单据寄给买方，要求买方支付货款。问进口方是否有义务付款？

**引例评析：**

本案中进口方有义务付款。因为按照 CIF 术语，卖方在规定的日期或期间内，在装运港将货物交到船上，即履行了交货任务。CIF 合同的卖方是凭单履行交货任务的，是象征性交货。卖方按期在约定的地点完成了装运，并向买方提供了合同规定的，包括物权凭证（提单）在内的有关单证，就算完成了交货任务，而无须保证到货。在象征性交货方式下，卖方凭单交货，买方凭单付款。只要卖方如期向买方提供了合同规定的全套合格单证，即使货物在运输途中损坏或灭失，买方也必须付款。卖方将有关单证交给买方后，使买方与轮船公司、保险公司建立了直接的关系，如果货物在运输途中发生灭失，买方可以凭货运单据或保险单据与船方或保险公司交涉。

● **课程思政**

> 通过本项目的学习，大学生要培养精益求精钻研知识的能力，外贸业务中要结合实际，合理选用贸易术语，具有谨慎的工作态度和风险意识，形成正确的世界观、人生观和价值观；国与国相处，要把平等相待、互尊互信放在前面，友善而热情地对待国际商务活动，弘扬和谐、自由、平等、公正的人类共同价值，促进人类文明发展；学以益智、学以励志，坚定文化自信，用勤劳和智慧创造更多的社会财富和美好人生。

## 任务一　国际贸易术语概述

### 一、国际贸易术语的含义与作用

#### （一）国际贸易术语的含义

国际贸易术语（Trade Terms）又称价格术语，是在长期的国际贸易实践中产生的，用来表明商品的价格构成，说明货物交接过程中有关的风险、责任和费用划分问题的专门术语。

国际贸易的买卖双方，一般来说相距遥远，远隔重洋。货物自办理出口手续、领取许可证，到办理运输、保险、报验和报关等，需要经过诸多环节。与此同时，还需要支付相应的费用，如运费、装卸费、保险费、仓储费以及各种捐税和杂项费用等。此外，货物在转运过程中还可能遇到各种自然灾害和意外事故等风险。上述责任由谁负责，手续由谁办理，费用由谁负担，以及风险如何划分，就成为国际贸易实际业务中买卖双方必须明确解决的问题。这样，经过长期的国际贸易实践，逐渐形成了适应各种需要的贸易术语。当买卖双方在合同中确定采用某种贸易术语时，就要求合同的其他条款都与其相适应，因此，在国际贸易中，一般都以合同中规定的贸易术语来确定合同的性质。

动漫视频

国际贸易术语

**【做中学 2—1】** 吴先生在一家商场购买彩电，60 寸彩电的标价是"6 888 元，送货上门"。问：该如何解读"送货上门"？

**解析：**

理解"送货上门"要注意以下问题：①谁负责安排市内运输的车辆？——责任。②谁承担彩电上门以前的风险？——风险。③谁支付市内运费？——费用。

### (二)贸易术语在国际贸易中的作用

1. 有利于买卖双方简化交易手续,缩短洽商时间,节省交易费用

由于每种贸易术语都有其特定的含义,因此,买卖双方只要商定按何种贸易术语成交,即可明确彼此在交接货物方面所应承担的责任、费用和风险。这就简化了交易手续,缩短了洽商交易的时间,从而有利于买卖双方迅速达成交易和订立合同。图2—1显示了贸易术语关于风险的划分。

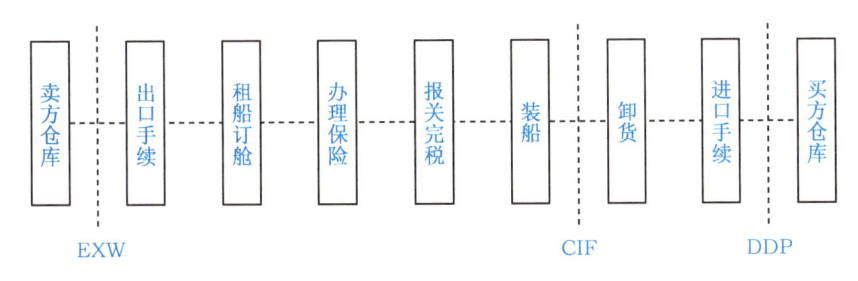

卖方仓库 — 出口手续 — 租船订舱 — 办理保险 — 报关完税 — 装船 — 卸货 — 进口手续 — 买方仓库

EXW　　　　　　　　　　　　　　　　CIF　　　　DDP

图2—1　贸易术语关于风险的划分

2. 有利于买卖双方核算价格和成本

由于贸易术语表示价格构成因素,所以买卖双方确定成交价格时,必然要考虑采用的贸易术语中包含哪些从属费用,这就有利于买卖双方进行比价和加强成本的核算。

3. 有利于解决履约过程当中的争议

买卖双方商订合同时,如对合同条款考虑欠周,使某些事项规定不明确或不完备,致使履约当中产生的争议不能依据合同的规定解决,在此情况下,可以援引有关贸易术语的一般解释来处理。因为贸易术语的一般解释已成为国际惯例,它是大家所遵循的一种类似行为规范的准则。

## 二、有关贸易术语的国际贸易惯例

国际贸易惯例是指国际组织或权威机构为了减少贸易争端,规范贸易行为,在国际贸易实践的基础上,根据贸易习惯和做法制定出的成文的规则,且这些规则根据当事人意思自治的原则,被国际上普遍接受和广泛使用,而成为公认的国际贸易惯例。

国际贸易惯例本身并不是法律,因而不具有法律效力,不能强制推行,但通过政府立法或国际立法可赋予它法律效力。有些国家的法律规定,凡本国法律未规定的,可适用国际惯例。《公约》对国际贸易惯例的作用作了充分的肯定,其中规定,合同没有排除的惯例,人们经常使用和反复遵守的惯例以及人们已经知道和应当知道的惯例,均适用于合同。国际贸易惯例弥补了国际贸易法律的不足,它是国际贸易法律的重要渊源之一。在推动国际贸易发展的历程中,国际贸易惯例与国际贸易法律起着相辅相成的作用。国际商会制定、公布的《国际贸易术语解释通则》和《跟单信用证统一惯例》,已被贸易界、银行界和法律界普遍接受,并成为国际上公认的、通行的常规做法和行为模式,这就有利于简化交易手续,加速成交进程,提高履约率,并便于处理合同争议。由此可见,国际贸易惯例对促进国际贸易正常有序地进行和确保其持续向前发展,起了非常重要的作用。

在国际贸易业务实践中,因各国法律制度、贸易惯例和习惯做法不同,因此,国际上对各种贸易术语的理解与运作互有差异,从而容易引起贸易纠纷。为了避免各国在对贸易术语解释

上出现分歧和引起争议,有些国际组织和商业团体便分别就某些贸易术语做出统一的解释与规定,其中影响较大的主要有

1. 《1932年华沙—牛津规则》

国际法协会制定的《1932年华沙—牛津规则》(Warsaw-Oxford Rules 1932)是国际法协会专门为解释CIF合同而制定的。19世纪中叶,CIF贸易术语在国际贸易中得到广泛采用,然而对使用这一术语时买卖双方各自承担的具体义务,并没有统一的规定和解释。对此,国际法协会于1928年在波兰首都华沙开会,制定了关于CIF买卖合同的统一规则,称为《1928年华沙规则》,共22条。其后,在1930年的纽约会议、1931年的巴黎会议和1932年的牛津会议上,将此规则修订为21条,并更名为《1932年华沙—牛津规则》,沿用至今。这一规则对于CIF的性质、买卖双方所承担的风险、责任和费用的划分以及货物所有权转移的方式等问题都做了比较详细的解释。

2. 《1990年美国对外贸易定义修订本》

《美国对外贸易定义修订本》(Revised American Foreign Trade Definition)是由美国的9大商业团体制定的。它最早于1919年在纽约制定,原称为《美国出口报价及其缩写条例》。后来于1941年在美国第27届全国对外贸易会议上对该条例作了修订,这一修订本经美国商会、美国进口商协会和全国对外贸易协会所组成的联合委员会通过,称为《1941年美国对外贸易定义修订本》(Revised American Foreign Trade Definition 1941),由全国对外贸易协会予以公布。后经1990年再次修订,它被称为《1990年美国对外贸易定义修订本》(Revised American Foreign Trade Definition 1990)。《1990年美国对外贸易定义修订本》主要在美洲国家有较大影响,它对以下6种贸易术语作了解释:

(1) EXW(Ex works)(产地交货)。
(2) FOB(Free on Board)(在运输工具上交货)。
(3) FAS(Free Alongside Ship)(在运输工具旁边交货)。
(4) CFR(Cost and Freight)(成本加运费)。
(5) CIF(Cost,Insurance and Freight)(成本加保险费、运费)。
(6) DEQ(Deliver Ex Quay)(目的港码头交货)。

【注意】由于《1990年美国对外贸易定义修订本》在美洲国家采用较多。它对贸易术语的解释,特别是对FOB、FAS、DEQ的解释尤为独特,且与《国际贸易术语解释通则》有明显的差异,在同美洲国家进行交易时应加以注意。

3. 《国际贸易术语解释通则》

国际商会制定的《国际贸易术语解释通则》(International Rules for the Interpretation of Trade Terms,INCOTERMS),简称《通则》,它是国际商会为了统一对各种贸易术语的解释而制定的。最早的《通则》产生于1936年,后来为适应国际贸易业务发展的需要,先后于1953年、1967年、1976年、1980年、1990年、2000年、2010年和2020年对 INCOTERMS 做了八次修订和补充。最新一次是2019年9月10日,国际商会于法国巴黎正式在全球发布 INCOTERMS® 2020(《国际贸易术语解释通则® 2020》),该规则将于2020年1月1日全球正式生效。《国际贸易术语解释通则》是当今世界对国际贸易影响最大、使用范围最广、包括的内容最多的有关贸易术语的国际贸易惯例。

【注意】《2020通则》的发布实施,并不意味着《2010通则》自动废止,《2020通则》在《2010通则》的基础上,做出了小范围改善,因此,在使用贸易术语时,最好能标明《2020通则》或 IN-

COTERMS®2020，以免引起不必要的争议。

2010年之前的INCOTERMS的版本将贸易术语按卖方承担的责任、费用和风险由小到大分为四组，即E组、F组、C组和D组。《2020通则》共有11个贸易术语，按照适用运输方式不同被划分成两类，将贸易术语分为E组、F组、C组和D组，见表2—1至表2—3所示。E组有1个术语为EXW；F组有3个术语，分别为FCA、FOB和FAS；C组有4个术语，分别为CFR、CIF、CPT和CIP；D组有3个术语，分别为DAP、DPU和DDP。

表2—1　　　　　　　　　INCOTERMS®2020中的11个贸易术语

| 组　　别 | 术语缩写 | 术语英文名称 | 术语中文名称 |
| --- | --- | --- | --- |
| 适用于任何运输方式的术语 | EXW | EX Works | 工厂交货 |
|  | FCA | Free Carrier | 货交承运人 |
|  | CPT | Carriage Paid to | 运费付至 |
|  | CIP | Carriage and Insurance Paid to | 运费和保险费付至 |
|  | DAP | Delivered at Place | 目的地交货 |
|  | DPU | Delivered Place Unloaded | 目的地卸货后交货 |
|  | DDP | Delivered Duty Paid | 完税后交货 |
| 适用于海运和内河水运的术语 | FAS | Free alongside Ship | 船边交货 |
|  | FOB | Free on Board | 船上交货 |
|  | CFR | Cost and Freight | 成本加运费 |
|  | CIF | Cost, Insurance and Freight | 成本、保险费加运费 |

表2—2　　　　　　　　　INCOTERMS®2020买卖双方费用的划分

| 贸易术语 | 出口清关 | 装货费 | 运费 | 保险费 | 进口清关 | 卸货费 |
| --- | --- | --- | --- | --- | --- | --- |
| EXW | 买方 | 买方 | 买方 | 买方 | 买方 | 买方 |
| FCA | 卖方 | 买方/卖方 | 买方 | 买方 | 买方 | 买方 |
| FAS | 卖方 | 买方 | 买方 | 买方 | 买方 | 买方 |
| FOB | 卖方 | 卖方 | 买方 | 买方 | 买方 | 买方 |
| CFR | 卖方 | 卖方 | 卖方 | 买方 | 买方 | 买方 |
| CIF | 卖方 | 卖方 | 卖方 | 卖方 | 买方 | 买方 |
| CPT | 卖方 | 卖方 | 卖方 | 买方 | 买方 | 买方 |
| CIP | 卖方 | 卖方 | 卖方 | 卖方 | 买方 | 买方 |
| DAP | 卖方 | 卖方 | 卖方 | 卖方 | 买方 | 买方 |
| DPU | 卖方 | 卖方 | 卖方 | 卖方 | 买方 | 卖方 |
| DDP | 卖方 | 卖方 | 卖方 | 卖方 | 卖方 | 买方 |

表 2-3　　　　　　　　　　INCOTERMS® 2020 按交货地点分类和分组

| 按交货地分类 | 组别 | 性质 | 国际代码 | 交货地点 | 适用范围 |
|---|---|---|---|---|---|
| 出口国境内 | E组 | 启运术语 | EXW | 商品所在地、产地 | 全能 |
| 出口国境内 | F组 | 主运费未付术语 | FCA | 出口国指定地点 | 全能 |
| 出口国境内 | F组 | 主运费未付术语 | FAS | 装运港船边 | 水运 |
| 出口国境内 | F组 | 主运费未付术语 | FOB | 装运港船上 | 水运 |
| 出口国境内 | C组 | 主运费已付术语 | CFR | 装运港船上 | 水运 |
| 出口国境内 | C组 | 主运费已付术语 | CIF | 装运港船上 | 水运 |
| 出口国境内 | C组 | 主运费已付术语 | CPT | 出口国指定地点 | 全能 |
| 出口国境内 | C组 | 主运费已付术语 | CIP | 出口国指定地点 | 全能 |
| 进口国境内 | D组 | 到达术语 | DAP | 进口国指定地点 | 全能 |
| 进口国境内 | D组 | 到达术语 | DPU | 进口国指定地点 | 全能 |
| 进口国境内 | D组 | 到达术语 | DDP | 进口国指定地点 | 全能 |

每个INCOTERMS通则对买卖双方各有10项义务,在编排上将卖方义务和买方义务分别以对应方式列出A/B条款,A表示卖方义务,B表示买方义务。每次INCOTERMS通则的修订,会对各条规则的内部顺序、内容和排版方式进行调整。INCOTERMS® 2020 根据买卖双方义务的重要性,对A1—A10、B1—B10进行了重新排序,突出了交货、提货、风险转移的重要性。INCOTERMS® 2020 A/B条款顺序调整情况,如表2-4所示。

表 2-4　　　　　　　　INCOTERMS® 2020 A/B 条款顺序调整情况一览表

| \multicolumn{4}{c}{INCOTERMS® 2020} | \multicolumn{4}{c}{INCOTERMS 2010} |
|---|---|---|---|---|---|---|---|
| A | 卖方义务 | B | 买方义务 | A | 卖方义务 | B | 买方义务 |
| A1 | 一般义务 | B1 | 一般义务 | A1 | 卖方一般义务 | B1 | 买方一般义务 |
| A2 | 交货 | B2 | 提货 | A2 | 许可证、授权、安检通关和其他手续 | B2 | 许可证、授权、安检通关和其他手续 |
| A3 | 风险转移 | B3 | 风险转移 | A3 | 运输合同和保险合同 | B3 | 运输合同和保险合同 |
| A4 | 运输 | B4 | 运输 | A4 | 交货 | B4 | 收取货物 |
| A5 | 保险 | B5 | 保险 | A5 | 风险转移 | B5 | 风险转移 |
| A6 | 交货/运输单据 | B6 | 交货/运输单据 | A6 | 费用划分 | B6 | 费用划分 |
| A7 | 出口/进口清关 | B7 | 出口/进口清关 | A7 | 通知买方 | B7 | 通知卖方 |
| A8 | 查验/包装/标记 | B8 | 查验/包装/标记 | A8 | 交货凭证 | B8 | 交货证据 |
| A9 | 费用划分 | B9 | 费用划分 | A9 | 查对、包装、标记 | B9 | 货物检验 |
| A10 | 通知 | B10 | 通知 | A10 | 协助提供信息及相关费用 | B10 | 协助提供信息及相关费用 |

## 四、《国际贸易术语解释通则® 2020》

全球化经济为商业活动进入世界各地市场提供了前所未有的广阔途径,货物正以更大数量、更多种类在更多国家进行买卖。但是,随着全球贸易量的增大与复杂程度的提高,买卖合同起草不当引起误解和高成本纠纷的可能性也随之增加。

《国际贸易术语解释通则®》(INCOTERMS®)是一套国际商会关于国内外贸易术语使用的通则,旨在便利全球贸易活动,避免世界各地贸易商之间因不同做法和不同法律解释对国际贸易的阻碍。在买卖合同中使用 INCOTERMS® 中的术语可以帮助简化并明确国际贸易体系下买卖双方有关货物交付、运输及清关手续方面的某些合同义务,为企业的贸易行为提供指导性和可预测性,并减少法律纠纷风险。

自 1936 年国际商会创立 INCOTERMS® 以来,这套全球普遍接受的合同标准不断定期更新以适应国际贸易的发展。值国际商会成立 100 周年之际,2019 年 9 月 10 日,国际商会于法国巴黎正式在全球发布 INCOTERMS® 2020(《国际贸易术语解释通则® 2020》),该规则将于 2020 年 1 月 1 日全球正式生效。INCOTERMS® 2020 在 2010 版本的基础上更进一步明确了买卖双方的责任,其生效后对贸易实务、国际结算和贸易融资实务等方面都将产生重要的影响,为下一个世纪的全球贸易做好准备。

INCOTERMS® 2020 考虑了日益普遍的货物运输安全需求,不同货物及运输性质对保险承保范围的灵活性需求,及 FCA(货交承运人)规则下部分融资性销售情形中银行对装船提单的需求。

INCOTERMS® 2020 具体主要修订如下。

### (一)对 FCA 规则增加签发装船提单选项

FCA(货交承运人)是指卖方在卖方所在地或其他指定地点将货物交给买方指定的承运人或其他人。在货物海运销售中,货物在卖方运输工具上备妥待卸并置于承运人或买方指定的其他人控制之时,交货即告完成。

FOB(船上交货)是指卖方以在指定装运港将货物装上买方指定的船舶或通过取得已交付至船上货物的交货方式。货物灭失或损坏的风险在货物交到船上时转移,同时买方承担自那时起的一切费用。

FOB 可能不适合于货物在上船前已经交给承运人的情况。例如,用集装箱运输的货物通常是在集装箱码头交货,货物被储藏在集装箱码头等待船只到达并装船,而不是实际将货物装到船上。该集装箱码头常常由买方的海运承运人指定。因为若集装箱在集装箱码头中损坏,即使卖方与集装箱码头经营者没有任何合同关系,损失仍由卖方承担。此时应当使用 FCA 术语,因为在 FCA 规则下,卖方将集装箱交给承运人而无需等待集装箱装船即完成了对买方的交货。

在以上情形中,卖方会坚持使用 FCA 术语,但同时卖方又希望使用信用证这一付款方式,而信用证通常要求出示提单。根据运输合同,承运人只可能在货物实际装船后才会签发装船提单,而在 FCA 规则下,卖方的交货义务在货物装船前已经完成,因此,卖方交货时无法从承运人处获得装船提单。

为解决以上问题,INCOTERMS® 2020 中 FCA 术语 A6/B6 中增加了一个附加选项。即:买卖双方可以约定买方指示其承运人在货物装运后向卖方签发装船提单,卖方随后方才有义务向买方(通常通过银行)提交提单。尽管国际商会意识到装船提单和 FCA 项下的交货存在矛盾,但这符合用户需求。值得注意的是,即使采用该附加选项,卖方并不因此受买方签署的运输合同条款的约束。

### (二)费用划分条款的调整

在 INCOTERMS® 2020 规则的条款排序中,费用划分条款列在各术语的 A9/B9(IN-COTERMS 2010 列在 A6/B6 项下)。除了序号的改变,在 INCOTERMS® 2020 中,A9/B9 统一罗列了原 INCOTERMS 2010 中散见于各不同条款中对应的费用项目,如 FOB 在 IN-COTERMS 2010 中,与获得交货凭证相关的费用仅出现在 A8"交货凭证",而非 A6"费用划分"。因而 INCOTERMS® 2020 中的 A9/B9 较 INCOTERMS 2010 中的 A6/B6 篇幅更长。

对费用划分条款的修订,目的在于提供给用户一站式费用列表,使买方或卖方得以在一个条款中找到其选择的 INCOTERMS 术语所对应的所有费用。这使得卖方和买方之间费用的分摊得到了改进和明确。

同时,原散见于各条款的费用项目仍然保留,如 FOB 术语中获取凭证对应的费用同时出现在 A6/B6 及 A9/B9,方便用户在想了解某一特定事项的费用划分时可直接翻阅相关特定条款而非总括条款。

### (三)CIP 保险条款调整为必须符合《协会货物保险条款》中条款(A)的承保范围

在 INCOTERMS 2010 规则中,CIF(成本、保险费加运费)和 CIP(运费和保险费付至)规定了卖方必须自付费用取得货物保险的责任。该保险至少应当符合《协会货物保险条款》(Institute Cargo Clauses,LMA/IUA 中)条款(C)(Clauses C)或类似条款的最低险别。

《协会货物保险条款》中的条款(C)规定了承保"除外责任"各条款规定以外列明的风险,它只承保"重大意外事故",而不承保"自然灾害及非重大意外事故"。其具体承保的风险有:①火灾、爆炸。②船舶或驳船触礁、搁浅、沉没或倾覆。③陆上运输工具倾覆或出轨。④在避难港卸货。⑤共同海损。⑥抛货。

在 INCOTERMS® 2020 规则中,对保险义务的设定,CIF 规则维持现状,即默认条款(C),但当事人可以协商选择更高级别的承保范围;而对于 CIP 规则,卖方必须取得符合《协会货物保险条款》里的条款(A)承保范围的保险,但当事人可以协商选择更低级别的承保范围。

《协会货物保险条款》中的条款(A)采用"一切风险减除外责任"的办法,即除了"除外责任"项下所列风险保险人不予负责外,其他风险均予负责。条款(A)承保的风险比条款(C)要大得多,这有利于买方,也导致卖方额外的保费。

这一修订的原因在于 CIF 更多地用于海上大宗的商品贸易,CIP 作为多式联运术语,更多地用于制成品。

### (四)FCA、DAP、DPU 及 DDP 允许卖方/买方使用自己的运输工具

INCOTERMS 2010 中假定卖方和买方之间的货物运输将由第三方承运人进行,未考虑到由卖方或买方自行负责运输的情况。

INCOTERMS® 2020 中则考虑到卖方和买方之间的货物运输不涉及第三方承运人的情形。因此,在 D 组规则 DAP(目的地交货)、DPU(目的地交货并卸货)及 DDP(完税后交货))中,允许卖方使用自己的运输工具。同样,在 FCA(货交承运人)中,买方也可以使用自己的运输工具收货并运输至买方场所。

### (五)DAT 更改为 DPU

INCOTERMS 2010 中,DAT(DELIVERED AT TERMINAL 运输终端交货)与 DAP(DELIVERED AT PLACE 目的地交货)唯一的区别是在 DAT 中卖方将货物从抵达的运输

工具上卸下至"运输终端"即完成交付；而在 DAP 中卖方将货物置于抵达的运输工具上且做好卸载货物的准备，由买方处置无需卸货即完成交付。

INCOTERMS 2010 中 DAT 的"使用说明"中将"运输终端"广泛地定义为"任何地点，而不论该地点是否有遮盖，例如码头、仓库集装箱堆积场或公路、铁路、空运货站"。

国际商会对 DAT 和 DAP 做了两项修订。首先，INCOTERMS® 2020 中两个术语的排列位置改变了，交货发生在卸货前的 DAP 现在列在 DAT 前。其次，DAT 更改为 DPU（DELIVERED AT PLACE UNLOADED 目的地交货并卸货），更强调目的地可以是任何地方而不仅仅是"运输终端"使其更加笼统，符合用户需求，即用户可能想在运输终端以外的场所交付货物（虽然实质内容并无其他改变）。但若目的地不是运输终端，卖方需确保其交货地点可以卸载货物。

### （六）在运输责任及费用划分条款中增加安保要求

INCOTERMS 2010 各规则的 A2/B2 及 A10/B10 中简单提及了安保要求。随着运输安全（例如对集装箱进行强制性检查）要求越来越普遍，INCOTERMS® 2020 将与之相关的安保要求明确规定在了各个术语的 A4"运输合同"及 A7"出口清关"中，因安保要求增加的成本，也在 A9/B9 费用划分条款中作了更明确的规定。

### （七）升级"使用说明"为"用户注释"

INCOTERMS® 2020 中各规则首部的"使用说明"为"用户注释"。用户注释阐明了 INCOTERMS® 2020 中各术语的基本原则，如何时适用，风险何时转移及费用在买卖双方间的划分；旨在（1）帮助用户有效及准确地选择适合其特殊交易的术语；及（2）就受 INCOTERMS® 2020 制约的合同或争议提供部分需要解释问题的指引。

## 任务二　常用国际贸易术语

### 一、适用于海运和内河水运的术语

这部分包括 INCOTERMS® 2020 中的三个术语，FOB、CFR 和 CIF。这一类术语的交货地点和将货物交至买方的地点都是港口，因此被划分为"适用于海运和内河水运的术语"。在 FOB、CFR 和 CIF 三个术语中，取消了以"船舷"作为交货地点的表述，取而代之的是货物置于"船上"时完成交货。

#### （一）FOB（Free on Board）船上交货

1. FOB 术语的含义

FOB 的全称是 Free on Board（insert named port of shipment），即船上交货（插入指定装运港），在 INCOTERMS® 2020 中是指卖方以在指定装运港将货物装上买方指定的船舶或通过取得已交付至船上货物的方式交货。货物灭失或损坏的风险在货物交到船上时即转移，同时买方承担自那时起的一切费用。

FOB 术语要求卖方办理货物出口清关手续。但卖方无义务办理进口清关、支付任何进口税或办理任何进口海关手续。

【注意】当使用集装箱运输货物时，卖方通常将货物在集装箱码头移交给承运人，而不是交到船上，这时不宜使用 FOB 术语，而应使用 FCA 术语。

该术语仅适用于海运或内河水运。图 2-2 是 FOB 示意图。

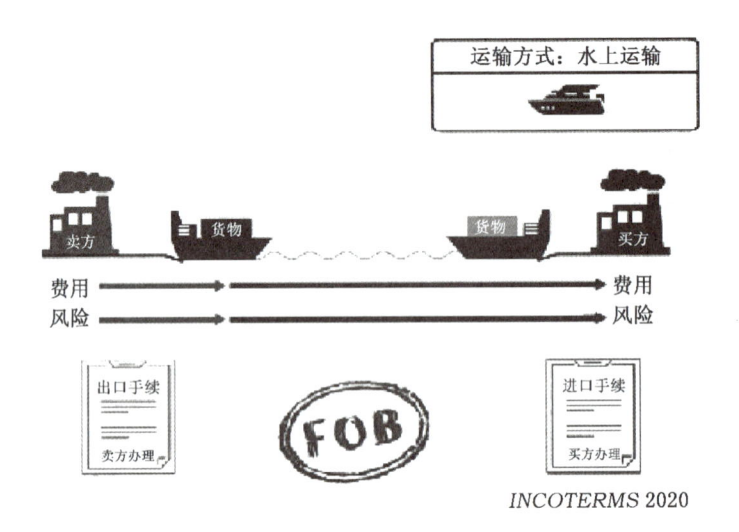

图 2—2　FOB 示意图

**2. FOB 术语买卖双方的义务**

卖方义务：(1)在合同规定的时间和装运港口,将符合合同规定的货物交到买方指派的船上,并及时通知买方。(2)承担货物交至装运港船上之前的一切费用和风险。(3)自负风险和费用,取得出口许可证或其他官方批准文件,并且办理货物出口所需的一切海关手续。(4)提交商业发票和自费提供证明卖方已按规定交货的清洁单据或具有同等作用的电子信息。

买方义务：(1)订立从指定装运港运输货物的合同,支付运费,并将船名、装货地点和要求交货的时间及时通知卖方。(2)根据买卖合同的规定受领货物并支付货款。(3)承担受领货物之后所发生的一切费用和风险。(4)自负风险和费用,取得进口许可证或其他官方证件,并办理货物进口所需的海关手续。

FOB 买卖双方的义务如表 2—5 所示。

表 2—5　　　　　　　　　　　　　FOB 买卖双方的义务

| 卖方义务 | 买方义务 |
| --- | --- |
| 领取出口许可证,办理出口 | 领取进口许可证,办理进口 |
| 指定时间货物装上船,通知买方 | 租船订舱,通知卖方 |
| 提交相关单据或相等电子信息 | 接受交货凭证和货物,付款 |
| 承担货物装上船之前的一切风险和费用 | 承担货物装上船之后的一切风险和费用 |

**3. 使用 FOB 术语应注意的问题**

(1)交货方式问题。在 INCOTERMS 2010 中,FOB 术语下卖方应将货物在船上交付或者取得已在船上交付的货物。此处使用"取得"一词适用于商品贸易中常见的交易链中的链式销售。与特定产品的销售不同,在商品销售中,货物在运送至销售链终端的过程中常常被多次转卖。出现此种情况时,在销售链中间的卖方实际上不运送货物,因为处于销售链始端的卖方已经安排了运输,因此,处在销售链中间的卖方不是以运输货物的方式,而是以"取得"货物的方式,履行其对买方的义务。为了澄清此问题,贸易术语中包括"取得运输中货物"的义务,并以其作为在相关术语中运输货物义务的替代义务。

(2)船货衔接问题。按FOB术语成交的合同,卖方负责在指定的装运港把货装在买方派来的船上,因此船货衔接就是一个重要的问题。如果船只提前或延迟到达指定的装运港,则船等货或货等船引起的费用损失均要由买方负担,因此在FOB合同中,必须对船货衔接问题作明确规定,可在合同中规定,如买方没能按期派船,包括未经卖方同意提前将船派到或延迟派到装运港,卖方有权拒绝交货,并由买方承担由此造成的各种损失和费用,如空舱费(Dead Freight)、滞期费(Demurrage)以及仓储费等。如成交数量不大,只需部分舱位或用班轮装运时,卖方可接受买方委托代为租船或订舱,但这纯属代办性质,运费仍由买方负担;如租不到船只或订不到舱位,则其风险由买方自负。为了避免发生买方船到而卖方货未备妥或卖方备妥货物而不见买方载货船舶的情况,买卖双方必须相互给予充分的通知。例如,卖方应及时将备货进度告知买方,以便买方适时租船订舱;买方租船订舱后也应及时将船名、航次、预计到达装运港的时间通知卖方,以便卖方做好交货准备。

(3)关于装船费用的划分问题。FOB合同买卖双方费用的划分是以货物交到船上为界。在班轮运输的情况下,由于班轮运费包括装船费用和在目的港的卸货费用,因此,装船费用实际上由买方负担。但是在买方用定程租船方式装运货物时,涉及与装船有关的理舱费和平舱费由谁负担的问题,需要买卖双方进行洽商。为了明确有关装船费用的划分,也可以在FOB术语后加列字母或缩写表示附加条件,即用FOB术语的变形来表示。常见的FOB术语变形有以下几种。

①FOB班轮条件(FOB Liner Terms),指装船费用如同班轮装运一样,即由船方负担。

②FOB吊钩下交货(FOB Under Tackle),指卖方将货物置于轮船吊钩所及之处,从货物起吊开始的装船费用由买方负担。

③FOB包括理舱(FOB Stowed,FOBS.),指卖方负责将货物装入船舱并支付包括理舱费在内的装船费用。

④FOB包括平舱(FOB Trimmed,FOBT.),指卖方负责将货物装入船舱并支付包括平舱费在内的装船费用。

⑤FOB包括理舱、平舱(FOB Stowed and Trimmed,FOBST.),指卖方负责将货物装入船舱,并支付包括理舱费和平舱费在内的装卸费用。

【提示】对贸易术语的变形,国际上并无统一和权威性的解释,位于不同国家或地区的交易双方对其理解可能有所偏差。对此,INCOTERMS® 2020也进行了提示,为了避免意外,当事人需要在合同中非常清晰地明确此类修改意欲达到的效果。如果合同当事人修改了费用分摊,那么也应清楚地表明他们是否同时希望改变交货和风险转移至买方的点。

【注意】使用贸易术语变形可以明确和改变买卖双方关于费用和手续的划分,但不改变交货地点和风险划分的界限。

【提示】INCOTERMS® 2020对这些术语后添加的词句不提供任何指导性规定,建议买卖双方在合同中明确规定。

(4)《1990年美国对外贸易定义修订本》对FOB术语的不同解释。在《1990年美国对外贸易定义修订本》中FOB适用于各种运输方式,只能在FOB后加注"vessel"并列明装运港名称,才认同是在装运港交货。采用此种解释时,如在旧金山进行船上交货 就应表示为FOB vessel San Francisco;如未写明为FOB vessel San Francisco,则卖方有权在旧金山市的内陆运输工具上交货,不负责交到旧金山港口的船上。因此,与北美商人做交易时,尤其是进口贸易,一定要注意在FOB后接的港口名称之间加上vessel(货轮)一词,并注意两者之间的区别。

另外，关于办理出口手续问题上也存在分歧。根据 INCOTERMS® 2020 在 FOB 条件下，卖方义务之一是自负风险及费用，取得出口许可证或其他官方批准证件，并办理货物出口所必需的一切海关手续。但是，根据《1990 年美国对外贸易定义修订本》卖方只是"在买方请求并由其负担费用的情况下，协助买方取得由原产地及装运地国家签发的、为货物出口或在目的地进口所需的各种证件"。在实际业务中，如果买方不想承担出口清关的税费，应明确提出按 INCOTERMS® 2020 办理。

### 同步案例 2-1　　　　　　FOB 贸易术语的应用

我国某外贸公司以 FOB 中国港口条件与新加坡商人达成一笔出口交易，新商开来信用证的金额和单价均按 FOB 中国港口计，要求货运日本横滨港，并在提单上表明"运费已付"字样，试分析新商为什么要这样做？我方应如何处理？

**【案例精析】**　我司以 FOB 中国港口条件与新加坡商人成交，因此无须支付运费，新商却要求提单上表明"运费已付"字样，可能是新商是一个中间商，将货物转售下家时采用了主运费已付类的术语，比如 CIF 等，下家要求提单上表明"运费已付"字样，所以他向我司提出此要求。为了便于新商的交易，我司可以答应该要求，但前提是新商要把运费事先付给我司。

### （二）CFR 成本加运费

**1. CFR 术语的含义**

CFR 的全称是 Cost and Freight(insert named port of destination)，即成本加运费（插入指定目的港），在 INCOTERMS® 2020 中是指卖方在船上交货或以取得已经这样交付的货物方式交货。货物灭失或损坏的风险在货物交到船上时即转移。卖方必须签订合同，并支付必要的成本和运费，将货物运至指定的目的港。卖方按照所选择的方式将货物交付给承运人时，即完成其交货义务，而不是货物到达目的地之时。如适用时，CFR 术语要求卖方办理出口清关，但卖方无义务办理进口清关、支付任何进口税或办理任何进口海关手续。

**【注意】**　当使用集装箱运输货物时，卖方通常将货物在集装箱码头移交给承运人，而不是交到船上，这时不宜使用 CFR 术语，而应使用 CPT 术语。

该术语仅适用于海运或内河水运。图 2-3 是 CFR 示意图。

**2. CFR 术语买卖双方的义务**

卖方义务：(1)签订从指定装运港承运货物运往约定目的港的合同；在买卖合同规定的时间和港口，将符合合同要求的货物装上船并支付至目的港的运费；装船后及时通知买方。(2)承担货物交至装运港船上之前的一切费用和风险。(3)自负风险和费用，取得出口许可证或其他官方证件，并办理出口所需的一切海关手续。(4)提交商业发票，及自费向买方提供买方在目的港提货所用的通常的运输单据，或具有同等作用的电子信息。

买方义务：(1)接受卖方提供的有关单据，受领货物并按合同规定支付货款。(2)承担货物交至装运港船上以后的一切风险。(3)自负风险和费用，取得进口许可证或其他官方证件，并且办理货物进口所需的海关手续，支付关税及其他有关费用。

CFR 买卖双方的义务如表 2-6 所示。

图 2-3　CFR 示意图

表 2-6　　　　　　　　　　　　　　CFR 买卖双方的义务

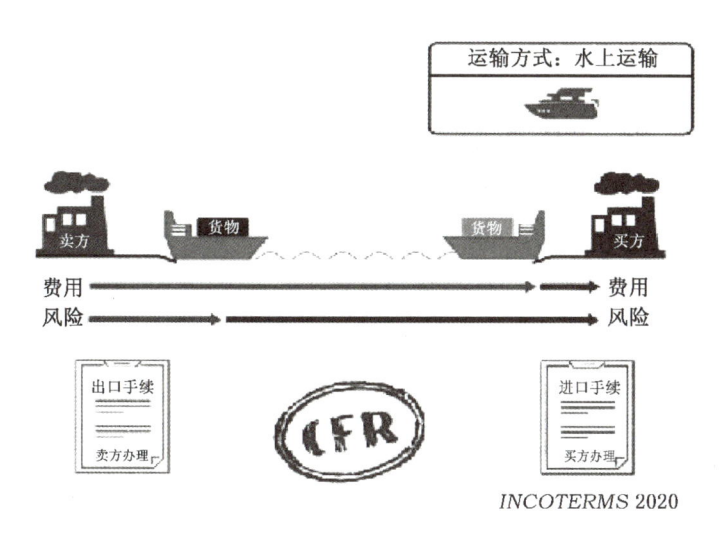

| 卖方义务 | 买方义务 |
| --- | --- |
| 领取出口许可证,办理出口手续 | 领取进口许可证,办理进口手续 |
| 租船订舱,并在规定时间将货物装上船,通知买方 | 接受交货凭证和货物,付款 |
| 提交相关单据或对等电子信息 |  |
| 承担货物装上船前的一切风险和费用 | 承担货物装上船后的一切风险和费用 |

3. 使用 CFR 术语应该注意的问题

(1) CFR 术语的两个关键点。由于风险转移和费用转移的地点不同,该术语有两个关键点。虽然合同通常都会指定目的港,但不一定都会指定装运港,而装运港是风险转移至买方的地方。如果装运港对买方具有特殊意义,特别建议双方在合同中尽可能准确地指定装运港。

(2) 明确规定目的港的指定地点。在 CFR 术语下,由于卖方要承担将货物运至目的港的具体地点的费用,特别建议双方应尽可能确切地在指定目的港内明确该点。建议卖方取得完全符合该选择的运输合同。如果卖方按照运输合同在目的港交付点发生了卸货费用,则除非双方事先另有约定,否则卖方无权向买方要求补偿该项费用。

(3) CFR 术语交货问题。CFR 术语下卖方需要将货物在船上交付,或以取得已经这样交付运往目的港的货物的方式交货。此外,卖方还需要签订一份运输合同,或者取得一份这样的合同。此处使用"取得"一词适用于商品贸易中常见的交易链中的链式销售。

(4) CFR 术语下装船通知的重要性。装船通知又称装运通知(Shipping Advice),指的是出口商在货物装船后发给进口方的包括货物详细装运情况的通知,其内容通常包括货名、装运数量、船名、装船日期、合同或信用证号码等,其目的在于让进口商做好付款、购买保险或准备提货手续,在 CFR 术语下,卖方负责安排运输,而买方自行办理保险,因此在 CFR 术语下强调卖方必须向买方发出已装船的通知,以便买方采取收取货物通常所需要的措施。

按照国际惯例,如果卖方未能及时向买方发出已装船的通知,致使买方未能及时办理保险,则货物在运输途中发生灭失或损坏,其风险仍由卖方承担。所以,CFR 术语下的装船通知具有重要的作用。

### 同步案例 2—2　　　　CFR 贸易术语的应用

我方以 CFR 贸易术语与 B 国的 H 公司成交一批消毒碗柜的出口合同,合同规定装运时间为 4 月 15 日前。我方备妥货物,并于 4 月 8 日装船完毕。由于业务繁忙,我公司业务员忘记及时向买方发出装运通知,导致买方未能及时办理投保手续,而货物在 4 月 8 日晚因发生了火灾被烧毁。问:货物损失责任由谁承担?为什么?

【案例精析】　货物损失责任由卖方承担。按照 INCOTERMS® 2020 的规定,卖方在装船完毕后应及时向买方发出装运通知,以便买方办理投保手续,否则,由此产生的风险应由卖方承担。本案中,因为我方未及时发出装运通知,导致买方未能及时办理投保手续,未能将风险及时转移给保险公司,因而,风险应由我方承担。

(5)CFR 术语下租船订舱问题。在 CFR 术语下,卖方必须签订或取得运输合同,将货物自交货地内的约定交货地点运送至指定目的港或该目的港的交付点。必须按照通常条件订立合同,由卖方支付费用,经由通常航线,由通常运输该类商品的船舶运输。基于此,如果买方为了降低自身承担的风险,对船龄、船籍、船级、船型以及指定某航运公司的船只等提出限制性要求,卖方可以拒绝接受,如果卖方接受了买方限制性的条件,则必须严格执行。

(6)关于卸货费用的划分。在班轮运输情况下,由于班轮运费包括装船费用和在目的港的卸货费用,因此,CFR 条件下的卸货费用实际上由卖方负担,但大宗商品的交易通常采用租船运输。在多数情况下,船公司一般是不负担装卸费的,因此,在 CFR 条件下,买卖双方容易在装卸费由何方负担的问题上产生争议。船方是否承担装卸责任,即运费中是否包括装卸费用,要由租船合同另行规定。故买卖双方在商定买卖合同时,应明确装卸费用由谁负担。CFR 术语中有关程租船运输中卸货费用的负担通常采用 CFR 术语的变形来说明。

常见的 CFR 术语变形有以下几种。

①CFR 班轮条件(CFR Liner Terms)。指卸货费由承运人支付,实际上由卖方支付。

②CFR 舱底交货(CFR EX ship's Hold)。指买方负担将货物从舱底吊卸到码头的费用。

③CFR 吊钩下交货(CFR EX Tackle)。指卖方负责将货卸离船舶吊钩。如船不能靠泊在锚地卸货,买方须承担风险和费用另租用驳船,在载货船的吊钩下接收货物。

④CFR 卸到岸上(CFR Landed)。指卖方负责将货卸到岸上。如船不能靠泊在锚地卸货,那么卖方须承担风险和费用租用驳船。

【注意】　使用贸易术语变形可以明确和改变买卖双方关于费用和手续的划分,但不改变交货地点和风险划分的界限。

【提示】　INCOTERMS® 2020 对这些术语后添加的词句不提供任何指导性规定,建议买卖双方在合同中明确规定。

### (三)CIF 成本、保险费加运费

1.CIF 术语的含义

CIF 的全称是 Cost,Insurance and Freight(insert named port of destination),即成本、保险费加运费(插入指定目的港)。在 INCOTERMS® 2020 中是指卖方在船上交货或以取得已经这样交付的货物方式交货。货物灭失或损坏的风险在货物交到船上时即转移。卖方必须签订合同,并支付必要的成本和运费,以将货物运至指定目的港。卖方按照所选择的方式将货物交付给承运人时,即完成其交货义务,而不是货物到达目的地之时。

卖方还要为买方在运输途中货物的灭失或损坏风险办理保险。

CIF术语要求卖方办理货物出口清关手续,但卖方无义务办理进口清关、支付任何进口税或办理任何进口海关手续。

【注意】当使用集装箱运输货物时,卖方通常将货物在集装箱码头移交给承运人,而不是交到船上,这时不宜使用CIF术语,而应使用CIP术语。

该术语仅适用于海运和内河水运。图2-4是CIF示意图。

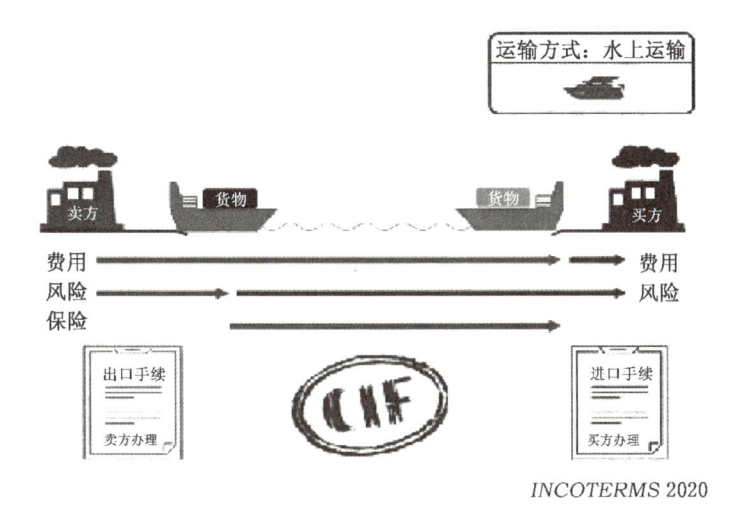

图2-4　CIF示意图

2. CIF术语买卖双方的义务

卖方义务:(1)签订从指定装运港承运货物的合同;在合同规定的时间和港口,将合同要求的货物装上船并支付至目的港的运费;装船后须及时通知买方。(2)承担货物交至装运港船上之前的一切费用和风险。(3)按照买卖合同的约定,自负费用办理水上运输保险。(4)自负风险和费用,取得出口许可证或其他官方批准文件,并办理出口所需的一切海关手续。(5)提交商业发票和在目的港所用的通常的运输单据,或对等的电子信息,并且自费向买方提供保险单据。

买方义务:(1)接受卖方提供的有关单据,受领货物并按合同规定支付货款。(2)承担货物交至装运港船上之后的一切风险。(3)自负费用和风险,取得进口许可证或其他官方证件,并且办理货物进口所需的海关手续。

CIF买卖双方的义务见表2-7所示。

表2-7　　　　　　　　　　　CIF买卖双方的义务

| 卖方义务 | 买方义务 |
| --- | --- |
| 领取出口许可证,办理出口手续 | 领取进口许可证,办理进口手续 |
| 租船订舱,办理保险缴纳保费,并在规定时间将货物装上船,通知买方 | 接受交货凭证和货物,付款 |
| 提交相关单据或对等电子信息 | |
| 承担货物装上船之前的一切风险和费用 | 承担货物装上船之后的一切风险和费用 |

### 3. 使用 CIF 术语应注意的问题

(1) CIF 术语的两个关键点。风险转移和费用转移的地点是该术语的两个关键点。虽然合同通常都会指定目的港，但不一定都会指定装运港，而装运港是风险转移至买方的地方。如果装运港对买方具有特殊意义，特别建议双方在合同中尽可能准确地指定装运港。

(2) 应明确规定目的港的指定地点。CIF 术语下，由于卖方要承担将货物运至目的港的具体地点的费用，特别建议双方应尽可能确切地在指定目的港内明确该点。建议卖方取得完全符合该选择的运输合同。如果卖方按照运输合同在目的港交付点发生了卸货费用，则除非双方事先另有约定，否则卖方无权向买方要求补偿该项费用。

(3) CIF 术语交货问题。在 INCOTERMS® 2020 中，CIF 术语下卖方需要将货物在船上交付，或以取得已经这样交付运往目的港的货物的方式交货。此外，卖方还需要签订一份运输合同，或者取得一份这样的合同。此处使用"取得"一词适用于商品贸易中常见的交易链中的链式销售。

(4) 关于卸船费用的划分问题。同 CFR 术语一样的，CIF 术语有关程租船运输中卸货费用的划分也是通过变形来说明的，主要包括

① CIF 班轮条件(CIF Liner Terms)。指卸货费由承运人支付，实际上由卖方支付。

② CIF 舱底交货(CIF EX Ship's Hold)。指买方负担将货物从舱底吊卸到码头的费用。

③ CIF 吊钩交货(CIF EX Tackle)。指卖方负责将货卸离船舶吊钩。如船不能靠泊在锚地卸货，买方须承担风险和费用另租用驳船，在载货船的吊钩下接收货物。

④ CIF 卸到岸上(CIF Landed)。指卖方负责将货卸到岸上。如船不能靠泊在锚地卸货，卖方须承担风险和费用另租用驳船。

【注意】使用贸易术语变形可以明确和改变买卖双方关于费用及手续的划分，但不改变交货地点和风险划分的界限。

【提示】INCOTERMS® 2020 对这些术语后添加的词句不提供任何指导性规定，建议买卖双方在合同中明确规定。

## 同步案例 2—3　　　　CIF 贸易术语的应用

有一份 CIF 合同，出售一级咖啡豆 50 吨。合同规定"CIF 纽约每吨 569 美元，6 月份装船，卖方在纽约提供单据，由买方支付现金。"货物于 6 月 15 日装船，但卖方一直拖到 7 月 20 日才把单据交给买方。由于当时咖啡豆国际市场价格下跌，买方拒绝接受单据，除非卖方赔偿差价损失。试问在上述情况下，买方有无拒绝接受单据的权利？为什么？

【案例精析】按照 CIF 术语，卖方在规定的日期或期间内，在装运港将货物交到船上，即为履行了交货任务。CIF 合同的卖方是凭单履行交货任务的，是象征性交货。

现在卖方虽然按时交了货物，却未能如期向买方提供合同规定的全套合格单证。换言之，尽管货物到达目的港了，卖方没有及时交单，就是没有交货。海轮到达目的港以后，买方眼看货物到了，因为没有物权凭证(提单)无法提货，又遭遇咖啡豆国际市场价格下跌，买方损失惨重，当然有权拒绝接受单据。

(5) 有关保险问题。在 CIF 合同中，卖方要为买方在运输途中货物的灭失或损坏风险办理保险。买方应该注意到，在 CIF 下卖方仅需投保最低险别，如买方需要更多保险保护的话，则需与卖方明确达成协议，或自行做出额外安排。INCOTERMS® 2020 对卖方的保险责任

有如下规定:卖方必须按照合同规定,自付费用取得货物保险。该保险至少符合《英国伦敦协会海运货物保险条款》(简称《协会货物条款》)或其他类似条款中的最低险别。保险应与信誉良好的承保人或保险公司订立。应使买方或其他对货物有可保利益者有权直接向保险人索赔。如果能投保的话,应买方要求,并由买方负担费用,卖方应办理任何附加险别。最低保险金额应包括合同规定的价款另加10%(即110%),并应采用合同货币。在实际业务中,为了明确责任,我国外贸企业在与国外客户洽谈交易采用CIF术语时,一般都应在合同中具体规定保险金额、保险加成、保险险别和适用的保险条款。

(6)象征性交货问题。象征性交货(Symbolic Delivery)是相对实际交货(Physical Delivery)而言的。前者指卖方只要按期在约定地点完成装运,并向买方提交合同规定的包括物权凭证在内的有关单证,就算完成了交货义务,而无须保证到货。后者则是指卖方要在规定的时间和地点,将符合合同规定的货物提交给买方或其指定人,而不能以交单代替交货。在象征性交货方式下,卖方是凭单交货,买方是凭单付款,只要卖方按时向买方提交了符合合同规定的全套单据,即使货物在运输途中损坏或灭失,买方也必须履行付款义务。反之,如果卖方提交的单据不符合要求,即使货物完好无损地运达目的地,买方仍有权拒付货款。由此可见,CIF交易实际上是一种单据的买卖。所以,装运单据在CIF交易中具有特别重要的意义。但是,必须指出,按CIF术语成交,卖方履行其交单义务,只是得到买方付款的前提条件,除此之外,卖方还必须履行交货义务。如果卖方提交的货物不符合要求,买方即使已经付款,仍然可以根据合同的规定向卖方提出索赔。

### 同步案例2-4　　　　　　象征性交货的应用

我国某出口公司对加拿大魁北克某进口商出口500吨三路核桃仁,合同规定价格为每吨5 800加拿大元CIF魁北克,装运期不得晚于10月31日,不得分批和转运并规定货物应于11月30日前到达目的地,否则买方有权拒收,支付方式为90天远期信用证。加方于9月25日开来信用证。我方于10月5日装船完毕,但船到加拿大东岸时已是11月25日,此时魁北克已开始结冰。承运人担心船舶驶往魁北克后出不来,便根据自由转船条款指示船长将货物全部卸在哈利法克斯,然后从该港改装火车运往魁北克。待这批核桃仁运到魁北克已是12月2日。于是进口商以货物晚到为由拒绝提货,提出除非降价20%以弥补其损失。几经交涉,最终以我方降价15%结案,我公司共损失46万加拿大元。问:我方做法存在何种失误?

【案例精析】　本案中的合同已非真正的CIF合同。CIF合同是装运合同,卖方只负责在装运港将货物装上船,之后的一切风险、责任和费用均由买方承担。本案在合同中规定了货物到达目的港的时限条款,改变了合同的性质,使装运合同变成了到达合同,即卖方须承担货物不能按期到达目的港的风险。吸取的教训:①在CIF合同中添加到货期等限制性条款将改变合同性质。②核桃仁等季节性很强的商品,进口方往往要求限定到货时间,卖方应采取措施减少风险。③对货轮在途时间估算不足,对魁北克冰冻期的情况不了解。

## 二、适用于任何运输方式或多种运输方式的术语

这部分包括INCOTERMS® 2020中的三个术语:FCA、CPT、CIP。不论其选用何种运输方式,也不论它是否使用一种或多种运输方式,甚至没有海运时也可以使用这些术语。重要的是,在当船舶用于部分运输时,可以使用这些术语。

### (一)FCA 货交承运人

1. FCA 术语的含义

FCA 的全称是 Free Carrier(insert named place of delivery),即货交承运人(插入指定交货地点),在 INCOTERMS® 2020 中是指卖方在卖方所在地或其他指定地点将货物交给买方指定的承运人或其他人。由于风险在交货地点即转移至买方,特别建议双方尽可能清楚地写明指定交货地内的交付点。如果双方希望在卖方所在地交货,则应将卖方所在的地址明确为指定的交货地。如果双方希望在其他地点交货,则必须确定不同的特定交货地点。如适用时,FCA 要求卖方办理货物出口清关手续。但卖方无义务办理进口清关、支付任何进口税或办理进口的任何海关手续。

在 INCOTERMS® 2020 术语中,承运人是签约承担运输责任的一方。

该术语可适用于任何一种运输方式,也可适用于多种运输方式。图 2－5 是 FCA 示意图。

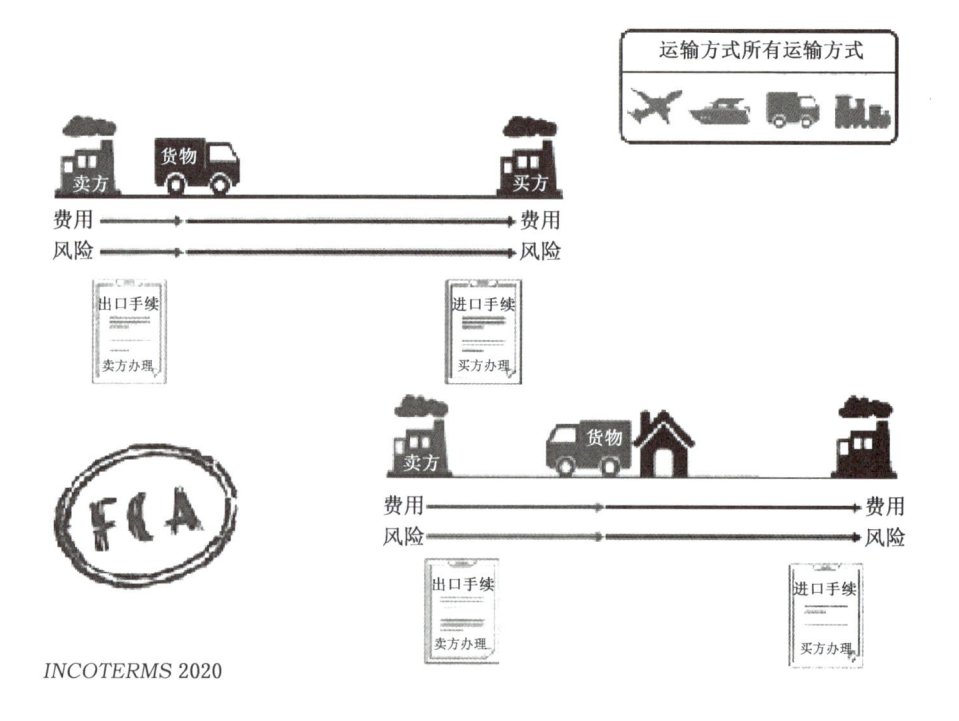

图 2－5　FCA 示意图

2. FCA 术语买卖双方的义务

卖方义务:(1)在合同规定的时间、地点,将符合合同规定的货物置于买方指定的承运人控制之下,并及时通知买方。(2)承担将货物交给承运人控制之前的一切费用和风险。(3)自负风险和费用,取得出口许可证或其他官方批准文件,并办理货物出口所需的一切海关手续。(4)提交商业发票或具有同等作用的电子信息,并自费提供通常的交货凭证。

买方义务:(1)签订从指定地点承运货物的合同,支付有关的运费,并将承运人名称及有关情况及时通知卖方。(2)根据买卖合同的规定受领货物并支付货款。(3)承担受领货物之后发生的一切费用和风险。(4)自负风险和费用,取得进口许可证或其他官方文件,并且办理货物进口所需的海关手续。

FCA买卖双方的义务见表2-8所示。

表2-8　　　　　　　　　　　　　　FCA买卖双方的义务

| 卖方义务 | 买方义务 |
| --- | --- |
| 办理出口手续 | 办理进口手续 |
| 在指定日期或期限内,货交承运人,通知买方 | 指定承运人并通知卖方 |
| 提供相关单据 | 接受货运单据,交付货款,受领货物 |
| 承担货物交给承运人之前的一切风险和费用 | 承担货物交给承运人之后的一切风险和费用 |

3. 使用FCA术语应注意的问题

(1)卖方交货义务问题。若在卖方所在地交货,则卖方无义务提供运输工具,而应由买方指定的承运人或其代理人提供运输工具。但卖方有装载货物的义务,只有当卖方将货物装到指定的运输工具上并支付相应装货费用,其交货义务才算完成。若在任何其他情况下,则卖方有义务提供运输工具,负责将货物运到指定交货地点,使货物置于买方指定的承运人或其代理人或其他人的支配之下,此时卖方才完成交货义务。应该指出的是,卖方没有卸货的义务,货物运到指定地点后,在卸货前其交货义务即已完成。卖方为了避免因交货地点不明确而增加的费用支出,应该在签订买卖合同时,约定卖方将货物交给承运人确定的地点并明确以何种方式向承运人交付或货物是否应装入集装箱内等。卖方即可在货物价格中将承担的费用包括在内,防止造成损失。

(2)货物与运输工具衔接问题。在FCA合同中,由买方指定承运人和订立运输合同,卖方负责交货,货物与运输工具衔接是否顺利是一个非常重要的问题。在实际业务中,常常出现货物等待运输工具或运输工具等待货物的现象,这样会引起费用损失。费用损失由买方负担还是由卖方负担往往会产生争议。当买方请求卖方协助与承运人订立合同时,只要买方承担费用和风险,卖方也可以办理。当然,卖方也可以拒绝运输合同,如若拒绝,则应立即通知买方,以便买方另作安排。

(3)风险转移问题。尽管惯例规定,自约定的交货日期或约定的交货期间届满之日起,因买方未指定承运人或其他人,或者买方指定承运人或其他人未接管货物,货物灭失或损坏的风险由买方承担。卖方还要通过法院或仲裁机构的判决或裁决才能得到经济损失的补偿,给卖方带来许多麻烦。为了避免此类情况发生,卖方在签订买卖合同时可以规定:"买方不及时指定承运人或其他人,或者买方指定的承运人或其他人不及时接管货物,卖方有权在交货期截止时起代指定承运人或其他人订立运输合同,因此而产生的风险和费用由买方承担。"

(4)已装船海运提单的可选机制。根据INCOTERMS® 2020的规定,卖方必须向买方提供已完成交货的通常证明。在FCA术语下,卖方在指定的地点将货物交给买方指定的承运人即完全交货,因此,卖方只需要提交货物已收妥待运的声明即可满足此项要求。但是,在实际业务中存在采用FCA术语而信用证中仍要求出口商提交已装船海运提单的情况。为此,INCOTERMS® 2020首次在FCA规则下提供了以下可选机制:如果买卖双方已在合同中如此约定,则买方必须指示承运人出具已装船海运提单给卖方;如果在买方承担费用和风险的情况下,承运人已向卖方出具了提单,卖方必须将该单据提供给买方,以便买方凭该单据向承运人提取货物。

【注意】即使采用可选机制,卖方对买方也不承担运输合同条款下的义务,只是协助买方获得运输单据。此外,采用这种可选机制时,卖方一定要慎重,因为内陆交货与装船的日期将可能不同,有可能会影响其收汇的时间。

### 同步案例2—5　　　　　　　　FCA贸易术语的应用

我国某出口企业按FCA Shanghai Airport条件向印度A进口商出口手表一批,货价50 000美元,规定交货期为8月份,自上海空运至孟买;支付条件:买方由孟买××银行转交的航空公司空运到货通知即期全额电汇付款。我出口企业于8月31日将该批手表运到上海虹桥机场交由航空公司收货并出具航空运单,并随即向印商用电传发出装运通知。航空公司于9月2日将该批手表运到孟买,并将到货通知连同有关发票和航运单送孟买××银行。该银行立即通知印商前来收取上述到货通知等单据并电汇付款。此时,国际市场手表价下跌,印商以我方交货延期,拒绝付款、提货。我出口企业则坚持对方必须立即付款、提货。双方争执不下,遂提起仲裁。请问:假如你是仲裁员,你认为应如何处理?说明理由。

【案例精析】　印商应该付款。该案例规定交货期为8月份,我出口企业8月31日将该批手表运到上海虹桥机场交由航空公司(承运人)即完成交货。因为FCA的风险点在货交承运人处,即本案中上海虹桥机场货交航空公司处,交货时间为8月31日,符合合同8月份交货的时间要求,卖方按照合同规定履行了交货义务,印商以9月2日到货时间为交货期拒绝付款和提货,与FCA术语规定相矛盾,所以买方印商应该付款。

### (二)CPT运费付至

1. CPT术语的含义

CPT的全称是Carriage Paid to(insert named place of destination),即运费付至(插入指定目的地),在 INCOTERMS® 2020 中是指卖方将货物在双方约定地点(如双方已经约定了地点)交给卖方指定的承运人或其他人。卖方必须签订运输合同并支付将货物运至指定目的地所需的费用。在使用该术语时,当卖方将货物交付给承运人时,而不是当货物到达目的地时,即完成交货。

CPT术语要求卖方办理出口清关手续。但卖方无义务办理进口清关、支付任何进口税或办理进口相关的任何海关手续。

该术语可适用于任何一种运输方式,也可适用于多种运输方式。图2—6是CPT示意图。

2. CPT术语买卖双方的义务

卖方义务:(1)订立将货物运往指定目的地的运输合同,并支付有关运费。(2)在合同规定的时间、地点,将合同规定的货物置于承运人控制之下,并及时通知买方。(3)承担将货物交给承运人控制之前的风险。(4)自负风险和费用,取得出口许可证或其他官方批准文件,并办理货物出口所需的一切海关手续,支付关税及其他有关费用。(5)提交商业发票和自费向买方提供在约定目的地提货所需的通常的运输单据,或具有同等作用的电子信息。

买方义务:(1)接受卖方提供的有关单据,受领货物,并按合同规定支付货款。(2)承担自货物在约定交货地点交给承运人控制之后的风险。(3)自负风险和费用,取得进口许可证或其他官方证件,并办理货物进口所需的一切海关手续,支付关税及其他有关费用。

CPT买卖双方的义务见表2—9所示。

图 2-6　CPT 示意图

表 2-9　　　　　　　　　　　　　CPT 买卖双方的义务

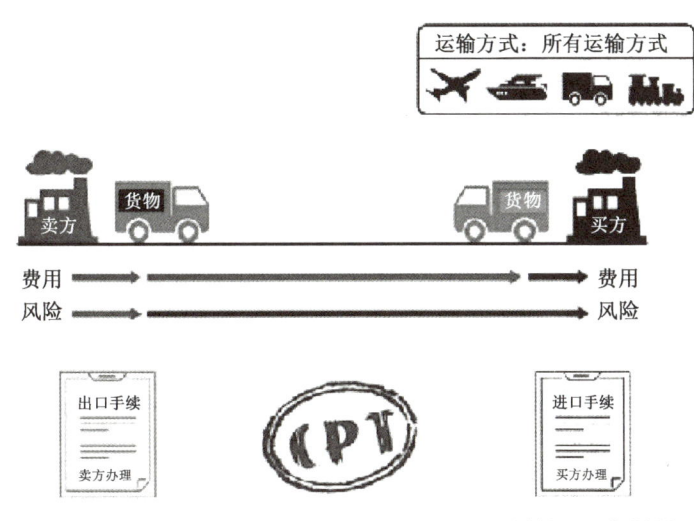

| 卖方义务 | 买方义务 |
| --- | --- |
| 办理出口手续 | 办理进口手续 |
| 办理运输,支付运费,货交承运人,通知买方 | 接受货运单据,交付货款,受领货物 |
| 提供相关单据 | |
| 承担货物交给承运人之前的一切风险和费用 | 承担货物交给承运人之后的一切风险和费用 |

3. 使用 CPT 术语应注意的问题

(1)卖方须及时发出交货通知。INCOTERMS® 2020 规定,卖方必须向买方发出已按照规定交货的通知;卖方必须向买方发出任何所需通知,以便买方能够为受领货物采取通常必要的措施。交货通知的作用在于使买方及时办理货物运输保险和办理进口手续、报关和接货。交货通知的内容通常包括合同号或订单号、信用证号、货物名称、货物数量、货物总值、运输标志、启运地、启运日期、运输工具名称及预计到达目的地的日期等。如果买方需要卖方提供特殊信息,应在买卖合同中约定或在信用证中进行规定。按照国际惯例,若卖方未按惯例规定发出或未及时发出交货通知,使买方投保无依据或造成买方漏保,货物在运输过程中一旦发生灭失或损坏,应由卖方承担赔偿责任。

(2)卖方须应买方请求提供投保信息。该贸易术语规定由卖方根据买方的请求,提供投保信息,这是卖方合同中的运输与保险合同中卖方的义务。买方在选择保险公司的地点和保险公司时完全是自由的,买方有可能选择卖方所在国的保险公司办理保险,所以要求卖方将指定保险公司的保险条款等情况提供给买方。按惯例规定,若买方请求卖方提供投保信息,卖方未能提供该信息,致使买方来不及或无法为货物投保,一旦货物在运输途中出现灭失或损坏,卖方应承担过错损害赔偿责任。

(3)CPT 术语的两个关键点。风险转移和费用转移的地点是该术语的两个关键点,特别建议双方尽可能确切地在合同中明确交货地点(风险在这里转移至买方)以及指定的目的地(卖方必须签订运输合同至目的地)。如果运输到约定目的地涉及多个承运人,且双方不能就交货地点达成协议时,可以推定:当卖方在某个完全由其选择且买方不能控制的地点将货物交付给第一个承运人时,风险转移至买方。如双方希望风险晚些转移的话(如在某港或机场转移),则须在合同中订明。

由于卖方须承担将货物运到目的地的具体地点的费用,特别建议双方尽可能确切地在指定目的地内明确地点。建议卖方取得完全符合该选择的运输合同。如果卖方按照运输合同在指定的目的地卸货发生了费用,除非双方另有约定,否则卖方无权向买方要求偿付。

### 同步案例 2-6　　　　CPT 贸易术语的应用

我国某出口商和澳大利亚某进口商签订了黄豆的出口合同。合同规定每吨 180 美元,共计 1 000 吨,采用 CPT 条件。我国出口商委托运输公司 B 负责全程运输,并在指定时间和地点将货物交付给 B 公司,同时及时告知进口商货物已装运。但在 B 公司进行海上运输停靠在中途港加油时,船只被 B 公司的债权方强行扣押,并通过法庭进行了拍卖。货物被滞留在加油港港口的仓库中。澳大利亚进口商多次来电催促,我方又重新和另一家运输公司签订运输合同,才将货物运达了澳大利亚目的港。之后,我方向 B 公司进行索赔,要求 B 公司承担其再次委托其他运输公司代为运输的费用。但 B 公司认为我方多此一举,是我方自愿和其他运输公司签订运输合同的,这部分费用应由我方承担。试分析此案例。

**【案例精析】** 本案中进出口双方以 CPT 条件成交,卖方风险自货交卖方指定的 B 承运方时已转移,无须保证货物安全到达目的地,货物在运输途中的风险应由买方承担,本案发生的意外以及由此产生的赔偿事宜,都应由买方亲自出面办理或委托卖方办理,而不应由卖方自身采取行动。

### (三)CIP 运费和保险费付至

**1. CIP 术语的含义**

CIP 的全称是 Carriage and Insurance Paid to(insert named place of destination),即运费和保险费付至(插入指定目的地),在 *INCOTERMS* ® *2020* 中是指卖方将货物在双方约定地点交给指定的承运人或其他人。卖方必须签订运输合同并支付将货物运至指定目的地所需的费用,还必须为买方在运输途中货物的灭失或损坏风险签订保险合同。

**【提示】** 买方应该注意 CIP 术语只要求卖方投保最低限度的保险险别。如买方需要更高的保险险别,则需要与卖方明确地达成协议,或者自行做出额外的保险安排。

CIP 术语要求卖方办理出口清关手续。但是卖方无义务办理进口清关、支付任何进口税或办理进口相关的任何海关手续。在使用 CIP 术语时,当卖方将货物交付给承运人时,而不是当货物到达目的地时,即完成交货。

该术语可适用于任何一种运输方式,也可适用于多种运输方式。图 2-7 是 CIP 示意图。

**2. CIP 术语买卖双方的义务**

卖方义务:(1)订立将货物运往指定目的地的运输合同,并支付有关运费。(2)在合同规定的时间、地点,将合同规定的货物置于承运人控制之下,并及时通知买方。(3)承担将货物交给承运人控制之前的风险。(4)按照买卖合同的约定,自负费用投保货物运输险。(5)自负风险和费用,取得出口许可证或其他官方批准文件,并办理货物出口所需的一切海关手续,支付关税及其他有关费用。(6)提交商业发票和在约定目的地提货所用的通常运输单据或具有同等

图 2—7 CIP 示意图

作用的电子信息,并且自费向买方提供保险单据。

买方义务:(1)接受卖方提供的有关单据,受领货物,并按合同规定支付货款。(2)承担货物在约定地点交给承运人控制之后的风险。(3)自负风险和费用,取得进口许可证或其他官方批准文件,并且办理货物进口所需的一切海关手续,支付关税及其他有关费用。

CIP 买卖双方的义务如表 2—10 所示。

表 2—10　　　　　　　　　　　CIP 买卖双方的义务

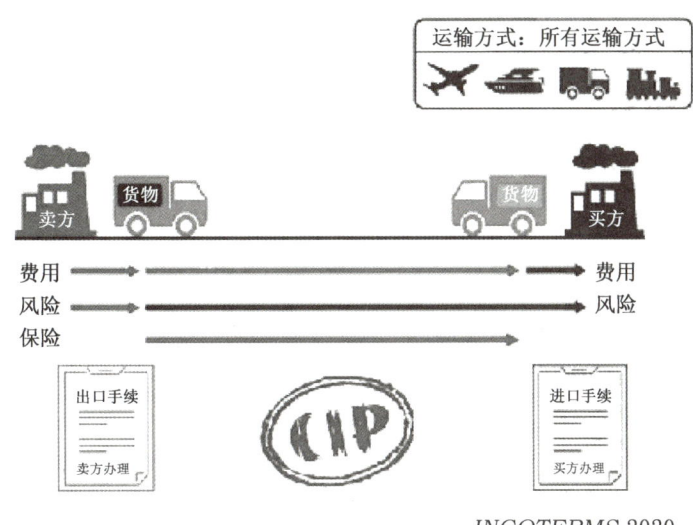

| 卖方义务 | 买方义务 |
| --- | --- |
| 办理出口手续 | 办理进口手续 |
| 办理运输,支付运费,货交承运人,办理保险,通知买方 | 接受货运单据,交付货款,受领货物 |
| 提供相关单据 | |
| 承担货物交给承运人之前的一切风险和费用 | 承担货物交给承运人之后的一切风险和费用 |

3. 使用 CIP 术语应注意的问题

(1)关于办理保险的问题。根据 INCOTERMS 2010 的规定,在 CIF 和 CIP 术语下,卖方都只需投保最低险别,即 ICC(C)或平安险或其他类似条款。INCOTERMS® 2020 对 CIP 术语下卖方投保险别的要求进行了修订,即卖方须投保 ICC(A)或其他类似条款。因此,按照修订后的贸易惯例,CIF 和 CIP 条件下对于投保险别层级的要求是不同的。尽管如此,买卖双方当事人可以自由商定较低的保险险别。在 CIP 贸易术语条件下由卖方负责办理货物保险,与保险人签订保险合同,支付保险费。在 CIP 条件下,卖方投保的性质与 CIF 条件一样都是卖方为买方利益保险,是卖方代替买方投保的性质,可以从投保险别的选择、保险金额的确定、保险期限和保险权利转让等几个方面充分说明这一点。

①投保险别的选择是由买卖双方根据使用不同的运输方式而在合同中明确规定卖方投保的险别,也可以在信用证中规定卖方投保的险别。如果买方未能提出任何投保的险别,卖方也

必须按照不同运输方式货物保险条款中投保最低承保范围的险别,但不包括投保战争、罢工、暴动和民变险等特殊附加险,在买方提出请求并由其承担费用的条件下,卖方可以予以投保。

②保险金额的确定是由买卖双方按CIP合同的规定做一定的加成,至于加成率多少是根据买方的要求加以确定的。如果买方未提出任何加成要求,卖方必须按CIP价款加成10%,并应当以买卖合同货币的币种投保。

③保险期限已在CIP贸易术语中做出明确规定。尽管保险条款规定保险人承担责任起讫是"仓至仓条款",但在"仓至仓条款"中却有两个可保利益阶段,即在货物交给承运人或其他人接管时止为卖方可保利益阶段;在货物交给承运人或其他人接管时起直至到目的地指定收货地点时止为买方可保利益阶段,因此惯例规定,在CIP条件下,卖方投保期限为本术语买方承担风险区间和从买方接受交货时起,也就是买方可保利益阶段。

④保险权利转让是卖方投保的根本目的。按照CIP的规定,卖方必须使买方或任何其他对货物有可保利益的人有权直接向保险人索赔。为了实现上述目标,卖方在投保后,必须在保险单或其他保险单据上背书,实施保险权利转让。买方合法取得保险单据后,一旦货物在运输途中遭受承保范围内的风险,造成货物灭失或损坏,买方或任何其他对货物有可保利益的人有权持保险单据向保险公司索赔。

按照CIP贸易术语签订的进口合同,由国外的卖方办理保险。尽管在惯例中规定,卖方必须与信誉良好的保险人或保险公司订立保险合同,但是,在实际进口业务中,国外卖方为了节省保险费而选择资信较差的保险公司办理保险,如果货物发生重大损失,保险公司可能无力赔偿。

(2)订立运输合同问题。CIP贸易术语适合各种运输方式,其中包括空运、陆运、铁路运输和多式联运。卖方订立运输合同是有条件的,只限"按照通常方式经惯常路线",按照通常条件订立运输合同。这里所指的"惯常路线"应该是从事此类贸易人士的经常性的或一般做法必经的路线。就是说,如果卖方在订立运输合同时,在惯常路线发生不可抗力而受阻,卖方对订立运输合同可以免责,因此而造成的延迟交货或不交货,卖方不承担责任。

(3)装卸费和过境海关费用问题。在CIP条件下,卖方应该在合同规定日期或期间内将货物交给承运人或其他人或第一承运人接管。若交货地点在卖方所在地,卖方应该负担装货费;若在其他地点交货,卖方则不负担装货费。至于在目的地(港)的卸货费则由买方负担。按照惯例规定,根据运输合同应由卖方负担装货费和在目的地的任何卸货费是指CIP贸易术语采用班轮运输,运费中已包括装卸费,均由托运人即卖方负担。

按照惯例规定,在CIP条件下,由卖方订立运输合同,需经第三国转运时,由买方或卖方负担经由国家海关的有关费用必须在买卖合同中加以明确,否则会产生争议。在 INCO-TERMS 2010 中提出该类税费原则上由买方负担,这样与买方负责办理途经第三国的进口清关手续相协调。但是,有时根据运输合同的规定,卖方有可能需负担货物经第三国过境运输所产生的有关海关费用,这一点必须引起卖方的注意。

(4)CIP术语的两个关键点。风险转移和费用转移的地点不同是CIP术语的两个关键点。特别建议双方尽可能确切地在合同中明确规定交货地点(风险在这里转移至买方)以及指定的目的地(卖方必须签订运输合同至目的地)。如果运输到约定目的地涉及多个承运人,且双方不能就交货地点达成协议时,可以推定:当卖方在某个完全由其选择且买方不能控制的地点将货物交付给第一个承运人时,风险转移至买方。如双方希望风险晚些转移的话(如在某港或机场转移),则需要在合同中订明。

由于卖方须承担将货物运到目的地具体地点的费用,特别建议双方尽可能确切地在指定目的地内明确地点,建议卖方取得完全符合该选择的运输合同。如果卖方按照运输合同在指定的目的地卸货发生了费用,除非双方另有约定,否则卖方无权向买方要求偿付。

### 同步案例2-7 "空运方式"到底该是用CIP还是CIF

某出口公司A同新加坡的客户因价格条款发生了一些分歧,一直争执不下。A和这个客户做的业务是空运方式进行运输,A认为"CIF"只是用于"海运及陆运方式"而不是用于"空运方式",所以坚持用"CIP"条款(并且银行方面也坚持按照国际惯例空运必须使用"CIP")。可客户坚持要用"CIF",他们认为"CIP"比"CIF"多一个费用。

A想问到底"CIP"和"CIF"在费用上有什么区别? A的做法是不是正确?

【案例精析】

解决方案一:

CIP指卖方承担的费用为:运费、保险费付至事实上的目的地。CIF指卖方承担的费用为:运费、保险费付至指定的目的港。

上述两条款在费用上的区别是:

如收货人指定的目的地为新加坡可直达或经转运可到达的国际空运港机场(IATA规定),如,北京首都国际机场(Beijing Airport),上海浦东国际机场(Shanghai Pudong Airport),南京禄口国际机场(Nanjing Lukou Airport)等,则上述条款在费用方面无实质上的区别。因为按国际惯例,货物到达目的港机场后所产生的任何费用均由收货人即买方承担,如提货费、仓储费和劳务费等。

如收货人指定的目的地不是国际空港机场,而是国内内陆城市(如江苏无锡、浙江嘉兴)或收货人指定的工厂,就不能使用CIF条款而只能使用CIP条款。

CIF是"港口到港口"条款,空运方式可套用空港到空港(Airport to Airport)。

CIP条款是和任何运输方式的"多式联运",发货人将承担到"事实上的目的地"的保险费和运费。使用CIP条款航空公司一般无法接受,通常只有航空货运代理公司可完成上述运输任务。

解决方案二:

CIF是在常用的贸易术语之一,也就是Cost Insurance and Freight(…named port of destination),成本、保险费加运费(到指定目的港)。CIF在理论上来说,适合的是水上运输方式,并采用的是象征性交货方式,即卖方按照合同规定,在装运港港口货物装船并提交全套合格单据,就完成了交货义务。在CIF条件下,为了避免一些费用上可能出现的分歧,CIF有一些变形,如CIF Liner Terms,CIF EX Ship's Hold,CIF Landed等。也有的买卖双方索性用文字在合同中注明各自承担什么费用,以防日后矛盾的发生。

CIP,Carriage and Insurance Paid to (…named place of destination),运费、保险费付至(指定目的地),相对于CIF来说,CIP是用于各种运输方式,包括多式联运,保险也就相应的可以是各种运输险。在CIP条件下,卖方在合同规定的装运期内将货物交给承运人,或者第一承运人,就完成了交货任务,风险也就转移给了买方。买方承担除了运费、保险费以外的货物从交货地到指定目的地为止的各种费用。

由于CIF过于"深入人心",因此在实践中的许多实际业务,虽然按照理论应该采用CIP术语,但是仍然使用了CIF。

## 任务三　其他国际贸易术语

### 一、适用于海运和内河水运的术语

这部分包括 INCOTERMS® 2020 中的 FAS 术语。

#### （一）FAS 术语的含义

FAS 的全称是 Free alongside Ship(insert named port of shipment)，即船边交货（插入指定装运港）。在 INCOTERMS® 2020 中是指当卖方在指定的装运港将货物交到买方指定的船边（如置于码头或驳船上）时，即完成交货。买方必须承担自那时起货物灭失或损坏的一切风险。

FAS 术语要求卖方办理出口清关手续。但卖方无义务办理进口清关、支付任何进口税或办理任何进口海关手续。

该术语仅适用于海运或内河运输。图 2-8 是 FAS 示意图。

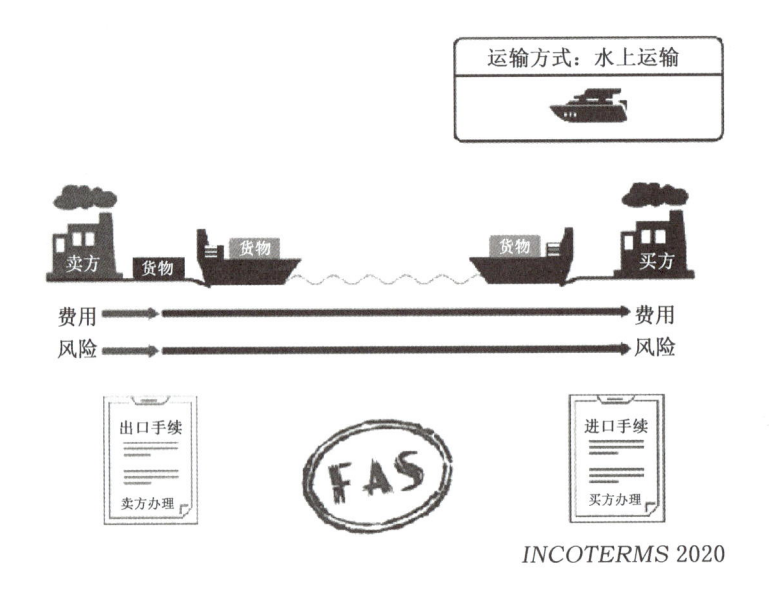

图 2-8　FAS 示意图

#### （二）FAS 术语买卖双方的义务

卖方义务：(1)在合同规定的时间和装运港口，将符合合同规定的货物交到买方所派船只的旁边，并及时通知买方。(2)承担货物交至装运港船边之前的一切费用和风险。(3)提交商业发票或具有同等作用的电子信息，并且自费提供通常的交货凭证。(4)自负风险和费用，取得出口许可证或其他官方批准证件，并办理货物出口所需的一切海关手续。

买方义务：(1)订立从指定装运港口运输货物的合同，支付运费，并将船名、装货地点和要求以及交货的时间及时通知卖方。(2)在合同规定的时间、地点受领卖方提交的货物，并按合同规定支付货款。(3)承担受领货物之后所发生的一切费用和风险。(4)自负费用和风险，取得进口许可证或其他官方批准证件，并且办理货物进口的一切海关手续。

### (三)使用 FAS 术语应注意的问题

1. 关于装货地点。由于卖方承担在特定地点交货前的风险和费用,而且这些费用和相关作业可能因各港口惯例不同而变化,特别建议双方尽可能清楚地约定指定港口内的装货点。另外,当货物装在集装箱里时,卖方通常将货物在集装箱码头移交给承运人,而非交到船边。这时,FAS 术语不合适,而应当使用 FCA 术语。

**【学中做 2－1】** FAS 术语适合集装箱货物出口吗？为什么？

**分析**：不适合。FAS 术语中,买卖双方的风险自货物交到装运港指定船边时即转移。但是在实务中,装在集装箱内的货物通常在交到船边之前已经交给承运人,例如集装箱堆场或货运站。这样,货物置于承运人管制之下,而风险却由出口方承担,使得交到船边的风险转移点没有实际意义。

2. 关于交货方式。在 FAS 术语中"卖方必须在买方指定的装运港内的装船点,将货物置于买方指定的船舶旁边","以取得已经在船边交付的货物的方式交货"。此处使用的"取得"一词适用于商品贸易中常见的交易链中的链式销售(String Sales)。与特定产品的销售不同,在商品销售中,货物在运送至销售链终端的过程中常常被多次转卖。出现此种情况时,在销售链中端的卖方实际上不运送货物,因为处于销售链始端的卖方已经安排了运输,因此,处在销售链中间的卖方不是以运输货物的方式,而是以"取得"货物的方式,履行对其买方的义务。为了澄清此问题,贸易术语中包括"取得运输中货物"的义务,并以其作为在相关术语中运输货物义务的替代义务。

3. 《1990 年美国对外贸易定义修订本》(以下简称《定义》)对 FAS 术语的不同解释。(1)交货地点和适用的运输方式不同《定义》中的 FAS 是指 Free along Side,说明本定义下 FAS 适用于各种运输方式,包括在轮船等运输工具旁边交货,而 INCOTERMS® 2020 的 FAS 只适合海运和内河水运。在《定义》下,只有在 FAS 后面加 Vessel,即 FAS Vessel(在船边或指定的码头交货),才包括船边交货。(2)办理出口手续及相关费用的承担不同《定义》下由买方支付因领取由原产地或装运地国家签发的、为货物出口或在目的地进口所需的各种证件(但清洁的码头收据或轮船收据除外)而发生的一切费用。买方还要支付出口税及因出口而征收的其他税捐费用,而在 INCOTERMS® 2020 中 FAS 由卖方办理上述手续和承担上述费用。

**同步案例 2－8    FAS 贸易术语的应用**

我国某公司按照 FAS 条件进口一批木材,在装运完成后,卖方来电要求我方支付货款,并要求支付装船时的驳船费,对卖方的要求我方应如何处理？

**【案例精析】**

(1)我方对于卖方支付装船时的驳船费的要求可以拒绝。

(2)按照 INCOTERMS® 2020 的解释,采用 FAS 术语成交时,买卖双方承担的风险和费用均以船边为界,即买方所指派的船的船边,在买方所派船只不能靠岸的情况下,卖方应负责用驳船将货物运至船边,驳船费用是在风险费用转移以前发生的,理应由卖方承担。

(3)在本案例中,国外卖方要求我方承担驳船费用是不合理的,我方有权拒绝。

### 二、适用于任何运输方式或多种运输方式的术语

这部分包括 INCOTERMS® 2020 中的四个术语：EXW、DAP、DPU 和 DDP。

### (一)EXW 工厂交货

**1. EXW 术语的含义**

EXW 的全称是 EX Works(insert named place of delivery),即工厂交货(插入指定交货地点),在 INCOTERMS® 2020 中是指当卖方在其所在地或其他指定地点(如工厂、车间货仓库等)将货物交由买方处置时,即完成交货。卖方不需将货物装上任何前来接收货物的运输工具,需要清关时,卖方也无须办理出口清关手续。

EXW 这一术语代表了在商品的产地或所在地交货的条件,产地可以是工厂、农场、矿山或其他生产地点。所在地一般是指仓库。当买卖双方按照 EXW 条件谈判成交时,在 EXW 后面要具体注明产地名称,如 EXW××仓库。签约后,卖方要在规定的交货期内将合同规定的货物准备好,并与买方联系,由买方安排运输工具到交货地点接运货物。自卖方将货物交给买方或其代理人控制时起,风险即由卖方转移给了买方。这就是说,如果此后再发生货物损坏或者灭失的情况,其后果即由买方自己承担。随着风险的转移,其他相关的责任和费用也相应转移给了买方。卖方不必过问货物出境、入境及运输、保险等事项。所以,在卖方与买方达成的契约中可不涉及运输和保险问题。除非合同中有相反规定,否则卖方一般无义务提供出口包装。如果签约时已明确该货物是供出口的,并对包装的要求做出了规定,卖方则应按规定提供符合出口需要的包装。由此可见,按 EXW 术语成交时,卖方承担的风险、责任以及费用都是最小的。

该术语可适用于任何一种运输方式,也可适用于多种运输方式。图 2-9 是 EXW 示意图。

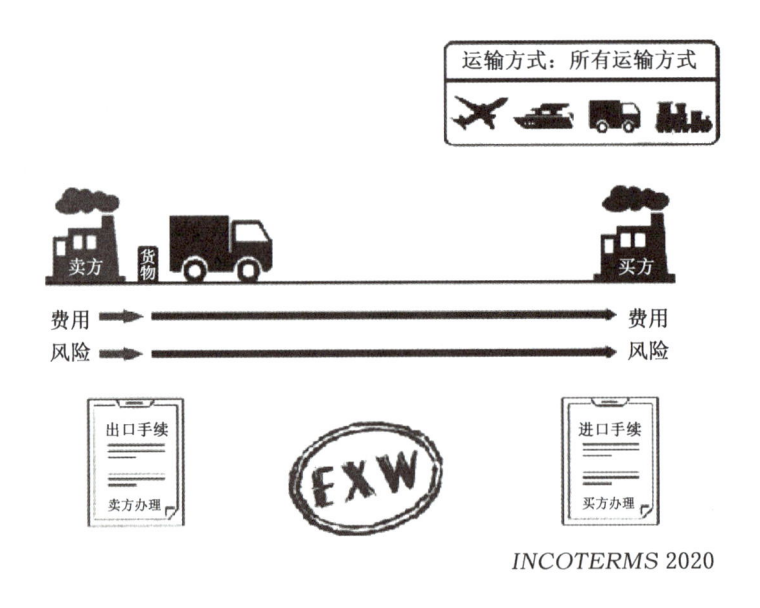

图 2-9　EXW 示意图

---

**同步案例 2-9　　　　　EXW 贸易术语的应用**

某公司按 EXW 条件出口一批电缆,但在交货时,买方以电缆的包装不适宜出口运输为由,拒绝提货和付款,问:买方的行为是否合理?

【案例精析】

(1)买方的行为是不合理的,我方应拒绝。

(2)本案例涉及 EXW 条件下交货的问题,根据 INCOTERMS® 2020 的规定:在 EXW 术语中,除非合同中有相反规定,否则卖方一般无义务提供出口包装,如果签约时已明确该货物是供出口的,并对包装的要求做出了规定,卖方则应按规定提供符合出口需要的包装。

(3)结合本案例,卖方在交货时以电缆的包装不适宜出口运输为由拒绝提货和付款,并没有说不符合合同规定,由此说明,在合同中并无有关货物包装的规定,故根据惯例,买方以此为借口拒付货款和提货的理由是不充分的。

2. EXW 术语买卖双方的义务

卖方义务:(1)在合同规定的时间、地点,将符合合同要求的货物置于买方的处置之下。(2)承担将货物交给买方处置之前的一切费用和风险。(3)提交商业发票或具有同等作用的电子信息。

买方义务:(1)在合同规定的时间、地点,受领卖方提交的货物,并按合同规定支付货款。(2)承担受领货物之后所发生的一切费用和风险。(3)自负费用和风险。取得出口和进口许可证或其他官方批准证件,并办理货物的出口和进口的一切海关手续。

3. 使用 EXW 术语应注意的问题

(1)国内贸易问题。按 EXW 贸易术语达成的交易,在性质上类似于国内贸易。因为卖方是在本国的内地完成交货,其所承担的风险、责任和费用也都局限于出口国内,卖方不必过问货物出境、入境及运输、保险等事项,由买方自己安排车辆或其他运输工具到约定的交货地点接运货物,所以,在卖方与买方达成的契约中可不涉及运输和保险的问题。

【注意】EXW 适合国内贸易,而 FCA 一般更适合国际贸易。

(2)装货义务问题。卖方对买方没有装货的义务,即使实际上卖方也许更方便这么做。如果卖方装货,也是由买方承担相关的风险和费用。当卖方更方便装货时,FCA 一般更为合适,因为该术语要求卖方承担装货义务(当交货地点是卖方所在地时),以及与此相关的风险和费用。

(3)出口清关问题。按这一术语成交,买方要承担办理货物出口和进口的清关手续的义务,所以还应考虑在这方面有无困难。如果买方不能直接或间接地办理出口手续,则不应采用这一术语成交。另外,买方仅有限度地承担向卖方提供货物出口相关信息的责任。但是,卖方则可能出于缴税或申报等目的,需要这方面的信息。

由于在 EXW 条件下,买方要承担过重的义务,所以对外成交时,买方不能仅仅考虑价格低廉,还应认真考虑可能遇到的各种风险以及运输环节等问题,要权衡利弊,注意核算经济效益。

### 同步案例 2—10　　EXW 贸易术语中买卖双方的责任

有一份出售茶叶的合同,采用 EXW 条件,数量 10 000 千克,总值为 25 000 美元,合同规定买方应于 10 月份提取货物,卖方于 10 月 8 日将提货单交付给买方,买方也已付清货款,但买方直到 10 月 31 日尚未提走货物,于是卖方将茶叶搬到一个存放牛皮的仓库与牛皮一起存放,当买方于 11 月 15 日提货时,发现有 10%的茶叶已与牛皮串味而失去商销价值,对此双方发生争议。

请问:

(1)本案中买方应承担何种责任？为什么？
(2)本案中卖方应承担何种责任？为什么？

**【案例精析】**

(1)买方应承担延期提货的责任。应赔偿因延期提货而给卖方造成的实际损失。并从11月1日起承担货物的风险。因为在EXW条件下，由买方自理运输并提货，在正常情况下货物风险随货转移；而在本案中，买方依照有关的公约与惯例应从约定受领货物的日期或期限届满之日起承担货物的风险。

(2)因为串味是卖方将茶叶存放不当造成的。本案中，卖方有义务在买方提取货物之前保全货物，保全不当应承担责任。

### (二)DAP 目的地交货

#### 1.DAP 术语的含义

DAP 的全称是 Delivered at Place(insert named place of destination)，即目的地交货(插入指定目的地)，在 INCOTERMS® 2020 中是指当卖方在指定目的地将仍处于抵达的运输工具上，且已做好卸载准备的货物交由买方处置时，即为交货。卖方必须承担货物运到指定地点的一切风险。

DAP 要求卖方办理出口清关手续。但是卖方无义务办理进口清关、支付任何进口税或办理任何进口海关手续。

该术语适用于任何一种运输方式，也可适用于多种运输方式。图2-10是 DAP 示意图。

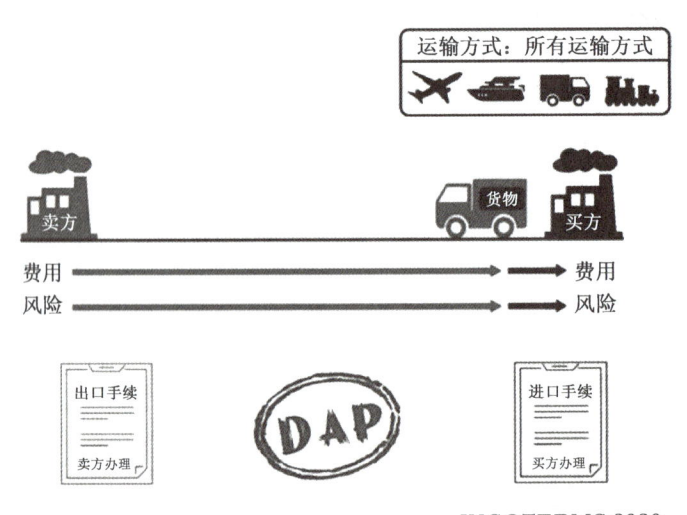

**图2-10 DAP 示意图**

#### 2.DAP 术语买卖双方的义务

卖方义务：(1)订立将货物按照通常路线和习惯方式运往进口国约定地点的运输合同，并支付运费。(2)在合同规定的时间、地点，将货物置于买方控制之下。(3)承担在指定地点将尚未从运输工具上卸下的货物交给买方控制之前的一切费用和风险。(4)自负费用和风险，取得出口许可证和其他官方文件，并办理货物出口的一切海关手续。(5)提交商业发票或具有同等作用的电子信息，并自负费用提供通常的交货凭证。

买方义务:(1)接受卖方提供的有关单据,在指定的运输终端受领货物,并支付货款。(2)承担受领货物后发生的一切费用和风险。(3)自负费用和风险,取得进口许可证和其他官方文件,并办理货物进口的一切海关手续。

3. 使用DAP术语应注意的问题

(1)买方办理进口清关手续对卖方交货的影响。根据 INCOTERMS® 2020 的规定,使用DAP术语,由买方办理货物进口手续,支付进口税费。如果双方希望卖方办理进口清关,支付所有的进口关税,则应当使用DDP术语。如果买方没有安排进口清关,货物将被滞留在目的地国家的港口或内陆运输终端,而无法运往最终的目的地。在此种情况下,根据 INCOTERMS® 2020 中 DAP 规则下 B3 中的规定,如果买方未完成进口清关手续,就要承担货物因此滞留在目的地国家入境地时可能发生损失的风险。

(2)关于目的地的卸货费用。根据 INCOTERMS® 2020 的规定,当卖方在指定目的地将还在运抵运输工具上可供卸载的货物交由买方处置时,即为交货。因此,卖方并不需要负责在目的地的卸货环节。但是在贸易实际业务中,由于是卖方负责签订运输合同,承担将货物运往指定的目的地的运费,运输合同中可能规定由承运人负责卸货,卖方承担卸货的费用。如果卖方按照运输合同在目的地发生了卸货费用,除非双方另有约定,卖方无权向买方要求偿付。

(3)买卖双方的通知义务。DAP 条件成交,因同卖方自费订立运输合同或派船送货,故卖方应将船舶预期到达时间通知买方,方便买方做好受领货物的准备,如买方有权确定交货时间和受领货物的地点时,也应当给予卖方充分的通知,方便货物交接工作的顺利进行,如买方未按规定给予通知,或未按时受领货物,则由此引起的额外费用和风险,应由买方承担。

### 同步案例 2—12　　　　DAP 贸易术语的应用

中国清远公司出口一批货物,DAP 术语成交,不可撤销信用证付款,2月20日交货。1月下旬中国清远公司的货物装船驶向目的港。此时买方要求货装船后卖方将全套提单空邮买方,以便买方及时凭此办理进口通关手续。由于海上风浪过大船舶迟到几天才到达目的港遭到买方降价要挟,经过争取对方才未予以追究。货物到达目的港后对卸货费用由谁负担的问题双方发生了争议。最后由中国清远公司负担卸货费用。

【案例精析】 从案例中可以看出,对于出口方来说,D 组术语存在许多可预测的以及不可预测的因素,D 组术语的费用、风险、责任最大、业务环节最多、贸易情况最为复杂、交货时间难以掌控、进口方的不合作以及失去货物控制的、可能出现进口方的信誉不良或支付能力不强、承运人的信誉不佳、不同的国际贸易惯例与贸易做法等所带来的潜在风险。因此,如果要选用D 组术语,就必须充分了解这组术语的风险,并采取相应的措施将风险降低到最低的限度。此案中尽管采用了 DAP 卖方不用承担卸货费用,但合同中最好明确规定卸货费用由谁承担。虽然按 INCOTERMS® 2020 的规定,应该由买方承担卸货费用,但最终却由中国清远公司承担。主要是该进口国的习惯做法是由出口方承担卸货费用,这与 INCOTERMS® 2020 的有关规定不太一致。所以买卖双方在签订国际货物买卖合同时最好在合同中明确规定货物到达目的地或目的港后的卸货费用由谁承担,这样就能避免买卖双方产生争议与纠纷。

### (三)DPU 目的地卸货后交货

1. DPU 术语的含义

DPU 的全称是 Delivered at Place Unloaded (insert named place of destination),即目的地卸货后交货(插入指定目的地),在 INCOTERMS® 2020 中是指当卖方在指定目的地将已

从运输工具上卸下且未完成进口清关的货物交由买方处置时,即为交货。卖方承担在指定目的地卸货后交给买方处置之前的一切风险和费用,所承担的费用包括需要办理出口清关手续时所需的出口报关费用,出口应缴纳的一切关税税款,需经另一国过境时应缴纳的一切费用,货物运至指定目的地的运费以及卸货费。买方承担从目的地接收货物之后的一切风险和费用,包括需要办理进口清关手续所需的一切关税、税款和任何其他费用。DPU 是 *INCOTERMS® 2020* 的新增术语,旨在替代 *INCOTERMS 2010* 中的 DAT 术语,替代的主要原因是 DAT 术语的"终端"(Terminal)一词容易出现理解混乱。

该术语适用于任何一种运输方式,也可适用于多种运输方式。图 2-11 是 DPU 示意图。

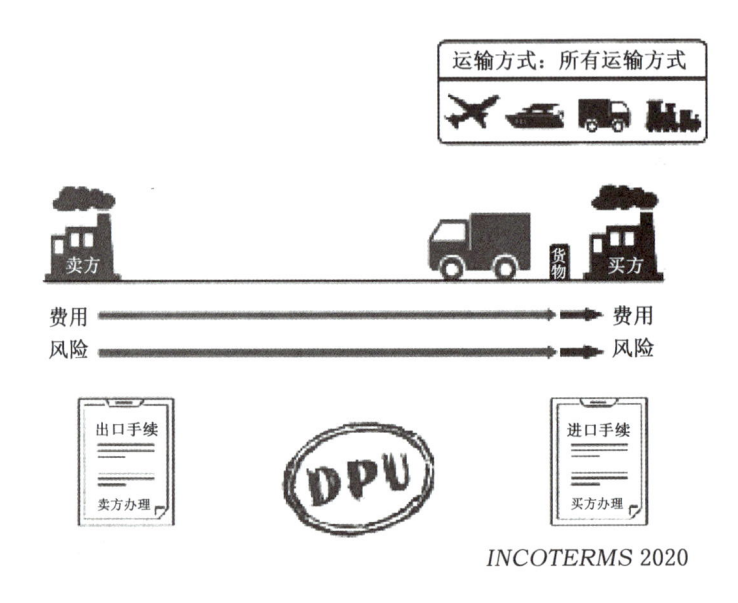

图 2-11 DPU 示意图

2. DPU 术语买卖双方的义务

卖方义务:(1)自付风险和费用签订运输合同或安排运输,将货物运至指定目的地,并及时通知买方。(2)承担抵达指定目的地的货物从运输工具上卸下交由买方处置之前的一切风险和费用。(3)如有需要,办理和支付出口国要求的所有出口清关手续,协助买方办理进口清关。(4)提供商业发票和其他单据,根据双方约定可以是纸质或电子形式。

买方义务:(1)承担抵达指定目的地的货物从运输工具上卸下后的一切风险和费用。(2)如有需要,办理和支付进口要求的所有手续。(3)按照合同约定提取货物和接受与合同相符的单据,并按合同规定支付货款。

3. 使用 DPU 术语应注意的问题

(1)卸货费问题。*INCOTERMS® 2020* 用 DPU 替代 DAT。DPU 术语的交货地点仍旧是目的地,但这个目的地不再限于运输的终端,而可以是任何地方。卖方在指定目的地交货,并承担卸货费用和风险。

(2)卸货地点问题。根据 *INCOTERMS® 2020* 的规定,在 DPU 术语下,卖方要承担在指定的目的地将货物从载货运输工具卸下之前的风险、责任和费用。使用 DPU 贸易术语成交时,卖方承担将货物运送到指定目的地以及卸载货物的一切风险,因此卖方交货的地点和到货的目的地是相同的。DPU 是 *INCOTERMS® 2020* 中唯一要求卖方在目的地卸货的贸易术语。因此,卖方应当确保其可以在指定地点安排卸货。如果存在困难或较大风险,则不宜使用 DPU 术语,而应使用 DAP 术语成交。

(3)进口清关。根据 INCOTERMS® 2020 规定,使用 DPU 术语,由买方办理货物进口手续,支付进口税费。如果买卖双方希望由卖方办理进口所需的许可或其他官方授权以及货物进口所需的一切海关手续 包括支付所有进口税费,则应使用 DDP 术语。

### 同步案例 2-11　　　　DPU 贸易术语的应用

广东一家 A 公司向新加坡一家 B 公司出口服装并签订合同,双方约定采用 DPU 术语。5月份,广东 A 公司备好货后,自付费用(运输和保险)将货物运到新加坡,并于约定时间通知买方 B 公司于 5 月 20 日到约定地点提货。双方就应由谁从运输工具上卸货并承担相应费用问题发生争议,卖方坚持自己不负责卸货,因为货物已到达目的地,而买方则坚持让卖方卸货,则构成违约。请分析哪个公司的观点是正确的。

【案例精析】　新加坡 B 公司是正确的。根据 INCOTERMS® 2020,DPU 术语下,卖方必须签订运输合同或安排货物运输,在约定的日期或期限内将货物运至指定目的地卸货后交给买方处置即完成交货。卖方承担在指定目的地卸货后交给买方处置之前的一切风险和费用。这就意味着卖方要负责卸货费。如果卖方没有卸货,就不能将货物置于买方的处置之下,也就没能完成交货义务。所以,A 公司应承担卸货费,B 公司是正确的。

### (四)DDP 完税后交货

1. DDP 术语的含义

DDP 的全称是 Delivered Duty Paid(insert named place of destination),即完税后交货(插入指定目的地),在 INCOTERMS® 2020 中是指卖方在指定的目的地将仍处于抵达的运输工具上,但已完成进口清关,且可供卸载的货物交由买方处置时,即为交货。卖方承担将货物运至目的地之前的一切风险和费用,并且有义务完成货物出口和进口清关,支付所有出口和进口的关税和办理所有海关手续。

DDP 术语下卖方承担最大责任。若卖方不能直接或间接地取得进口许可证,则不应使用此术语。除非买卖合同中另行明确规定,任何增值税或其他应付的进口税款由卖方承担。

该术语适用于任何一种运输方式,也可适用于多种运输方式。图 2-12 是 DDP 示意图。

2. DDP 术语买卖双方的义务

卖方义务:(1)订立将货物按惯常路线和习惯方式运往指定目的地的运输合同,并支付有关运费。(2)在合同规定的时间、地点,将合同规定的货物置于买方的处置之下。(3)承担在指定目的地的约定地点将货物置于买方处置之前的风险和费用。(4)自负风险和费用,取得出口和进口许可证及其他官方批准证件,并且办理货物出口和进口所需的海关手续,支付关税及其他有关费用。(5)提交商业发票和自负费用,提交提货单或买方为提取货物所需的通常的运输单证,或具有同等作用的电子信息。

买方义务:(1)接受卖方提供的有关单据,在目的地约定地点受领货物,并按合同规定支付货款。(2)承担在目的地约定地点受领货物之后的风险和费用。(3)根据卖方的请求,并由卖方负担风险和费用的情况下,给予卖方一切协助,使其取得货物进口所需的进口许可证或其他官方批准证件。

3. 使用 DDP 术语应注意的问题

(1)进口手续与清关问题。在 DDP 交货条件下,卖方是在办理好进口报关手续之后,在指

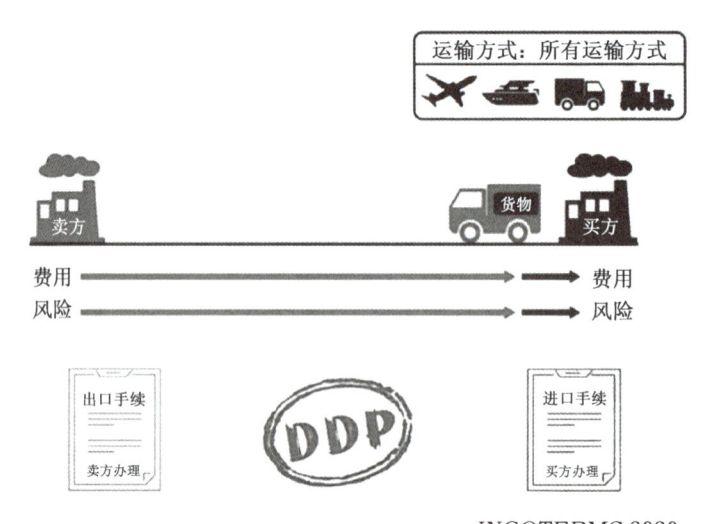

INCOTERMS 2020

图 2－12　DDP 示意图

定目的地交货的,这实质上是卖方已将货物运进了进口方的国内市场,这与其他在当地市场就地销售货物的卖方并无多大区别。若卖方不能直接或间接地取得进口许可证,则不应使用此术语。如双方希望买方承担所有进口清关的风险和费用,则应使用 DAP 术语。除非买卖合同中另行明确规定,否则任何增值税或其他应付的进口税款由卖方承担。

(2)卖方办理保险事宜。DDP 卖方本无须办理保险的义务,但由于 DDP 术语是卖方承担责任、费用及风险最大的术语,为了能在货物受损或灭失时及时得到经济补偿,卖方应该办理货运保险。选择险别的原则,要考虑货物的性质、运输方式等来灵活决定。

(3)关于交货地点和卸货费。由于卖方承担在特定地点交货前的风险,特别建议双方尽可能清楚地约定在指定目的地内的交货地点。建议卖方取得完全符合该选择的运输合同。如果卖方按照运输合同在目的地发生了卸货费用,除非双方另有约定,否则卖方无权向买方要求偿付。

### 同步案例 2－13　　DDP 贸易术语的应用

法国出口商向荷兰进口商出口 80 000 件纸巾,合同约定采用 DDP 术语,交货地点在荷兰的鹿特丹,交货时间为 12 月 21 日。卖方通过公路运输将货物于 12 月 21 日运抵鹿特丹交货地点。在卸货费用上,双方发生了争执,买方坚持由卖方承担卸货费用,卖方则援引 INCOTERMS® 2020 原文,明确卖方不承担卸货费用,因为运输合同没有规定卸货费用由卖方承担。你认为应该由哪一方承担卸货费？为什么？

【案例精析】

应由买方承担卸货费。

(1)DDP 术语下,关于卸货费用承担的问题,INCOTERMS® 2020 规定,卖方必须在约定日期或期限内,在约定的地点(如果有的话)或指定目的地,以将仍处于抵达的运输工具之上、且已经做好卸货准备的货物交由买方处置的方式交货。"做好卸货准备"意味着卖方不负责将货物从抵达的运输工具上卸下。

(2)根据 DDP 术语的规定,买方必须支付在指定目的地为收取货物所必须支付的一切卸货费用,但运输合同规定该费用由卖方承担者除外。因此,本案中,既然运输合同没有规定由卖方支付卸货费,则买方应承担卸货费。

## 任务四 国际贸易术语的选用

使用不同的贸易术语,意味着买卖双方承担不同的义务。采用何种贸易术语,既关系到双方的利益所在,也关系到能否顺利履约,所以在洽谈交易时,双方应恰当地选择贸易术语。目前在国际贸易中,会较多地使用在装运港或装运地交货的贸易术语,即 FOB、CFR、CIF 与 FCA、CPT 和 CIP。

### 一、FOB、CFR、CIF 与 FCA、CPT、CIP 的比较

#### (一)FOB、CFR、CIF 三种术语与 FCA、CPT、CIP 三种术语的共同点

(1)买卖合同均为装运合同。
(2)均由出口方负责出口报关,进口方负责进口报关。
(3)买卖双方所承担的运输、保险责任互相对应,即 FCA 和 FOB 一样,由买方办理运输,CPT 和 CFR 一样,由卖方办理运输,而 CIP 和 CIF 一样,由卖方承担办理运输和保险的责任。

#### (二)FOB、CFR、CIF 三种术语与 FCA、CPT、CIP 三种术语的不同点

(1)适用的运输方式不同。FOB、CFR、CIF 三种术语仅适用于海运和内河水运,其承运人一般只限于船公司;而 FCA、CPT、CIP 三种术语适用各种运输方式,包括多式联运,其承运人可以是船公司、铁路集团有限公司、航空公司,也可以是安排多式联运的联合运输经营人。

(2)交货和风险转移的地点不同。FOB、CFR、CIF 的交货地点均为装运港,风险均在货物装到船上时从卖方转移至买方。而 FCA、CPT、CIP 的交货地点,需视不同的运输方式和不同的约定而定,它可以是在卖方处由承运人提供的运输工具上,也可以在其他地点交给承运人或其代理人。至于货物灭失或损坏的风险,则于卖方将货物交由第一承运人保管时起,即自卖方转移至买方。

(3)装卸费用负担不同。按 FOB、CFR、CIF 术语,卖方承担货物在装到船上时止的一切费用。但由于货物装船是一个连续作业,各港口的习惯做法又不尽一致,所以,在使用程租船运输的 FOB 合同中,应明确装船费由何方负担,在 CFR 和 CIF 合同中,则应明确卸货费由何方负担。而在 FCA、CPT、CIP 术语下,如涉及海洋运输,并使用程租船装运,卖方将货物交给承运人时所支付的运费(CPT、CIP 术语),或由买方支付的运费(FCA 术语),已包含了承运人接管货物后在装运港的装船费和目的港的卸货费。这样,在 FCA 合同中的装货费的负担和在 CPT、CIP 合同中的卸货费的负担问题均已明确。

(4)运输单据不同。在 FOB、CFR、CIF 术语下,卖方一般应向买方提交已装船清洁提单。而在 FCA、CFR、CIP 术语下,卖方提交的运输单则视不同的运输方式而定。如在海运和内河运输方式下,卖方应提供可转让的提单,有时也可提供不可转让的海运单和内河运单;如在铁路、公路、航空运输或多式联运方式下,则应分别提供铁路运单、公路运单、航空运单或多式联运单据。

### 二、选用贸易术语应注意的问题

如果贸易术语选用不当,可能会造成进出口合同履行中的种种隐患,甚至使企业由此承担

巨大的经济损失。贸易术语的合理选用已经成为国际贸易中交易磋商及合同履行的首要问题。在进出口业务中，贸易术语的选用主要考虑下列因素。

### （一）安排运输的能力

如果进出口双方中的一方有足够的能力安排运输事宜，且经济上又比较划算，在能争取最低运费的情况下，可争取采用自行安排运输的贸易术语。例如，出口企业可争取使用 CFR、CIF 或 CPT、CIP 等术语，而进口企业则可尽力争取使用 FOB、FCA 或 FAS 等术语。如果其中一方无意承担运输或保险责任，则尽量选用由对方负责此项责任的术语。我国在进口贸易中，大多使用 FOB 或 FCA 术语。在出口贸易中，则争取按 CIF 或 CIP 方式成交，这有利于本国远洋运输业和保险业的发展，增收减支。

### （二）有利于发展双方的合作关系

在国际市场竞争中，贸易术语可以随着行情的变化成为出口企业争取客户的重要手段。出口企业往往为了调动对方的购货积极性，采用对进口商较为有利的 DAP、DPU 或 DDP 等目的地交货术语。有些国家规定进口贸易必须在本国投保，有些买方为了谋求保险费的优惠，与保险公司订有预保合同，以扶持本国保险或运输行业的发展，则我方可同意按 CFR 和 CPT 方式出口。在大宗商品出口时，国外买方为谋求以较低运价租船，卖方也可按 FOB 或 FCA 方式与之成交，因此，交易双方也须了解本国及对方国家是否有类似的规定，并作为贸易术语选择的重要因素之一。

### （三）运输方式

FOB、CFR、CIF 只适合于海洋运输和内河水运。在航空运输和铁路运输情况下，应采取 FCA、CPT、CIP 术语。对于海洋运输，在以集装箱方式运输时，出口商在将货交给承运人后即失去了对货物的控制，因而作为出口方，应尽量采用 FCA、CPT、CIP 方式成交。此类贸易术语还有利于出口方提早转移风险，提前出具运输单据，早日收汇，加快资金周转。

### （四）风险规避

在出口贸易中，出口企业尽量采用 CIF、CIP 术语成交，由卖方负责签订运输合同，保证运输工具与货物的衔接，因为卖方对运输公司和货代状况比较了解，降低了无单放货的可能性。在进口贸易中，进口企业原则上应采用 FOB 或 FCA 方式，由买方自行订立运输合同、自行投保，以避免出口方与承运方勾结，利用提单骗取货款。

### （五）运费和附加费的变动趋势

运费和附加费也是货价的构成因素之一，在选用贸易术语时还要考虑到租船市场运价的变化，把运费看涨或看跌的风险考虑到货价中。一般来说，如果运费和附加费（例如燃油费）等看涨时，为避免承担有关成本，可选择由对方安排运输的术语，如进口时可选用 CIF、CFR、CIP、CPT 或 DAP、DPU、DDP 术语，出口时可选用 FAS、FOB、FCA 术语；当有关运费和附加费看跌时，则相反。

### （六）运输路线

运输路线不仅关系到运费的高低，更重要的是关系到风险的大小和有关保险事宜的办理。如果出口企业不愿意承担过多风险，不要选择 DAP、DPU、DDP 术语；相反，如果进口企业不愿意承担货物在运输途中的风险，则可选用以上三个术语。

### （七）货源情况

选择贸易术语时，还需要考虑货物的特性、成交量的大小并选择相应的运输工具。如果货物需要特定的运输工具，而出口企业无法完成时，可选用 FOB、FAS、FCA 术语，交由进口企业负责安排运输。如果成交量太小而又无班轮直达运输目的地(港)时,其中一方企业如果负责安排运输则费用太高且风险也加大,最好选用由对方负责安排运输的术语。当然,进出口企业还需要考虑本国租船市场的行情。

### (八)通关的难易程度

在国际贸易中,办理货物的通关手续是进出口双方的重要责任。通常由进口商负责进口通关,由出口商负责出口通关。但是按照 *INCOTERMS® 2020* 的规定,EXW 术语进出口通关工作都由进口商负责,而 DDP 术语项下进出口通关工作都由出口商负责。所以,当选用这两个术语时,负责通关工作的一方必须对对方国家通关工作的政策规定、手续和费用负担等事宜详细了解,如果没有能力完成此项工作,应尽量选用其他的术语,例如,进口商可将 EXW 改为 FCA。

### (九)外汇管制情况

在使用 EXW、DPU、DAP 或 DDP 等术语出口时,如果国内存在外汇管制问题,卖方将遇到很多困难和风险,因此,对于存在外汇管制的国家,尽量少用上述术语成交。一般在外汇管制的国家或地区可要求进口商使用 FAS、FOB 等术语进口,出口时可要求出口商使用 CIF 或 CFR 术语成交。

## 三、E组、F组、C组、D组贸易术语的特点

### (一)E 组贸易术语

按 E 组的 EXW 这一贸易术语达成的交易,在性质上类似于国内贸易。因为卖方是在本国的内地完成交货,其所承担的风险、责任和费用也都局限于出口国内,卖方不必过问货物出境、入境及运输、保险等事项,由买方自己安排车辆或其他运输工具到约定的交货地点接运货物,所以,在卖方与买方达成的契约中可不涉及运输和保险的问题。而且,除非合同中有相反规定,否则卖方一般无义务提供出口包装,也不负责将货物装上买方安排的运输工具。如果签约时已明确该货物是供出口的,并对包装的要求做出了规定,卖方则应按规定提供符合出口需要的包装。如果双方约定卖方要承担将货物装上买方安排的运输工具的义务,则应在合同中对此做出明确的规定。但国际商会在 *INCOTERMS® 2020* 的引言中指出,人们认为理想的情况是仍然保留 EXW 条件下卖方的义务最小的传统原则,其目的是适用于那些卖方不愿意承担任何装货义务的情况。

由于在 EXW 条件下,买方要承担过重的义务,所以对外成交时,买方不能仅仅考虑价格低廉,还应认真考虑可能遇到的各种风险以及运输环节等问题,要权衡利弊,注意核算经济效益。另外,按这一术语成交,买方要承担办理货物出口和进口的清关手续的义务,所以还应考虑在这方面有无困难。如果买方不能直接或间接地办理出口和进口手续,则不应采用这一术语成交。

### (二)F 组贸易术语

F 组中包括的三种贸易术语 FCA、FAS 和 FOB,它们在交货地点、风险划分界限以及适用的运输方式等方面并不完全相同,然而它们也有相同之处,其共同点是按这些术语成交时,卖方要负责将货物按规定的时间运到双方约定的交货地点,并按约定的方式完成交货。从交货地点到目的地的运输事项由买方安排,运费由买方负担。买方要指定承运人订立从交货地至目的地的运输合同,并通知卖方。可见,按这些术语达成交易,卖方承担的费用在交货地点随着风险的转移而相应地转移给了买方。另外,按照 *INCOTERMS® 2020* 的解释,采用这

三种贸易术语成交时,均由卖方负责货物出口报关的手续和费用;由买方负责货物进口报关的手续和费用。

由于按 F 组术语成交时,卖方负责在交货地点提交货物,而由买方安排运输工具到交货地点接运货物,所以,如何做好船货的衔接工作至关重要。为了避免因货等船或船等货而造成当事人的损失,卖方和买方之间应加强联系,将备货和派船的情况及时通知对方,遇到问题加强协商,妥善解决。

### (三)C 组贸易术语

C 组贸易术语中的 CFR 和 CIF 是在装运港交货,风险划分均以装运港船上为界,适用于水上运输方式;CPT 和 CIP 则是在约定地点向承运人交货,风险划分以货交第一承运人为界,适用于各种运输方式。但它们同为一组也具有共同之处,那就是卖方在约定的装运港(地)交货后,还要负责办理货物从装运港(地)到目的港(地)的运输事项,并承担相关费用,因按本组术语成交,货价构成因素中都包括运费,故国际商会在 INCOTERMS® 2020 的引言中称本组术语项下"主要运费已付"。当然,其中的 CIF 和 CIP 下,卖方还要负责办理货运保险,并承担保险费用。由于卖方承担的风险仍然是在装运港(地)交货时转移,所以,不应将它们看作是到货合同。

C 组术语下,风险划分和费用划分是两个不同的含义,风险划分在装运港(地),费用划分则是在目的港(地)。就是说,卖方虽然承担从交货地至目的地的运输责任,并负担相关费用,但是,他并不承担从交货地至目的地的运输途中货物发生损坏、灭失及延误的风险。

### (四)D 组贸易术语

D 组包括的三种贸易术语中,都是在进口国的目的港或目的地交货,这就与前面各组术语有了明显的区别。按照 D 组术语成交的合同称到货合同(Arrival Contract),到货合同是与装运合同(Shipment Contract)相对而言的,按照 F 组、C 组术语成交的合同称作装运合同,在装运合同下,卖方要支付将货物按照惯常航线和习惯方式运至约定地点所需的通常运输费用,而货物灭失或损坏的风险以及在货物以适当方式交付运输之后发生意外而导致的额外费用,则由买方承担。按 D 组术语成交时,卖方要负责将货物安全及时地运达指定地点,包括边境地点、目的港口以及进口国的内地,实际交给买方处置,才算完成交货。卖方要承担货物运至该地点之前的一切风险和费用。

可见,D 组术语条件下,卖方所承担的风险要大于前面各组,特别是按照 DDP 术语成交时,卖方负责将货物交到进口国内的约定地点,承担在此之前的一切风险、责任和费用,其中包括办理货物出口和进口的手续以及相关费用。所以,作为卖方在对外成交时,一定要认真考虑该项业务中可能会遇到的各种风险以及可以采取的防范措施。另外,在打算采用 DDP 条件对外成交时,卖方还应考虑办理进口手续有无困难,如果卖方不能直接或间接地取得进口许可证,则不应采用 DDP 条件成交。

## ▼ 应知考核

### 一、单项选择题

1. 负责制定 INCOTERMS® 2020 的组织是( )。
   A. 国际法协会　　　　B. 国际商会　　　　C. 经合组织　　　　D. WTO
2.《1932 年华沙—牛津规则》主要解释的是( )术语。

A. FOB  B. CIF  C. CFR  D. FAS

3. INCOTERMS® 2020 按运输方式排列,将国际贸易术语分成(　　)组。
A. 2  B. 3  C. 4  D. 5

4. INCOTERMS® 2020 中,卖方承担义务最小的术语是(　　)。
A. FAS  B. FOB  C. DAP  D. EXW

5. INCOTERMS® 2020 中,卖方承担义务最大的术语是(　　)。
A. CIF  B. CIP  C. DDP  D. DAT

6. 根据 INCOTERMS® 2020 的解释,进口方负责办理出口清关手续的贸易术语是(　　)。
A. FAS  B. EXW  C. FCA  D. DDP

7. 根据 INCOTERMS® 2020 的解释,出口方负责办理进口清关手续的贸易术语是(　　)。
A. FAS  B. EXW  C. FCA  D. DDP

8. 以货物交给承运人的时间和地点作为买卖双方风险划分界限的术语是(　　)。
A. EXW  B. FAS  C. FOB  D. FCA

9. 根据 INCOTERMS® 2020 的规定,不能适用于"门到门"或"站到站"运输方式的贸易术语是(　　)。
A. FOB  B. FCA  C. CIP  D. CPT

10. 根据 INCOTERMS® 2020 的规定,某一贸易术语卖方承担下列责任、风险和费用:
①提供符合合同规定的货物、单证或相等的电子单证。
②自负费用及风险,办理出口许可证及其他货物出口手续,缴纳出口税费。
③依约定的时间、地点,依港口惯例将货物装上买方指定的船舶并给予买方以充分的通知。
④承担在装运港货物装船以前的风险和费用。
该术语应为(　　)。
A. FOB  B. CIF  C. CFR  D. DAP

11. 根据 INCOTERMS® 2020 的解释,在下列术语中,适用于各种运输方式的是(　　)。
A. DPU  B. FAS  C. FOB  D. CFR

12. 国际法协会制定的有关 CIF 合同的统一规则是(　　)。
A.《海牙规则》  B.《汉堡规则》
C.《1932年华沙—牛津规则》  D.《托收统一规则》

13. C组贸易术语与其他贸易术语的重要区别之一是(　　)。
A. 交货地点不同  B. 风险划分地点不同
C. 风险和费用划分地点相分离  D. 买方办理主要运输并支付运费

14. 按 CIF 术语成交的合同,货物在运输途中因火灾被焚,应由(　　)。
A. 卖方负担货物损失  B. 卖方负责请求保险公司赔偿
C. 买方负责请求保险公司赔偿  D. 买方负责请求承运人赔偿

15. 按 CIF Singapore 条件成交出口大宗商品,程租船运输,卖方欲不负担卸货费,应采用(　　)。

A. CIF Singapore                            B. CIF Landed Singapore
C. CIF EX Ship's Hold Singapore             D. CIF EX Tackle Singapore

16. CIF Liner Terms 和 CIF Landed 两种术语都是 CIF 的变形,都是由卖方承担卸货费,其不同是使用 CIF Landed 术语时,可能发生的驳船费和码头捐由(    )。
    A. 卖方支付        B. 买方支付        C. 船方支付        D. 保险公司支付

17. 就买方承担的货物风险而言,(    )。
    A. E 组最大,F 组其次,C 组和 D 组最小    B. D 组最大,F 组和 C 组其次,E 组最小
    C. D 组最小,E 组其次,F 组和 C 组最小    D. E 组最大,F 组其次,C 组和 D 组最小

18. 表明"主运费已付"的是(    )术语。
    A. E 组            B. F 组            C. C 组            D. D 组

19. 就卖方承担的责任和费用而言,下列排序正确的是(    )。
    A. FOB>CFR>CIF                        B. FOB>CIF>CFR
    C. CIF>CFR>FOB                        D. CIF>FOB>CFR

20. INCOTERMS® 2020 中的装运合同是指(    )。
    A. 按 F 组和 C 组贸易术语成交的合同     B. 按 E 组和 D 组贸易术语成交的合同
    C. 按 C 组和 D 组贸易术语成交的合同     D. 按 D 组贸易术语成交的合同

## 二、多项选择题

1. 国际贸易术语是以不同的交货地点为标准,用简短的含义或英文缩写的字母表示的术语。它可以明确表示(    )。
   A. 商品的价格构成                       B. 货物风险的划分
   C. 买卖双方在交易中的权利义务           D. 买卖双方在交易中的费用分担

2. 有关贸易术语的国际贸易惯例有(    )。
   A. INCOTERMS® 2020                     B.《1932 年华沙—牛津规则》
   C.《1990 年美国对外贸易定义修订本》     D.《汉堡规则》

3. 可适用于多种运输方式的贸易术语是(    )。
   A. FCA            B. CPT             C. CIP             D. DAP

4. 只适用于海运和内河运输的贸易术语是(    )。
   A. FOB            B. FAS             C. CFR             D. CIF

5. 属于实际交货性质的贸易术语是(    )。
   A. EXW            B. CFR             C. DAP             D. DDP

6. 属于象征性交货的贸易术语是(    )。
   A. FOB            B. DDP             C. CFR             D. CIF

7. FOB、CFR、CIF 三种贸易术语的共同点在于(    )。
   A. 交货地点相同                         B. 适用的运输方式相同
   C. 风险划分的分界点相同                 D. 交货性质相同

8. FCA、CIP、CPT 与 FOB、CIF、CFR 两组贸易术语的区别是(    )。
   A. 适用的运输方式不同                   B. 交货地点不同
   C. 风险转移分界点不同                   D. 提交的单据种类不同

9. 在使用集装箱海运的出口贸易中,卖方采用 FCA 贸易术语比采用 FOB 贸易术语更为

有利的具体表现是（　　）。
A. 可以提前转移风险
B. 可以提早取得运输单据
C. 可以减少卖方的风险责任
D. 可以提早交单结汇，提高资金的周转率

10. 广东某公司出口一批服装到 A 国，打算以 CIF 条件对外报价，该公司在考虑运费时应考虑到的因素有（　　）。
A. 运输途中可能遭遇的海上风险
B. 从我国到 A 国的运输距离
C. 从我国到 A 国是否需转船及可能发生的费用
D. 国际航运市场价格变动的趋势

### 三、判断题

1. 由于国际贸易是涉外经济活动，那么调节其法律关系的，主要应是国际贸易惯例。（　　）

2. EXW 术语是买方承担责任、费用和风险最小的术语。（　　）

3. 在所有的贸易术语下，出口报关的责任、费用均由卖方负担。（　　）

4. 根据 INCOTERMS® 2020 的规定，以 C 组术语成交签订的合同都属于装运合同。（　　）

5. 以 CIF 条件成交的合同，当货物在海洋运输途中受损后，卖方仍有权凭符合合同规定的全套单据向买方索取货款。（　　）

6. 在一般情况下，按 CFR 贸易术语成交的出口合同，保险费不应计入货物价格。（　　）

7. 在下列条件成交的合同中：CIF 东京，FOB 上海，DAP 雅加达，CFR 伦敦，只有 FOB 上海不属于装运合同。（　　）

8. 按照 CFR 条件成交的合同双方，风险与费用的划分点均在装运港船上。（　　）

9. 采用 FOB 条件时，通常由卖方负责租船订舱，也有由买方代办租船订舱的情况，按一般惯例，只要卖方已尽最大努力，因客观原因而租不到船或订不到舱位，买方不得为此向卖方提出索赔或撤销合同。（　　）

10. 在 CIF 条件下，卖方按合同在装运港将货物装船，并提交全套合格单据，就算完成了交货任务，也无须保证到货。反之，如果卖方提交的单证不合要求，即使合格的货物安全运达，也不算完成交货，即在"象征性交货"下，卖方是凭单交货。（　　）

### 四、综合题

我方以 CFR 贸易术语与 B 国的 H 公司成交一批消毒碗柜的出口合同，合同规定装运时间为 4 月 15 日前。我方备妥货物，并于 4 月 8 日装船完毕。由于遇星期日休息，我公司的业务员未及时向买方发出装运通知，导致买方未能及时办理投保手续，而货物在 4 月 8 日晚，因发生了火灾被烧毁。

请根据以上内容回答下列问题：

1. 货物损失责任由（　　）承担。
A. 买方
B. 卖方
C. 船方
D. 保险公司

2. 你做出上述判断的理由是（　　）。
A. 卖方未及时发出装船通知
B. 风险已经以装运港船上为界转移给买方

C. 船方负责运输,出了事故应负责　　　　D. 买方未办理保险

3. 根据 INCOTERMS® 2020 的解释,采用 CFR 术语时卖方应履行的基本义务包括（　　）。

A. 租船订舱,将货物装船并支付正常运费

B. 办理货运保险

C. 承担将货物运至目的港之前的风险

D. 办理出口通关手续

4. 根据 INCOTERMS® 2020 的解释,采用 CFR 术语时买方应履行的基本义务包括（　　）。

A. 租船订舱,将货物装船并支付正常运费

B. 办理货运保险

C. 承担将货物运至目的港之前的风险

D. 办理进口通关手续

5. 本案例中,风险转移的地点是（　　）。

A. 装运港船上　　　　　　　　　　　B. 目的港船上

C. 货物交给船方　　　　　　　　　　D. 风险尚未从卖方转移给买方

### 应会考核

■ 观念应用

某进出口公司以 CIF 汉堡向英国某客商出售供应圣诞节的杏仁一批,由于该商品的季节性较强,买卖双方在合同中规定:买方须于 9 月底以前将信用证开抵卖方,卖方保证不迟于 12 月 5 日将货物运抵汉堡,否则,买方有权撤销合同。如卖方已结汇,卖方须将货款退还买方。

请问：该合同是否还属于 CIF 合同？为什么？

■ 技能应用

根据下列情况,分别为进口商或出口商选择适当的贸易术语,在相应的空格里打"√"。

| 具体情况 | 出口商 FOB | 出口商 CFR/CIF | 进口商 FOB | 进口商 CFR/CIF |
|---|---|---|---|---|
| 运价有上涨趋势时 | | | | |
| 本币有升值趋势时 | | | | |
| 大宗交易,但不熟悉租船业务时 | | | | |
| 本国保险费率低廉时 | | | | |

【考核要求】

请在分析上述具体情况之后在相应的空格里打"√"。

■ 案例分析

1. 江西一出口公司曾于 12 月向日本出口 1 200 套陶瓷餐具,共 600 箱,FOB 宁波条件成交,货值 48 000 美元,装运期为 12 月 25 日前,货物装集装箱。该出口公司在宁波设有办事处,于是在 12 月上旬将货物运到宁波,由宁波办事处负责订箱装船。不料货物在从江西运往宁波的途中发生车祸,导致部分陶瓷餐具受损。由于该陶瓷餐具是日本客人订制产品,该出口

公司无剩余货源,因此,一时无法补足受损数量,只好请求日本商人将信用证的有效期和装运期各延长15天。本案中货物受损的风险应由谁承担？出口公司采用FOB术语出口合适吗？

2. 某进出口公司以CIF术语与国外A公司签订销售某货物的合同。合同规定卖方投保ICC(B)和战争险。但是履行合同时,由于A国和B国处于战争状况,没有保险公司愿意向运往A国的货物提供战争险,卖方最终只投保了ICC(B)。货物在靠近A国水域时因为遭遇B国袭击而全部灭失。买方以卖方没有投保战争险为由要求卖方承担损失。但卖方称:货物运输途中的损失应由买方承担,而且根据《国际贸易术语解释通则》,卖方只需投保最低险别,没有投保战争险的义务。试问卖方的说法是否合理？

3. 我方以FCA贸易术语从意大利进口布料一批,双方约定最迟的装运期为4月12日,由于我方业务员的疏忽,导致意大利出口商在4月15日才将货物交给我方指定的承运人。我方收到货物后,发现部分货物有水渍,据查是因为货交承运人前两天大雨淋湿所致。据此,我方向意大利出口商提出索赔,但遭到拒绝。问:我方的索赔是否有理？为什么？

4. 我国某出口商和澳大利亚某进口商签订了黄豆的出口合同。合同规定每吨180美元,共计1 000吨,采用CPT条件。我国出口商委托运输公司B负责全程运输,并在指定时间和地点将货物交付给B公司,同时及时告知进口商货物已装运。但B公司在进行海上运输的过程中,停靠在中途港加油时,船只被B公司的债权方强行扣押,并通过法庭进行了拍卖。货物被滞留在加油港港口仓库中。澳大利亚进口商多次来电催促,我方又重新和另一家运输公司签订运输合同,才将货物运达了澳大利亚目的港。之后,我方向B公司进行索赔,要求B公司承担其再次委托其他运输公司代为运输的费用。但B公司认为我方多此一举,是我方自愿和其他运输公司签订运输合同的,这部分费用应由我方承担。试分析此案例。

5. 某进出口公司以CIF汉堡向英国某客商出售供应圣诞节的杏仁一批,由于该商品的季节性较强,买卖双方在合同中规定:买方须于9月底以前将信用证开抵卖方,卖方保证不迟于12月5日将货物运抵汉堡,否则,买方有权撤销合同。如卖方已结汇,卖方须将货款退还买方。问:该合同是否还属于CIF合同？为什么？

6. 我国A进口商和美国B出口商签订一份3 000吨小麦FOB合同,美国B公司按规定的时间和地点,将5 000吨散装小麦装船,其中的3 000吨属于卖给A公司的,2 000吨是卖给中国另外一个C公司的。货抵目的港后由船公司负责分拨。B公司装船后及时发出装船通知。受载船只在途中遇险,使该批货损失了3 000吨,其余2 000吨安全运抵目的港。A公司提货时,B公司宣称3 000吨小麦已全部灭失,而且按FOB合同,货物风险已在装运港越过船上时转移给了A公司,卖方对此项损失不负任何责任。卖方的说法有无道理？为什么？

7. 一份出口茶叶的合同规定在卖方仓库交货,茶叶数量为15 000千克,总价值30 000美元。合同规定,买方应于9月份提取货物。后来根据合同,卖方于9月1日将货物提货单交付给了买方,买方也付清了货款。但是,买方直至9月30日也尚未提取货物,于是卖方将货物搬移至另一不适当的地方存放。由于存放地点还放置了牛皮,致使买方10月12日提货时发现,有10%的茶叶已与牛皮串味而失去商业价值。请问,该损失责任应由谁承担？

8. 我国某外贸企业向国外一新客户订购一批初级产品,按CFR中国某港口、即期信用证付款条件达成交易,合同规定由卖方以程租船方式将货物运交我方。我方开证银行也凭国外议付行提交的符合信用证规定的单据付了款。但装运船只一直未到达目的港,后经多方查询,发现承运人原是一家小公司,而且在船舶启航后不久已宣告倒闭,承运船舶是一条旧船,船、货均告失踪,此系卖方与船方互相勾结进行诈骗,导致我方蒙受重大损失。我方应从中吸取哪些教训？

【考核要求】

结合所学的内容,请对上述案例进行分析。

■ 职场在线

专业术语翻译

(1)贸易术语　　　(2)装运港船上交货　　(3)货交承运人　　(4)完税后交货
(5)INCOTERMS　　(6)Delivered At Place　(7)Carriage Paid to　(8)CIF

## 项目实训

【实训项目】

国际贸易术语。

【实训情境】

杭州澳华贸易有限公司位于杭州市武林路118号,拟从澳大利亚维多利亚贸易有限公司(Australia Victoria Trade Pty Ltd.)进口一批奶粉,该公司位于澳大利亚悉尼(Sydney)埃平路(Epping Road)236号。以下运输方式任选使用：

①如果空运,起运机场是悉尼金斯福德·斯密斯机场(Kingsford Smith Airport),目的地机场是杭州萧山国际机场(Xiaoshan International Airport);

②如果海运集装箱运输,装运港是悉尼博塔尼港(Botany Port),卸货港是宁波北仑港;

③如果是多式联运(陆运—海运—陆运),集装箱运输,起运地是出口公司所在地,目的地是进口公司所在地。

【实训任务】

1. 请根据以上资料填写下表,交货地点自拟,但应尽可能明确。

| 贸易术语 | 运输方式 | 是否可用 | 术语完整描述(英文) |
| --- | --- | --- | --- |
| EXW | ① | | |
| | ② | | |
| | ③ | | |
| FCA | ① | | |
| | ② | | |
| | ③ | | |
| CPT | ① | | |
| | ② | | |
| | ③ | | |
| CIP | ① | | |
| | ② | | |
| | ③ | | |

续表

| 贸易术语 | 运输方式 | 是否可用 | 术语完整描述（英文） |
|---|---|---|---|
| DAP | ① | | |
| | ② | | |
| | ③ | | |
| DPU | ① | | |
| | ② | | |
| | ③ | | |
| DDP | ① | | |
| | ② | | |
| | ③ | | |
| FAS | ① | | |
| | ② | | |
| | ③ | | |
| FOB | ① | | |
| | ② | | |
| | ③ | | |
| CFR | ① | | |
| | ② | | |
| | ③ | | |
| ①②③ | ① | | |
| | ② | | |
| | ③ | | |

2. 撰写《国际贸易术语》实训报告。

《国际贸易术语》实训报告

| 项目实训班级： | 项目小组： | 项目组成员： |
|---|---|---|
| 实训时间：　年　月　日 | 实训地点： | 实训成绩： |
| 实训目的： | | |
| 实训步骤： | | |
| 实训结果： | | |

续表

| 实训感言： |
| --- |
| 不足与今后改进： |
| 项目组长评定签字：　　　　　　　　　　　　项目指导教师评定签字： |

# 项目三　国际贸易合同的标的

● 知识目标

　　理解：包装的种类、作用及其标志；商品作价的原则及方法。
　　熟知：国际货物买卖合同中品名与品质条款的基本内容与规定方法。
　　掌握：进出口商品品名和品质的表示方法；国际贸易中常用的数量计量方法。

● 技能目标

　　具备订立国际货物买卖合同中商品相关条款的能力和技巧。

● 素质目标

　　具有比较全面的认识事物和分析事物的能力，能认识并分析什么样的条款既有利于己方，又能为对方所接受，且能有针对性地解决面临的各种问题，从而做到学、思、用贯通，知、信、行统一。

● 思政目标

　　培养学生坚决拥护中国共产党领导，具有深厚的爱国情感、国家认同感、中华民族自豪感；遵守法律法规和国际贸易惯例；具有契约精神；形成良好的职业道德和职业素养，诚实守信、爱岗敬业；树立精益求精的工匠精神。

● 项目引例

### 忽视品质的机动幅度，交货的品质与样品不符

中国 A 公司曾向 B 外商出售一批农产品。成交前，该公司给外商寄送过样品。签约时，在合同品质条款中规定了商品的具体规格。签约后，卖方经办人员又主动电告买方，确认"成交商品与样品相似"。在货物装运前，中国海关进行了检验并签发了品质合格证书。但该批货物运到目的地后，买方认为，所交货物的品质比样品低，要求减价。卖方认为，合同并未规定凭样成交，而且所交货物，经检验符合约定的规格，故不同意减价。于是买方便请当地海关检验，出具了交货的品质比样品低 7% 的证明，并据此提出了索赔要求，卖方拒赔。由于合同中未规定仲裁条款而发生争议后，双方又达不成仲裁协议，买方遂请中国仲裁机构协助处理解决此案

争议。鉴于签约前卖方给买方寄送过样品。签约后,卖方又主动确认"交货与样品相似"且存样品已经遗失,故在仲裁机构的协调下,由卖方赔付买方品质差价的办法了结此案。

请问:中国仲裁机构这样处理的理由是什么?我方应该吸取哪些教训?

**引例评析:**

虽然双方合同中并没有明确表示采用样品作为交付货物品质的依据,但是双方成交过程中,我方A公司向对方寄送过样品,并明确告知对方交货品质与样品类似,双方已经事实上形成成交货物的品质依据所交货的品质。

由于农产品属于品质波动幅度较大的产品,虽然我方采用相应的品质机动幅度来表示商品的品质,但是"成交的商品与样品相似"所定标准相对模糊,没有规定相对的机动幅度,而对方商检机构所监测我方实际交货的品质比样品的品质低7%,属于较大幅度的出入,同时我方没有留存样品。故我方实际交货和样品存在差异,属于所交货物存在品质缺陷,构成违约,仲裁机构有理由做出上述处理结果。

● **课程思政**

> 通过本项目的学习,大学生在学习期间要不断提高专业技能,通过国际贸易合同的标的的认知,要自信自强、谦虚谨慎,运用专业知识赋予实现,增强意识观念,具有无私奉献的敬业精神,在平凡的岗位上创造不平凡,踔厉奋发、勇毅前行;具有在工作岗位上勤勤恳恳、兢兢业业、忠于职守、尽职尽责的工作作风,积极付出;熟悉贸易合同标的条款和注意事项,勇于创新、恪尽职守、精益求精,把报国当作使命,在提高工作效能、效益、效率和效果上下功夫,努力成为可堪大用、能担重任的经贸栋梁之材。

## 任务一　商品的品名

买卖合同是转移标的物的所有权的合同。在国际贸易中,交易的标的物种类繁多,每种标的物都有其具体名称,并表现为一定的质量,每笔交易的标的物都有一定的数量,而且交易的大多数标的物都需要有一定的包装,因此,买卖双方洽商交易和订立合同时,必须谈妥合同的标的物及其品质、数量与包装这些主要交易条件,并在买卖合同中做出明确而具体的规定。

### 一、商品品名的含义

买卖合同是一种实物买卖,它以"一定物体的实际交付为要件",将合同标的物的所有权由卖方转移至买方。众所周知,在国际贸易中,看货成交、一手交钱、一手接货的情况极少,而且国际货物买卖,从签订合同到交付货物往往需要相隔一段较长的时间。加之交易双方在洽商交易和签订买卖合同时,通常很少见到具体商品(买卖的对象是具有一定外观形态并占有一定空间的有形物)。买卖合同的特征是,一般只是凭借对拟买卖的商品做必要的描述来确定交易的标的,因此,在国际货物买卖合同中列明合同的标的就成为必不可少的条件。

按照有关的法律和惯例,对交易标的物的描述是构成商品说明(Description)的一个主要组成部分,是买卖双方交接货物的一项基本依据,它关系到买卖双方的权利和义务。若卖方交付的货物不符合约定的品名或说明,则买方有权提出损害赔偿要求,甚至拒收货物或撤销合同,因此,列明合同标的物的具体名称,具有重要的法律和实践意义。

### (一)商品的品名

商品的品名(Name of Commodity)又称商品的名称,简称品名,是指能使某种商品区别于其他商品的一种称呼或含义。商品的品名一定程度上体现了商品的自然属性(如动物产品、植物产品、矿产品等)、用途以及主要的性能特征,是对成交商品的描述以及构成商品说明的一个主要组成部分。

### (二)商品品名的命名方法

(1)以商品的主要用途命名,如洗洁精、旅游鞋等。
(2)以商品的所使用的主要原材料命名,如涤棉、羊绒衫等。
(3)以商品的主要成分命名,如西洋参、蜂王浆等。
(4)以商品的外观造型命名,如红小豆、喇叭裤等。
(5)以商品的制作工艺命名,如精制油等。
(6)以人物命名,如王守义十三香、李宁运动服等。

### (三)商品品名的相关法律和惯例

按照有关的法律和惯例,对交易标的物的描述,是构成商品说明的一个主要组成部分。若卖方交付的货物不符合约定的品名或说明,买方有权提出损害赔偿要求,甚至拒收货物或撤销合同。

**同步案例 3-1    违反合同品名规定的一则案例**

我国A公司与外商签订一份合同,合同规定商品的品名为"手工制造书写纸",买方收到货物后,经检验发现货物部分制造工序包含机械操作,而我方提供的所有单据均表示为手工制造,对方要求我方赔偿,而我方拒赔,主要理由是:(1)该商品的生产工序基本是手工操作,而且关键工序完全采用手工。(2)该交易是经买方当面先看样品后成立的,并且实际货物品质又与样品一致,因此,应认为所交货物与约定品质一致。问:该例中的责任到底应由谁承担?

【案例精析】 责任在我方。因为出口合同规定的商品品名为"手工制造书写纸",而我方实际所交的货物部分制造工序包含机械操作,我方显然违反了合同中的规定。虽然交易是经买方当面先看样品成交的,但此交易并非凭样品买卖,只能算参考样品,因此,卖方仍不能推卸其必须按合同交货的义务。对于该例我方首先应认识到自己确已违反了合同,不应在是否违反合同上与对方纠缠。其次我方应主动承认错误,以求得买方的谅解,并赔偿由此给买方造成的损失。

## 二、商品品名条款的内容

国际货物买卖合同中品名条款的规定,并无统一的格式,可由交易双方酌情商定。合同中的品名条款一般比较简单,通常都是在"商品名称"或"品名"(Name of Commodity)的标题下列明交易双方成交商品的名称。有时为了省略起见,也可不加标题,只在合同的开头部分列明交易双方同意买卖某种商品的文句,如:

品名:花生仁
Name of Commodity:Peanut
品名:桐油
Name of Commodity:Tong Oil

品名条款的规定,还取决于成交商品的品种和特点。就一般商品来说,有时只要列明商品的名称即可。但有的商品往往具有不同的品种、等级和型号,因此,为了明确起见,也可以把有关具体品种、等级或型号的概括性描述包括进去,做进一步限定。此外,还可以把商品的品质规格也包括进去,在此情况下,它就不单是品名条款,而是品名条款与品质条款的合并。

### 三、订立商品品名条款的注意事项

国际货物买卖合同中的品名条款,是合同中的主要条件,因此,在规定此项条款时,应注意下列事项。

#### (一)商品的名称必须明确、具体

鉴于命名商品的方法多种多样,如有些以其主要用途命名;有些以其使用的主要原材料或主要成分命名;有些以其外观造型或制造工艺命名;有些结合人名或地名命名;有些冠以褒义词命名等,因此,在规定品名条款时,必须明确交易标的物的具体名称,避免空泛、笼统或含糊的规定,以确切地反映商品的用途、性能和特点,并便于合同的履行。

#### (二)根据约定确定商品的名称

当一种商品可以有不同的名称时,在确定其名称时,就必须注意有关国家的海关关税、进出口限制的有关规定,在不影响国家有关政策的前提下,从中选择有利于降低关税、方便进出口和节省储运费开支的名称。

【注意】在合同中应尽量采用与 H.S. 编码制度一致的商品名称。

#### (三)合理规范描述成交的商品

就一般商品来说,有时只要列明商品的名称即可。但有些商品,往往具有不同的规格、等级或型号,因此,为了明确起见,也应把有关商品的具体规格、等级和型号的描述包括进去,与品质条款结合在一起。规定商品的品名应实事求是,切实反映商品的实际情况,必须是卖方能够供应买方所需要的商品,凡做不到或不必要的描述性词句,都不应列入,以免给履约带来困难。

#### (四)正确使用成交商品的名称

相同的商品因地理位置的差异,在不同的地方有不同的称呼。例如,鳖在我国就有"甲鱼""水鱼""王八""团鱼"等不同的叫法,至于各国的差异就更大,因此,确定商品名称时应选用国际通用的名称。

### 四、商品品名条款示例

Sales Contract for Northeast Soybean(东北大豆的销售合同)

We hereby conclude the following terms and conditions for the sale of Forever Brand Bicycle.(我们就永久牌自行车的销售达成如下条款。)

Name of Commodity: Sport Shoes.(商品名称:运动鞋)

Chinese Groundnut,F.A.Q.(中国花生,良好平均品质)

Moisture(max 13%)水分(最高13%)

Admixture(max 5%)杂质(最高5%)

Oil Content(min 44%)含油量(最低44%)

## 同步案例 3-2　　　　　　　　山东大蒜引发的争议

韩国 KM 公司向我国 BR 土畜产公司订购大蒜 650 吨,双方当事人几经磋商最终达成交易。但在合同缮制时,由于山东胶东半岛地区是大蒜的主要产区,通常我国公司都以此为大蒜的货源基地,所以 BR 公司就按照惯例在合同品名条款中打上了"山东大蒜",可是在临近履行合同时,大蒜产地由于自然灾害导致歉收,货源紧张。BR 公司紧急从其他省份征购,最终按时交货。但 KM 公司来电称,所交货物与合同规定不符,要求 BR 公司做出选择,要么提供山东大蒜,要么降价,否则将撤销合同并提出贸易赔偿。问:KM 公司的要求是否合理?为什么?

**【案例精析】**　本案是由于商品的品名条款所引发的争议。KM 公司的要求合理。从法律角度看,在合同中明确规定买卖标的物的具体名称,关系到买卖双方在交接货物方面的权利和义务。按照有关的法律和商业惯例的规定,对交易标的物的具体描述,是构成商品说明的一个主要组成部分,是买卖双方交接货物的一项基本依据。若卖方交付的货物不符合约定的品名或说明,买方有权拒收货物或撤销合同并提出损害赔偿。因此,品名和品质条款是合同中的重要条件,一旦签订合同,卖方必须严格按合同的约定交货。另外,在表示商品品质的方法中,有一种是凭产地名称买卖,产地名称代表着商品的品质。不同产地的同种货物品质可能存在着很大的差别,因此 KM 公司要求提供山东大蒜的要求是合理的。其实,遇到上述情况,BR 公司可以援引不可抗力条款,及时通知买方,要求变更合同或解除合同。

# 任务二　商品的品质

## 一、商品品质的含义

商品的品质(Quality of Goods/Commodity)是指商品的内在质量和外观形态的综合。内在质量包括商品的物理性能、机械性能、化学成分和生物特征等自然属性;外观形态包括商品的外形、色泽、款式和透明度等。

合同中的品质条款,是构成商品说明的重要组成部分,是买卖双方交接货物的依据。《公约》规定:卖方交付的货物必须与合同所规定的质量和规格相符。除非双方当事人业已另有协议,否则货物应适用于同一规格货物的通常用途;符合买方在订立合同时通知卖方的任何特定目的;符合卖方向买方提供的样品或样式,否则即与合同不符。如卖方交货不符合约定的品质条款,不论价款是否已付,买方都有权要求卖方减价或作出损害赔偿,也可要求修理或交付替代货物,甚至拒收货物或撤销合同。

## 二、表示品质的方法

在国际贸易中,由于交易的商品种类繁多、特点各异,故表示品质的方法也不尽相同。国际贸易的商品种类繁多,即使是同一种商品,在品质方面也可能因自然条件、技术和工艺水平以及原材料的使用等因素的影响而存在着种种差别,这就要求买卖双方在商定合同时首先就品质条件作出明确规定。

根据国际贸易实践,表示商品品质的方法可以归纳为两大类:以实物表示和以说明表示。

### (一)以实物表示商品的品质

这是以作为交易对象的商品的实际品质或以代表商品品质的样品来表示商品品质的方

法，以实物表示商品品质通常包括凭成交商品的实际品质（Actual Quality）和样品（Sample）品质两种表示方法。前者为看货买卖，后者为凭样品买卖。

1. 看货买卖

看货买卖又称凭现货买卖，即根据现有商品的实际品质买卖。若买卖双方根据成交商品的实际品质进行交易，通常是先由买方或其代理人在卖方所在地验看货物，达成交易后，卖方即应按验看过的商品交付货物。在国际贸易中，由于交易双方远隔两国，交易洽谈多靠函电方式进行。买方到卖方所在地验看货物有诸多不便，即使卖方有现货在手，买方也有代理人代为验看货物，也无法逐件查验，所以采用看货成交的数量有限。这种做法多用于寄售、拍卖和展卖等贸易业务中。

2. 凭样品买卖

样品（Sample）通常是指从一批商品中抽出来的或由生产、使用部门设计、加工出来的，足以反映和代表整批商品质量的少量实物，这种样品叫标准样品（Standard Sample）。凡以样品表示商品质量并以此作为交货依据的，称为凭样品买卖（Sale by Sample）。

【提示】在国际贸易实务中，有些商品难以用文字来说明其品质，代之以实物样品来表示。凭样品买卖的适用范围主要包括：工艺品、古董、字画、服装、轻工品和土特产品等不易用文字描述的商品。

在国际贸易实务中，按样品提供者的不同，可分为下列几种。

（1）凭卖方的样品买卖（Sale by Seller's Sample）。它是指凭卖方提供的样品磋商交易和订立合同，并以卖方的样品作为交货品质的最后依据。卖方所交货物的品质，必须与其提供的样品相同。

（2）凭买方的样品买卖（Sale by Buyer's Sample）。它是指买卖双方凭买方提供的样品磋商交易和订立合同，并以买方的样品作为交货品质的最后依据。有时买方为了使其订购的商品符合自身要求，也会提供样品由卖方依样承制。凭买方的样品买卖也被称为"来样成交"。

（3）凭对等样品买卖（Sale by Counter Sample）。它是指在凭买方的样品买卖中，要求卖方所交整批货的品质，必须与买方的样品一致，从而避免交货时双方对样品的品质理解不同而产生纠纷。卖方往往要根据买方提供的样品，加工复制出一个类似的样品交买方确认，这种经确认后的样品，称为"对等样品"或"回样"，也可称为"确认样品"（Confirming Sample）。

【注意】当对等样品被买方确认后，日后卖方所交货物的品质，必须以对等样品为准。需要注意的问题是：①选取的样品要有一定的代表性。②保留好复样。

此外，买卖双方为了发展贸易关系和增进彼此对对方商品的了解，往往采用互相寄送样品的做法。这种以介绍商品为目的而寄出的样品，最好标明"仅供参考"（for reference only）字样，以免与标准样品混淆。

由于凭样品买卖要求交货品质与样品完全一致，有时难以做到，交易中易发生纠纷。特别是在市场行情剧变时，买方往往会苛求"货""样"一致的标准而拒收货物，因此，在使用这种方法时应注意做好以下几项工作。

①凡凭样品买卖，卖方交货品质必须与样品完全一致。

②以样品表示品质的方法，只能酌情采用。凡是能用科学的指标表示商品品质的，就不宜采用此方法。

③采用凭样成交而对品质无绝对把握时，应在合同条款中相应做出灵活的规定。可在买卖合同中特别订明"品质与样品大致相同"或"品质与样品近似"。

④提供的商品要有代表性。应在大批货物中选择品质中等的实物作为样品,避免由于样品与日后所交货物的品质不一致而引起纠纷,造成经济损失。

⑤寄送样品时应留存一份或数份同样的样品,作为"复样"(Duplicate Sample)或"留样"(Keep Sample),以备日后交货或处理争议时核对之用。

⑥寄发样品和留存复样时,要注意编号和注明日期,以便日后查找。

⑦在买方寄来样品时,卖方要制作"对等样品"(Counter Sample)、"确认样品"(Confirming Sample)或"回样"(Return Sample)。

⑧采用凭买方的样品成交时,应规定工业产权问题。

⑨如果提交对方的样品不是标准样品,买卖双方为了发展贸易关系和增进彼此对对方商品的了解,往往采用互相寄送样品的做法。这种以介绍商品为目的而寄出的样品,最好标明"仅供参考"(For Reference Only)字样,以免与标准样品混淆。

### 同步案例 3—3　　合同中机床侵权的一则案例

1月,我国A公司与日本B公司签订一份机床买卖合同,A公司根据日本B公司所提供的图纸生产,出售机床一批,随后日本B公司将机床出售给美国C公司。机床进入美国市场后,美国C公司被专利权人起诉,原因是该合同的产品拥有的技术已在美国取得专利,认为C公司出售的机床侵犯了其在所在国的利益。法院令美国C公司向专利权人赔偿损失200万美元,随后美国C公司向日本B公司索要赔偿,认为日本B公司未提前告知此情况,导致被起诉,被迫赔偿。而B公司此时将赔偿转嫁给我国A公司,认为是我国A公司生产了该机床,产生侵权,应当赔偿。我国A公司得知此消息后,拒绝赔偿,认为日本B公司在订立合同时根本没有申明此事,产生侵权与A公司无关。而日本B公司辩称:我国A公司作为机床生产商,应该主动调查产品专利问题,B公司只是买方,并没有必要调查专利问题。而我方认为是对方提供的图纸,就算侵权也是日本B公司提供图纸导致的,与A公司本身无关。由此,双方互不相让,诉讼到法院。问:我国A公司的拒绝赔偿是否合理?为什么?

【案例精析】　我国A公司的要求是合理的。因为该机床是依据日本B公司提供的图纸生产的,而且在合同中日本B公司并未告知我方产品将销售到美国,由此引发的侵权与我方无关。

#### (二)以说明表示商品品质

凡是以文字、图表、照片等方式来说明商品的品质,均属凭说明表示商品品质的范畴。属于这个范畴的表示方法,具体包括下列几种。

1. 凭规格买卖

商品规格(Specification of Goods)是指一些足以反映商品质量的主要指标,如化学成分、含量、纯度、性能、容量、长短和粗细等。在国际贸易中,买卖双方洽谈交易时,对于适于凭规格买卖(Sale by Specification)的商品,应提供具体规格来说明商品的基本品质状况,并在合同中写明。凭规格买卖时,说明商品品质的指标因商品的不同而异,即使是同一商品,因用途不同,对规格的要求也会有差异。如"Huiyuan" Pear Juice,Juice Content 100%("汇源"梨汁,果汁含量100%)。凭规格表示商品的品质一般说来是比较准确的,所以大多数商品交易都采用这种方法。

### 同步案例3—4  违反合同中品质规定的一则案例带来的启示

我国某出口公司与国外买方订立一份 CIF 合同,合同规定:"番茄酱罐头 200 箱,每箱 24罐×100 克",即每箱装 24 罐,每罐 100 克。但卖方在出货时,却装运了 200 箱,每箱 24 罐,每罐 200 克。国外买方见货物的重量比合同多了一倍,拒绝收货,并要求撤销合同。问:买方是否有权这样做?为什么?

**【案例精析】** 本案中合同规定的商品规格为每罐100克,而卖方却交付的是每罐200克,与合同规定的规格条件明显不符,违反合同中的品质规定。尽管卖方交付给买方的罐头重量高出一倍,对于买方来说,也并非好事,因为极有可能使其原来的商业目标全部落空,如果此规格的罐头不适销,还会给买方带来损失。另外,假设进口国是实行进口贸易管制比较严格的国家,如重量比进口许可证的重量多一倍,就可能遭到行政当局的质询,甚至被怀疑有逃避进口管制、偷漏关税等行为而追究买方的责任,其后果是相当严重的。

2. 凭等级买卖

商品的等级(Grade of Goods)是指同一类商品,按其规格上的差异,分为品质优劣各不相同的若干等级,以文字、数字或符号表示。对明确等级的商品如茶叶、矿产品等按特级(Special Grade)、一级(First Grade)、二级(Second Grade)、三级(Third Grade)等来表示。例如 Chinese Green Tea Special Chummed Special Grade Art No. 4320(中国绿茶特珍眉特级货号4320)。例如我国出口的钨砂,主要根据其三氧化钨和锡含量的不同,可分为特级、一级和二级三种,而每一级又规定有下列相对固定的规格,见表3—1。

表 3—1 钨砂产品等级划分示例 单位:%

| 项 目 | 三氧化钨 | 锡 | 砷 | 硫 |
|---|---|---|---|---|
|  | 最低 | 最高 | 最高 | 最高 |
| 特级 | 70 | 0.2 | 0.2 | 0.8 |
| 一级 | 65 | 0.2 | 0.2 | 0.8 |
| 二级 | 65 | 1.5 | 0.2 | 0.8 |

凭等级买卖时,由于不同等级的商品具有不同的规格,为了便于履行合同和避免争议,在品质条款列明等级的同时,最好一并规定每一等级的具体规格。当然,如果交易双方都熟悉每个级别的具体规格,也可以只列明等级,而无须规定其具体规格,这对简化手续、促进成交和体现按质论价等方面,都有一定的作用。

3. 凭标准买卖

商品的标准是指将商品的规格和等级予以标准化。商品的标准在不同地区也有不同的规定部门。例如,有的由国家或有关政府主管部门规定,有的由同业公会、交易所或国际性的工商组织规定。在国际贸易中,有些商品习惯于凭标准买卖,人们往往使用某种标准作为说明和评定商品品质的依据。例如,美国出售小麦时,通常使用美国农业部制定的小麦标准。

国际贸易中采用的各种标准,有些具有法律上的约束力,凡品质不符合标准要求的商品,不许进口或出口。但有些标准不具有法律上的约束力,仅供交易双方参考,买卖双方洽商交易时,可另行商定对品质的具体要求。在我国实际业务中,凡我国已有标准规定的商品,为了便于安排生产和组织货源,通常采用我国有关部门所规定的标准成交,但为了把生意做活,也可根据需要和可能,酌情采用国外规定的品质标准。尤其是对国际上已被广泛采用的标准,一般可按该标准进行交易。由于各国制定的标准经常进行修改和变动,加之一种商品的标准还可能有不同年份的版本,版本不同其品质标准也往往有差异,因此,在采用国外标准时,应载明所采用标准的年份和版本,以免引起争议。例如,在凭药典确定品质时,应明确规定以哪国的药典为依据,并同时注明该药典的出版年份,例如,Rifampicin in Conformity with B. P. 1993(利福平按1993年版英国药典规定)。

【提示】 在实际的业务中,出口商品一般应以我国的标准为依据,如有可能和把握,可酌情采用外国标准;进口商品,一般采用国际标准并结合本国实际采用。

在国际贸易中,对于某些品质变化较大而难以规定统一标准的农副产品(如土特产品、水产品等)时,往往采用"良好平均品质"(Fair Average Quality,FAQ)和"上好可销品质"(Good Merchantable Quality,GMQ)两种标准表示其品质。

(1) FAQ(良好平均品质)是指代表一定时期内某地出口货物的中等平均品质水平,适用于农副产品。其具体解释和确定办法是:①农产品的每个生产年度的中等货。②某一季度或某一装船月份在装运地发运的同一种商品的"平均品质"。在我国一般是指中等货,也称"大路货",是和"精选货"(Selected)相对而言的,采用这种方法时,一般还订有具体规格。例如,中国桐油良好平均品质游离脂肪不超过4%。

(2) GMQ(上好可销品质)是指卖方交货品质只需保证尚好的、适合于销售的品质即可。这种标准含义不清,在国际货物贸易中很少使用,一般只适用于木材或冷冻鱼类等产品。

【注意】 以上这两种表示品质的方法非常笼统,因此在实务中一般不建议采用。

4. 凭说明书和图样买卖

在国际贸易中,有些机器、电器和仪表等技术密集型产品,因其结构复杂,对材料和设计的要求非常严格,用以说明其性能的数据较多,所以很难用几个简单的指标来表明其品质的全貌。而且有些产品即使其名称相同,由于所使用的材料、设计和制造技术的某些差别,也可能导致功能上的差异,因此,对这类商品的品质,通常是以说明书并附以图样、照片、设计、图纸、分析表及各种数据来说明其具体性能和结构特点。按此方式进行交易,称为凭说明书和图样买卖(Sale by Descriptions and Illustrations)。

5. 凭商标或品牌买卖

商标(Trade Mark)是指生产者或商号用来说明其所生产或出售的商品的标志,它可由一个或几个具有特色的单词、字母、数字、图形或图片等组成。品牌(Brand Name)是指工商企业给其制造或销售的商品所冠的名称,以便与其他企业的同类产品区别开来。商标或品牌自身实际上是一种品质象征。人们在交易中可以只凭商标或品牌进行买卖,无须对品质提出详细要求,如"瑞士"军刀、"海尔"家电。

一个品牌可用于一种产品,也可用于一个企业的所有产品;前者是指每一个产品都使用一个品牌,以代表其具有不同的品质,如美国通用汽车公司出产的汽车,各有其不同的品牌;后者是指一个厂商所出产的各种商品,都使用同一品牌,以表示商品都达到该厂商规定的标准品质,如美国通用电气公司即以GE(通用电气的缩写)命名其所有的商品。

凭商标或品牌买卖(Sale by Trade Mark or Brand),一般只适用于一些品质稳定的工业制成品或经过科学加工的初级产品。在进行这类交易时,必须确实把好质量关,保证产品的传统特色,把维护名牌产品的信誉放在首要地位。

【注意】 商标、品牌都属于工业产权,各国都制定了有关商标法给予保护,因此,在与外商以"凭商标或品牌买卖"出口商品时,应遵照有关国家的法律规定,在销往国办理注册,维护商品的专有权;而在进口时,要注意是否有权或授权使用该商标或品牌名,避免产生知识产权问题的纠纷。

6. 凭产地名称买卖

在国际货物买卖中,有些产品因产区的自然条件和传统加工工艺等因素的影响,在品质方面具有其他产区的产品所不具有的独特风格和特色,对于这类产品,一般也可用产地名称(Name of Origin)来表示其品质,如"四川涪陵榨菜""长白山人参""浙江金华火腿""山东龙口粉丝""法国香水""北京烤鸭"等。上述各种表示品质的方法,一般是单独使用,但有时也可酌情将其混合使用。

### 三、品质条款的规定

#### (一)品质条款的一般内容

在品质条款中,一般要写明商品的名称和具体品质。由于表示品质的方法不同,在合同中表示品质条款的内容及其繁简也不尽相同。对可以用科学指标来说明其品质的商品,则应列明诸如商品规格、等级等指标的内容;若商品习惯于凭标准买卖,则在品质条款中应列明采用何种标准;对有些品质变化较大而难以规定统一标准的农产品,则往往在品质条款中列明"良好平均品质"字样;对性能和结构比较复杂的机电、仪器等技术密集型产品,很难通过使用几个简单的指标来表示其品质的全貌,故通常在品质条款中载明卖方应提供说明书,并随附有关图样、照片、设计、图纸、分析表及各类数据等内容;凭样品买卖时,应列明样品的编号、寄送日期,有时还要加列交货品质与样品"大致相符"或"完全相符"的说明等;凭标准买卖时,应标明标准名称及其版本年份,而且还应注意有些商品可以用几种方法表示它的品质,但是不能随意滥用,避免增加交货难度。

#### (二)对某些商品可规定一定的品质机动幅度

在国际贸易中,为了避免因交货品质与买卖合同稍有不符而造成的违约,以保证合同顺利履行,可以在合同的品质条款中进行某些变通规定。常见的有下列几种变通规定的办法。

1. 交货的品质与样品大体相等或其他类似条款

在凭样品买卖的情况下,交易双方容易在交货的品质与样品是否一致的问题上产生争议。为了避免争议和便于履行合同,卖方可要求在品质条款中加订"交货的品质与样品大体相等"(Quality to be Considered and being about Equal to the Sample)之类的条文。

2. 品质公差

品质公差(Quality Tolerance)是指国际上公认或买卖双方所认可的产品品质差异。在工业制成品生产过程中,产品的质量指标出现一定的误差有时也是难以避免的,如手表每天出现误差数秒,应算行走正常。这种公认的误差,即使合同没有规定,只要卖方交货的品质在公差范围内,就不能视为违约。但为了明确起见,还是应在合同的品质条款中订明一定幅度的公差。例如,尺码或重量允许有"3%~5%的合理公差";例如,手表24小时的合理误差为2秒。

【提示】在品质公差以内,交货的品质如仍有差别,一般均按合同价计算,而不另作调整。

【注意】凡在品质公差范围内的货物,买方不得拒收或要求调整价格。

此外,对有些商品而言,很难用具体的数字或科学的方法规定其品质规格的公差,这时只能进行笼统的规定,例如,规定"颜色允许有合理差异"等。但这样的规定方法执行起来比较困难,买卖双方容易发生纠纷。

## 3. 品质机动幅度

某些初级产品（如农副产品等）的质量不甚稳定，为了交易的顺利进行，在规定其品质指标的同时，可另定一定的品质机动幅度，即允许卖方所交货物的品质指标在一定幅度内有灵活浮动。在品质机动幅度内，有时需要按比例计算增减价格，并在合同中订立"增减价条款"。关于品质机动幅度，有下列几种规定方法。

（1）规定一定的范围。对品质指标的规定允许有一定的差异范围。例如，漂布，幅阔在35～36英寸时，卖方交付漂布，只要在此范围内均算合格。

（2）规定一定的极限。对所交货物的品质规格，规定上下极限，即最大、最高、最多（Maximum, Max.），最小、最低、最少（Minimum, Min.）。

例如，大米，碎粒35%（最高）　　　　　Rice, Broken Grains 35%（Max）
水分15%（最高）　　　　　　　　　　Moisture 15%（Max）
杂质1%（最高）　　　　　　　　　　　Admixtures 1%（Max）

【提示】卖方交货只要没有超出规定的极限，买方就无权拒收。

（3）规定上下差异。例如，灰鸭毛含绒量应为18%，可上下浮动1%（Grey Duck Feather, Down Content 18%, 1% more or less）。

为了体现按质论价，在使用品质机动幅度时，有些货物也可根据交货品质情况调整价格，即所谓品质增减价条款。根据我国外贸的实践，品质增减价条款有下列几种方法。

①对机动幅度内的品质差异，可按交货实际品质规定予以增价或减价。例如，在我国大豆出口合同中规定，"水分每增减1%，则合同价格就减增1%；碎粒率每增减1%，则合同价格就减增0.5%；含油量每增减1%，则合同价格就增减1.5%。如增减幅度不到1%者，可按比例计算"。

②只对品质低于合同规定者减价。在品质机动幅度范围内，交货品质低于合同规定者减价，而高于合同规定者却不增加价格。为了更有效地约束卖方按规定的品质交货，还可规定不同的减价方法。例如，在机动幅度范围内，交货品质低于合同规定1%，减价1%；低于合同规定1%以上者，则加大减价比例。

采用品质增减价条款，一般应选用对价格有重要影响而又允许有一定机动幅度的主要质量指标，对于次要的质量指标或不允许有机动幅度的重要指标，则不能适用。

### 同步案例3-5　　水果的质量条款不明确造成的纠纷

我方对英国出口一批水果，共2吨，合同规定含水量不低于40%，含维生素C不低于2%，11月交货，货到后付款。货物到岸后，买方经检验发现含水量只有35%，不符合合同要求。另外有部分水果经抽样检验含维生素C低于2%，于是，英国公司拒绝收货，并要求我方赔偿由此造成的损失。我方声称水果在装运时含水量超过40%，符合合同规定的质量要求，至于含水量较低是由于运输过程中天气干燥的原因，导致水果水分下降，与我方无关。此外，水果是天然植物，维生素C有高有低是正常现象，非人为因素。我方要求对方立即付款。英国公司坚持自己检验的结果，拒绝付款。请问：（1）你认为买卖双方的理由是否成立？（2）本合同在规定品质条款时有无问题？

【案例精析】（1）买卖双方的理由都成立。（2）本合同在规定质量条款时存在严重问题，作为卖方明知水果的品质与水果生长的自然环境有关。但是在签订合同时，为了卖出苹果而与卖方签订合同，导致无法按照合同约定的质量交货。作为买方，在签订合同时，对于交易对象为水果来说,应该明确知道水果含有一定的水分,对于这种货物的品质规格,应规定上下极限,如水分和维生素C的含量偏高、偏低标准,以便明确责任,避免给日后成交时带来不必要的麻烦。

## 四、订立品质条款的注意事项

### (一)正确运用各种表示品质的方法

品质的表示方法很多,究竟采用何种表示方法,应视商品特性而定。一般而言,适用于文字、图样、照片和数据等办法来表示商品品质时,应分别采取表示这类品质的方法为宜,不要轻易采用看货成交或凭样品成交的办法。

### (二)从实际出发,防止品质条件偏高或偏低

在确定出口商品的品质条件时,既要考虑国外市场的实际需要,又要考虑国内生产部门供货的可能性。凡外商要求过高,我们实际做不到的条件,诸如皮鞋要彻底消灭皱纹、豆类要彻底消灭活虫与死虫之类的条件,我们不应接受。反之,对于品质条件符合国外市场需要的商品,合同中的品质条件不应低于实际商品,以免影响成交价格和出口商品信誉。

### (三)合理地规定影响品质的各项重要指标

在品质条款中,应有选择地规定各项品质指标。凡影响品质的重要指标,不能将其遗漏;对于次要指标,可以少列;对于一些与品质无关的条件,可以不列,以免条款过于繁琐。以买卖大豆为例,大豆的含油量及其蛋白质的含量,虽然都是表示大豆品质的指标,但对大豆规格的具体要求却由于大豆的用途不同而有所差异。

### (四)注意进口国的法令规定

世界各国对进口商品的品质都有具体的规定,凡品质不符合法令规定的商品,一律不准进口,有的还要求就地销毁,并由货主承担由此引起的各种费用,这应当引起我们重视。

### (五)注意各品质指标之间的内在联系和相互关系

品质条款包含的各项品质指标,都是从各个不同角度来说明品质的,实际上各项指标之间有的有内在联系且相互影响,在确定品质条件时要通盘考虑,注意它们之间的一致性,以免由于某一品质指标规定不合理而影响其他品质指标,造成不应有的损失。

### (六)力求品质条款明确、具体

为便于买卖双方按约定的品质条件交接货物和明确彼此的责任,在规定品质条件时,应当明确具体,避免采用诸如"大约""左右"之类笼统含糊的或模棱两可的规定,以免在交货品质问题上引起争议。

**同步案例3—6    二级红枣不如三级红枣**

我国青岛某公司向越南出口一批红枣,数量为5吨,合同规定为三级红枣。卖方在备货时发现,市场上三级红枣缺货。该公司担心合同不能按期履行,遂花了高价购买了部分二级红枣来代替三级红枣,最后交货时三级红枣数量为3吨,二级红枣数量为2吨,并在发票上注明"二级红枣价格同三级红枣",该公司原以为越南进口商一定会感激,谁知结果大相径庭,越南进口商只愿接受3吨三级红枣,拒收2吨二级红枣,并要求索赔。注:二级红枣质量和价格均高于三级红枣。请问:(1)越南进口商的要求是否合理,为什么?(2)你认为越南进口商不愿意接受二级红枣的原因可能是什么?

【案例精析】 (1)合理。按照《公约》规定,出口商交付货物必须符合合同约定的品质。如

出口商交货不符合同规定,进口商有权索赔,也可以要求修理或交付替代物,甚至拒收货物或撤销合同。

(2)根据 UCP 600 第 18 条规定:"商业发票中货物、服务或履约行为的描述必须与信用证所载相符。"本案所述情况与上述规定相悖。一旦当地市场红枣价格疲软或下跌时,尽管卖方给的是好货,对方也会借口与信用证不符而拒收或提出索赔。所以在工作中要防止这种"赔了夫人又折兵"的做法。本案的卖方在这种情况下,尽管发运的是二级红枣,但在发票上仍应照填"三级红枣",以确保安全收汇。

### 【视野拓展 3-1】 商品品质条款举例

(1)茶具,品质与 5 月 16 日航空邮递的样品一致。
Tea Cup Quality Same as No. CT78 Airmailed on May 16.

(2)1515A 型多梭箱织机,详细规格如所附文字说明与图样。
Multi-shuttle Box Loom Model 1515A, Detailed Specifications as per attached descriptions and illustrations.

(3)9971 中国绿茶,特珍一级,货号 9307。
9971 China Green Tea, Special Chummed Grade 1 Art. No. 9307.

(4)盐酸四环素糖衣片 250 毫克,按 1980 年版英国药典规定。
Tetracycline HCL Tablets (sugar coated) 250mg inconformity with B. P. 1980.

(5)Plush Bear, Article Number: T260, details as per the sample dispatched by the Seller on 10 Sep. 2023. 绒毛熊,货号 T260,详情参照卖方 2023 年 9 月 10 日寄送的样品。

(6)Changhong Brand Color TV Sets details as per attached descriptions and illustrations. 长虹牌彩色电视机,凭说明书和图样买卖。

(7)Shawls, Y231, 150cm×28cm, the goods to be delivered shall be about equal to sample. 披肩,货号 Y231,150 厘米×28 厘米,交货品质与样品大致相等。

## 任务三　商品的数量

### 一、约定数量条款的意义

商品数量的多少是制订单价和计算总金额的重要依据,不仅关系到交易规模的大小,而且也是影响价格和其他交易条件的重要因素。合同中的数量条款涉及成交数量的确定、计量单位和计量方法的规定,以及数量机动幅度的掌握等内容。应当特别指出的是,为订好数量条款,应依据政策的规定和经营意图,根据需要和可能,按外商资信情况和市场行情的变化,正确掌握进出口商品的成交数量,以利于合同的履行。

按照有些国家法律的规定,买卖双方约定的数量是交接货物的依据,如果卖方所交货物的数量与合同不符,则买方有权提出索赔,甚至拒收货物。依据《公约》的规定,买方可以收取也可以拒绝收取全部多交的货物或部分多交的货物;但如果卖方短交,可允许卖方在规定交货期届满之前补齐,但不得使买方遭受不合理的不便或承担不合理的开支,即使如此,买方也保留要求损害赔偿的权利。

## 二、计量单位和计量方法

在国际贸易中,由于商品的种类、特性和各国度量衡制度的不同,所以计量单位和计量方法也多种多样。了解各种度量衡制度,熟悉各种计量单位的特定含义和计量方法,乃是从事对外经贸活动的人员所必须具备的基本常识和技能。

### (一)计量单位

国际贸易中使用的计量单位很多,究竟采用何种计量单位,除主要取决于商品的种类和特点外,还取决于交易双方的意愿。

1. 计量单位的确定方法

国际贸易中不同类型的商品,需要采用不同的计量单位。通常使用的有下列几种。

(1)按重量(Weight)计算。按重量计量是当今国际贸易中广为使用的一种计量方法,主要适用于初级产品(如大米、花生、煤、铁矿石)以及部分工业制成品。按重量计量的单位有:吨(Metric Ton,即"吨")、长吨(Long Ton)、短吨(Short Ton)、千克(Kilogram)、克(Gram)、盎司(Ounce)等。对黄金、白银等贵重商品,通常采用克或盎司来计量。钻石之类的商品,则采用克拉作为计量单位。

(2)按数量(Number)计算。大多数工业制成品,尤其是日用消费品、轻工业品、机械产品以及一部分土特产品,均习惯于按数量进行买卖。其所使用的计量单位有:件(Piece)、双(Pair)、套(Set)、打(Dozen)、卷(Roll)、令(Ream)、罗(Gross)、袋(Bag)和包(Bale)等。

(3)按长度(Length)计算。在金属绳索、丝绸、布匹等商品的交易中,通常采用米(Meter)、码(Yard)等长度单位来计量。

(4)按面积(Area)计算。在玻璃板、地毯、皮革等商品的交易中,一般习惯于以面积作为计量单位,常见的有:平方米(Square Meter)、平方英尺(Square Foot)、平方码(Square Yard)等。

(5)按体积(Volume)计算。按体积成交的商品有限,仅包括木材、天然气和化学气体等。属于这些方面的计量单位有:立方米(Cubic Meter)、立方英尺(Cubic Foot)、立方码(Cubic Yard)等。

(6)按容积(Capacity)计算。在谷物和流体货物等商品的交易中,如小麦、汽油、酒精等往往按容积计量。其中,美国以蒲式耳(Bushel)作为各种谷物的计量单位,但每蒲式耳所代表的重量,则因谷物不同而有差异。例如,每蒲式耳亚麻籽为56磅,每蒲式耳燕麦为32磅,每蒲式耳大豆和小麦为60磅。升(Litre)、加仑(Gallon)则用于酒类、油类商品。

2. 国际贸易中的度量衡制度

由于世界各国的度量衡制度不同,致使计量单位上存在差异,即同一计量单位所表示的数量不同。

在国际贸易中,通常采用公制(The Metric System)、英制(The British System)、美制(The U. S. System)和国际标准计量组织在公制基础上颁布的国际单位制(The International System of Units,SI)。《中华人民共和国计量法》规定,"国家采用国际单位制。国际单位制计量单位和国家选定的其他计量单位,为国家法定计量单位"。目前,除个别特殊领域外,一般不许再使用非法定的计量单位。我国出口商品,除照顾对方国家贸易习惯约定采用公制、英制或美制计量单位外,均使用我国法定计量单位。

【注意】我国进口的机器设备和仪器等,应要求使用法定计量单位,否则一般不许进口,如确有特殊需要,必须经有关标准计量管理部门批准。

由于度量衡制度不同,即使是同一计量单位所表示的数量差别也很大。就表示重量的吨而言,实行公制的国家一般采用吨。每吨为1 000千克;实行英制的国家一般采用长吨,每长吨为1 016千克;实行美制的国家一般采用短吨,每短吨为907千克。此外,有些国家对某些商品还规定有自己习惯使用的或法定的计量单位。以棉花为例,许多国家都习惯于以包(Bale)为计量单位,但每包的含量各国解释不一,如美国棉花规定每包净重为480磅;巴西棉花每包净重为396.8磅;埃及棉花每包净重为730磅。又如糖类商品,有些国家习惯采用袋装,古巴每袋糖的重量规定为133千克,巴西每袋糖的重量规定为60千克等。由此可见,了解不同度量衡制度下各计量单位的含量及其计算方法是十分重要的。

为了解决由于各国度量衡制度不统一带来的弊端,以及为了促进国际科学技术交流和国际贸易的发展,国际标准计量组织在各国广为通用的公制的基础上颁布了国际单位制(SI)。国际单位制的实施和推广,标志着计量制度日趋国际化和标准化,现在已有越来越多的国家采用国际单位制。

### 同步案例3—7　　由计量单位的认识错误造成的损失

我国某公司在某次商品交易会上与外商当面谈妥出口大米10 000吨,每吨USD275 FOB大连。但我方公司在签订合同时,合同上只笼统写了10 000吨,我方当事人主观上认为,合同上的吨是指吨,后来外商来证要求按长吨供货,如果我方照证办理则要多交160.5吨,折合美元44 137.5美元,于是双方发生争议,为什么?

【案例精析】　本案争议主要是由于我方签约人员对计量单位认识程度不够造成的。在签订合同时双方明确规定好货物的计量单位,以免日后成交时引起争议而带来不必要的麻烦。所以作为外贸业务人员应明确不同的度量衡制度,计量单位不一样,其计算结果也不尽相同,不能因为小差错而引起大损失。因此,业务人员在订立数量条款时,一定要明确使用何种度量衡制度,以免成交时陷入被动。因此,业务人员应理解以下几种计量单位之间的换算关系:1M/T=1000KGS,1T=1.1065M/T,1M/T=0.984L/T=1.1023S/T,1LT=1.016M/T。

### (二)计算重量的方法

在国际贸易中,按重量计量的商品很多。根据一般商业习惯,通常计算重量的方法有下列几种。

1. 毛重

毛重(Gross Weight,G.W.)是指货物本身的重量加上皮重,即加上包装材料的重量。这种方法适用于低值商品。某些产品如农副产品中的大豆、大米等,商品和自身包装不便于分开,所以采用以毛重作为计算价格的基础。这种计量和计价方法,在国际贸易中称作"以毛作净"(Gross for Net)。例如,大豆1 000吨,单层麻袋包装以毛作净。所谓"以毛作净",实际上就是以毛重作为净重计价。

### 同步案例3—8　　以毛作净引发的短量案

我国某外贸公司以FOB条件与大洋洲某客户达成一笔1 000吨大豆的交易,合同规定:新麻袋,每袋25kg,每吨200美元FOB悉尼,T/T付款。货到后,我方验货后发现交货物每袋毛重25kg,净重24kg,马上去电澳商提出问题,要求扣除短量部分的货款,并向澳商寄送有关部门出具的检验证明。问:我方要求是否合理,为什么?

【案例精析】 我方的要求是合理的,因为卖方交货的数量应严格按照信用证的规定执行,由于未注明以毛作净,按照惯例,卖方应按照食品的净重交货。本案例澳商用新麻袋包装货物,每袋25kg,但货物扣除皮重后每袋净重只有24kg,说明澳商每袋短量1kg,我方有权要求扣除短量部分的货款。

2. 净重

净重(Net Weight,N.W.)是指商品本身重量,即除去其包装物后的实际重量称为净重,这是国际贸易中最常见的计重方法。

【提示】 如果合同中未明确规定用毛重还是净重计量、计价的,则按惯例"以净重计价"。

在采用净重计重时,对于如何计算包装重量,国际上有下列几种做法。

(1)按实际皮重(Actual Tare 或 Real Tare)计算。实际皮重即指包装的实际重量,它是指对包装逐件称量后所得的总和。

(2)按平均皮重(Average Tare)计算。如果商品所使用的包装比较统一,重量相差不大,就可以从整批货物中抽出一定包装物的件数,称出其皮重,然后求出其平均重量,再乘以总件数,即可求得整批货物的皮重。近年来,随着技术的发展和包装材料及规格的标准化,用平均皮重计算净重的做法已日益普遍。有人把它称为标准皮重(Standard Weight)。

(3)按习惯皮重(Customary Tare)计算。有些商品,由于其所使用的包装材料和规格已比较固定,皮重已为市场所公认,因此在计算其皮重时,就无须对包装逐件过秤,按习惯上公认的皮重乘以总件数即可。

(4)按约定皮重(Computed Tare)计算。即以买卖双方事先约定的包装重量作为计算的基础。

国际上有多种计算皮重的方法,究竟采用哪一种方法来求得净重,应根据商品的性质、所使用包装的特点、合同数量的多寡以及交易习惯,由双方当事人事先在合同中订明,以免事后引起争议。

3. 公量

公量(Conditioned Weight,C.W.),就是用科学方法抽出商品中的水分后,再加上标准含水量所求得的重量。国际贸易中的棉毛、羊毛、生丝等商品有较强的吸湿性,其所含的水分受客观环境的影响较大,故其重量很不稳定。为了准确计算这类商品的重量,国际上通常采用按公量计算的办法,即以商品的干净重(指烘去商品水分后的重量)加上国际公定回潮率与干净重的乘积所得出的重量作为公量。其计算公式有下列两种:

$$公量 = 商品干净量 \times (1 + 公定回潮率)$$

$$公量 = \frac{商品净重 \times (1 + 公定回潮率)}{1 + 实际回潮率}$$

【做中学 3—1】 某毛纺厂从澳大利亚进口羊毛10吨,双方约定标准回潮率为11%,用科学仪器抽出水分后,羊毛净剩8吨。问:该批羊毛的公量为多少?

解析:实际回潮率 = 水分÷净剩量×100% = (10−8)÷8×100% = 25%

公量 = 实际重量×(1+标准回潮率)÷(1+实际回潮率)

= 10×(1+11%)÷(1+25%) = 8.88(吨)

4. 理论重量

理论重量(Theoretical Weight),是指某些有固定规格形状和尺寸的商品,如马口铁、钢板等,只要其规格一致,每件重量大体是相同的,一般可以从其件数推算出总量。但是这种计重方法建立在每件货物重量相同的基础上,重量如有变化,其实际重量也会产生差异,因此,只能作为计重时的参考。

5. 法定重量和实物净重

按照一些国家的海关法的规定,在征收从量税时,商品的重量是以法定重量计算的。所谓法定重量(Legal Weight)是商品重量加上直接接触商品的包装物料重量,如销售包装等的重量。而除去这部分重量所表示出来的纯商品的重量,则称为实物净重(Net Net Weight)。

【学中做 3—1】 我国外贸公司以 CIF 条件与外商订立一份出口合同,进口 500mt 的大豆。信用证规定:采用麻袋包装,每袋装 25kg,但是货到后我方检查发现,交货时每袋毛重为 25kg,净重为 24kg。我方马上致电询问,并要求扣除短量部分的货款。请问,我方的要求是否合理,为什么?作为外商应该如何处理?

分析:①要求合理。卖方交货的数量应该严格按照信用证规定,由于未注明以毛作净,所以按照惯例,卖方应按照商品的净重交货。因为外商每袋短量 1kg。我方有权要求扣除短量部分的货款。②外商也可要求有关部门出具检验证明,来明确是否存在短量的问题,如确实短量,则应按买方的要求扣除短量部分的货款。

### 三、数量条款的规定

#### (一)数量条款的基本内容

在我国进出口合同中,数量条款通常包括成交数量、计量单位和计量方法等内容。由于商品种类很多,其性质、特点各异,加之各国度量衡制度不同,计量单位和计量方法多种多样,因此数量条款内容的繁简,主要取决于商品的种类和特性。

#### (二)约定数量条款的注意事项

规定数量条款,需要注意下列事项。

1. 正确掌握成交数量

在洽商交易时,应正确掌握进出口商品成交的数量,防止心中无数,盲目成交。

2. 数量条款应当明确具体

在数量条款中,对成交商品的具体数量、使用何种计量单位和计量方法、数量机动幅度的大小和其选择权由谁掌握以及溢短装部分的具体作价办法等内容,都应列明。此外,对成交的数量一般不宜采用"大约""近似""左右"等带伸缩性的字眼来表示,以免引起解释上的分歧而给履约造成困难。UCP 600 第 30 条规定:

(1)若成交数量前使用"大约(About)""近似(Approximately)"等字眼,这个约数可解释为交货数量有不超过 10%的增减幅度。

**同步案例 3—9** "大约""近似"的理解

我国某公司出口布匹以信用证结算,买方银行来证规定,数量大约为 5 000 码,每码 1 美元,但金额注明为总额不超过 5 000 美元。问:我国某公司如何掌握装运数量?

【案例精析】 本例中,我公司最多可装运 5 000 码,最少装运 4 500 码。因为根据 UCP 600 第 30 条的规定,若成交数量前使用"大约""近似"等字眼,这个约数可解释为交货数量有不超过 10%的增减幅度。合同和来证单价为每码 1 美元,信用证总金额为 5 000 美元,因此,我方最多只能装运 5 000 码,但我方可少交 10%,即交 4 500 码。

(2)UCP 600 规定:除非信用证规定货物的指定数量不得有增减外,在所支付款项不超过信用证金额的条件下,货物数量准许有5%的增减幅度,但以包装单位或个数记数时不适用。

### 同步案例3—10　　　　　5%的增减幅度的运用

我国某进出口公司向美国出口玉米,合同规定,数量为1 000吨,每吨100美元,以信用证方式支付。合同签订后,美国进口商开来信用证,金额为100 000美元。问:我方最多、最少各可交付多少吨玉米?为什么?

【案例精析】　本例中,我方最多可交付1 000吨玉米,最少可交付950吨玉米。UCP 600规定:对合同未规定数量机动幅度的散装货,除非信用证规定货物的指定数量不得有增减外,在所支付款不超过信用证金额的条件下,货物数量准许有5%的增减幅度。在本案例中,玉米是散装货,数量可有5%的增减,即卖方交货数量可在950~1 050吨之间,但信用证金额只有100 000美元,因此,卖方最多也只能交付1 000吨玉米,最少可交950吨玉米。

3. 合理规定数量机动幅度

在粮食、矿砂、化肥和食糖等大宗商品的交易中,由于商品特性、货源变化、船舱容量、装载技术和包装等因素的影响,要求准确地按约定数量交货,有时存在一定的困难。为了使交货数量具有一定范围内的灵活性和便于履行合同,买卖双方可在合同中合理规定数量机动幅度。只要卖方交货数量在约定的增减幅度范围内,就算按合同规定的数量交货,买方不得以交货数量不符为由拒收货物或提出索赔。

为了订好数量机动幅度条款,即数量增减条款或溢短装条款,需要注意下列几点。

(1)数量机动幅度的大小要适当。数量机动幅度的大小通常都以百分比表示,如3%或5%不等。究竟百分比多大合适,应视商品特性、行业、贸易习惯和运输方式等因素而定。数量机动幅度可酌情做出各种不同的规定:①只对合同数量规定一个百分比的机动幅度,而对每批分运的具体幅度不做规定,在此情况下,只要卖方交货的总量在规定的机动幅度范围内,就算按合同数量交货。②除规定合同数量总的机动幅度外,还规定每批分运数量的机动幅度,在此情况下,卖方总的交货量就得受上述总机动幅度的约束,而不能只按每批分运数量的机动幅度交货,这就要求卖方根据过去累计的交货量,计算出最后一批应交的数量。此外,有的买卖合同,除规定一个具体的机动幅度(如3%)外,还规定一个追加的机动幅度(如2%),在此情况下,总的机动幅度应理解为5%。

(2)机动幅度选择权的规定要合理。在合同规定有机动幅度的条件下,由谁行使这种机动幅度的选择权呢?一般来说,是履行交货的一方,也就是由卖方选择。但是,如果涉及海洋运输,交货量的多少与承载货物的船只的舱容关系则非常密切,在租用船只时,就得跟船方商定。所以,在这种情况下,交货机动幅度一般是由负责安排船只的一方(如FOB的买方)选择,或是干脆由船长根据舱容和装载情况进行选择。总之,机动幅度的选择权可以根据不同情况,由买方行使,也可由卖方行使,或由船方行使,因此,为了明确起见,最好是在合同中做出明确合理的规定。过去,我国按FOB条件从国外进口一项大宗商品,合同规定卖方交货总数和每批装船数量均有5%的机动幅度,此项机动幅度都由卖方确定。显然,此项规定是极不合理的,今后应当避免。

此外,当成交某些价格波动剧烈的大宗商品时,为了防止卖方或买方利用数量机动幅度条款,根据自身的利益故意增加或减少装船数量,也可在机动幅度条款中加订:"此项机动幅度只有为了适应船舶实际装载量的需要时,才能适用。"

(3)溢短装数量的计价方法要公平合理。溢短装条款(More or Less Clause),它是指允许交货时可多交或少交一定百分比的数量。溢短装条款中一般包括三方面内容:溢短装的伸缩幅度、选择权、溢短装部分计价方式。一般而言,溢短装条款由卖方决定,但是在买方负责租船接货的情况下,为了便于同租船合同衔接,也可规定由买方或船方决定。在数量机动范围内多装或少装的货物,有三种价值计算方法:①按合同规定的价格计算。②按装运时的市场价格计算。③按到货时的市场价格计算。后两种方法主要是为了避免享有溢短装权利的一方在商品价格波动时人为地故意多装或少装。例如数量条款示例,①Northeast soybeans,gross for net,5% more or less at seller's option.(东北大豆,以毛作净,5%的溢短装由卖方决定。)② Rice,1 000 metric tons,5% more or less at buyer's option.(大米,1 000 吨,5%的溢短装由买方决定。)

目前,对机动幅度范围内超出或低于合同数量的多装或少装部分,一般是按合同价格结算,这是比较常见的做法。但是,数量上的溢短装在一定条件下关系到买卖双方的利益。在按合同价格计价的条件下,交货时市价下跌,多装对卖方有利。但如果市价上升,多装却对买方有利,因此,为了防止有权选择多装或少装的一方当事人利用行市的变化,有意多装或少装以获取额外的好处,也可在合同中规定,多装或少装的部分,不按合同价格计价,而按装船时或货到时的市价计算,以体现公平合理的原则,如双方对装船时或货到时的市价不能达成协议,则可交由仲裁解决。

### 同步案例 3—11　　　　　　奇怪的重量损失

一个商人向荷兰渔民购入 2 000 吨鱼,装在船上,从荷兰的一个城市运到赤道附近的非洲城市。到了那里,经称量,发现鱼少了将近 10 吨。少的鱼去了哪里呢?经调查,轮船所经过的港口,没有发生过重量损失,也没有被盗迹象。后来,终于发现是地球引力的原因。靠近赤道地区地球自转的速度比高纬度地区大,所以物体受到离心力也就更大。因此,在荷兰的 2 000 吨鱼,运到靠近赤道时,鱼的重量自然就变轻了。请思考:如果你作为进口商或出口商,在实际交易中遇到这种情况该如何处理?

【案例精析】　有些商品在出口所在地计量的重量与在进口所在地计量的重量有差异,所以,尽量在合同中规定具体的数量确定地点,对于数量较为稳定的商品在进口地确定数量,如机电类产品、服装类产品等;对于数量不是很稳定的商品在出口地确定数量,以免造成交易摩擦。

## 任务四　商品的包装

包装(Package)是指按照一定的要求,采用一定的技术方法使用某些容器、材料及辅助材料包裹商品,以达到保护商品、方便运输、易于存储、便于销售以及提高销售价格的目的。

进出口商品,除少数直接装入运输工具的散装货(Bulk Cargo)(如粮食、煤炭、矿石等)和在形态上自成件数、无须包装或略加捆扎即可成件的裸装货(Nude Cargo)(如木材、钢铁型材、车辆等)不必包装以外,绝大多数商品都需要包装,以保护商品在流通和销售过程中品质完好、数量完整,并为货物的运输、交接和保管等环节的操作提供方便。由于商品包装涉及买卖双方的利益,故交易双方洽商交易时,应谈妥包装条件,并在合同中具体规定。根据包装的作用不同,商品的包装可分为运输包装和销售包装两大类。

## 一、运输包装

### (一)运输包装的含义

运输包装(Shipping Package)是指保护商品,防止货物在运输途中出现货损、货差,以及便于运输、储存计数和分拨的包装,将货物装入特定容器,或以特定方式成件或成箱的包装,也称大包装、外包装。它的作用主要在于保护商品、便于运输、减少费用、方便储运以及便于点数等。良好的包装有助于货物运输各个环节的顺利进行。

### (二)运输包装的分类

运输包装的方式和造型多种多样,包装的用料和质地也各不相同,包装程度也各有差异,这就导致运输包装的多样性。一般地说,运输包装可从下列各种不同的角度分类。

(1)按包装方式,运输包装可分为单件运输包装和集合运输包装。前者是指货物在运输过程中作为一个计件单位的包装,按照包装造型可分为箱(case)、桶(drum,cask)、袋(bag)、包(bale)、捆(bundle)、罐(can)等,见表3-2所示。后者是指将若干单件运输包装组合成一件大包装,以利更有效地保护商品,提高装卸效率和节省运输费用。集合运输包装能更好地保护商品,提高装卸效率,节省运输费用。常见的集合包装方式有托盘(pallet)、集装袋(fexible container)和集装箱(container)等。

表3-2　　　　　　　　　　　　常见的运输包装

| 使用材料 | 说　明 | 常见包装 |
| --- | --- | --- |
| 箱(case) | 不能紧压的货物通常装入箱内 | 箱包括木箱(wooden case)、板条箱(crate)、纸箱(carton)、瓦楞纸箱(corrugated carton)、漏孔箱(skeleton case)等 |
| 桶(drum、cask) | 液体、半液体以及粉状、粒状货物,可用桶装 | 桶包括木桶(wooden drum)、铁桶(iron drum)、塑料桶(plastic cask)等 |
| 袋(bag) | 粉状、颗粒状、块状的农产品及化学原料,常用袋装 | 袋包括麻袋(gunny bag)、布袋(cloth bag)、纸袋(paper bag)、塑料袋(plastic bag)等 |
| 包、捆(bale、bundle) | 羽毛、羊毛、棉花、生丝、布匹等可紧压的商品可以先经机压打包,压缩体积后,再以棉布、麻布包裹,外加箍铁和塑料带,捆装成件 | 包(bale)、捆(bundle) |

第一,托盘。它是现代工商业生产、运输、储存及包装的一种重要工具,是由可以承载若干数量物品的负荷面和叉车插口构成的装卸用垫板。托盘也是一种基本的物流搬运器具,在商品流通中被广泛应用,被誉为"活动的地面""移动的货台"。随着机械化程度的提高,它的使用量也越来越大。根据材质的不同,可分为塑料(见图3-1)、木制(见图3-2)、钢制、纸质及复合等多种托盘。其规格一般分为80cm×100cm、80cm×120cm、100cm×120cm三种。除此之外还有超大型的,尺寸为120cm×160cm、120cm×180cm。

图 3—1　塑料托盘　　　　　　　　　　图 3—2　木制托盘

第二,集装袋(见图 3—3)。它主要用于大型货物的搬运,如化工原料、食品、塑料等块状、颗粒状、粉末状物体,一袋可装 0.5t~3t,原材料以聚丙烯为主,一条袋重量在 0.5kg~4kg 不等。有一次性使用和回收周转使用两种。

在实务现场中,通常称集装袋为吨袋(又称太空包/柔性集装箱/吨包/吨包袋/太空袋/子母袋),是一种柔性运输包装容器。具有防潮、防尘、耐辐射、牢固安全的优点,而且在结构上具有足够的强度。集装袋具有容积大、重量轻、便于装卸、结构简单、自重轻、可以折叠、回空所占空间小、价格低等特点。

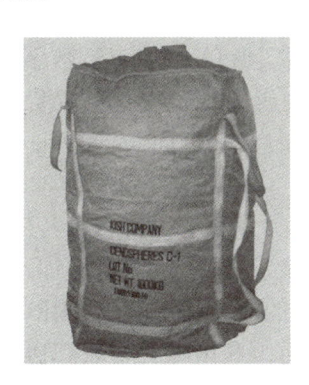

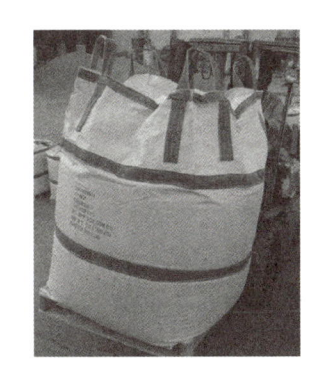

图 3—3　集装袋

第三,集装箱(见图 3—4)。国际标准化组织(ISO)对集装箱定义如下:集装箱是一种运输设备;具有足够的强度,可长期反复使用;为便于商品运送而专门设计的,在一种或多种运输方式下运输时,无须中途换装;具有快速装卸和搬运的装置。

(2)按包装造型不同,运输包装可分为箱、袋、包、桶和捆等不同形状的包装。

(3)按包装材料不同,运输包装可分为纸制包装、金属包装、木制包装、塑料包装、麻制品包装、竹、柳、草制品包装、玻璃制品包装和陶瓷包装等。

(4)按包装质地划分,运输包装可分为软性包装、半硬性包装和硬性包装,究竟采用其中哪一种,需视商品特性而定。

(5)按包装程度不同,运输包装可分为全部包装(Full Packed)和局部包装(Part Packed)两种。前者是指对整个商品全部予以包装,绝大多数商品都需要全部包装;后者是指对商品需要保护的部位加以包装,而不受外界影响的部分,则不予包装。

【提示】在国际贸易中,买卖双方究竟采用何种运输包装,应根据商品特性、形状、贸易习

图 3—4　集装箱

惯、货物运输路线的自然条件、运输方式和各种开支费用的大小等因素,在洽商交易时谈妥,并在合同中具体订明。

### (三)运输包装的标志

为了装卸、运输、仓储、检验和交接工作顺利进行,防止发生错发、错运和损坏货物与伤害人身的事故,以保证货物安全迅速、准确地运交收货人,就需要在运输包装上书写、压印、刷制各种有关的标志,以资识别和提醒人们操作时注意。运输包装上的标志,按其用途可分为运输标志(Shipping Mark)、指示性标志(Indicative Mark)和警告性标志(Warning Mark)三种。

1. 运输标志

这种标志又称唛头,通常是由一个简单的几何图形和一些字母、数字及简单的文字组成。其主要内容包括:(1)目的地的名称或代号。(2)收、发货人的代号。(3)件号、批号。此外,有的运输标志还包括原产地、合同号、许可证号和体积与重量等内容。

【提示】运输标志的内容,繁简不一,由买卖双方根据商品特点和具体要求商定。

鉴于运输标志的内容差异较大,有的过于繁杂,不适应货运量增加、运输方式变革和电子计算机在运输与单据流转方面应用的需要,因此联合国欧洲经济委员会简化国际贸易程序工作组,在国际标准化组织和国际货物装卸协调协会的支持下,制定了一套运输标志向各国推荐使用。该标准运输标志包括:(1)收货人或买方名称的英文缩写字母或简称。(2)参考号,如运单号、订单号或发货票号。(3)目的地。(4)件号。

【注意】至于根据某种需要而必须在运输包装上刷写的其他内容(如许可证号等),则不作为运输标志必要的组成部分。

【提示】为了便于刻唛、刷唛,节省时间和费用,便于在制单及其信息传递过程中使用电信手段,国际标准化组织推荐标准运输标志不使用几何图形或其他图形。在我国实际外贸业务中,我国外贸企业应尽量参照该标准运输的标志来设计和制作唛头。

现列举三个运输标志示例,如图 3—5 所示。

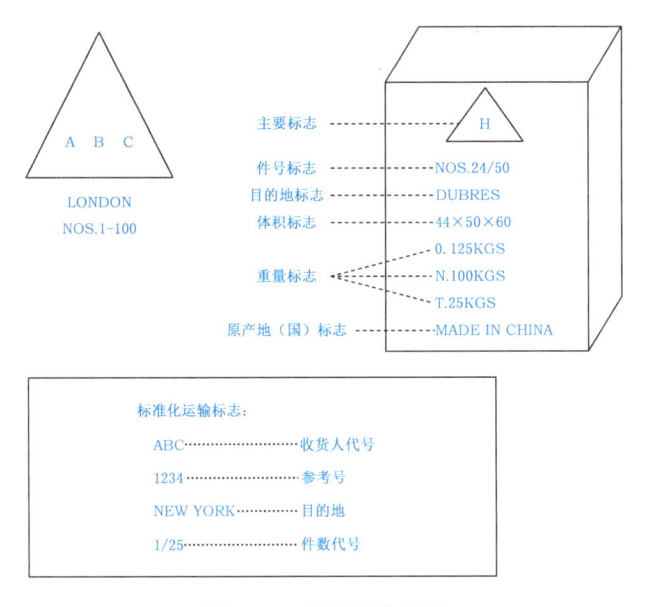

图 3－5 运输标志示例

2. 指示性标志

这种标志是提示人们在装卸、运输和保管过程中需要注意的事项，一般都是以简单、醒目的图形和文字在包装上标出，故有人称其为注意标志。为了统一各国运输包装指示标志的图形与文字，一些国际组织，如国际标准化组织(ISO)、国际航空运输协会(IATA)和国际铁路货运会议(RID)分别制定了包装储运指示性标志，并建议各会员国予以采纳。我国制定有运输包装指示性标志的国家标准，所用图形与国际上通用的图形基本一致。现列举几种指示性标志，如图 3－6 所示。

图 3－6 指示性标志示例

【提示】在运输包装上标示哪种标志，应根据商品性质正确选用。在文字使用上，最好采用出口国和进口国的文字，但一般使用英文的居多。

3. 警告性标志

这种标志是指在易爆品、易燃品、有毒物品、腐蚀性物品和放射性物品等危险品的运输包装上，用醒目的图形或文字标明的规定用于各类危险品的标志，警告有关人员采取必要的防护措施，以保证人员与货物的共同安全，因此又称危险品标志（Dangerous Cargo Mark）。现列举几种警告性标志，如图 3－7 所示。

（符号：黑色或白色　底色：正红）　　　　（符号：黑色　底色：白色）

（符号：黑色　底色：白色）　　　　（符号：黑色　底色：上黄下白，附三道红竖条）

（符号：黑色　底色：白橙红色）　　　　（符号：黑色　底色：白色）

图 3－7　警告性标志示例

上述运输包装上的各类标志，都必须按有关规定标打在运输包装上的明显部位，标志的颜色要符合有关规定的要求，防止褪色、脱落，使人一目了然，容易辨认。

此外，联合国政府间海事协商组织也规定了一套《国际海运危险标志》，这套规定在国际上已被许多国家采用，有的国家进口危险品时，要求在运输包装上标示该组织规定的危险品标志，否则不准靠岸卸货，因此，在我国出口危险货物的运输包装上，要标示我国和国际海运所规定的两套危险品标志。

### 二、销售包装

销售包装是直接接触商品、并随商品进入零售网点与消费者直接见面的包装，也称小包装或内包装（Inner Packing）。销售包装除了保护商品的品质外，还能美化商品，便于宣传推广和陈列展销，吸引顾客和方便消费者识别、选购、携带和使用，从而能起到促进销售、提高商品价值的作用。

#### （一）销售包装的分类

销售包装可采用不同的包装材料和不同的造型结构与式样，这就导致了销售包装的多样性。究竟采用何种销售包装，主要根据商品特性和形状而定。常见的销售包装有下列几种。

(1)挂式包装。凡带有吊钩、吊带、挂孔等装置的包装，称为挂式包装，这类包装便于悬挂。

(2)堆叠式包装。凡堆叠稳定性强的包装（如罐、盒等）称为堆叠式包装，这类包装便于摆设和陈列。

(3)携带式包装。在包装上附有提手装置的为携带式包装，这类包装携带方便，颇受顾客欢迎。

(4)易开包装。对要求封口严密的销售包装，标有特定的开启部位，易于打开封口，这类包装使用便利,如易拉罐等。

(5)喷雾包装。流体商品的销售包装本身,有的带有自动喷出流体的装置,它如同喷雾器一样,使用起来相当便利。

(6)配套包装。对某些需要搭配成交的商品,往往采用配套包装,即将不同品种、不同规格的商品配套装入同一包装。

(7)礼品包装。对某些作为礼品进行赠送的商品,为了包装外表的美观和显示礼品的名贵,往往采用专门的包装。包装除了用于包装出售的商品外,还可用于存放其他商品或供人们观赏,它具有多种用途。

### (二)条形码

商品包装上的条形码是由一组带有数字的黑白及粗细间隔不等的平行条纹所组成,它是利用光电扫描阅读设备为计算机输入数据的特殊的代码语言,通过光电扫描设备,就可以准确地判断该产品的产地、厂家及商品的一些属性。条形码在零售商业中,对于结算打单、缩短客户等待时间,以及盘点存货、提高管理效率等方面都起着良好的作用。因此,国际货物买卖中,往往要求在商品的销售包装上打印条形码标志,以便于发展国际贸易和实现现代化经营管理。

国际上通用的条形码主要有两种:一种是由美国、加拿大共同组织的统一编码委员会编制的 UPC 条码(Universal Product Code);另一种是由原欧共体 12 国组成的欧洲物品编码协会(该组织后更名为国际编码协会)编制的 EAN 条码(European Article Number)。如图 3-8 所示。在实际应用中,EAN 条码有两种版本,标准版和缩短版。标准版由 13 位数字组成,称为 EAN-13 条形码或长码;缩短版 EAN 条码由 8 位数字组成,称为 EAN-8 码或者短码。目前,EAN-13 条形码在国际上使用最广泛,该编码前 3 位数字为国别码,中间 4 位数字为厂商代码,后 5 位数字为产品代码,最后一位数字为校验码。例如,编码"6920779602080","692"为前缀码,代表国家,"0779"是制造厂商代码,"60208"是商品项目代码,"0"为校验码。

为了适应国际市场和扩大出口的需要,1988 年 12 月,我国成立了"中国物品编码中心",负责推广条形码技术,并对其进行统一管理。1991 年 4 月,我国正式加入国际物品编码协会,该协会分配给我国的国别号为"690""691""692""489""471"等。此外,我国的书籍代码为"978",杂志代码为"977"。

### 三、中性包装和定牌

采用中性包装(Neutral Packing)和定牌生产(Fixed-mark Producing),是国际贸易中常有的习惯做法,现分别予以介绍。

### (一)中性包装

中性包装是指既不标明生产国别、地名、厂商和名称,也不标明商标或牌号的包装。也就是说,在出口商品包装的内外,都没有原产地和出口厂商的标记。中性包装包括无牌中性包装和定牌中性包装两种。前者是指包装上既无生产地名称和厂商名称,又无商标、品牌;后者是指包装上仅有买方指定的商标或品牌,但无生产地名称和出口商的名称。

我国出口商品时可以接受中性包装业务。如果合同规定采用中性包装,生产厂家就必须严格按合同要求组织生产。对于无牌中性包装要做到:①无国别、无产地、无厂名、无商标、无牌号、无中文字样、无特定代号。②包装内不附带说明书、合格证、设备清单等中文资料。③不使用印有中文的书报、布料等作为包装填充材料。

图 3—8　条形码示例

【提示】对于定牌中性包装,除按买方要求注明其指定的商标、牌号或商号名称与代号外,也应做到上述几点。

### 同步案例 3—12　　　　中性包装引发的思考

菲律宾某公司与上海自行车厂洽谈进口业务,打算进口"永久"牌自行车 1 000 辆,但要求我方改用"剑"牌商标,并在包装上不得注明"Made in China"字样。问:我方是否可以接受?在处理此项业务时,应注意什么问题?

【案例精析】　这是一笔中性包装业务交易,外方要求采用定牌中性包装,我方一般可以接受。在处理该业务时要注意对方所用商标在国外是否有第三者已经注册,若有则不能接受。如果一时无法判明,则应在合同中写明"若发生工业产权争议应由买方负责"。

### (二)定牌

定牌是指卖方按买方要求在其出售的商品或包装上标明买方指定的商标或品牌,这种做法称为定牌生产。

当前,世界许多国家的超级市场、大百货公司和专业商店,对其经营出售的商品,都要在商品上或包装上标有本商店使用的商标或品牌,以扩大本店知名度和显示该商品的价格。许多国家的出口商,为了利用买主的经营能力及其商业信誉和声誉,以提高商品售价和扩大销路,也愿意接受定牌生产。

在我国出口贸易中,如外商订货量较大,且需求比较稳定,为了适应买方销售的需要和有利于扩大出口,我们也可接受定牌生产。具体做法有下列几种。

(1)在定牌生产的商品和/或包装上,只用外商所指定的商标或品牌,而不标明生产国别和出口商名称,这属于采用定牌中性包装的做法。

(2)在定牌生产的商品和/或包装上,标明我国的商标或品牌,同时也加注国外商号名称或表示其商号的标记。

(3)在定牌生产的商品和/或包装上,采用买方所指定的商标或品牌的同时,在其商标或品牌下标示"中国制造"字样。

在洽谈定牌中性包装时还应注意:①要对买方提供的图案、文字内容进行审查,不接受与我国精神文明标准不符的图案和文字。②如果使用买方指定的商标、牌号,则必须在合同中明确予以规定,若日后因此而发生工业产权纠纷或出现侵权行为,则由买方承担一切责任和费用。

### 同步案例 3—13　　擅自更换包装带来的损失

3月,我国大连某出口公司出口加拿大一批货物,货物价值128万元。合同规定用塑料袋包装,每件要使用英、法两种文字的唛头。但该公司实际交货使用的只有英文唛头,加拿大商人为了适应当地市场的销售要求,不得不雇人重新更换唛头,后向我方提出索赔,我方只好认赔。

**【案例精析】** 交易双方约定的包装条件是说明货物的主要组成部分,卖方擅自更换约定的包装,且未按合同规定使用贴头,是违反了约定的主要交易条件,守约方有权要求赔偿损失,甚至撤销合同。本案合同项下的买方采取重新更换包装和贴唛头的补救措施后,即向卖方要求赔偿损失,这样是合理的。本案事实表明,卖方经办人员需要增强重合同、守信用的法律意识,对买卖双方约定的各项交易条件,必须坚决照办,不得擅自变更。否则,不仅会造成经济损失,而且对外会产生不良影响。

## 四、合同中包装条款的基本内容

出口合同中的包装条款主要包括包装方式、包装材料、包装规格和包装标志等内容。

### (一)包装方式

不论是运输包装还是销售包装,其方式多种多样,买卖双方洽商交易时,究竟采用何种包装方式,应予以明确规定。

### (二)包装材料

包装材料多种多样,其中包括金属、塑料、木材、玻璃、陶瓷、竹、麻等。究竟采用何种材料制成的包装,也应一并在包装条款中说明。

### (三)包装规格

根据成交商品的形状、特点和适合运输与销售等方面的要求来确定包装的规格及其尺寸大小,并在包装条款中注明,以便买卖双方交接货物时有所遵循。

### (四)包装标志

为了保证货物安全、迅速、准确地运交收货人,在运输包装上需要书写、压印、刷制唛头及其他有关标志,在销售包装上一般也应附有装潢画面和文字说明等标志。交易双方商定包装条件时,对这些标志也应事先谈妥,并在合同中具体列明。

## 五、订立包装条款的注意事项

为了使包装条款科学、合理,以利于合同的履行,在商定包装条款时,主要应考虑下列事项。

### (一)根据成交商品的特点,选择合适的包装

商品种类繁多,其特性和形状各异,因而对包装的要求也不同,故在约定包装材料、包装方

式和包装标志时,必须考虑商品的特点,以此确定合适的包装。随着我国对外贸易的不断扩大,出口商品销往的国家和地区也越来越多,因而对各地的禁忌习俗就应有更多的了解。例如,我国以红色为大吉大利,而西欧国家的人民则视红色为凶兆;我国人民历来视荷花出淤泥而不染,象征清洁高雅,而在日本荷花则无人问津。

### (二)要考虑成交商品所采用的运输方式的要求

进出口商品一般都需要通过长途运输,而不同的运输方式对包装的要求各不相同,因此,交易双方在商定包装条款时,应根据成交商品所采用的运输方式来确定适用何种运输包装。

### (三)要考虑有关国家的法律规定

许多国家对市场销售的商品规定了有关包装和标签管理的条例,其内容十分繁杂和具体,凡进口商品必须遵守其规定,否则,不准进口或禁止在市场上销售。例如,加拿大规定包装上的文字说明要用英、法两种文字书写;希腊规定商品包装上要用希腊文写明代理商、进口公司、生产国别和重量、数量;科威特规定各种食品包装上都应用阿拉伯文写明生产日期和有效期。此外,还有些国家对包装材料的含铅、含砷量都有规定,因此,在向国外出口商品时应注意不同国家对商品包装的有关规定。

### (四)在不影响包装品质的前提下,注意节省各种费用

交易双方在商定包装条款时,除考虑商品特点、运输要求和有关法律规定外,在选用包装材料和确定包装方式、包装规格等方面,还应考虑有利于节省包装费用和减少其他费用开支。

### (五)要考虑有关国家的消费水平、消费习惯和客户的具体要求

由于各国经济、文化背景不同,消费水平和消费习惯各有差异,因此客户对包装样式、包装材料、包装规格、包装装潢画面及文字说明等方面都有特定的具体要求,在洽商交易和订立合同时,应尽可能考虑其要求,以利于合同的顺利履行。例如,有些国家对数字也有忌讳,如日本忌用4,因此,有的国家对日出口餐具和玻璃器皿时从原先的4件/包改为5件/包。商品的包装装潢设计一定要考虑不同国家的人对于图案和色彩的不同爱好和禁忌。

### (六)要正确运用中性包装和定牌生产

中性包装和定牌生产是国际贸易中常见的习惯做法,正确运用这些贸易习惯做法,有利于打破某些国家的关税和非关税壁垒,但运用定牌生产时要注意工业产权问题,以免侵犯其他国家的工业产权。

### (七)不宜轻易接受按某国家式样包装的条件

采用按某国家式样包装的条件,既增加了履约的难度,又容易引起争议,故在包装条款中一般不宜轻易接受此种条件。

### (八)对包装的规定要明确、具体

在这里,要强调指出的是,规定包装条款时,切忌使用笼统、含糊的词句。例如,一般不宜采用"海运包装"(Seaworthy Packing)和"习惯包装"(Customary Packing)之类的贸易术语。由于此类规定缺乏统一解释,容易引起纠纷与争议。因此,除非买卖双方对包装方式的具体内容事先充分交换意见,或由于长期的业务交往已取得共识,否则合同中不宜采用笼统的规定方法。

【提示】运输标志按国际贸易习惯一般由卖方决定,无须在合同中作具体规定,如买方要求,也可以在合同中作具体规定;应规定标志到达时间(标志内容需经卖方同意)及逾期不到时买方应负的责任等。如买方要求在合同订立以后由其另行指定,则应具体规定时限,并订明若到时尚未收到有关唛头通知,则卖方可以自行决定。

【视野拓展3-2】　　　　　　　商品包装条款举例

1. In cartons of 10 kilos net each.
纸箱装,每箱净重10千克。
2. 36 pairs packed in a carton size assorted.
每箱36双装,混码包装。
3. In cloth bales each containing 10 pcs. of 42 yd.
布包,每包10匹,每匹42码。
4. In new single gunny bags of 50 kg each.
单层新麻袋包装,每袋50千克。
5. In wooden bale 410 sheets/ream,45 ream/bale.
木夹板包装,每令410张,每包45令。
6. 10 pieces to a box,20 boxes to an export carton.
每10件装一纸盒,20盒装一出口纸箱。
7. 每件装一塑料袋,半打为一盒,十打装一木箱。
Packing:Each piece in a poly-bag,half dozen in a box and 10 dozen in a wooden case.
8. 单层新麻袋,每袋约50千克。
Packing:In new single gunny bags of about 50kg each.

## 任务五　商品的价格

在国际贸易中,如何确定进出口商品的价格和规定合同中的价格条款,是交易双方最为关心的一个重要问题,因此,讨价还价往往成为交易磋商的焦点,价格条款便成为买卖合同中的核心条款,买卖双方在其他条款上的利害得失,一般也会在商品的价格上体现出来。因为,合同中的价格条款与其他条款有着密切的联系,价格条款的内容与其他条款的约定也相互产生一定的影响。

在实际业务中,正确掌握进出口商品的价格,合理采用各种作价办法,选用有利的计价货币,适当运用与价格有关的佣金和折扣,并订好合同中的价格条款,体现对外政策和经营意图,对完成进出口任务和提高外贸经济效益,都具有十分重要的意义。

### 一、价格的构成

国际贸易的价格一般由以下4个部分组成:计价单位、计量单位、单位价格和贸易术语。
例如,单价每吨500美元,CIF日本大阪(Unit Price:USD500/MT CIF Osaka)。解释这国际贸易的价格为:①计价单位:美元;②计量单位:吨;③单位价格:每吨500美元;④贸易术语:CIF日本大阪。

### 二、成本核算

在价格掌握上,要注意加强成本核算,以提高经济效益,防止出现不计成本、不计盈亏和单纯追求成交量的偏向。尤其在出口方面,强调加强成本核算,掌握出口总成本、出口销售外汇(美元)净收入和人民币净收入的数据,并计算和比较各种商品出口的盈亏情况,更有现实意义。

### （一）出口总成本

出口总成本一般包括进货成本、国内费用以及出口退税三个部分，前两项是企业支出的，最后一项则是企业收入的，它是出口国政府按其政策给予出口企业的奖励或补贴。

1. 进货成本

进货成本是指出口企业从国内生产企业那里收购出口商品支付的本币货款金额或者出口企业自己生产的出口商品用本币核算的出厂价格。

2. 国内费用

国内费用是指出口企业在其业务经营的过程中，发生的直接或间接与其出口业务相关的用本币记录的费用支出。

3. 出口退税

按照目前世界上许多国家"奖出限入"政策的规定，对本国境内企业出口某些商品后，在规定的期限内按规定结汇了货款、按时办理了出口收汇核销、单证手续齐全且没有发现违法违规行为的前提下，政府给予他们一定比例的"出口退税"奖励。

**【做中学 3—2】** 某批出口货物的收购总成本为 CNY 1 130 万（含增值税价格），国内费用总和为 CNY6.5 万，出口退税率为 10%，则，问：国内出口总成本是多少？出口退税额是多少？

**解析：** 出口退税额 = 出口产品的不含税出厂价 × 出口退税率

$$= \frac{出口产品的含税出厂价}{1 + 增值税税率} \times 出口退税率$$

$$= 1\,130\,000 \div (1 + 13\%) \times 10\%$$

$$= CNY100\,000$$

国内出口总成本 = 国内收购成本 + 国内费用 − 出口退税额

$$= 1\,130\,000 + 65\,000 - 100\,000$$

$$= CNY1\,095\,000$$

我国的出口退税税额是按收购成本的不含增值税的价格来计算的，而我国出口商品的国内收购价格里通常又包含着增值税，所以在计算出口退税之前，必须事先扣除价款里的增值税。其计算公式是：

$$出口退税额 = 不含税价格 \times 出口退税税率$$

$$不含税价格 = \frac{含税价格}{1 + 增值税税率}$$

### （二）出口商品盈亏率

出口商品盈亏率是指出口商品盈亏额与出口总成本的比率。

出口商品盈亏额是指出口销售人民币净收入与出口总成本的差额，前者大于后者为盈利，反之为亏损。其计算公式如下：

$$出口商品盈亏率 = \frac{出口销售人民币净收入 - 出口总成本}{出口总成本} \times 100\%$$

出口销售人民币净收入是指出口商品的 FOB 价按当时外汇牌价折成人民币的数额。

**【做中学 3—3】** 某公司出口健身椅 1 000 只，每只 17.30 美元，总价为 17 300 美元，其中运费 2 160 美元，保险费 112 美元。总进价为人民币 113 000 元（含增值税），费率定额为

10%,出口退税率为9%,当时美元的买入价为8.30元。问:出口商品盈亏率为多少?

**解析:** 出口总成本=进货成本+(国内)定额费用-退税额

$$=113\,000+113\,000\times10\%-113\,000\div(1+13\%)\times9\%=115\,300(元)$$

出口销售外汇净收入 FOB=17 300-2 160-112=15 028(美元)

出口销售人民币净收入=15 028×8.30=124 732.4(元)

出口盈亏额=出口销售人民币净收入-出口总成本=124 732.4-115 300=9 432.4(元)

出口盈亏率=9 432.4÷115 300×100%=8%

### (三)出口商品换汇成本

出口商品换汇成本是用来反映出口商品盈亏的一项重要指标,它是指以某种商品的出口总成本与出口所得的外汇净收入之比,即用多少人民币换回一美元。出口商品换汇成本如果高于银行的外汇牌价,则出口为亏损。反之,则说明出口有盈利。其计算公式如下:

$$出口商品换汇成本=\frac{出口总成本(人民币)}{出口销售外汇净收入(美元)}$$

出口销售外汇净收入是指出口商品按离岸价(FOB价)出售所得的外汇净收入。

**【做中学3-4】** 试通过做中学3-3的换汇成本来计算出口盈利额。

**解析:** 在做中学3-3中,出口换汇成本为7.672元人民币(115 300÷15 028)换1美元,比当时银行外汇牌价低0.628元(8.30-7.672),表明该商品每出口1美元能取得0.335元人民币的盈利,这笔出口业务总的盈利额为9 437.584元(15 028×0.628)。

### (四)出口创汇率

出口创汇率是指加工成品后出口的外汇净收入与原料外汇成本的比率。如原料为国内产品,其外汇成本可按原料的离岸价计算。如原料是进口的,则按该原料的到岸价(CIF价)计算。通过出口的外汇净收入和原料外汇成本的对比,则可看出成品出口的创汇情况,从而确定出口成品是否有利。特别是在进料加工的情况下,核算出口创汇率这项指标,更有必要。其计算公式如下。

$$出口创汇率=\frac{成品出口外汇净收入-原料外汇成本}{原料外汇成本}\times100\%$$

**【注意】** ①进口原料无论以何种价格贸易术语成交,一律折算为CIF价。②出口成品无论以何种价格贸易术语成交,一律折算为FOB价。③若原料是国内产品,其外汇成本可按出口原料的FOB价计算。

**【做中学3-5】** 出口某商品1 000件,每件17.30美元(CIF纽约),总价为17 300美元,其中运费2 160美元,保险费112美元。原料为进口,FOB价为8 000美元,进口运费为1 000美元。问:相应的出口创汇率为多少?

**解析:** 出口创汇率=$\frac{成品出口外汇净收入-原料外汇成本}{原料外汇成本}\times100\%$

$$=(17\,300-2\,160-112-8\,000-1\,000)\div(8\,000+1\,000)\times100\%$$
$$=66.98\%$$

## 三、商品的作价原则

首先,国际货物买卖按照国际市场价格水平作价。所谓国际市场价格是以国际价值为基础,反映国际市场供求关系,在市场竞争中形成的并为交易双方所接受的价格,如商品交易所的价格、主要出口国价格、各国外贸部门、海关统计的价格及大型货物集散地的价格等。

其次,在国际市场价格的基础上,商品也会受到供求的影响,如高科技产品、紧俏商品等可略高于市场价格水平;库存商品、新商品等可低于市场价格出售。还可以根据销售意图,以高于或低于国际市场价格对外报价,通过低价多销、高价少销策略来获利。但是需要注意的就是要防止进口反倾销,不要一味降低出口或进口价格。

最后,在参照国际市场价格的基础上,适当考虑国别、地区的政策,使外贸配合外交。

## 四、作价办法

在国际货物买卖中,可以根据不同的情况,分别采取下列某种作价办法。

### (一)固定价格

在合同中规定固定价格是一种常规做法。它具有明确、具体、肯定和便于核算的特点。不过,由于市场行情瞬息万变,价格涨落不定,因此,在国际货物买卖合同中规定固定价格,就意味着买卖双方要承担从订约到交货付款再到转售过程中产生的价格变动的风险。况且,如果行市变动过于剧烈,这种做法还可能影响合同的顺利执行,因此,为了降低风险,促成交易,提高履约率,在合同价格的规定方面,买卖双方也应日益采取一些变通做法。

### (二)非固定价格

非固定价格即一般业务上所说的"活价",大体上可分为下述几种。

1. 具体价格待定

这种定价方法又可分为:①在价格条款中明确规定定价时间和定价方法。例如,"在装船月份前45天,参照当地及国际市场价格水平,协商议定正式价格",或"按提单日期的国际市场价格计算"。②只规定作价时间,例如,"由双方在××××年××月××日协商确定价格"。这种方式由于未就作价方式做出规定,容易给合同带来较大的不稳定性,双方可能因缺乏明确的作价标准,而在商定价格时各执己见,相持不下,导致合同无法执行,因此,这种方式一般只适用于双方有长期交往并已形成比较固定的交易习惯的合同。

2. 暂定价格

在合同中先订立一个初步价格,作为开立信用证和初步付款的依据,待双方确定最后价格后再进行最后清算,多退少补。

例如,"单价暂定CIF神户,每吨1 000英镑,作价方法:以××交易所3个月期货,按装船月份的月平均价加5英镑计算,买方按本合同规定的暂定价开立信用证"。

3. 部分固定价格,部分非固定价格

为了照顾双方的利益,解决双方在采用固定价格或非固定价格方面的分歧,也可采用部分固定价格、部分非固定价格的做法,或是分批作价的办法,交货期近的价格在订约时固定下来,余者在交货前一定期限内作价。

非固定价格的做法,是先订约后作价,合同的关键价格条款是在订约之后由双方按一定的方式来确定的。这就不可避免地给合同带来较大的不稳定性,存在着双方在作价时不能取得一致意见,而使合同无法执行的可能;或由于合同作价条款规定不当,而使合同失去法律效力的危险。

### (三)价格调整条款(滑动价格)

在国际货物买卖中,有的合同除规定具体价格外,还规定有各种不同的价格调整条款。在国际上，随着某些国家通货膨胀的加剧，有些商品合同，特别是加工周期较长的机器设备合同，普遍采用所谓"价格调整条款"[Price Adjustment(Revision)Clause]，要求在订约时只规定初步价格(Initial Price)，同时规定如原料价格、工资发生变化，则卖方保留调整价格的权利。

在价格调整条款中，通常使用下列公式来调整价格：

$$P = P_0\left(A + B \times \frac{M}{M_0} + C \times \frac{W}{W_0}\right)$$

在上述公式中，

$P$ 代表商品交货时的最后价格，

$P_0$ 代表签订合同时约定的初步价格，

$M$ 代表计算最后价格时引用的有关原料的平均价格或指数，

$M_0$ 代表签订合同时引用的有关原料的价格或指数，

$W$ 代表计算最后价格时引用的有关工资的平均数或指数，

$W_0$ 代表签订合同时引用的工资平均数或指数，

$A$ 代表经营管理费用和利润在价格中所占的比重，

$B$ 代表原料在价格中所占的比重，

$C$ 代表工资在价格中所占的比重，

$A$、$B$、$C$ 所分别代表的比例在合同签订后保持固定不变。

如果买卖双方在合同中规定，按上述公式计算出来的最后价格与约定的初步价格相比，其差额不超过约定的范围(如百分之几)，初步价格可不予调整，合同原定的价格对双方当事人仍有约束力，双方必须严格执行。

在使用价格调整条款时，合同价格的调整是有条件的。用来调整价格的各个因素在合同期间所发生的变化，如约定必须超过一定的范围才予以调整，未超过限度即不予调整。

【做中学 3-6】 在买卖合同中规定，整套机械设备的初步价格为 200 万美元，双方同意按某物价指数和工资指数在交货时调整价格。现已知约定原材料在价格中的比重为 50%，工资在价格中的比重为 30%，管理费和利润在价格中占 20%。签订合同时约定的基期物价工资指数均为 100，交货时物价指数上升到 110，工资指数上升到 112。求该合同调整后的价格应为多少？

解析：根据给定条件，管理费和利润在价格中的份额不变，为 20%；原材料在价格中的份额变为 110×50%/100；工资在价格中的份额变为 112×30%/100；

$$P = P_0\left(A + B \times \frac{M}{M_0} + C \times \frac{W}{W_0}\right)$$
$$= 200(20\% + 50\% \times 110/100 + 30\% \times 112/100)$$
$$= 217.2(美元)$$

### 五、佣金和折扣的运用

在合同价格条款中，有时会涉及佣金(Commission)和折扣(Discount; Allowance)。价格条款中所规定的价格，可分为包含佣金或折扣的价格和不包含这类因素的净价(Net Price)。包含佣金的价格，在业务中通常称为"含佣价"。

## (一) 佣金

### 1. 佣金的含义

在国际贸易中,有些交易是通过中间代理商进行的。因中间商介绍生意或代买代卖而需收取一定的酬金,此项酬金叫佣金。凡在合同价格条款中,明确规定佣金的百分比都叫作"明佣"。如不标明佣金的百分比,甚至连"佣金"字样也不标示出来,有关佣金的问题由双方当事人另行约定,这种暗中约定佣金的做法,叫作"暗佣"。

### 2. 佣金的规定办法

在商品价格中包括佣金时,通常应以文字来说明。例如,"每吨 200 美元 CIF 旧金山,包括 2%佣金"(USD 200 per M/T CIF San Francisco including 2% commission)。也可以在贸易术语上加注佣金的缩写英文字母"C"和佣金的百分比来表示。例如,"每吨 200 美元 CIFC 2%旧金山"(USD 200 per M/T CIF San Francisco including 2% commission)。商品价格中所包含的佣金,除用百分比表示外,也可以用绝对数来表示。例如,"每吨付佣金 25 美元"。如中间商为了从买卖双方获取"双头佣金"或为了逃税,有时要求在合同中不规定佣金,而另按双方暗中达成的协议支付。

【注意】佣金的规定应合理,其比率一般掌握在 1%至 5%之间,不宜偏高。

### 3. 佣金的计算

在国际贸易中,佣金的计算方法是不一致的。区别在于以佣金率规定佣金时,计算佣金的基数的确定。常用的方法是将成交金额(发票金额)作为计佣基数,例如按 CIFC 3%成交,发票金额为 10 000 美元,则应付佣金为:10 000 美元×3%=300 美元。也有人认为价格中的运费、保险费不属于出口商本身收益,不应该作为计佣的基数,应按 FOB 价值计算佣金。按这种方法计算佣金,在以 CIF、CFR 等贸易术语成交时,要将其中的运费、保险费扣除,求得 FOB 价之后计算佣金。但多数情况下,以何种贸易术语成交,就以何种价格为基础计算佣金。佣金的计算公式为:

$$单位货物佣金额 = 含佣价 \times 佣金率$$
$$佣金总额 = 成交量 \times 单位货物佣金$$
$$= 成交量 \times 含佣价 \times 佣金率$$
$$净价 = 含佣价 - 单位货物佣金额$$
$$= 含佣价 \times (1 - 佣金率)$$
$$含佣价 = 净价 \div (1 - 佣金率)$$

【做中学 3—7】 某公司向中国香港客户出口水果罐头 200 箱,每箱 132.6 港元 CIF 香港,客户要求改报 CIF 香港 5%佣金价(在保持原报价格不变的情况下)。问:(1)CIFC 5%香港佣金价应报多少?(2)出口 200 箱应付给客户多少佣金?

解析:(1)CIFC 5%=CIF 净价÷(1-佣金率)=132.6÷(1-5%)=139.58(港元)
(2)佣金=成交量×含佣价×佣金率=200×139.58×5%=1 395.8(港元)

### 同步案例 3—14　　　　　　　　错付佣金案

中国某公司(卖方)曾向西欧某中间商(买方)出售一批货物,合同规定佣金为 5%。卖方按合同规定将货物装运出口后,收到了买方全部货款。卖方经办人员竟误将全部货款当作佣金开具佣金传票,以便公司财会人员向中国银行开立汇票,该传票虽然先后经过另一名业务人员和科领导复核,但均未发现错误。中国银行开立汇票时觉得金额过大怀疑有差错。但中国银行仍按原货款金额向国外中间商开出了支付佣金的汇票。外商收到该汇票时,吃惊地发现金额过大,实属错汇,乃将原汇票退回。

**【案例精析】** 本案事实表明,该公司经办人员复核人员工作粗枝大叶,责任心差,特别是该公司财会人员和中国银行工作人员提出疑问后,复核人员还一再坚持并无差错,这件事,幸亏中间商非常诚实,尚未酿成太大经济损失,但对外却造成不良影响。错付佣金此类事件时有发生,值得我们今后注意。

### (二)折扣

1. 折扣的含义

折扣是指卖方按原价给予买方一定百分比的减让,凡在价格条款中明确规定折扣率的,叫"明扣";凡交易双方就折扣问题已达成协议,而在价格条款中却不明示折扣率的,叫"暗扣"。

2. 折扣的规定办法

在国际贸易中,折扣通常在合同价格条款中用文字明确表示出来。例如,"CIF 伦敦每吨 200 美元,折扣 3%"(US$200 per metric ton CIF London including 3% discount)。此例也可这样表示:"CIF 伦敦每吨 200 美元,减 3%折扣"(USD 200 per metric ton CIF London less 3% discount)。此外,折扣也可以用绝对数来表示。例如,"每吨折扣 6 美元"。

在实际业务中,也有用"CIFD"或"CIFR"来表示 CIF 价格中包含的折扣。这里的"D"和"R"分别是"Discount"和"Rebate"的缩写。鉴于在贸易往来中加注的"D"或"R"含义不清,可能引起误解,故最好不使用此缩写语。

3. 折扣的计算

折扣通常是以成交额或发票金额为基础计算的。

$$单位折扣额 = 含折扣价 \times 折扣率$$

**【做中学 3-8】** 某商品报每吨 2 500 港元,折扣 2%。问:折后实售价是多少?

**解析:** 折扣额=含折扣价×折扣率=2 500×2%=50(港元)

折后实售价=2 500-50=2 450(港元)

### 同步案例 3-15　　佣金规定不明确案

我某出口公司拟出口化妆品去中东某国,正好该国某中间商主动来函与该出口公司联系,表示愿为推销化妆品提供服务,并要求按每笔交易的成交额给予 5%的佣金。不久,经中间商介绍与当地进口商达成 CIFC 5%总金额 5 万美元的交易,装运期为订约后 2 个月内从中国港口装运,并签订了销售合同。合同签订后,该中间商即来电要求我出口公司立即支付佣金 2 500 美元。我出口公司复电称:佣金需待货物装运并收到全部货款后才能支付。于是,双方发生了争议,请分析这起争议发生的原因是什么?

**【案例精析】** 这起争议发生的原因是出口方没有与中间商就佣金的支付时间和支付条件明确商定。佣金的支付,习惯上应先由卖方收到全部货款后,再支付给中间商。因为,中间商的服务不仅在于促成交易,还应负责联系、督促实际的卖主履约,协助解决履约过程中可能发生的问题,以使合同得以圆满地履行。另一种支付方法就是由中间商直接从货价中扣除佣金。双方应该明确并最好达成书面协议,以免引起争议。

## 六、几种常用价格的换算

### (一)主要贸易术语的价格构成

在我国进出口业务中,最常采用的贸易术语是 FOB、CFR 和 CIF 三种。这三种贸易术语仅适用于海上或内河运输。在价格构成中,通常包括三方面的内容:生产或采购成本、各种费用和净利润。

FOB、CFR 和 CIF 三种贸易术语的价格构成的计算公式如下:

FOB 价＝生产/采购成本价＋国内费用＋净利润

CFR 价＝生产/采购成本价＋国内费用＋国外运费＋净利润,即 FOB 价＋国外运费

CIF 价＝生产/采购成本价＋国内费用＋国外运费＋国外保险费＋净利润,即 FOB 价＋国外运费＋国外保险费

### (二)FCA、CPT 和 CIP 三种贸易术语的价格构成

FCA、CPT 和 CIP 三种贸易术语,是国际商会为适应国际贸易的新发展而制定的贸易术语。它们的适用范围比较广,其价格构成也有三部分:生产或采购成本、各种费用和净利润。由于采用的运输方式不同,交货地点和交货方式不同,有关费用也有所不同。

FCA、CPT 和 CIP 三种贸易术语的价格构成的计算公式如下:

FCA 价＝生产/采购成本价＋国内费用＋净利润

CPT 价＝生产/采购成本价＋国内费用＋国外运费＋净利润,即 FCA 价＋国外运费

CIP 价＝生产/采购成本价＋国内运费＋国外运费＋国外保险费＋净利润,即 FCA 价＋国外运费＋国外保险费

### (三)主要贸易术语的价格换算

1. FOB、CFR 和 CIF 三种价格的换算

(1)FOB 价换算为其他价

CFR 价＝FOB 价＋国外运费

CIF 价＝(FOB 价＋国外运费)/(1－投保加成×保险费率)

(2)CFR 价换算为其他价

FOB 价＝CFR 价－国外运费

CIF 价＝CFR 价/(1－投保加成×保险费率)

(3)CIF 价换算为其他价

FOB 价＝CIF 价×(1－投保加成×保险费率)－国外运费

CFR 价＝CIF 价×(1－投保加成×保险费率)

2. FCA、CPT 和 CIP 三种术语价格的换算

(1)FCA 价换算为其他价

CPT 价＝FCA 价＋国外运费

CIP 价＝(FCA 价＋国外运费)/(1－投保加成×保险费率)

(2)CPT 价换算为其他价

FCA 价＝CPT 价－国外运费

CIP 价＝CPT 价/(1－投保加成×保险费率)

(3)CIP 价换算为其他价

FCA 价＝CIP 价×(1－投保加成×保险费率)－国外运费

CPT 价＝CIP 价×(1－投保加成×保险费率)

【提示】投保加成＝1＋投保加成率

【做中学3－9】 我公司出口某种商品对外报价每吨 CIF 热内亚 500 美元,投保加成率 10%,保险费率为 0.8%,对方来电要求改报 CFR。问:在保持原收入不变的情况下,我方应如何调整价格?

解析:CFR＝CIF×[1－(1＋投保加成率)×保险费率]＝500×[1－(1＋10%)×0.8%]＝495.6(美元/吨)

## 七、合同中的价格条款

### (一)价格条款的内容

合同中的价格条款一般包括商品的单价和总值两项基本内容,至于确定单价的作价办法和与单价有关的佣金与折扣的运用,也属价格条款的内容。商品的单价通常由四个部分组成,即包括计量单位(如"吨")、单位价格金额(如"580")、计价货币(如"美元")和贸易术语(如"CIF 纽约")。在价格条款中可规定:

$$\frac{每吨}{计量单位} \quad \frac{580}{单位价格金额} \quad \frac{美元}{计价货币} \quad \frac{CIF 纽约}{贸易术语}$$

总值是指单价与成交商品数量的乘积,即一笔交易的货款总金额。

1. 净价条款举例

单价:每箱 0.70 美元 FOB 天津

总值:14 850 美元

(Unit Price:at USD 0.70 per bo× FOB TianJin,Total Value:USD 14 850(say US dollars fourteen thousand eight hundred and fifty only)

2. 含佣价条款举例

单价:每吨 200 美元 CIFC 2%伦敦,总值:100 000 美元

(Unit Price:at USD 200 per metric ton CIFC 2% London,Total Value:USD 100 000 (say US dollars one hundred thousand only)

3. 含折扣价条款举例

单价:每件 45 英镑 CIF 汉堡折扣 2%,总值:44 100 英镑

(Unit Price:at GBP 45 per piece CIF Hamburg less 2% Discount,Total Value:GBP 44 100(say pounds sterling forty-four thousand one hundred only)

### (二)规定价格条款的注意事项

为了使价格条款的规定明确合理,必须注意下列事项。

(1)防止商品的单价偏高或偏低。定价过高就会丧失竞争力,不利于达成交易,过低将损失利润。

(2)根据经营意图和实际情况,在权衡利弊的基础上选用适当的贸易术语。在实际过程中,普遍是由客户决定采用什么贸易术语,当然作为卖方也可建议采用对双方有利的贸易术语。

(3)争取选择有利的计价货币,以免遭受币值变动带来的风险。如采用了对我方不利的计

价货币时,应争取订立外汇保值条款。出口定价,卖方应争取硬币计价;进口定价,买方应争取软币计价。另外可以与银行签订远期外汇合约等保值措施。

(4)在固定价格、非固定价格和价格调整条款之间选择最合适的作价方法,以避免价格变动的风险。

(5)参照国际贸易的习惯做法,注意佣金和折扣的运用。在当今竞争日益加剧的情况下,佣金和折扣常用于促进贸易的成交。在实践的过程中,还出现当外贸公司接单利润不足时,直接将客户介绍给工厂,再从工厂抽佣的情况。

(6)如果货物的品质和数量约定有一定的机动幅度,则对机动部分的作价也一并进行规定。这样有利于明确合同,便于合同的履行。

(7)如包装材料和包装费用另行计算,对其计价方法也应一并规定。这样有利于成本的核算与合同的履行。

(8)单价中涉及的计价数量单位、计价货币、装卸地名称等必须书写正确、清楚,以利于合同的履行。这些属于合同的要件,为了避免日后的争议,必须在合同中明确规定。

## 应知考核

### 一、单项选择题

1. 在品质条款的规定上,对某些比较难掌握其品质的工业制成品或农副产品,在合同中规定( )。
   A. 溢短装条款  B. 增减价条款
   C. 品质公差或品质机动幅度  D. 商品的净重

2. 国外来证规定,交货数量为10 000吨散装货,未表明可否溢短装,不准分批装运,根据UCP 600的规定,卖方发货的( )。
   A. 数量和总金额均可增减10%  B. 数量和总金额均可增减5%
   C. 数量可增减5%,总金额不可超过  D. 总金额可增减5%,数量不可超过

3. 某公司出口1 000台纸箱装电扇,合同和信用证都规定不准分批装运,没有规定溢短装条款,装船时有40包包装破裂,风罩变形,不能出口,据此,发货人( )。
   A. 可以装运960台  B. 可以装运950台
   C. 只能装运1 000台  D. 可以装运850台

4. 在国际贸易中,对生丝、羊毛、棉花等有较强的吸湿性商品,其计量办法通常为( )。
   A. 毛重  B. 净重  C. 公量  D. 理论重量

5. 合同中订有品质与数量条款,正确的应是( )。
   A. 白糯米:碎粒(最高)25%,水分15%,1 000吨±2%
   B. 白糯米:碎粒(最高)25%,水分(最高)15%,1 000吨±2%
   C. 白糯米:碎粒25%,水分(最高)15%,约1 000吨
   D. 白糯米:碎粒25%,水分(最高)15%,1 000吨±2%

6. 合同中的数量条款为"1 000M/T With 5% more or less at Seller's option",则卖方交货数量应该是( )。
   A. 950 M/T  B. 1 000M/T
   C. 1 050M/T  D. 950 M/T到1 050M/T间任何数量

7. (　　)可以采取"以毛作净"的方式计算。
   A. 裘皮　　　　　B. 羊毛　　　　　C. 珠宝　　　　　D. 蚕豆
8. 凭卖方样品成交时,应留存(　　)以备交货时核查之用。
   A. 对等样品　　　B. 回样　　　　　C. 复样　　　　　D. 参考样品
9. 在合同对外洽商过程中,如果报出的净价为1 000美元,可是对方要求3%的佣金,为了保证实收1 000美元,所报的含佣价应是(　　)。
   A. 1 030美元　　B. 1 000美元　　C. 1 030.93美元　D. 1 100美元
10. 某公司对外报价为CIF价150美元,外商要求改报CIF 5%,我方应报价为(　　)。
    A. 157.0美元　　B. 157.4美元　　C. 157.8美元　　D. 157.9美元
11. 根据现有商品的实际品质进行买卖,叫作(　　)。
    A. 凭样品成交　　B. 看货买卖　　　C. 凭规格买卖　　D. 凭产地买卖
12. 卖方根据买方提供的样品加工复制出一个类似的样品提供给买方确认,经买方确认的样品叫(　　)。
    A. 复样　　　　　B. 回样　　　　　C. 参考样品　　　D. 卖方样品
13. 按UCP 600的规定,数量的"约"应该理解为(　　)。
    A. 2%　　　　　　B. 10%　　　　　C. 5%　　　　　　D. 15%
14. 对于价值较低的商品,往往采取(　　)计算其重量。
    A. 以毛作净　　　B. 法定重量　　　C. 净重　　　　　D. 理论重量
15. 大宗农、副产品、矿产品交易习惯于(　　)。
    A. 按长度计算　　B. 按数量计算　　C. 按体积计算　　D. 按重量计算
16. (　　)可以采取"以毛作净"的方式计算。
    A. 裘皮　　　　　B. 羊毛　　　　　C. 珠宝　　　　　D. 蚕豆
17. 按合同中规定的数量,卖方在交货时可溢交或短交百分之几,这种规定叫(　　)。
    A. 数量增减价条款　　　　　　　　B. 品质机动幅度条款
    C. 溢短装条款　　　　　　　　　　D. 品质公差条款
18. 包装上既无生产国别、厂商名称,又无商标、牌名的是(　　)。
    A. 定牌中性包装　B. 无牌中性包装　C. 定牌生产　　　D. 无牌生产
19. 某公司对外报价为CIF价150美元,外商要求改报CIF 5%,我方应报价为(　　)美元。
    A. 157.0美元　　B. 157.4美元　　C. 157.8美元　　D. 157.9美元
20. 下列表示商品单价的方法中,正确的是(　　)。
    A. 每吨600美元CIF大阪　　　　　B. 每吨CIF 600美元
    C. 每吨CIF大阪600　　　　　　　D. 每吨CIF大阪含3%佣金600美元净价

## 二、多项选择题

1. 在国际贸易中,按样品提供者的不同以及凭样品成交可分为(　　)。
   A. 凭卖方样品买卖　B. 凭买方样品买卖　C. 凭对等样品买卖　D. 凭图样买卖
2. 以实物表示商品品质的方法包括(　　)。
   A. 凭样品成交　　B. 凭标准买卖　　C. 看货买卖　　　D. 凭产地名称买卖
3. 对于以文字说明进行的买卖,允许卖方所交货物的品质,可以在一定范围内高于或低于合同规定,可加列( )。

A. 品质机动幅度条款　　　　　　　　B. 商品的质量条款
C. 商品成交数量条款　　　　　　　　D. 品质公差条款

4. 卖方根据买方来样复制样品,寄送买方并经其确认的样品,称为( )。

A. 复样　　　　B. 回样　　　　C. 原样　　　　D. 对等样品

5. 在国际贸易中,如果卖方交货数量多于合同规定的数量,根据《公约》的规定,买方可以( )。

A. 接受全部货物　　　　　　　　　　B. 拒绝全部货物
C. 拒绝多交的货物　　　　　　　　　D. 接受多交货物中的一部分

6. 数量条款主要涉及( )。

A. 成交数量确定　　　　　　　　　　B. 计量单位确定
C. 计量方法确定　　　　　　　　　　D. 数量机动幅度的掌握

7. 国际贸易计算重量时,通常的计算方法是( )。

A. 毛重　　　　B. 净重　　　　C. 公量　　　　D. 理论重量

8. 某公司向国外某客商出口50吨小麦,卖方实际交货时多交了2吨,根据《公约》的有关规定,买方可以( )。

A. 接受52吨货物　　　　　　　　　　B. 拒收52吨货物
C. 接受多交的1吨货物　　　　　　　D. 拒收多交的2吨货物

9. 卖方以每吨300美元价格向买方出售1 200吨一级大米,合同和信用证金额都为36万美元。但卖方实际交付货物时,大米价格已发生了波动,一级大米价格是350美元/吨,而三级大米价格为300美元/吨。因价格波动则( )。

A. 卖方可交三级大米

B. 卖方应按合同规定交货

C. 因价格上涨卖方可少交一些货物

D. 卖方的交货只要符合合同和信用证的规定,就能收回36万美元的货款

10. 在确定出口成交价格时,应考虑的具体因素是( )。

A. 商品的质量和档次　　　　　　　　B. 成交量
C. 运输距离　　　　　　　　　　　　D. 交货地点和交货条件

### 三、判断题

1. 某外商来电要我方提供大豆,按含油量18%,含水分14%,不完全粒7%,杂质1%的规格订立合同,对此,在一般情况下,我方可以接受。　　　　　　　　　　( )

2. 在出口合同中,如果规定了凭样品买卖,同时又规定有品质说明的情况,卖方应承担所交货物既符合合同有关品质说明的规定,又与样品完全一致的双重义务。　　( )

3. 品质公差一般为国际同行所公认的产品品质误差,即使在合同中不做规定,卖方交货品质在公认的范围内,也可以认为符合合同要求,买方不得再提出任何异议。　( )

4. 看货成交以后,买方一般不得对品质提出异议。　　　　　　　　　　　　( )

5. 根据UCP 600的规定,若合同使用了"约量",应解释为允许有5%的增减幅度。
　　　　　　　　　　　　　　　　　　　　　　　　　　　　　　　　　( )

6. 对棉花、生丝等商品一般采用公量计算其重量。　　　　　　　　　　　　( )

7. 溢短装条款是指在装运数量上可增减一定幅度,该幅度既可由卖方决定,也可由买方决定。（　　）

8. 吨大于短吨而小于长吨。（　　）

9. 中国 A 公司向《公约》缔约国 B 公司出口大米,合同规定数量为 50 000 吨,允许卖方可溢短装 10%。A 公司在装船时共装了 58 000 吨,遭到买方拒收。按《公约》规定,买方有权这样做。（　　）

10. 包装标识包括运输标志、指示性标志和警告性标志,在买卖合同及有关运输单据中,对上述三种标志的内容都应做出明确规定。（　　）

四、综合题

我国 A 公司与国外 B 公司达成协议,买卖某种商品。合同规定,卖方按每箱 150 美元的价格售出该商品 1 000 箱,并规定"数量允许有 5% 上下的幅度,由卖方决定"。

请根据以上内容回答下列问题。

1. 这是一个(　　)条款。
A. 品质条款　　B. 数量条款　　C. 包装条款　　D. 价格条款

2. 卖方最多可装(　　)箱。
A. 1 000　　B. 1 050　　C. 1 005　　D. 1 500

3. 卖方最少可装(　　)箱。
A. 1 000　　B. 950　　C. 995　　D. 905

4. 如果卖方多交了一部分货物,买方有权(　　)。
A. 接收多交的全部
B. 接收多交的一部分
C. 拒绝多交的部分
D. 拒绝全部,并要求赔偿

5. 如实际装运 1 040 箱,离岸价格为 145 美元/箱,货物运至买方后,国际市场价格为 160 美元/箱,到岸价格为 170 美元/箱,买方应付货款(　　)美元。
A. 156 000　　B. 176 800　　C. 166 400　　D. 150 800

五、计算题

1. 出口羊毛 10 吨,实际回潮率从货物中抽取小样进行测算,假设抽取 10 千克,用科学方法去掉水分后,净剩 8 千克羊毛,标准回潮率为 11%。问该出口羊毛的公量是多少?

2. 本溪钢铁进出口公司出口的钢板因其厚度的不同,每平方米的理论重量如下。

| 厚度(毫米) | 重量(千克) | 厚度(毫米) | 重量(千克) |
| --- | --- | --- | --- |
| 0.2 | 1.57 | 0.3 | 2.355 |
| 0.25 | 1.963 | | |

现有出口钢板 5 000 张,每张长度为 5 000 毫米,宽度 500 毫米,厚度为 0.2 毫米的有 1 000 张,厚度 0.25 毫米的有 2 600 张,厚度 0.3 毫米的有 1 400 张,请计算本批出口货物的重量。

3. 某公司出口一批货物 CIF 发票金额为 45 500 英镑,按合同规定加一成投保,险别为水渍险,保险费率为 0.5%,现客户要求改报 CFR 价,如我方同意,为不影响收汇,应报 CFR 价为多少?

4. 某公司向中国香港客户报水果罐头200箱,每箱132.6港元CIF香港,客户要求改报CFR香港含5%佣金价。假定保险费相当于CIF价的2%,在保持原价格不变的情况下,试求:(1)CFRC5%香港价应报多少?(2)出口200箱应付给客户多少佣金?(3)某公司出口200箱可收回多少外汇?

5. 我方对美国客商出口一批商品,报价为每千克100元人民币CFR纽约,美国客商要求改报CIFC5美元价(按10%投保一切险,保费率为4‰,人民币兑美元比价为1:8.3)。试确定在不影响收汇额的前提下,准确的CIFC5价应报多少?"

6. 某出口商品对外报价为每吨1 200英镑FOB黄埔,对方来电要求改报CIFC5%伦敦,试求:CIFC5%伦敦价为多少?(已知保险费率为1.68%,运费合计为每吨9.68英镑)

7. 某外贸公司出口一商品,采购成本7 000元/吨,国内费用总和2 000元/吨,成交价CIFC3价1 200美元/吨(其中运费42.37美元/吨,保险费8.58美元/吨,佣金36美元/吨)。假设出口200吨,求该批商品出口盈亏率和换汇成本(美元兑人民币比价为1:8.3)。

8. 某外贸公司出口商品货号H208共5 000箱,该货每箱净重20千克,毛重22千克,体积0.03立方米,出口总成本每箱人民币999元,外销价每箱120美元CFR卡拉奇。海运运费按W/M 12级计算,装中远公司班轮出口,查运价表,到卡拉奇12级货运费为每吨52美元,试计算:该商品的出口销售换汇成本及盈亏率是多少?

## 应会考核

■ 观念应用

试判断以下合同标的物条款有无不妥之处,如有,请更改并说明理由。

(1)羽绒服,鸭绒含量为90%。

(2)运动鞋,中性包装,中国制造,东升鞋厂生产,兰花牌。

(3)每件装一塑料袋,半打为一盒,十打装一箱。

(4)Northeast Rice, Moisture 14.5%, Broken Grains 2%, 3000tons, in bulk.

(5)White Rabbit, Quality strictly as per samples submitted by the seller.

■ 技能应用

请为下列出口的货物设计包装标志。

(1)设计运输标志的件号

Commodity: 100% cotton men's shirt

Packing: each piece in a polybag, 60pcs, to a carton

| Design No. 款式 | QUANTITY 数量 | CARTON NO. 件号/箱号 | NOS OF PKGS. 件数 |
| --- | --- | --- | --- |
| 93—13 | 1 260PCS | (1)1—12 | (5)21 CARTONS |
| 93—14 | 1 260PCS | (2)22—42 | (6)21 CARTONS |
| 93—15 | 1 200PCS | (3)43—62 | (7)20 CARTONS |
| 93—16 | 1 680PCS | (4)63—90 | (8)28 CARTONS |

(2)设计识别标志

JL608TS,安全靴,12双,毛重27千克,净重21.6千克,50×35×78立方厘米,中国制造

(3)按照ISO 9000的要求,根据以下内容设计唛头。
S/C No.：52SSG—016
Date：Aug. 8,2024
Seller：Beijing Qimingxing Textiles I/E Corp.
Buyer：Crystal Bobe LTD
Commodity：Men's cotton shirt
Quantity：800 dozens
Packing：1 dozen in a carton
Port of Loading：Tianjin
Port of Destination：New York

【考核要求】
请做出合理的包装标志。

■ 案例分析

1. A公司按凭样品成交的方式,从国外B公司进口当饲料用的谷物,由于B公司交货品质太好,使A公司的国家海关误以为是供人食用的谷物而课以重税,使A商增加了税收负担。因此,A要求B赔偿因交货品质与样品不同而造成的关税差额损失。请问,如诉讼到法院,会如何判决,原因是什么?

2. 我方出口风扇1 000台,国外来证规定不许分批装运。装船时发现有40台的包装破裂,风罩变形或开关脱落。为保证质量,发货方认为:UCP 600有规定,即使不许分批装运,数量上可以有10%的溢短装。于是,少装40台。但却遭到议付行的拒付。问:议付行的拒付是否有理,为什么?

3. 我方出口冰冻黄花鱼一批20吨,每吨400美元FOB上海。合同规定数量可以有10%的增减,国外来证规定:总金额8 000美元,数量约20吨,我方装出22吨,到银行议付时却遭到议付行的拒付,试分析议付行拒付的原因。

4. 国外某商人拟购买我方"菊花"牌扳手,但要求改为"鲨鱼"牌,并不得注明"Made in China"问:我方可否接受? 如接受,应注意什么问题?

【考核要求】
结合所学的内容,请对上述案例进行分析。

■ 职场在线

1. 专业术语翻译
(1)商品的品质　(2)毛重　(3)运输标志　(4)皮重
(5)sale by specification　(6)sale by description and illustration
(7)more or less　(8)about or approximately clause
(9)单价　(10)佣金　(11)码头操作费　(12)总值
(13)United State Dollar　(14)Currency of Account
(15)Discount

2. 试翻译以下合同的标的物条款
(1)20 000 metric tons,5% more or less at seller's option.
(2)36 pairs packed in a carton size assorted.
(3)品质与技术数据与所附技术协议相符,该技术协议视本合同不可分割的一部分。

(4)大米50千克麻袋装"以毛作净"。

(5)每只套一塑料袋,每一打装一坚固新木箱,防湿,防潮,防震,防锈。

(6)每打36美元CIF温哥华含3%佣金。

(7)每捆200美元CFR新加坡减2%折扣。

(8)总值:53 495.6美元整。

(9)Unit Price:GBP230/pc CIF Sydney,Amount:GBP 460 000。

3. 试翻译下列条款,并推测进行交易的大致是什么样的货物。

(1)In iron drums of 185~190 kgs,Net each.

(2)In cartons each containing 4 boxes about 9lbs. each piece waxed and wrapped with paper.

(3)Goods are in neutral packing and buyer's labels must reach the seller 45 days before the month of shipment.

4. 试判断以下我方出口的单价条款有无不妥之处,如有,请更改并说明理由。

(1)每码4.5元CIF香港;

(2)每箱500英镑CFR美国;

(3)每吨1 000美元FOB东京;

(4)每打100欧元CFR净价含2%佣金;

(5)1 000美元CIF上海减1%折扣;

(6)每桶50美元CFR柏林。

## 项目实训

【实训项目】
国际贸易商品。

【实训情境】
试分析以下商品用了哪种品质的表示方法。

①长毛绒玩具熊,货号NT002,尺码24英寸,详情根据2024年5月15日卖方寄送的样品。

②光明牌婴儿奶粉(1~2岁)。

③柠檬酸钠,纯度:不低于99%,符合1980年版英国药典标准。

④文件柜,中国橡木和橡木三夹板面,黄铜拉手,两个抽屉,16'W×17'D×28'H。

⑤1515A型多梭箱织机,详细规格如所附文字说明与图样。

⑥东北大豆,水分最高14%;杂质≤9%。

【实训任务】
1. 请分析表示品质的方法。
2. 撰写《国际贸易商品》实训报告。

| 《国际贸易商品》实训报告 ||||
|---|---|---|---|
| 项目实训班级： || 项目小组： | 项目组成员： |
| 实训时间： 年 月 日 || 实训地点： | 实训成绩： |
| 实训目的： ||||
| 实训步骤： ||||
| 实训结果： ||||
| 实训感言： ||||
| 不足与今后改进： ||||
| 项目组长评定签字： ||| 项目指导教师评定签字： |

# 项目四　国际货物运输

● **知识目标**

　　理解：国际货物运输方式的种类和内容。
　　熟知：提单的性质、作用、种类和内容。
　　掌握：合同中装运条款的拟订及海运运费的计算。

● **技能目标**

　　具备对国际各种运输费用的计算方法；熟知和掌握国际货物运输方面的运作程序。

● **素质目标**

　　具有签订国际货物运输条款的能力；具有办理国际货物运输的业务能力，做到学、思、用贯通，知、信、行统一。

● **思政目标**

　　培养学生透过现象看本质的认知思维能力；树立学生从唯物主义角度全面认识世界的观念和辩证思维的能力。厚植学生的爱国主义情怀，增强学生的使命担当；帮助学生树立四个意识，坚持四个自信，做到两个维护，甘于奉献与创造；激发学生的爱国情怀，增强学生的民族自尊心、自信心和自豪感。

● **项目引例**

因装运批次合同致损案

　　我方大连某公司对南非出口一批化工产品 2 000 吨，采用信用证支付方式。国外来证规定："禁止分批装运，允许转运"。该证并注明：按 UCP 600 办理。现已知：装运期临近，已订妥一艘驶往南非的"黄石"号货轮，该船先停靠新港，后停靠青岛。但此时，该批化工产品在新港和青岛各有 1 000 吨尚未集中在一起。如果你是这笔业务的经办人，你会选择哪种处理方法？为什么？

**引例评析:**

应选择新港、青岛各装 1 000 吨。因为

(1)根据 UCP 600 规定,运输单据表面上注明是使用同一运输工具装运并经同一线路运输,即使运输单据上注明的装运日期或装运港不同,只要运输单据注明是同一目的地,将不视为分批装运。

(2)本案中我出口公司如在新港、青岛各装 1 000 吨于同一船(黄石号)、同一航次上,提单虽注明不同装运港和不同装运期限,则不视作分批装运。因此,这种做法应认为符合信用证的规定,银行理应付款。

● **课程思政**

> 通过本项目的学习,当代大学生要具有奋发有为的奋斗姿态。国际货物运输一般距离较长,风险较大,要具有风险控制和防范意识,不负时代、不负韶华,将社会主义核心价值观内化于心、外化于行,真正做到明大德、守公德、严私德,为今后在社会实践中感悟人生的真谛。

## 任务一  国际货物运输方式

国际贸易中的商品流通不同于国内贸易,其空间距离较大,一般都需要通过长途运输。在运输过程中,往往需要经过多次装卸搬运,使用各种运输工具,并变换不同的运输方式,故货物的运输线长而广,中间环节多,情况变化大,涉及的问题也较多,它远比国内的运输复杂。

在国际货物运输中,使用的运输方式很多,其中包括海洋运输、铁路运输、航空运输、集装箱运输和国际多式联运等。我国参与对外贸易的货物,绝大部分通过海洋运输,少部分通过铁路运输,也有一些货物通过空运等其他运输方式进行运输。在我国的外贸企业中,根据进出口货物的特点、运量的大小、路程的远近、需要的缓急、运费的高低、风险的程度、装卸的情况、气候与自然条件以及国际政治形势的变化等因素,应本着审慎的原则,合理选择出口货物的运输方式。

### 一、海洋运输

#### (一)海洋运输的特点

在国际货物运输中,海洋运输(Ocean Transport)是最主要的运输方式,其运量占国际货物运输总量的 80% 以上。海洋运输借助天然航道,具有载运量大、所需动力和燃料消耗较低且运费低廉等优点。但海洋运输的不足之处也显而易见:海洋运输受气候和自然条件的影响较大,运期不易确定,而且风险较大,另外海洋运输的速度也相对较慢。

我国沿海拥有许多终年不冻的优良港口,现有的主要海港分布于:大连、秦皇岛、天津、烟台、青岛、连云港、南通、上海、宁波、温州、福州、厦门、黄埔、北海和湛江等地,我国港口与世界各国港口之间开辟了许多定期或不定期的海洋航线,海洋运输对我国对外贸易的发展起着重大的作用。

#### (二)海运船舶的营运方式

国际贸易中使用的海洋商船,按其用途可分为干货船(Dry Cargo Carrier)和油轮(Oil

Tanker)两大类。干货船又可分为杂货船(General Cargo Vessel)、散装船(Bulk Carrier)、冷藏船(Refrigerated Vessel)、木材船(Timber Carrier)、集装箱船(Container Ship)、滚装船(Roll-on/Roll-off Ship,Ro-Ro Ship)和载驳船(Barge Carrier)等。油轮从广义上讲是指散装运输各种油类的船,除运输石油外,装运石油的成品油、各种动植物油、液态的天然气和石油气等。但是,通常所称的油船,多数是指运输原油的船。而装运成品油的船,称为成品油船。装运液态的天然气和石油气的船,称为液化气体船。

按海洋运输船舶的经营方式的不同,国际海洋货物运输可分为班轮运输(Liner Transport)和租船运输两种(Shipping by Chartering)。

1. 班轮运输

班轮运输(Liner Transport)又称定期船运输,它是在一定航线上,有一定的停靠港口,定期开航的船舶运输。一般而言,班轮运输具有以下特点。

(1)"四固定"。即固定航线、固定费率、固定停靠港口和固定航行日期。

(2)"两管"。由船方负责配载装卸,装卸费包括在运费中,供货方不再另付装卸费,船货双方也不再计算滞期费和速遣费。

(3)船货双方的权利、义务与责任豁免,以船方签发的提单条款为依据。

(4)班轮承运货物的品种、数量比较灵活,货运质量较有保证,而且一般采取在码头仓库交接货物,故为货主提供了较便利的条件。

班轮公司运输货物所收取的运输费用,是按照班轮公司运价表(Liner's Freight Tariff)的规定计收的。在国际航运中,班轮运价表的制定各国都不相同,概括起来主要有班轮公司运价表、双边运价表和航运公会运价表三种类型。班轮运价在一定时期内相对稳定,而且其中包括装卸费用,以便于买卖双方核算运费和成交时进行比价。

班轮运价表一般包括货物分级表、各航线费率表、附加费率表、冷藏货及活牲畜费率表。目前,我国海洋班轮运输公司使用的是"等级运价表",即将承运的货物分成若干等级(一般为20个等级),每一个等级的货物有一个基本费率。

班轮运费包括基本运费和附加运费两部分。①基本运费是指货物运往班轮航线上固定停靠的港口,按照运价表内货物划分的等级所收取的运费,它是构成全程运费的主要部分。②附加运费是指班轮公司除收取的基本运费之外应收取的那部分运费,附加费名目繁多,而且会随着航运情况的变化而变动。

在班轮运输中常见的附加费有下列几种。

(1)超重附加费(Extra Charges on Heavy Lifts)。它是指由于货物单件重量超过一定限度而加收的一种费用。

(2)超长附加费(Extra Charges on Over Lengths)。它是指由于单件货物的长度超过一定限度而加收的一种费用。

(3)选卸附加费(Additional on Optional Discharging Port)。对于选卸货物(Optional Cargo)需要在积载方面给予特殊的安排,这就会增加一定的手续和费用,甚至有时会发生翻船,由于上述原因而追加的费用,称为选卸附加费。

(4)直航附加费(Additional on Direct)。如一批货物达到规定的数量,托运人要求将一批货物直接运达非基本港口卸货,船运公司为此加收的费用,称为直航附加费。

(5)转船附加费(Transshipment Additional)。如果货物需要转船运输的话,船运公司必须在转船港口办理换装和转船手续,由于上述作业所增加的费用,称为转船附加费。

(6)港口附加费(Port Additional)。由于某些港口的情况比较复杂,装卸效率较低或港口收费较高等原因,船运公司特此加收一定的费用,称为港口附加费。

除上述各种附加费外,船运公司有时还根据各种不同情况临时决定增收某种费用,如燃油附加费、货币贬值附加费、绕航附加费等。

班轮运费的构成为

$$班轮运费=基本运费+附加运费$$

基本运费按班轮运价表规定的计收标准收取。在班轮运价表中,根据不同的商品,对运费的计算标准,通常采用以下几种。

(1)按毛重计算,即重量吨(Weight Ton),并以公吨为运费计算单位。

(2)按体积计算,即尺码吨(Measurement Ton),1尺码吨一般以1立方米或40立方英尺为计算单位,用"M"表示。

(3)按毛重或体积计收,按两者中收费高的计算,用"W/M"表示。

(4)按商品价格计收,又称从价运费,即按FOB价格的一定百分比收取,用"A.V."或"Ad. val"(Ad Valorem freight)表示。

(5)按商品毛重、体积或从价计收,选择其中一种收费较高者计收运费,用"W/M"或"Ad. val"表示。

(6)按货物毛重或尺码选择其较高者,再加上从价运费计算,用"W/M plus A.V."来表示。

(7)按货物的个数收取。如活牲畜和动物,按"每头"(per head)计收;车辆有时按"每辆"(per unit)计收;起码运费按"每提单"计收等。

(8)由船方与货方临时议价。它适用于粮食、豆类、矿石、煤炭等运量较大、货值较低、装卸容易、装卸速度快的大宗货物。议价货物的运费率一般较低。

在实际业务中,基本运费的计算标准以按货物的毛重("W")和按货物的体积("M")或按重量、体积选择("W/M")的方式为多。贵重货物较多的是使用货物的FOB总值("A.V.")计收。上述计算运费的重量吨和尺码吨统称为运费吨(Freight Ton),又称计费吨。国际上一般都采用公制,其重量单位为吨(Metric Ton,M/T),尺码单位为立方米(Cubic Meter,M)。

班轮运费的具体计算步骤为

①根据货物的英文名称从货物分级表中查出有关货物的计费等级和其计算标准。

如,通过查找货物等级表(见表4—1所示),发现品名为Beans的计费标准是W,等级为5级。

表4—1　　　　　　　　　　　　　　　货物等级表

| 货物名称 | 计费标准 | 等级 |
| --- | --- | --- |
| Agricultural Machine | W | 10 |
| Beans | W | 5 |
| Beans | W/M | 8 |
| … | … | … |

②根据货物等级和计费标准,在航线费率表中查出货物的基本运费费率。

如,通过查找航线费率表(见表4—2),品名为Beans,等级5级,其基本费率为100美元/

运费吨。

表 4—2　　　　　　　　　广州—伦敦航线费率表

| 货物等级 | 基本费率(美元/运费吨) |
|---|---|
| 1 | 50 |
| 5 | 100 |
| 10 | 200 |
| … | … |

③查找各项需支付的附加费率(额)表。
④汇总求出单位货物的运费。

$$\text{单位运费}=\text{基本运费率}\times(1+\text{附加费率之和})+\text{附加费额之和}$$

⑤将单位运费乘以计算重量吨或尺码吨等运费计收单位,算出总运价。如果是从价运费,则按规定的百分率乘以 FOB 货值即可,无须再计算附加运费。

$$\text{总运费}=\text{单位运费}\times\text{总运费吨}$$

【做中学 4—1】　假设由天津新港运往莫桑比克首都马普托门锁 500 箱,每箱体积为 0.025 立方米,毛重为 30 千克,计收标准为 W/M,经东非航线运往马普托每运费吨为 450 港元,另收燃油附加费 20%,港口附加费 10%。问:该批门锁的运费为多少?

解析：W＝30×500÷1 000＝15 公吨(重量吨)

M＝0.025×500＝12.5 立方米(尺码吨)

因为 W＞M,所以采用 W 计费。

运费＝[基本运费×(1+附加费率之和)+附加费额之和]×运费吨
　　＝[450×(1+20%+10%)+0]×15
　　＝8 775(港元)

### 2. 租船运输

租船运输(Shipping by Chartering)又称不定期船运输,它与班轮运输有很大的区别。在租船运输业务中,没有预先设定的船期表,船舶经由的航线和停靠的港口也不固定,须按租船双方签订的租船合同来安排,有关船舶的航线和停靠的港口、运输货物的种类以及航行时间等都按承租人的要求,由船舶所有人确认而定,运费也由双方根据市场行情在租船合同中加以约定。

【提示】租船运输通常适用于大宗货物的运输,如粮食、油料、矿产品和工业原料等进出口通常采用租船运输方式。

租船运输的方式可以分为定程租船(Voyage Charter)和定期租船(Time Charter)。

(1)定程租船。又称航次租船,是指由船舶所有人负责提供船舶,在指定的港口之间进行一个航次或数个航次,承运指定货物的租船运输。定程租船就其租赁方式可分为:单航次租船、来回航次租船、连续航次租船和包运合同租船。

①单航次程租船,是指只租一个航次的租船,船舶所有人负责将指定货物由一港口运往另一港口,货物运到目的港卸货完毕后,合同即告终止。

②来回航次租船,是指洽租往返航次的租船,一艘船在完成一个单航次后,紧接着在上一

航次的卸货港装货,驶返原装货港卸货,货物卸毕合同即告终止。

③连续航次租船,是指洽租连续完成几个单航次或几个往返航次的租船。在这种方式下,同一艘船舶,在同方向,同航线上,连续完成规定的两个或两个以上的单航次,合同才告结束。

④包运合同租船,是指船东在约定的期限内,派若干条船,按照同样的租船条件,将一大批货物由一个港口运到另一个港口,航程次数不作具体规定,合同针对待运的货物。

定程租船具有以下特点:①船舶的经营管理由船方负责,船方除对船舶的航行、驾驶、管理负责外,还应对货物的运输负责。②定程租船运输要规定一定的航线和装运的货物种类、名称数量以及装卸港口,规定一定的装卸期限或装卸率。③租船运输无固定的运价,一般来说,租船费用较班轮低廉。在多数情况下,运价按货物装运的数量计算。运价具体数目以定程租船合同为准。

(2)定期租船。是指由船舶所有人将船舶出租给承租人,供其使用一定时期的租船运输。

此外,还有一种特殊的租船形式,即光船租船(Bareboat Charter;Demise Charter),又称船壳租船、净船期租船,或者简称光租,这种租船不具有承揽运输性质,它只相当于一种财产租赁,是指船舶的所有人将船舶出租给承租人使用一定期限,但船舶所有人提供的是空船,承租人要自己任命船长、配备船员,负责船员的给养和船舶经营管理所需的一切费用。近年来,国际上发展起一种介于航次租船和定期租船之间的租船方式,即航次租期(Time Charter Trip Basis,TCT),这是以完成一个航次运输为目的,但租金按完成航次所使用的日数和约定的日租金率计算。在装货港和卸货港的条件较差,或者航线的航行条件较差,难于掌握一个航次所需时间的情况下,这种租船方式对船舶的所有人比较有利。

租船运费的计算方式与支付时间需由租船人与船东在所签订的程租船合同中明确规定。其计算方式主要有两种:一种是按运费率计算(Rate Freight),即规定每单位重量或单位体积的运费额,同时规定按装船时的货物重量(In Taken Quantity)或按卸船时的货物重量(Delivered Quantity)来计算总运费;另一种是整船包价(Lump Sum Freight),即规定一笔整船运费,船东保证船舶能提供的载货重量和容积,不管租方实际装货多少一律照整船包价付费。

租船的装卸费由租船人和船东协商确定后在定程租船合同中做出具体规定。船方与租船方之间装卸费用的划分有以下五种情况。

①船方负担装卸费(Gross Terms;Liner Terms)。又称班轮条件,在此条件下,船货双方一般以船边划分费用。它多用于木材和包装货物的运输。

②船方不负担装卸费(Free In and Out,FIO)。这种条件一般适用于散装货。

③船方不负担装卸、理舱和平舱(Free In and Out,Stowed and Trimmed,FIOST)。

④船方管装不管卸(Free Out,FO)。

⑤船方管卸不管装(Free In,FI)。

在世界租船市场上,有些国家和地区的航运组织或商会,根据有关的航线、货类和租船方式的特点制定各种标准租船合同,以便船、租双方办理租船业务时,可以以这些合同中的条款为依据进行洽商,从而加速交易的进行。

租船合同与贸易合同是有联系的,特别是采用程租船运输时,有关装卸港口、装运货物的种类和数量、装卸费用、装运期、装卸时间和滞期与速遣费等问题,在程租船合同与贸易合同的规定中应当互相衔接,因此,各进出口公司的业务人员应当了解租船运输方面的基本知识,同时在磋商交易和签订大宗货物的买卖合同时,应与有关运输人员密切联系,充分考虑运输方面的问题,认真订好合同中的装运条款,使贸易合同与租船合同的有关规定统一起来。

3. 班轮运输和租船运输的区别

(1)船期、航线和停靠港口不同。班轮运输下有固定的船期、航线和停靠港口;租船运输下由承租双方约定,并不固定。

(2)运费率不同。班轮运输条件下运费率相对固定;租船运输条件下根据船货的供需关系来确定运费,运费率不固定。

(3)装卸费不同。班轮运输下班轮的港口装卸由船方负责,故班轮运费包括装卸费;租船条件下装卸费由承租双方临时议定,租金不一定包含装卸费。

## 二、国际铁路货物联运

国际铁路货物联运(International Railroad Through Transport of Goods)是指两个或两个以上不同国家的铁路当局联合起来完成一票货物的铁路运送。它使用一份统一的国际联运票据,由铁路部门经过两国或两个以上国家铁路的全程运输,并由一国铁路向另一国铁路移交货物时不需发货人、收货人参与。国际铁路货物联运通常根据"国际货约"和"国际货协"进行。

国际铁路货物联运所使用的运单和运单副本,是铁路与货主间缔结的运送契约。在发货人提交全部货物和付清他所负担的一切费用后,始发站在运单和运单副本上加盖发站日期戳记,证明货物业已承运,运送契约即告缔结。

运单随同货物从始发站至终到站全程附送,最后交给收货人。运单既是铁路承运货物的凭证,也是铁路在终到站向收货人核收运杂费用和点交货物的依据。运单副本在铁路加盖戳记证明货物的承运和承运日期后,发还发货人。

按照我国同参加"国际货协"各国所签订的贸易交货共同条件的规定,运单副本是卖方通过有关银行向买方结算货款的主要证件之一。

按"国际货协"规定,发送国铁路的运送费用,按发送国铁路的国内运价计算,在始发站由发货人支付。到达国铁路的运送费用,按到达国铁路的国内运价计算,在终到站由收货人支付。过境国铁路的运送费用,按国际货协统一过境运价规程(简称"统一价规")的规定计算,由发货人向始发站,或者收货人向终到站支付。

## 三、集装箱、托盘运输和国际多式联运

### (一)集装箱、托盘运输

集装箱运输(Container Transportation)和托盘运输(Pallet Transportation)都是成组运输的重要方式。所谓成组运输,就是把零散的货物合并组成大件进行运输。随着国际贸易的日益发展和运输装载工具的不断革新,集装箱运输和托盘运输也相应迅速发展起来,并成为国际货物运输中的重要方式。

1. 集装箱运输

集装箱是一种容器,又称"货柜"或"货箱"。集装箱运输是以集装箱作为运输单位进行货物运输的一种现代化运输方式,它可用于海洋运输、铁路运输以及国际多式联运等。集装箱运输具有手续简便、装卸效率高、营运成本低、货运质量高、包装用料省及运杂费用低等优点。

国际标准化组织制定的集装箱标准规格共有 13 种,最常见的有 20 英尺和 40 英尺两种。20 英尺集装箱也称 20 英尺货柜,是国际上计算集装箱的标准单位,英文称为 Twenty-foot Equivalent Unit,简称 TEU,规格为 8 英尺×8 英尺×20 英尺,内径尺寸为 5.9

米×2.35米×2.38米,最大毛重为20吨,最大容积为31立方米,一般可装17.5吨或25立方米货物。40英尺集装箱规格为8英尺×8英尺×40英尺,内径尺寸为12.03米×2.35米×2.38米,最大毛重为30吨,最大容积为67立方米,一般可装25吨或55立方米的货物。一个40英尺集装箱相当于2个TEU。

为适应运输各类货物的需要,集装箱除通用的干货集装箱外,还有罐式集装箱、冷藏集装箱、框架集装箱、平台集装箱、通风集装箱、牲畜集装箱、散装集装箱及挂式集装箱等类型。

集装箱运输有整箱货(Full Container Load,FCL)和拼箱货(Less Than Container Load,LCL)之分。整箱货由发货方在工厂或仓库进行装箱,货物装箱后直接运交集装箱堆场(Container Yard,CY)等待装运,货到目的地(港)后,收货人可直接从目的地(港)集装箱堆场提走。拼箱货是指货物量不足一整箱,需由承运人在集装箱货运站(Container Freight Station,CFS)负责将不同发货人的少量货物拼装在一个集装箱内,货到目的地(港)后,由承运人拆箱后分拨给各收货人。

集装箱的交接方式主要有:①集装箱堆场→集装箱堆场(CY→CY)。②集装箱货运站→集装箱货运站(CFS→CFS)。③"门到门"(Door to Door)。

集装箱运输的费用构成和计算方法与传统的运输方式不同,它包括内陆或装运港市内运输费、拼箱服务费、堆场服务费、海运运费、集装箱以及设备使用费等。

目前,集装箱运输有下列两种计费方法:①按件杂货基本费率加附加费。这是按照传统的按件杂货计算方法,以每运费吨为计算单位,再加收一定的附加费。②按包箱费率。这是以每个集装箱为计费单位。包箱费率视船运公司和航线等因素不同而有所不同。

经营集装箱运输的船运公司为了保证营运收入不低于成本,通常还有最低运费的规定。所谓最低运费指起码运费,在拼箱货的情况下,最低运费的规定与班轮运输中的规定基本相同。即在费率表中都订有最低运费,任何一批货物其运费金额低于规定的最低运费额时,则按最低运费金额计收。在整箱货的情况下,由货主自行装箱,如箱内所装货物没有达到规定的最低计费标准时,则亏舱损失由货主负担。各船运公司都分别按重量吨和尺码吨给不同类型与用途的集装箱规定了最低的装箱吨数,并以两者中较高者作为装箱货物的最低运费吨,因此,提高集装箱内积载技术,充分利用集装箱容积,有利于节省运输费用。

2. 托盘运输

除集装箱运输外,托盘运输(Palletized Transport)也是一种比较先进的运输方式。目前,世界上许多国家,特别是在一些还没有条件采取集装箱运输的地方,都在大力推广托盘化运输。因为托盘化不需大量投资,普通库场、码头都可使用。一般船舶只要甲板、货仓平整,能允许铲车作业,即能承运托盘化货物。

### (二)国际多式联运

国际多式联运(International Multimodal Transport;International Combined Transport)是在集装箱运输的基础上产生和发展起来的。它一般以集装箱为媒介,把各种单一的运输方式有机地结合起来,组成一种国际性的连贯运输。根据《公约》所下的定义,国际多式联运是指按照多式联运合同,以至少两种不同的运输方式,由多式联运经营人将货物从一国境内接管货物的地点运至另一国境内指定交付货物的地点的一种运输方式。

构成国际多式联运应具备下列条件:①必须有一个多式联运合同,合同中明确规定多式联运经营人和托运人之间的权利、义务、责任和豁免。②必须使用一份包括全程的多式联运单据。③必须至少有两种不同运输方式的连贯运输。④必须是国际货物联运。⑤由一个多式联运经营人(MTO)对全程运输负责。⑥按全程单一运费率计收运费。

多式联运合同(Multimodal Transport Contract)是指多式联运经营人与托运人之间订立的凭以收取运费、负责完成或组织完成国际多式联运的合同。它明确规定了多式联运经营人和托运人之间的权利、义务、责任和豁免。多式联运经营人(Multimodal Transport Operator)是指其本人或通过其代表订立多式联运合同的任何人,他是事主,而不是发货人的代理人或代表、参加多式联运的承运人的代理人或代表,并且负有履行合同的责任。多式联运单据(Multimodal Transport Document)是指证明多式联运合同以及证明多式联运经营人接管货物并按照合同条件交付货物的单据,根据发货人的要求,它可以做成可转让的,也可以做成不可转让的。

开展国际多式联运是实现"门到门"运输的有效途径,它简化了手续、减少了中间环节、加快了货运速度、降低了运输成本并提高了货运质量。货物的交接地点也可以做到门到门、门到场站、场站到场站以及场站到门等。

### 同步案例 4－1　　　　一起多式联运引发的思考

重庆某出口企业同某国 A 公司达成一笔交易,买卖合同中规定:支付方式为即期付款交单;装运自重庆至汉堡;多式运输单据可以接受,禁止转运。我方按期将货物委托 B 外运公司承运,货物如期在重庆被装上火车经上海改装轮船运至香港,再在香港转船至汉堡,并由 B 外运公司于装车日签发多式运输单据。但货到目的港后,A 公司已宣布破产倒闭。当地 C 公司竟伪造假提单向第二程船公司在当地的代理人处提走了货物。我方企业装运货物后,曾委托银行按跟单托收付款交单方式收款。但因收货人已倒闭,货款无着落,后又获悉货物已被冒领,遂我出口企业与 B 外运公司交涉,凭其签发的多式联运单据要求其交出承运货物。B 外运公司却借以承运人只对第一程负责,对第二程不负责为由,拒绝赔偿,于是诉讼至法院。对此案件,你认为法院应如何判决？理由何在？

【案例精析】　应由承运人负责。根据《联合国国际货物多式联运公约》对国际多式联运所下的定义,国际多式联运使用一份包括全程的多式联运单据,并由多式联运经营人对全程运输负总的责任。在国际多式联运方式下,货物运程不论多远,不论由几种运输方式共同完成货物运输,也不论货物在途中经过多少次转运,所有运输事项均由多式联运经营人负责办理。而货主只需办理一次托运、订立一份运输合同、支付一次运费、办理一次保险,并取得一份联运提单。一旦在运输过程中发生货物灭失或损坏时,由多式联运经营人对全程运输负责。本案例中,外运公司于装车日签发多式运输单据,因此它应作为多式联运经营人对全程运输负责。

## 四、航空运输

航空运输(Air Transport)是指利用飞机运送进出口货物。航空运输的特点是交货速度快,时间短,安全性能高,货物破损小,节省包装费、保险费等;航行便利,不受地面条件限制,可以通往世界各地。它适合于运送急需货物、鲜活商品、精密仪器及贵重商品等。国际航空运输有班机运输(Scheduled Airline)、包机运输(Chartered Carrier)、集中托运(Consolidation)和航空快递(Air Express)等。

1. 班机运输

班机是指在固定时间、固定航线、固定始发站和目的站运输的飞机,通常班机是使用客货混合型飞机,一些大的航空公司也有开辟定期全货机航班的。班机因有定时、定航线、定站等特点,因此适用于运送急需物品、鲜活商品以及节令性商品。

2. 包机运输

包机是指包租整架飞机或由几个发货人(或航空货运代理公司)联合包租一架飞机来运送货物。因此,包机又分为整包机和部分包机两种形式,前者适用于运送数量较大的商品,后者适用于多个发货人,但货物到达站又是同一地点的货物运输。

3. 集中托运

集中托运是指航空货运公司把若干单独发运的货物(每一货主的货物要出具一份航空运单)组成一整批货物,用一份总运单(附分运单)整批发运到预定目的地,由航空公司在那里的代理人收货、报送、分拨后交给实际收货人。集中托运的运价比国际空运协会公布的班机运价低7%～10%。因此发货人比较愿意将货物交给航空货运公司安排。

4. 航空快递

航空快递是指由专门经营快递业务的公司与航空公司合作,派专人以最快的速度在发货人、机场、收货人之间传递货物的运输方式,比较适合于急需的药品、贵重物品、合同资料及各种票据单证的传递,被称为"桌到桌运输"(Desk to Desk Service)。著名的国际快递公司有DHL、FedEx、UPS等。

【注意】航空运单(Airway Bill)与海运提单有很大不同,却与国际铁路运单相似。它是由承运人或其代理人签发的重要的货物运输单据,是承托双方的运输合同,其内容对双方均具有约束力。航空运单不可转让,持有航空运单也并不能说明可以对货物要求所有权。

### 五、公路、内河、邮政和管道运输

#### (一)公路运输

公路运输(Road Transport)也是陆上运输的一种基本运输方式。公路运输具有机动灵活、方便等特点,是港口、车站、机场集散进出口货物的重要手段。尤其在"门到门"的运输业务中,公路运输发挥着不可替代的作用。由于我国幅员辽阔,在陆地上与许多国家相邻,在我国边境地区与邻国的进出口贸易交换中,公路运输占据重要地位。

#### (二)内河运输

内河运输(Inland Waterway Transport)属于一种水上运输方式,具有成本低、运量大等优点,是连接内陆腹地与沿海地区的纽带,在现代化运输中起着重要的辅助作用。

#### (三)邮政运输

邮政运输(Post Transport)是通过邮局来运送货物的一种方式,该运输方式具有国际多式联运和"门到门"的性质。进出口贸易采用该运输方式时,卖方只需按条件将商品包裹交付邮局,付清邮费并取得收据(Parcel Port Receipt),就算完成交货义务。

【提示】邮政运输对包裹的重量、体积有一定限制,所以适用于小件货物的运送。

#### (四)管道运输

管道运输(Pipeline Transport)比较特殊,它是货物在管道内借助压力输往目的地的一种运输方式,主要适用于运送液体和气体货物。

### 六、大陆桥运输

大陆桥运输(Land Bridge Transport)是指以集装箱为媒介,以大陆上的铁路或公路运输系统为中间桥梁,把大陆两端的海运连接起来,构成"海—陆—海"的连贯运输方式大陆桥运输是集装箱运输发展以后出现的,目前最重要的大陆桥运输路线有以下三个。

### (一)西伯利亚大陆桥

西伯利亚大陆桥是利用俄罗斯西伯利亚铁路作为桥梁,把太平洋远东地区与波罗的海和黑海沿岸以及西欧大西洋口岸连接起来的一条运输路线。这是世界上最长的运输陆桥全长约为13 000千米。

### (二)欧亚大陆桥

欧亚大陆桥于1992年投入运营,它东起我国连云港,经陇海线、兰新线,接北疆铁路,出阿拉山口,最终抵达荷兰鹿特丹、阿姆斯特丹等西欧主要港口。

### (三)北美大陆桥

北美大陆桥包括两条路线:一条是从西部太平洋口岸至东部大西洋口岸的铁路(公路)运输系统;另一条是西部太平洋口岸至南部墨西哥湾口岸的铁路(公路)运输系统。

国际贸易货物使用大陆桥运输,具有运费低廉、运输时间短、货损货差率小、手续简便等特点,大陆桥运输是一种经济、迅速、高效的现代化的运输方式。

【提示】大陆桥运输实际上是一种国际多式联运,它既具有集装箱运输的所有长处,又具有国际多式联运的长处。

## 任务二  合同中的装运条款

买卖合同中的装运条款包括装运时间、装运地(港)和目的地(港)、是否允许分批装运和转运等,如果采用程租船运输,买卖双方还需在合同中规定装运通知、装卸时间或装卸率、滞期费和速遣费等条款。

### 一、装运时间

装运时间(Time of Shipment)又称装运期,是指卖方将合同规定的货物装上运输工具或交给承运人的期限。

【注意】装运时间是国际货物买卖合同的主要交易条款,卖方必须严格按规定时间交付货物,不得任意提前或延迟。否则,如造成违约,则买方有权拒收货物、解除合同,并要求损害赔偿。

在国际贸易中,交货时间(Time of Delivery)和装运时间是两个不同的含义。在使用FOB、CFR、CIF以及FCA、CPT、CIP等贸易术语签订的买卖合同中,卖方在装运港或装运地,将货物装上船只或交付给承运人监管就算已完成交货义务,因此,按照上述贸易术语订立的合同,交货和装运的含义是一致的,可以把二者当作同义语。但若采用"D"组贸易术语成交的合同,交货和装运则是两类完全不同的含义,如DAP(目的地交货)、DPU(目的地缺货后交货)等达成交易时,交货时间是指货物运到目的地交给买方的时间。装运时间是指卖方在装运地将货物装上船或其他运输工具的时间。

1. 明确规定装运时间

明确规定装运时间这种做法最普遍。它的特点是时间具体、明确,不容易发生误解。其可分为规定一段时间和规定最迟装运期限两种。具体有

(1)规定在某月内装运。装运时间一般不规定在某一个具体日期,而是确定一段时间。例如,"7月份装运"(Shipment during July)。这种规定方法有较大的灵活性,较适合卖方在订约

时尚未生产或收购的情况,以及交货时间比较容易受到运输和其他客观条件影响的货物买卖合同。所以它是国际货物买卖合同中最常采用的一种规定方法。

(2)规定在某月底或某日以前装运。即在合同中规定一个最迟装运的期限,这个最迟装运期限,既可以是某一月份的月底,也可以是某一天。例如,"9月底或以前装运"(Shipment at or before the end of Sep)"装运期不迟于7月15日或以前装运"(Shipment on or before July 15th)。按这种规定,卖方必须负责在规定日期交货,执行起来很不方便,只要货物、车船稍有耽误,就容易构成违约。所以,除非买卖现货,运输条件可行,否则,卖方一般不愿意接受这种条款。

(3)跨月装运。有时所规定的一段可供装运的期间,可从某月跨到下月,甚至更迟的月份。

2. 规定在收到信用证或收到预付款后若干天内装运

对外汇管制较严的国家或地区的出口贸易,或对买方资信情况不够了解,或专为买方特制的出口商品时,为了防止买方不按时履行合同而造成损失,在出口合同中可采用在收到信用证后一定时间内装运的方法规定装运时间,以保障出口企业的利益。

例如,"收到信用证后45天内装运"(Shipment within 45 days after receipt of L/C),并在合同中规定"买方最迟于某月某日以前将信用证开抵卖方"(The Buyers must open the relative L/C to reach the Sellers before ×× date)。

3. 采用术语表示装运时间

当前,国际上有些合同的装运期并没有规定具体的时日,只使用诸如"尽速装船"(Shipment as soon as possible)"立即装运"(Immediate shipment)"即刻装运"(Prompt shipment)"优先装运"(Shipment by first opportunity)和"有船即装"(Shipment by first available steamer)等。这些文句都含有即期装运的意思,但其具体含义不清,各个国家、各个行业的理解也很不一致,执行起来困难,容易引起争议,一般不宜使用。

【提示】根据UCP 600的规定,如使用"于或约于"之类词语限定装运日期,银行将视为在所述日期前后五个日历日之内装运,起讫日包括在内。

【学中做4—1】 某出口合同中约定装运期限是:2024年7月10日。是否合适?为什么?

分析:不合适,根据UCP 600的规定,于或约于某日装运,可理解为该日的前后5天装运。如果是信用证结算,上述规定可理解为从2024年7月5日~15日均可装运,但是这个期限很短,不一定能订到合适的班轮或租到合适的船只(其他运输方式同样)。如果不是信用证结算,各国对该装运期限是否包含2024年7月10日前后5天没有统一认识,容易造成纠纷,不宜使用。

## 二、装运港(地)和目的港(地)

装运港(Port of Shipment)是指货物起始被装运的港口。目的港(Port of Destination)是指货物最终被卸货的港口。在EXW内陆交货的合同中,交货地点为卖方的货物所在地的某个指定地点;DAP、DPU、DDP等到达合同的交货地点则是指定的目的港或进口国的某一指定地点;FAS、FOB、FCA、CFR、CIF、CPT、CIP等装运合同的交货地点都在装运港和装运地。

### (一)装运港(地)和目的港(地)的规定方法

一般而言,装运港是由卖方提出,经买方同意后确定的,而目的港则是由买方提出,经卖方同意后确定的。

（1）一般情况下，装运港（地）和目的港（地）分别规定一个。如①装运港：上海（Port of Shipment：Shanghai），目的港：伦敦（Port of Destination：London）。②装运地：西安；目的地：杜塞尔多夫（德国）。

（2）有时按实际业务需要，如货物分散在多处或磋商交易时尚不能确定在何处发运货物，装卸港（地）可分别规定两个或两个以上。如①装运港：天津新港/上海（Tianjinxingang/Shanghai）；目的港：伦敦/利物浦（London/ Liverpool）。②装运港：中国港口；目的港：欧洲主要港口，由买方选择。当买卖合同规定两个或两个以上装卸港（地）时，凡由卖方负责安排运输的 CFR、CIF、CPT、CIP 合同，可由卖方在实际装运货物时在规定的范围内任意选择装运港（地）。

（3）在交易磋商时，如明确规定一个或几个装卸港有困难，可采用选择港（Optional Ports）的方法。规定选择港有两种方法：一种是在两个或两个以上港口中选择一个，如 CIF 伦敦选择港：汉堡或鹿特丹（CIF London optional Hamburg/Rotterdam），或者 CIF 伦敦/汉堡/鹿特丹（CIF London/Hamburg/Rotterdam）；另一种是笼统规定某一航区为装运港或目的港，如"地中海主要港口"，即最后交货选择地中海的一个主要港口为目的港。

### （二）规定国外装运港和目的港应注意的问题

（1）对国外装运港的规定，应力求具体明确，不能采用如"欧洲主要港口（EMP）"和"非洲主要港口（AMP）"等模糊术语。

（2）不能接受内陆城市为装运港或卸货港的条件，因为接受这一条件，我方要承担从港口到内陆城市的运费和风险。

（3）必须注意装卸港的具体条件，如有无直达班轮航线、港口的装卸条件、运费和附加费水平以及对船舶国籍有无限制等。

（4）应注意国外港口有无重名问题。如维多利亚港（Victoria），叫这一名称的港口世界上就有 12 个之多，而叫波特兰港（Portland）的也有好几个。为防止发生差错，在买卖合同中应明确注明装运港和目的港所在国家和地区的名称。

（5）如采用选择港规定，要注意各选择港口不宜太多，一般不超过三个，而且必须在同一航区、同一航线上。同时在合同中应明确规定：如所选目的港要增加运费、附加费，应由买方负担，同时要规定买方宣布最后目的港的时间。

## 三、分批装运和转运

分批装运（Partial Shipment）和转运（Transshipment），直接关系到买卖双方的权益，因此，能否分批装运和转运，往往是国际货物买卖合同中交货条款的重要内容，而且需要在磋商交易时明确说明。

### （一）分批装运

分批装运又称分期装运（Shipment by Installments），是指一个合同项下的货物分若干批次或若干期装运。在国际贸易中，商品交易因为数量较大，或者是由于备货、运输条件、市场需要或资金的限制，有必要分期或分批交货、到货的，则可在进出口合同中规定分批装运条款。

【注意】根据国际商会 UCP 600 规定，除非信用证作相反规定，否则可准许分批装运。但是，如果信用证规定不准分批装运，卖方就无权分批装运。

一份合同能否分批交货或装运，应视合同中是否规定允许分批交货或装运而定，如合同中未明确规定允许分批，一般应理解为必须一次交货或装运。但有的国际规则，如国际商会制定的 UCP 600 规定：(1)同一航次中多次装运货物，即使提单表示不同的装船日期及(或)不同装运港口，只要运输单据注明的目的地相同，也不视为分批装运。(2)除非信用证另有规定，否则允许分批装运，为防止误解，如需要分期分批装运的，一般均应在合同中作明确的规定。

在进出口合同中分批装运的规定方法：(1)只规定"允许分批装运"，不加任何限制，这种做法对卖方来说比较主动，卖方完全可以根据货源和运输条件，在合同规定的装运期内灵活掌握。(2)订明分若干批次装运，而不规定每批装运的数量，即定批。(3)订明每批装运的时间和数量，即定期、定批装运。如"4~7月份4批，每月平均装运"，以及类似的限批、限时、限量的条件，则卖方应严格履行约定的分批装运条款，只要其中任何一批没有按时、按量装运，则本批及以后各批均告失效。

【提示】在买卖合同和信用证中规定分批、定期、定量装运时，卖方必须严格按照合同和信用证的有关规定办理。

### 同步案例 4—2　　装运港和分批装运的应用

某粮油进出口公司于某年4月以 CIF 条件与英国 N 贸易有限公司成交一笔出售棉籽油贸易，总数量为1 000吨，允许分批装运。对方开来信用证中有关装运条款规定：1 000吨棉籽油，装运港：广州，允许分两批装运。600吨于该年9月15日前运至伦敦，400吨于该年10月15日前运至利物浦。粮油进出口公司于8月3日在黄埔港装运450吨棉籽油至伦敦，计划在月末再继续装运剩余的150吨至伦敦，9月末再装运至利物浦的400吨。第一批450吨棉籽油装运完后即备单办理议付，但单据寄到国外，开证行提出单证不符，即装运港和分批装运不符合信用证规定。

【案例精析】开证行所提出的异议是正确的，该粮油进出口公司违反了装运港和分批装运的规定，应赔偿对方由此造成的损失。本案的关键是装运港和分批装运问题，也是装运条款的具体内容之一。

### (二)转运

货物没有直达船或一时无适当的船舶运输，而需要通过中途港转船的称为"转运"。买卖双方可以在合同中商订"允许转船"(Transshipment to be allowed)的条款。

UCP 600 规定，"转运"一词在不同运输方式下有不同的含义：(1)在海运方式下，是指在装货港和卸货港之间的海运过程中，货物从一艘船卸下再装上另一艘船的运输。(2)在航空运输方式下，是指从起运机场至目的地机场的运输过程中，货物从一架飞机卸下再装上另一架飞机的运输。(3)在公路、铁路或内河运输过程中，是指货物从一种运输工具卸下，再装上另一种运输工具的行为。

【注意】UCP 600 规定，除非信用证另有规定，否则可准许转运。

【提示】UCP 600 规定，即使信用证禁止转运，注明将要或可能发生转运的提单仍可接受，只要其表明货物由集装箱、拖车或子船运输。提单中声明承运人保留转运权利的条款将被不予理会。

### 同步案例 4—3　　转运的应用

某公司向坦桑尼亚出口一批货物，目的港为坦埠港。国外来证未明确说明可否转船，而实际上从新港到坦埠港无直达船舶。问：这种情况下是否需要国外改证，加上"允许转船"字样？

【案例精析】按照 UCP 600 的规定，除非信用证另有规定，否则可准许转运，所以可以不要求国外改证。但是为了明确责任和便于安排装运,买卖双方是否同意转运以及有关转运的办法和转运费的负担等问题,应在买卖双方的合同中明确规定。

### (三)合同中的分批、转运条款

国际货物买卖合同中的分批、转运条款通常是与装运时间条款结合起来规定的。合同中分批、转运条款举例如下:①5/6/7 月份装运,允许分批和转运(Shipment during May/June/July, with partial shipments and transshipment allowed)。②6/7 月份分两批装运,禁止转运(During June/July in two shipments, transshipment is prohibited)。③11/12 月份分两次平均装运,由中国香港转运(During Nov./Dec. in two equal monthly shipment, to be transshipped at Hong Kong)。

**同步案例 4—4　　　　信用证中装运期的应用**

某合同中规定:"6、7 月份分两批平均装运",我公司于 5 月 12 日收到 USA 开来的信用证,规定:"装运期不迟于 7 月 31 日"。我公司货物早已全部备好,信用证中并没有规定必须分期装运,因此我公司于 6 月 10 日一次装船并运出,试问:我公司的这种做法是否妥当,为什么?

【案例精析】　我公司的做法不妥当。本案例涉及信用证问题,根据《跟单信用证统一惯例》第 600 号出版物规定,该信用证并无矛盾,合同规定"6、7 月份分两批平均装运",信用证规定:"装运期不迟于 7 月 31 日"。另外根据信用证的特点:信用证是一份独立的文件。它以合同为基础而开立,但一经开出,就成为独立于合同之外的另一种契约,银行只受信用证条款约束,不受合同约束。而进出口双方既要受信用证约束,也要受合同约束。

结合本案例,信用证与合同中的规定并无冲突,买卖双方要受合同及信用证的双约束,故我方于 6 月一次装运显然是违反了合同,故而是不妥当的,买方是有权拒收货物或要求损害赔偿的。

**同步案例 4—5　　　　正确理解外贸业务中的分批装运**

大连某公司向新加坡出口一批水果,共 6 000 千克。国外开来的信用证规定:不许分批装运,在 9 月 30 日以前装船。我方于 9 月 8 日和 9 月 10 日分别在大连和烟台各装 3 000 千克于"东方"号货轮运往新加坡,提单上也注明了不同的装运港和装船日期。问我方的行为是否构成违约?银行能否拒付?

【案例精析】　分批装运是指一次成交的货物分若干批次装运。这里的"分批"指的是不同的航次,不同的船,不是指一批货物的装运港只能有一个。因此,一次成交的货物即使在不同的时间和不同的港口装在同一船只运出也不能视为分批装运。本案中我方由于货源的问题,选择了两个装运港,并将两地的货物装于同一航次同一船只,事实上仍是一次交货,不存在不同航次、不同船舶、不同时间到达目的港的可能,因而不能视为分批装运。故我方的行为并不构成违约,银行不能以此为由拒付。

**同步案例 4—6　　　　一起对 UCP 600 的综合运用案**

信用证规定:从中国港口运至神户 100 吨红小豆,不许分批装运。受益人交来单据中包含两套提单:

第一套提单表明载货船名"Zhuang He",航程为"018",装运港为"Tianjin",卸货港为"Kobe",净重为"51.48",装运日期为"7 月 11 日"。第二套提单表明载货船名为"Zhuang He",航程为"018",装运港为"Qingdao",卸货港为"Kobe",净重为"51.05",装运日期为"7月17日"。银行接受单据付款。请问:(1)银行付款的依据是什么?(2)此批货物的装运日期应为哪天?

【案例精析】 (1)国际商会《跟单信用证统一惯例》第四十条 b 款规定,运输单据上表面注明货物系使用同一运输工具并经同一路线运输的,即使每套运输单据注明的装运日期不同及/或装货港、接受监管地、发运地不同,只要运输单据注明的目的地相同,也不视为分批装运。本案例十分清楚地表明,该批货物系使用同一运输工具("Zhuang He"号船)并经同一路线运输("018"航程),运输单据注明的目的地("Kobe")相同。据此,没有分批装运。《跟单信用证统一惯例》第三十九条 b 款规定,除非信用证规定货物的指定数量不得有增减外,在所支付的款项不超过信用证金额的条件下,货物数量准许有5%的增减幅度。但是,当信用证上规定的数量是以包装单位或个数计数时,此项增减幅度则不适用。本案例中的100吨红小豆可以有5%的增减幅度(51.48吨+51.05吨=102.53吨),没有超过105吨的上限。所以,银行不能拒付。(2)此批货物的装运日期应为7月17日。

### 四、装运通知

装运通知(Shipment Advice)也是装运条款的重要内容。买卖双方为了互相配合,共同搞好车、船、货的衔接和办理保险等,不论采用何种贸易术语成交,贸易双方都要承担互相通知的义务。

按 FOB、CFR 和 CIF 术语签订的合同,卖方应在货物装船后,按约定的时间,将合同、货物的品名、件数、重量、发票金额、船名以及装船日期等内容电告买方;按 FCA、CPT、CIP 等术语签订的合同,卖方应在把货物交付承运人接管后,将交付货物的具体情况以及交付日期电告买方,以便买方办理保险并做好接卸货物的准备,及时办理进出口报关手续。需要特别强调的是,买卖双方按 CFR、CPT 条件成交时,卖方交货后,及时向买方发出装运通知,具有更为重要的意义。

### 五、装卸时间、装卸率、滞期费和速遣费

采用程租船运输时,如果程租船合同中规定船方不承担装(卸)费用,则买卖双方需要在买卖合同中明确装卸费用的负担,以及装卸时间、滞期费和速遣费。装卸时间、滞期费和速遣费的规定应与程租船合同的规定相符。

#### (一)装卸时间

装卸时间(Lay Time)是指承租人和船舶所有人约定的,承租人保证将合同货物在装运港全部装完和在卸货港全部卸完的时间,它一般以天数或小时数来表示,主要有以下几种:①日或连续日。②工作日。③晴天工作日。④连续晴天工作日。⑤按"港口习惯快速装卸"。

#### (二)装卸率

装卸率(Rate of Loading and Discharging)是指每日装卸货物的数量。一般应按照港口习惯的正常装卸速度,规定平均每天装卸若干吨。

装卸率的高低,关系到完成装卸任务的时间和运费水平,装卸率规定的过高或过低都不合适。规定过高,完不成装卸任务,要承担滞期费的损失;如果装卸率规定过低,虽能提前完成装卸任务,可得到船方的速遣费,但船方会因装卸率低,船舶在港时间长而增加运费,致使租船人得不偿失。

### （三）滞期费和速遣费

滞期费(Demurrage)是指在规定的装卸期限内，租船人未完成装卸作业，给船方造成经济损失，租船人对超过的时间向船方支付的罚金。

速遣费(Despatch Money)是指在规定的装卸期限内，租船人提前完成装卸作业，使船方节省了船舶在港口的费用开支，船方向租船人支付的奖金。

【注意】按国际惯例，速遣费一般为滞期费的一半。滞期费和速遣费通常约定为每天若干金额，不足一天者，按比例计算。

【做中学4—2】 外轮在青岛港每晴天工作日装卸袋装花生的标准为1 000M/T，现有一艘登记吨为20 000吨的轮船按晴天工作（节假日除外）的标准装运花生7 200M/T出口，具体装运情况如下，试计算速遣费或滞期费。速遣费为每一登记吨为0.14元人民币，滞期费每登记吨为0.28元人民币。

表4—3　　　　　　　　　　　　工作时间和实际工作时间

| 日　期 | 工作时间 | 实际工作时间 |
|---|---|---|
| 8月18日 | 14:00～24:00 | 10小时 |
| 8月19日 | 00:00～24:00 | 24小时 |
| 8月20日 | 00:00～14:00 | 14小时 |

【解析】：装运期限＝7 200÷1 000＝7.2（天）

实际装运天数＝(10＋24＋14)÷24＝2（天）

节约天数＝7.2－2＝5.2（天）

应收速遣费＝20 000×0.14×5.2＝14 560（元）

### 同步案例4—7　　　　　正确计算滞期费和速遣费

我方向澳大利亚FOB价格购进一批矿产品共30 000吨。在贸易合同中规定卖方每天应负责装货2 000吨，按晴天工作日计算。我方在运进这批货物的租船合同中规定每装货2 500吨，按连续工作日计算。在上述两个合同中滞期费每天均为6 000美元，速遣费每天均为3 000美元。结果卖方只用了13天（其中包括两个星期天）便将全部货物装完。问我方在签订上述两个合同时有何失误之处？

【案例精析】 两个合同规定的装运日不同：

①在贸易合同中规定卖方每天应负责装货2 000吨，按晴天工作日计算。该批货的装卸时间为30 000/2 000＝15天晴天工作日。晴天工作日的含义为既是晴天又是工作日的一天，如遇刮风下雨，使装卸工作不能正常进行，虽属工作日也不能计算装卸时间，其中两个星期天也不计为装卸日。按照贸易合同规定的装卸时间为15天而卖方只用了13天，其中包括两个星期天全部装完，则卖方实际可计算的装货日为11天，有4天速遣，可得速遣费12 000美元。

②在租船合同中规定每天装货2 500吨，按连续工作日计算。该批货的装卸时间为30 000/2 500＝12天连续工作日。连续日是从午夜零时到次日午夜零时，不管气候如何，时钟连续走过24小时就算一天，没有任何扣除。卖方用13天将全部货物装完，根据租船合同，卖方有1天滞期，卖方应向船方支付滞期费6 000美元。总之，按照贸易合同中的规定有利于卖方，而按照租船合同中规定的条件则不利于卖方。

## 六、OCP 条款(内陆地区)

OCP 是"Overland Common Points"的缩写,是指"内陆地区",是享受优惠费率通过陆运可抵达的地区。"内陆地区"根据费率规定,以美国西部 9 个州为界,即以落基山脉为界,其以东地区为内陆地区。按 OCP 运输条款达成的交易,出口商不仅可享受美国内陆运输的优惠费率,而且也可以享受 OCP 海运的优惠费率。加拿大受美国影响也划有 OCP 地区和类似的运费优惠办法。采用 OCP 条款需注意的事项如下:(1)货物最终目的地必须属于 OCP 地区范围。(2)货物必须经由美国西海岸港口中转。(3)提单上必须注明 OCP 字样,并且在提单目的港一栏中除填写美国西海岸港口名称外,还要加注内陆地区城市名称。(4)运输标志中须加注 OCP 字样及最终目的地城市名称。

### 任务三　国际货物运输单据

运输单据是指托运人(出口商)将货物交给承运人办理装运时,或在装运完毕后,由承运人签发给托运人的证明文件。它是交接货物、处理索赔与理赔以及向银行结算货款或进行议付的主要单据。在国际货物运输中,运输单据的种类较多,其中包括海运提单、海运单、铁路运单、航空运单、国际铁路联运单、多式联运单据和邮政收据等。

## 一、海运提单

### (一)海运提单的含义

海运提单(Ocean Bill of Lading,B/L)简称提单,是指由船运公司或其代理人签发的,证明已收到特定货物,允诺将货物运至指定目的地,并交付给收货人的书面凭证。

### (二)海运提单的性质和作用

1. 海运提单是承运人或其代理人签发的货物收据(Receipt for the Goods),证明承运人已按提单所列内容收到货物。

2. 海运提单是一种货物所有权的凭证(Document of Title)。提单在法律上具有物权证书的作用。船货抵达目的港后,承运人应向提单的合法持有人交付货物。提单的持有人还可通过背书将提单转让而转移货物所有权,亦可凭提单向银行办理抵押贷款(进出口押汇)。

3. 海运提单是承运人和托运人之间所订立的运输契约的证明(Evidence of the Contract of Carriage),运输契约是在装货前商定的,而提单是在装货后才签发的,因此,提单本身并不是运输契约,而只是运输契约的证明(Evidence of Contract of Carrier)。在提单背面照例应印有各项运输条款和条件,规定承运人和托运人双方的权利和免责事项。提单的合法持有人有权向承运人取得违约赔偿。

有些国家港口规定,必须将提单送交当地海关查验,有些国家在办理领事签证时,也须交验提单副本,作为核查商品能否进口或征收税款之用。

### (三)海运提单的格式和内容

提单的格式很多,每个船运公司都有自己的提单格式,但基本内容大致相同,一般包括提单正面的记载事项和提单背面印就的运输条款。

提单正面的内容分别由托运人和承运人或其代理人填写,通常包括下列事项:(1)托运人;

(2)收货人;(3)被通知人;(4)收货地或装货港;(5)目的地或卸货港;(6)船名及航次;(7)唛头及件号;(8)货名及件数;(9)重量和体积;(10)运费预付或运费到付;(11)正本提单的份数;(12)船运公司或其代理人的签章;(13)签发提单的地点及日期。

提单背面印有明确承运人与托运人、收货人、提单持有人之间权利和义务的运输条款。有关提单的国际公约包括《海牙规则》(Hague Rules)、《维斯比规则》(Visby Rules)和《汉堡规则》(Hamburg Rules)。

### (四)海运提单的分类

1. 根据货物是否已经装船,可分为已装船提单和备运提单

(1)已装船提单(On Board B/L),是指货物已装上船,并有船名和装船日期,即提单日期。装船日期表明装货完毕日期,该日期应符合装运时间。由于已装船提单对收货人按时收货有保障,所以在买卖合同中一般都规定卖方需要提供已装船提单。

【提示】UCP 600 规定,如信用证无特殊规定,银行将拒绝接受迟于提单装运日期 21 天后提交的单据。

(2)备运提单(Received for Shipment B/L),是指承运人在货物已交其接管、待运时所签发的提单。这时货物尚未装船,而仅仅是等待装船,因此,提单上没有具体的装船日期,有时甚至连船名都没有。

2. 根据提单上对货物外表状况有无不良批注,可分为清洁提单和不清洁提单

(1)清洁提单(Clean B/L),是指货物装船时表面状况良好,一般未经过添明显表明货物及/或包装有缺陷的词句或批注的提单。根据规定,除非信用证中明确规定可以接受的条款或批注,否则银行只接受清洁提单。

【注意】清洁提单是提单转让所必备的条件。

(2)不清洁提单(Unclean B/L),是指承运人在签发的提单上带有明确宣称货物及/或包装状况不良或存在缺陷等批注的提单。例如,提单上批注有"被雨淋湿""×件损坏""包装不固""包装破损"等。

银行为了自身的安全,对不清洁提单,除信用证明确规定可接受外,否则一般都拒绝接受,因此,在实际业务中,有些托运人为了便于向银行结汇,当遇到货物外表状况不良或存在缺陷时,便要求承运人不加批注,仍给予签发清洁提单。但在这种情况下,托运人必须向承运人出具保证函(Letter of Indemnity),保证如因货物破残短损及承运人因签发清洁提单而引起的一切损失,概由托运人负责。

如果出口方出具保证函换取清洁提单,会引出如下后果:①对收货人来说,船方剥夺了他本应享受的拒绝接受不清洁提单、拒绝付款或承兑的权利。②对船方来说,签发了假提单,收货人可以欺诈为由向法院起诉,那时船方享有的那些法定权利、责任免除将丧失殆尽。③对卖方而言,以保证函换取清洁提单,向银行议付货款,换取一时的利益。如果船方向法院起诉,则船方和卖方共同欺骗收货人的行为将暴露于天下。

【注意】利用保证函换取清洁提单的做法,对提单的效力和信誉构成了严重损害,应坚决杜绝。

在国际贸易业务中,一般认为,下列三种内容的批注,不应视为不清洁提单:①不明白表示货物或包装不能令人满意的条款,如"旧箱""旧桶"等。②强调承运人对于货物或包装品质所引起的风险不负责任的条款。③否认承运人知道货物内容、重量、容积、质量或技术规格的条款。

【提示】在我国对外贸易中,都明确规定卖方必须提供清洁提单。

### 同步案例4－8　　　没尽到妥善、谨慎管理也赔偿吗?

我国A有限责任公司与某国B公司依据FOB条件,在2月份签订了一份出售100 000吨大豆的合同。当年的4月1日,A有限责任公司按时将大豆运到港口,按时装船,承运人C运输公司签发了清洁提单。当年的5月2日,货物到达目的港,B公司发现90%的货物严重破包,造成重大损失。承运人C运输公司称,破包是由于包装不坚固所造成的,主张按照"因包装不坚固所发生的货损,承运人不承担赔偿责任"的规定,免除责任。问:承运人C运输公司是否可以在签发了清洁提单的情况下,主张"因包装不坚固发生货损,承运人不承担赔偿责任"从而免除责任?

【案例精析】　如果承运人签发了清洁提单,就应当承担破包赔偿责任。承运人C运输公司在运输途中,没有尽到妥善、谨慎管理货物的义务,应当承担赔偿责任。

### 同步案例4－9　　　自然条件在贸易中的影响

有一加拿大商人打算购买我国某商品,向我某进出口公司报价:每吨5 000加元CIF魁北克,1月份装运,即期不可撤销信用证付款。并要求我方提供已装船、清洁的记名提单。问此条件我方应如何考虑并如何答复?

【案例精析】　魁北克一月份天气非常冷,港口会上冻,船只将无法进港。所以我国公司不能贸然答应进口商提出的要求。

3. 根据提单收货人抬头的不同,可分为记名提单、不记名提单和指示提单

(1)记名提单

记名提单(Straight B/L)是指发给指定的收货人的提单,在提单中的收货人栏内,具体填明收货人的名称。这种提单只能是指定的收货人提货,不能背书(Endorsement)转让,因而又称为"不可转让提单"。记名提单虽可避免提单转让过程中的风险,但却失去其代表货物转让流通的便利,同时银行也不愿接受这种提单作为议付证件,因而在国际贸易业务中极少使用。一般只有在运送贵重物品、援助物资和展览品等情况下,才予以采用。

【提示】记名提单可以不凭正本提单提货,此时该提单就失去了物权凭证作用,一般用于买方预付货款情况。

(2)不记名提单

不记名提单(Bearer B/L)是指提单收货人栏内没有指明具体收货人名称,该栏或留空白,或填写"To the bearer"字样。谁持有提单,谁就可以提货。承运人交货,只凭单,不认人。不记名提单无须背书转让,流通性极强,采用这种提单风险大,因此,在国际贸易中很少使用。

(3)指示提单

指示提单(Order B/L)是指提单收货人栏内填写"凭指示(To Order)"或"凭某人指示(To the Order of)"字样的一种提单。这种提单经过背书后可以转让,在国际贸易中使用最广泛。背书的方式又有"空白背书"和"记名背书"之分。前者是仅有背书人在提单背面签名,而不注明被背书人名称;后者是指背书人除在提单背面签名外,还列明被背书人的名称。

【提示】指示提单主要有凭指定和凭托运人指定,凭开证申请人指定和凭开证银行指定等情况。提单的收货人决定着物权的归属。

目前,在外贸实际业务中使用最多的是"凭指示"并经空白背书的提单,习惯上称为"空白

抬头、空白背书"提单。空白背书是由背书人(提单转让人)在提单背面签章,但不注明被背书人的名称;记名背书除了背书人签章外,还要注明被背书人的名称,如再行转让可再加背书。

4. 根据提单使用效力,可分为正本提单和副本提单

(1)正本提单

正本提单(Original B/L)是指提单上有承运人、船长或其代理人签字盖章并注明签发日期的提单。这种提单在法律上和商业上都是公认有效的单证。提单上必须标明"正本"(Original)字样,正本提单一般签发一式两份或三份,凭其中的任何一份提货后,其余的即作废。根据《跟单信用证统一惯例》(600号)规定,银行接受仅有一份的正本提单,如签发一份以上正本提单时,应包括全套正本提单。买方与银行通常要求卖方提供船公司签发的全部正本提单,即所谓"全套"(Full Set)提单。

(2)副本提单

副本提单(Non-negotiable or Copy B/L)是指提单上没有承运人、船长或其代理人签字盖章,而仅供工作上参考之用的提单,在副本提单上一般都有"COPY"或"Non-negotiable"(不做流通转让)字样,以示与正本提单有别。副本提单仅供内部流转、业务工作参考及企业确认之用,不具备法律效力。

【学中做4-2】 某提单条款约定出口方提交"全套正本海运提单",进口方如何确定出口方所交提单是不是全套呢?3/3中分子3和分母3分别表示什么意思?

分析:从提单表面中"NO. of Original"栏目获悉全套提单的份数。分母的3表示共出3份正本,分子的3表示要求出口方交3份正本。

5. 根据运输方式不同,可分为直达提单、转船提单和联运提单

(1)直达提单

直达提单(Direct B/L)是指轮船中途不经过换船而驶往目的港所签发的提单。凡合同和信用证规定不准转船者,必须使用直达提单。

(2)转船提单

转船提单(Transshipment B/L)是指从装运港装货的轮船,不直接驶往目的港,而需在中途换装另外船舶所签发的提单。在这种提单上要注明"转船"或"在××港转船"字样。

(3)联运提单

联运提单(Through B/L)是指经过海运和其他运输方式联合运输时由第一程为海运时(如海陆、海空、海海联运)承运人所签发的包括全程运输的提单。联运提单中的货物须经两段或两段以上运输才能运达目的港,而其中第一程为海运时(如海陆、海空、海海联运)所签发的提单。

【提示】转船提单和联运提单的签发人一般只承担他负责运输的一段航程内的货运责任。

6. 根据船舶营运方式的不同,可分为班轮提单和租船提单

(1)班轮提单

班轮提单(Liner B/L)是指由班轮公司承运货物后所签发给托运人的提单。

(2)租船提单

租船提单(Charter Party B/L)是指承运人根据租船合同而签发的提单。在这种提单上注明"一切条件、条款和免责事项均按照×年×月×日的租船合同"或批注"根据××租船合同出立"字样。这种提单受租船合同条款的约束。银行或买方在接受这种提单时,通常要求卖方提供租船合同的副本。

7. 根据提单内容的繁简,可分为全式提单和简式提单
(1)全式提单

全式提单(Long Form B/L)是指既有提单正面条款又有提单背面条款的提单,提单背面条款一般详细规定了承运人与托运人的权利和义务。

(2)简式提单

简式提单(Short Form B/L)又称略式提单,是指仅有提单正面条款,而没有提单背面条款的提单。

此种提单一般都列有"本提单货物的收受、保管、运输和运费等项,均按本公司提单上的条款办理"字样。此外,租船合同项下所签发的提单,通常也是略式提单,在这种略式提单上应注明:"所有条件均根据×年×月×日签订的租船合同。"这种提单与全式提单在法律上具有同等效力。但租船合同项下的略式提单,除非信用证另有规定,银行一般不予接受。

8. 其他种类提单:集装箱提单、舱面提单、过期提单、倒签提单、预借提单、电子提单和电放提单

(1)集装箱提单

集装箱提单(Container B/L)是指由负责集装箱运输的经营人或其代理人,在收到货物后签发给托运人的提单。

集装箱提单与传统的海运提单有所不同,其中包括集装箱联运提单(Combined Transport B/L,CTB/L)及多式联运单据(Multimodal Transport Document,MTD)等。

(2)舱面提单

舱面提单(On Deck B/L)是指承运货物装在船舶甲板上所签发的提单,故又称为甲板货提单。根据《跟单信用证统一惯例》,除非信用证另有约定,否则银行不接受甲板提单。

由于货物装在甲板上风险较大,故托运人一般都向保险公司加保甲板险。承运人在签发提单时加批"货装甲板"字样。《海牙规则》不适用甲板货,除非在提单条款中明确订明。货物装在甲板上受损的风险很大,所以进口商一般不愿意货物装在甲板上,不接受甲板提单。

在《海牙规则》下,舱面货是指"在运输合同上声明装载于舱面上并且已经这样装运的货物"。因此,构成舱面货必须同时满足两个条件。首要的条件就是货物装在甲板上。第二,须在运输合同上声明货物装载于甲板。所谓在"运输合同上声明"是指承运人在签发的海运提单上记载货物被装于甲板,通常以"on deck"的字样标记在提单正面。如果提单上没有这样的记载即被视为货物装于舱内。

(3)过期提单

过期提单(Stale B/L)是指过了装运期的提单。过了银行规定的交单议付日期的提单,晚于货物到达目的港的提单。常见于近洋运输。故在近洋国家间的贸易合同中,一般都订有"过期提单可以接受"(Stale B/L is Acceptable)的条款。

【注意】按《跟单信用证统一惯例》规定:如信用证无特殊规定,银行将拒绝接受迟于提单装运日期21天才到银行议付的提单。

(4)倒签提单

倒签提单(Anti-dated B/L)是指承运人应托运人的要求,签发提单的日期早于实际装船日期的提单,以符合信用证对装船日期的规定,便于在信用证下结汇。如实际装船日期是6月25日,为了符合客户6月21日之前装货的要求,则将提单日期倒签至6月21日,以符合客户规定的装运期。

(5)预借提单

预借提单(Advanced B/L)是指由于信用证规定的结汇日期已到,而货主因故未能及时备妥货物装船,或因为船期延误,影响了货物装船,托运人要求承运人先行签发已装船提单,以便结汇。

(6)电子提单

电子提单(E-B/L)是指通过电子数据交换(EDI)系统传递的有关海上货物运输合同数据生成的无纸"提单"。通过电子数据交换系统传递一系列按一定的规则组合而成的电子数据并凭密码进行流转,一方面加速了单证的流转,同时也防止了利用传统提单进行海运欺诈的行为,是"有纸贸易"向"无纸贸易"高质量演变的重要内容。

电子提单的流转是通过电子数据交换(Electronic Data Interchange EDI)实现的。电子提单的流转需将承运人、承运人的代理人、托运人、收货人和银行等与提单流转各有关方面的电子计算机连成网络。电子计算机将货物运输合同中的数字、文字、条款等 按特定的规则转换为电讯(electronic message)通过电子通信设备,从一台计算机传送至另一台计算机。

电子提单的具体流转程序是:①托运人通过订舱电讯向承运人订舱。②承运人如果同意接受订舱,向托运人发送电讯确认运输合同条款。③托运人按照承运人要求,将货物交给承运人或其代理人。承运人或其代理人收到货物后,向托运人发送收货电讯,其内容包括:托运人名称、货物说明、货物外表状况收货时间与地点、船名、航次、装卸港口,以及此后与托运人进行通信的密码。托运人一经确认,对货物具有支配权。④承运人在货物装船后,发送电讯通知托运人,并按托运人提供的电子通信地址抄送银行。⑤托运人根据信用证到银行议付结汇后,发送电讯通知承运人,货物的支配权即转至银行,承运人便销毁与托运人的通信密码,并向银行确认和提供给银行一个新的密码。⑥收货人向银行支付货款后,取得对货物的支配权。银行向承运人发送电讯 通知货物支配权已转移至收货人,承运人随即销毁与银行的通信密码。⑦承运人向收货人发送电讯,确认控制着货物,并将货物的说明、船舶的情况等通知收货人,由收货人加以确认。⑧承运人向目的港代理人发送电讯,说明货物和船舶情况以及收货人的名称,令其在货物到达之前电信通知收货人到货情况。⑨收货人根据到货通知电信,凭其身份证明,到承运人的代理人处获取提货单提货。

(7)电放提单

电放提单(Telex Release Bill of Lading)是船公司或其代理人签发的一种特殊提单形式。它是为了解决货物到港但正本提单未到的问题而产生的。电放提单上注明了"电放(Surrendered,Telex Release)"字样,代表货权可以通过电放回执方式转移。收货人凭借电放回执号和身份证明即可提货,而无需实际持有正本提单。电放提单一般用于提高操作效率和减少物流成本,但并不适用于信用证付款等情况。

## 同步案例 4-10　　签发倒签提单索赔

我国某进出口公司于某年6月与荷兰K公司成交某商品2 000吨,每吨单价为EUR 345 CIF 鹿特丹,交货日期为当年的7~8月。货物临装船时,发现包装有问题必须整理,不得已,商请船运公司改配B轮,但B轮实际上于当年的9月18日才将货物装船。为了符合信用证的规定,该出口公司凭保证函向船运公司取得了船运日期为当年8月31日的海运提单,并向银行交单议付,收妥货款。B轮于当年11月21日到达鹿特丹港,从提单日期推算,该轮在途达80余天,荷兰K公司认定提单日期存在问题,因此拒绝提货,并提出索赔。

【案例精析】 本例的关键在于此提单为倒签提单，即签发提单的日期(当年的8月31日)早于实际装船日期(当年的9月18日)，而倒签提单是一种欺骗行为，是违法的。所以，对方拒绝提货并提出索赔是合理的。

海运提单(样本)见表4—4所示。

表4—4　　　　　　　　　　　　　　　海运提单(样本)

| Shipper Insert Name, Address and Phone | B/L NO. **COSCO** 中国远洋运输公司 **CHINA OCEAN SHIPPING COMPANY** Cable： Telex： COSCO BEIJING　22264 CRCPK CN GUANGZHOU　44330 COSCA CN Combined Transport BILL OF LADING |
|---|---|
| Consignee Insert Name, Address and Phone | RECEIVED in apparent good order and condition except as otherwise noted. The total number of containers or other packages or units enumerated below for transportation from the place of receipt to the place of delivery subject to the terms and conditions hereof. One of the Bill of Lading must be surrendered duly endorsed in the exchange for the goods or delivery order. On presentation of this document duly endorsed to the Carrier by or on behalf of the Holder of the Bill of Lading, the rights and liabilities arising in accordance with the terms, and conditions hereof shall, without prejudice to any rule of common law or statute rendering them binding on the Merchant, become binding in all respects between the Carrier and the Holder of the Bill of Lading as though the contract evidenced hereby had been made between them. In witness whereof the number of original Bill of Lading stated under have been signed, all of this tenor and date, one of which being accomplished, the other to be void. |
| Notify Party Insert Name, Address and Phone (It is agreed that no responsibility shall attach to the Carrier or his agents for failure to notify) | |
| Pre-carriage by　　　　Place of Receipt | |
| Ocean Vessel Voy. No.　　　　Port of Loading | |
| Port of Discharge　　　　Place of Delivery | |

| Container No./Seal No. | Marks & Nos. | No. of Containers/No. of Packages | Description of Goods | Gross Weight (Kgs) | Measurement (M$^3$) |
|---|---|---|---|---|---|
| | | | | | |

TOTAL NUMBER OF CONTAINERS OR PACKAGE (IN WORDS)

| Freight & Charges | Revenue Tons | Rate | Per. | Prepaid | Collect |
|---|---|---|---|---|---|

| Ex. Rate | Prepaid at | Payable at | Place and Date of Issue |
|---|---|---|---|
| | Total Prepaid | No. of Original B(s)/L | Signed for the Carrier： |
| LADEN ON BOARD THE VESSEL DATE　　　　BY | | | |

## 二、海运单

海运单(Sea Waybill，Ocean Waybill)是证明海上运输合同和货物由承运人接管或装船，以及承运人保证据以将货物交付给单证所载明的收货人的一种不可流通的单证，因此又称"不可转让海运单"(Non-negotiable Sea Waybill)。

海运单不是物权凭证，故而不可转让。收货人不凭海运单提货，而是凭到货通知提货，因此，海运单收货人一栏应填写实际收货人的名称和地址，以利货物到达目的港后通知收货人提货。近年来，欧洲、北美和远东、中东地区的贸易界越来越倾向于使用不可转让的海运单，主要是因为海运单能方便进口商及时提货,简化手续,节省费用,还可以在一定程度上减少以假单据进行诈骗的现象。另外,由于EDI技术在国际贸易中的广泛使用,不可转让海运单更适用于电子数据交换信息。1990年,国际海事委员会曾通过《1990年国际海事委员会海运单统一规则》,该规则适用于不使用可转让提单的运输合同、全部海运的运输合同和含有海运的多式联运合同。

### 三、国际铁路联运运单

国际铁路联运运单是国际铁路联运的主要运输单据,它是参加联运的发运国铁路与发货人之间订立的运输契约,其中规定了参加联运的各国铁路、发货人的权利和义务。

【注意】国际铁路联运运单对收、发货人都具有法律约束力。

运单正本随同货物到达终到站,并交给收货人,它既是铁路承运货物出具的证明,也是铁路与货主交接货物、核收运费和处理索赔与理赔的依据。

运单副本于运输合同缔结后交给发货人,是卖方凭此向收货人结算货款的主要依据。

承运货物收据(Cargo Receipt)是在特定运输方式下所使用的一种运输单据,它既是承运人开具的货物收据,也是承运人与托运人签订的运输契约。

【提示】承运货物收据的格式及内容和海运提单基本相同,主要区别是它只有第一联为正本。

### 四、航空运单

航空运单(Air Waybill)是承运人与托运人之间签订的运输契约,也是承运人或其代理人签发的货物收据。航空运单还可作为承运人核收运费的依据和海关查验放行的基本单据。

【注意】航空运单不是代表货物所有权的凭证,也不能通过背书转让。收货人提货不是凭航空运单,而是凭航空公司的提货通知单。

航空运单依据签发人的不同可以分为主运单(Master Air Waybill)和分运单(House Air Waybill)。前者是由航空公司签发的,后者是由航空货运代理公司签发的。两者在内容上基本相同,具有相同的法律效力,对于收货人、发货人而言,只是承担货物运输的当事人不同。

### 五、多式联运单据

多式联运单据(Multimodal Transport Document,MTD),是指证明多式联运合同以及证明多式联运经营人接管货物并负责按照合同条款交付货物的单据。多式联运公约规定,多式联运单据是多式联运合同的证明,也是多式联运经营人收到货物的收据和凭以交付货物的凭证。

根据发货人的要求,多式联运单据可以做成可转让的,也可以做成不可转让的。

【注意】多式联运单据如果签发一套一份以上的正本单据,应注明份数,其中的一份完成交货后,其余各份正本即失效。

【提示】多式联运单据副本没有法律效力。在实际业务中,对多式联运单据正本和副本的份数规定不一,主要看发货人的要求而定。

## ▼ 应知考核

一、单项选择题

1. 班轮运输最大的特点是(　　)。

A. 运量大  B. 承运人负责装卸货物,不另计装卸费
C. 运速快  D. 费用低

2. 某出口货物每箱毛重 68 千克,体积 0.068 8 立方米,运费计收标准为 W/M,计算运费时应( )。
A. 由承运人选择  B. 由托运人选择
C. 按货物的毛重计收  D. 按货物的体积计收

3. 某商品每箱毛重 40 千克,体积 0.05 立方米。在运费表中的计费标准为 W/M,每运费吨基本运费率为 200 美元,另加收燃油附加费 10%,则每箱运费为( )美元。
A. 10  B. 11  C. 220  D. 8.8

4. 在定程租船方式下,对装卸费的收取采用较为普遍的办法是( )。
A. 船方不负担装卸费  B. 船方负担装卸费
C. 船方只负担装货费,而不负担卸货费  D. 船方只负担卸货费,而不负担装货费

5. 被称为集装箱的标准箱位(TEU)是( )。
A. 10 英尺  B. 20 英尺  C. 30 英尺  D. 40 英尺

6. 在进出口业务中,能够作为物权凭证的运输单据是( )。
A. 铁路运单  B. 海运提单  C. 航空运单  D. 邮包收据

7. 必须经背书才能进行转让的提单是( )。
A. 记名提单  B. 不记名提单  C. 指示提单  D. 海运单

8. 按 UCP 600 的解释,若信用证条款中未明确规定是否"允许分批装运""允许转运",则应视为( )。
A. 可允许分批装运,但不允许转运  B. 可允许分批装运和转运
C. 可允许转运,但不允许分批装运  D. 不允许分批装运和转运

9. 在国际买卖合同中,使用较普遍的装运期规定办法是( )。
A. 明确规定具体的装运期  B. 规定在收到信用证后的某期限内装运
C. 收到信汇、电汇或票汇后若干天后装运  D. 采用某装运术语

10. 按提单收货人抬头分类,在国际贸易中被广泛使用的提单有( )。
A. 记名提单  B. 不记名提单  C. 指示提单  D. 班轮提单

11. 在国际货物运输中,使用最多的是( )运输。
A. 公路  B. 铁路  C. 航空  D. 海洋

12. 按照货物重量、体积或价值三者中较高的一种计收运费,运价表内以( )表示。
A. M/W  B. W/M or Ad. Val.  C. Ad. Val.  D. Open

13. 在同一包装、同一票货物和同一提单内出现货物混装的情况时,班轮公司的收费原则是( )。
A. 就高不就低  B. 就低不就高  C. 平均征收  D. 分别计收

14. 当大宗货物采用( )运输方式时,为了加快装卸速度,减少船舶在港口停留的时间,通常会在合同中规定滞期、速遣条款。
A. 班轮  B. 定程租船  C. 定期租船  D. 光船租船

15. 国际多式联合运输是以至少两种不同的运输方式,将货物从一国境内接收货物的地点运至另一国境内指定交付货物的地点的运输,它由( )。
A. 一个联运经营人负责货物的全程运输,运费按全程费率一次计收

B. 一个联运经营人负责货物的全程运输,运费按不同运输方式分别计收
C. 多个运输经营人负责货物的全程运输,运费按全程费率一次计收
D. 多种运输方式,分别经营,分别计费

16. 20 英尺集装箱的规格为 8 英尺×8 英尺×20 英尺,载重量一般为 17.5 吨,有效容积一般为( )立方米。
　　A. 20　　　　　　　B. 22　　　　　　　C. 25　　　　　　　D. 30

17. 信用证的到期日为 12 月 31 日,最迟装运期为 12 月 15 日,最迟交单日期为运输单据出单后 15 天。出口人备妥货物安排出运的时间是 12 月 10 日,则出口人最迟应于( )向银行交单议付。
　　A. 12 月 15 日　　　B. 12 月 25 日　　　C. 12 月 20 日　　　D. 12 月 31 日

18. 我国某公司与外商签订一份 CIF 出口合同,以 L/C 为支付方式。国外银行开来的信用证中规定:"信用证有效期为 8 月 10 日,最迟装运期为 7 月 31 日。"我方加紧备货出运,于 7 月 21 日取得大副收据,并换回正本已装船清洁提单,我方应不迟于( )向银行提交单据。
　　A. 7 月 21 日　　　B. 7 月 31 日　　　C. 8 月 10 日　　　D. 8 月 11 日

19. 在定程租船方式下,装卸费的收取办法中 FIO 的含义是( )。
　　A. 船方不管装不管卸　　　　　　　B. 船方管装管卸
　　C. 船方管装不管卸　　　　　　　　D. 船方管卸不管装

20. 为了促使买方早开立或按时开立信用证,装运期一般规定为( )。
　　A. 明确具体的装运期　　　　　　　B. 立即装运
　　C. 收到信用证后若干天装运　　　　D. 尽快装运

## 二、多项选择题

1. 海洋运输中的船舶按其经营方式不同分为( )。
　　A. 班轮运输　　　B. 大陆桥运输　　　C. 集装箱运输　　　D. 租船运输

2. 班轮运输最基本的特点是( )。
　　A. 一种灵活的运输方式
　　B. 班轮公司和货主之间的权利、义务及责任豁免均以班轮公司签发的提单条款为依据
　　C. "四固定"
　　D. "一负责"

3. 班轮运费的构成包括( )。
　　A. 基本运费　　　B. 附加运费　　　C. 装卸费　　　D. 燃油费

4. 国际货物买卖合同中可以采用的装运期的规定方法有( )。
　　A. 规定在某一天装运　　　　　　　B. 规定在收到信用证后若干天内装运
　　C. 笼统地规定装运期　　　　　　　D. 明确规定具体的装运期限

5. 国际货物买卖中比较常见的装运港和目的港的规定方法有( )。
　　A. 笼统地规定装运港和目的港
　　B. 一般情况下,只规定一个装运港和一个目的地
　　C. 大宗商品可规定两个装运港和目的港
　　D. 在双方洽商暂无法确定装运港和目的港时,可采用选择港方式

6. UCP 600 对分批装运所做的规定主要有( )。

A. 运输单据表明货物是使用同一运输工具并经由同一路线运输的,即使运输单据注明装运日期及装运地不同,只要目的地相同,也不视为分批装运
B. 除非信用证另有规定,允许分批装运
C. 除非信用证另有规定,不允许分批装运
D. 如信用证规定在规定的时间内分批装运,若其中任何一批未按约定的时间装运,则信用证对该批和以后各批均告失效

7. 国际标准化组织为统一集装箱的规格,推荐了三个系列 13 种规格的集装箱。我国在贸易中最常使用的是( )。
   A. 10 英尺　　　　　B. 20 英尺　　　　　C. 30 英尺　　　　　D. 40 英尺

8. 海运提单的性质与作用主要是( )。
   A. 它是海运单据的唯一表现形式
   B. 它是承运人或其代理人出具的货物收据
   C. 它是代表货物所有权的凭证
   D. 它是承运人与托运人之间订立的运输契约的证明

9. 在国际贸易中,开展以集装箱运输的国际多式联运,有利于( )。
   A. 简化货运手续　　　　　　　　　B. 加快货运速度
   C. 提高运输费用　　　　　　　　　D. 节省运杂费用

10. 构成国际多式联运应具备的条件是( )。
    A. 必须要有一份多式联运会同和使用一份包括全程的多式联运单据并由一个多式联运经营人对全程运输负责
    B. 必须是至少两种不同运输方式的连贯运输
    C. 必须是国际货物运输
    D. 必须是全程单一的运费费率

### 三、判断题

1. 集装箱运输的特点是:货损货差小、包装费用省、转运手续简单、装卸率高、运输时间短、运输成本高。　　　　　　　　　　　　　　　　　　　　　　( )
2. 在采用集装箱运输时,FCL 是指整箱运输。　　　　　　　　　　　　　( )
3. 班轮运价表中的货物等级共分为 20 级,1 级商品的运费最高。　　　　( )
4. 如果托运人要求将一批货物运往班轮航线上的非基本港口,承运人为此而加收的费用叫作港口附加费。　　　　　　　　　　　　　　　　　　　　　　( )
5. 海运提单如有三份正本,则凭其中任何一份即可在卸货港向船公司或船代理提货。
   　　　　　　　　　　　　　　　　　　　　　　　　　　　　　　　( )
6. 根据 UCP 600 的规定,如果信用证中没有明确规定是否允许分批装运及转船,应理解为允许。　　　　　　　　　　　　　　　　　　　　　　　　　　　　　　( )
7. 货轮运费计收标准中的"W/M Plus Ad Val"是指在计收运费时,应选三者中较高者计收。　　　　　　　　　　　　　　　　　　　　　　　　　　　　　　　( )
8. 合同中的装运条款为"9/10 月份装运",我方出口公司需将货物于 9 月、10 月两个月内,每月各装运一批。　　　　　　　　　　　　　　　　　　　　　　　　( )
9. 按照 UCP 600 的规定,分批装运中任何一批若未按规定装运,则本批及以后各批均告

失效。 （  ）

10. 业务中常用的"空白抬头"的提单是指在提单收货人栏中不填写任何内容。（  ）

### 四、综合题

我国某公司与美国某客商以 FOB 条件出口大枣 5 000 箱,5 月份装运,合同和信用证均规定不允许分批装运。我方于 5 月 10 日将 3 000 箱货物装上"喜庆"轮,取得 5 月 10 日的海运提单;又于 5 月 15 日将 2 000 箱装上"飞雁"轮,取得 5 月 15 日的海运提单,两轮的货物在新加坡转船,均由"顺风"轮运往旧金山港。

请根据以上内容回答下列问题:

1. 我方有没有分批装运?（   ）
   A. 有,5 月 10 日和 15 日两次装运　　B. 有,两次装运在不同的货轮上
   C. 没有,货物最终都装在"顺风"轮上　D. 没有,都是同一目的地

2. 下列不属于 UCP 600 对分批装运所做的规定的是（   ）。
   A. 运输单据表明货物是使用同一运输工具并经由同一路线运输的,即使运输单据注明装运日期及装运地不同,只要目的地相同,也不视为分批装运
   B. 除非信用证另有规定,允许分批装运
   C. 除非信用证另有规定,不允许分批装运
   D. 如信用证规定在指定的时间内分批装运,若其中任何一批未按约定的时间装运,则信用证对该批和以后各批均告失效

3. 分批装运的原因主要有（   ）。
   A. 数量大,卖方不能做到货物一次交付或备货资金不足
   B. 有的进口商自己没有仓库,货到后直接送工厂加工。提前到货则无处存放,迟交货可能造成停产
   C. 运输条件的限制
   D. 银行不愿意一次性支付货款

4. 下列关于分批装运的叙述,正确的有（   ）。
   A. 分批装运使得卖方比较有主动权
   B. 卖方一般不愿意分批装运,因为太麻烦
   C. 买方一般不愿意卖方分批装运,除非有特殊原因
   D. 分批装运不适用溢短装条款

5. 本案的结果是（   ）。
   A. 我方违约,拿不到货款
   B. 我方违约,但毕竟交货完毕,可以拿到货款
   C. 我方做法没有问题,可以拿到货款
   D. 我方违反分批装运的规定,但其他都符合规定,可以拿到主要货款

### 五、计算题

1. 我方按 CFR 迪拜价格出口洗衣粉 100 箱,该商品内包装为塑料袋,每袋 0.5 千克,外包装为纸箱,每箱 100 袋,箱的尺寸为:长 47cm、宽 30cm、高 20cm,基本运费为每尺码吨 HK＄367,另加收燃油附加费 33%,港口附加费 5%,转船附加费 15%,计费标准为 M,试计算:该

批商品的运费为多少?

2. 某公司出口货物共 200 箱,对外报价为每箱 438 美元 CFR 马尼拉,菲律宾商人要求将价格改报为 FOB 价,试求每箱货物应付的运费及应改报的 FOB 价为多少?(已知该批货物每箱的体积为 45cm×35cm×25cm,毛重为 30 千克,商品计费标准为 W/M,每运费吨基本运费为 100 美元,到马尼拉港需加收燃油附加费 20%,货币附加费 10%,港口拥挤费 20%)

3. 烟台蓝星进出口公司以 FOB 条件从加拿大购进 60 000 吨化工产品,在贸易合同中规定卖方每天应负责装货 4 000 吨,按"晴天工作日(星期天除外)"计算。蓝星公司在运进这批货物的租船合同中规定每天装货 5 000 吨,按"连续日"计算。在以上两个合同中速遣费每天为 5 000 美元,滞期费每天为 10 000 美元。结果卖方只用了 13 天(其中包括两个星期天)便将全部货物装完。

试分析:蓝星公司在签订以上两个合同时有何失算之处?该公司会有哪些损失?

## 应会考核

■ 观念应用

某港口,每天工作 8 小时,但允许货主自行连续装卸。一周 7 天中,有一天下雨无法作业。分别相当于多少个标准日?若只有白天的 4 个小时下雨呢?

■ 技能应用

根据以下提供的背景,为货物选择适当的货物运输方式。

| 货物名称 | 货物数量 | 起运地 | 目的地 | 运输方式 |
| --- | --- | --- | --- | --- |
| 郁金香鲜花 | 500 支 | 阿姆斯特丹 | 北京 | |
| 铁矿石 | 3 万吨 | 乌鲁木齐 | 神户 | |
| 奇瑞汽车 | 200 辆 | 安徽芜湖 | 芝加哥 | |
| 新鲜鸡蛋 | 1 000 千克 | 广州 | 香港 | |
| 包装机 | 100 套 | 台北 | 上海 | |
| 纯棉衬衫 | 5 000 件 | 沈阳 | 莫斯科 | |

【考核要求】

请将上述的运输方式填写完整。

■ 案例分析

1. 我方某外贸公司与国外 B 公司达成一笔出口合同,信用证中规定"数量 9 000 吨,7~12 月份部分装运,每月装 1 500 吨"。卖方在 7~9 月份每月装 1 500 吨,银行已分批凭单付款。第四批货物原定于 10 月 15 日装运出口,但由于台风登陆,第四批货物延迟至 11 月 2 日才装船运出。当受益人凭 11 月 2 日的装船提单向银行议付时,遭银行拒付。后来受益人又以"不可抗力"为由要求银行付款,亦遭银行拒绝。试问:在上述情况下,银行有无拒付的权利?为什么?

2. 一份买卖日用品的 CIF 合同规定"9 月份装运",即期信用证的有效期为 10 月 15 日。卖方 10 月 6 日向银行办理议付,所交的单据中包括 9 月 29 日签发的已装船清洁提单。经银行审核,单单相符、单证相符,银行接受单据并支付货款。但买方收到货物后,发现货物受损严重,且短少50箱。买方因此拒绝收货,并要求卖方退回货款。问:(1)买方有无拒收货物并要求退回货款的权利?为什么?(2)此案中的买方应如何处理此事才合理?

3. 我方某公司与瑞士某公司签订出售某产品的合同,装船时间为当年12月至次年1月。我方公司在租船装运时,因原定船舶临时损坏,在国外修理,不能在预定时间到达我国口岸装货,临时改派香港某公司期租船装运,但又因连日风雪,迟至2月11日才装完毕,2月13日起航。我国某公司为取得符合信用证规定装船日期的B/L,要求承运人按1月31日签发B/L,并以此B/L向银行办理了议付。试问:我方行为有可能造成什么后果?

4. 北京某公司出口2 000吨大豆,国外来证规定:不允许部分装运。结果我方在规定的期限内分别在大连和青岛各装1 000吨于同一航次的同一船只上,提单上也注明了不同的装货港和不同的装船日期。试问:我方做法是否违约?银行能否议付?

5. 某出口公司收到国外来证:"允许部分装运,8月和9月每月装500吨"。8月,出口公司分别将200吨和300吨的货物装上不同的船后发运,请问该出口公司能否顺利收汇?

6. 我国某公司按CFR条件、即期不可撤销信用证以集装箱装运出口纺织品200箱,装运条件是CY/CY。货物交运后,我公司取得清洁已装船提单,提单上标明:"Shipper's Load and Count",在信用证规定的有效期内,我公司及时交单议付了货款。25天后,接买方来函称:经有关船方、海关、保险公司、公证行会同对到货开箱检验,发现其中有20箱包装严重破损,每箱均有短少,共缺纺织品280件。各有关方均证明集装箱外表完好无损,为此,买方要求我公司赔偿其货物短缺的损失,并承担全部检验费3 000美元。试问:对方的要求是否合理?为什么?

【考核要求】

结合所学的内容,请对上述案例进行分析。

■ 职场在线

1. 专业术语翻译

(1)班轮运输　　　　　　　　　(2)海运提单

(3)整箱货　　　　　　　　　　(4)航空运单

(5)GROSS TERMS　　　　　　(6)Partial Shipment

(7)Port of Loading　　　　　　(8)Container Freight Station

2. 试翻译以下装运款

(1)Partial shipment allowed during Aug. /Oct. in three equal monthly shipments.

(2)Port of Loading:Chinese Main Ports,Port of Destination:Long Beach.

(3)装载完毕,卖方应在48小时内以电子邮件方式通知买方合同编号、品名、已发运数量、发票总金额、毛重、船名及启程日期等。

(4)装运时间:收到信用证后30天内装运。

# 项目实训

【实训项目】

国际货物运输。

【实训情境】

试判断以下装运条款有无不妥之处,如有,请更改并说明理由。

(1)中国某公司拟出口9 000吨散装水泥到孟加拉国吉大港,程租船运输,贸易术语CIF E

×Ship's Hold CHITTAGONG，信用证方式结算。该出口合同的装运条款如下。

装运时间：2024年3月25日

装运港：烟台

目的港：吉大港

(2)某公司拟出口1 000套女士套裙到德国，集装箱运输，合同中的装运条款如下。

Shipment Date：2024年9月10日

Port of Loading：Guangzhou/Shenzhen

Port of Destination：Hamburg/Frankfurt

Partial Shipment：Allowed

Transhipment：Allowed

Shipping Advice：The Sellers should send the shipping advice to the Buyers immediately after the loading of the goods

【实训任务】

1. 请分析上述内容不妥之处，并说明理由。

2. 撰写《国际货物运输》实训报告。

| 《国际货物运输》实训报告 |||
|---|---|---|
| 项目实训班级： | 项目小组： | 项目组成员： |
| 实训时间：　　年　　月　　日 | 实训地点： | 实训成绩： |
| 实训目的： |||
| 实训步骤： |||
| 实训结果： |||
| 实训感言： |||
| 不足与今后改进： |||
| 项目组长评定签字： | | 项目指导教师评定签字： |

# 项目五　国际货物运输保险

● **知识目标**

　　理解：国际货物运输保险的基本常识。
　　熟知：进出口货物运输保险业务办理及买卖合同的保险条款订立；其他运输方式的货物保险。
　　掌握：海运货物保险承保的范围；我国海运货物保险承保的险别与条款。

● **技能目标**

　　具备对国际货物运输的保险金额和保险费进行计算的能力；熟知并掌握国际货物运输保险方面的运作程序。

● **素质目标**

　　具有签订国际货物运输保险条款的能力；具有办理国际货物运输保险业务的能力，从而做到学、思、用贯通，知、信、行统一。

● **思政目标**

　　培养学生具有高度的风险意识和社会责任感。结合国际货物运输保险案例，如货船遭遇暴风雨、两船意外相撞、货船遭遇海盗等事件，让学生明白进出口货物在运输过程中可能面临的多方面安全问题，培养学生在商业社会中的风险意识，在今后的工作岗位上具有高度的风险防范意识和社会责任感。

● **项目引例**

CIF 术语下投保附加险案例

　　国内某单位按 CIF 条件从中东地区进口某批货物，由于海湾战争，货轮于途中被扣。按规定投保了水渍险，附加偷窃、提货不着险。我方在提货不着后便向保险公司提出索赔。请问：(1)保险公司是否应给予赔偿？为什么？(2)如我方投保的是水渍险加交货不到险，则保险公司是否应给予赔偿？

### 引例评析：

（1）偷窃、提货不着险是在保险有效期内，被保险货物被偷走或窃走，以及货物运抵目的地以后，货物的全部或整件未交的损失，由保险公司负责价值赔偿。本案例中，货物是由于海湾战争而致使货轮于途中被扣，因此不属于因偷窃或其他不明的原因导致的提货不着。所以我方向保险公司提出索赔时，保险公司不会给予赔偿。

（2）交货不到险是不论何种原因，从被保险货物装上船开始，如货物不能在预定抵达目的地的日期起6个月内交付的，保险公司负责按全损赔偿。如我方投保的是交货不到险，在这种情况下，可以向保险公司提出赔偿要求，但需要注意的是，我方只能在货物不能在预定抵达目的地的日期起6个月内交付时，才能向保险公司索赔。即如果按正常情况，该批货物应该于3月1日抵达目的港，则从3月1日起算，如果6个月内该批货物仍没有交付给收货人，则从9月1日以后，我方可以向保险公司索赔。

### ● 课程思政

通过本项目的学习，大学生要有职业生涯规划，养成实事求是的精神，具有自主学习和终身学习的意识，具有不断学习和适应发展的能力；树立积极向上的人生观、价值观，培养对国家、民族、社会和他人的责任感和奉献精神。在国际货物运输保险中，要深化对"友善"价值观的认识，深刻体会保险的作用中所蕴含的"一人为众，众为一人"的经济互助关系，引导学生之间建立"互相尊重，互相关心，互相帮助"的人际关系。实现这一人际关系的关键前提则是在行为上对"友善"这一价值观的贯彻。

## 任务一　海洋运输货物保险保障范围

国际货物运输保险是以运输过程中的各种货物作为保险标的，被保险人向保险人按一定金额投保一定的险别，并缴纳保险费取得保险单证，保险人承保后，如果保险标的在运输过程中发生承保责任范围内的损失，应按规定给予被保险人经济上的补偿的一种财产保险。

国际货物运输保险依运输方式不同可分为海洋运输保险、陆上运输保险、航空运输保险和邮包运输保险。在各种运输货物保险中，起源最早的是海洋运输保险。不同运输方式的货物保险，保险人承保的责任有所不同，但保障的范围都是相同的。

海洋运输货物保险承保的范围包括保障的风险、保障的损失与保障的费用三个方面。国际保险市场对各种风险与损失都有特定的解释。正确理解海运货物承保的范围和各种风险与损失的含义，对合理选择投保险别和正确处理保险索赔具有重要意义。

### 一、保障的风险

海洋运输货物保障的风险仅指海上偶然发生的自然灾害和意外事故。除此之外，海洋运输货物保险还包括海上风险之外的外来风险。

#### （一）海上风险

海上风险（Perils of Sea）又称海难，是指船舶或货物在海上运输过程中所遇到的自然灾害和意外事故。在现代海上保险业务中，保险人所承担的海上风险具有特定范围，一方面它并不包括一切在海上发生的风险，另一方面它又不局限于航海中所发生的风险。海上风险包括自然灾害(Natural Calamities)和意外事故(Fortuitous Accidents)两种。

(1)自然灾害是指不以人的意志为转移的自然界的力量所引起的灾害。它是客观存在的、人力不可抗拒的灾害事故,是承保人承保的主要风险。但在海运保险业中并不是泛指一切由于自然力量造成的灾害。其包括恶劣气候、雷电、海啸、洪水和火山爆发等。

(2)意外事故是指人或物体遭受到外来的、突然的和非意料之中的事故。其包括火灾、爆炸、搁浅、触礁、沉没、碰撞和倾覆等。

【提示】上述自然灾害中,洪水、地震、火山爆发以及湖水、河水进入运输工具或存储处所等风险,并非真正发生在海上的风险,而是发生在内陆、内河或内湖的风险。但是对于海运货物保险来说,由于这些风险是伴随海上航行而产生的,而且危险性往往很大,为了适应被保险人的实际需要,在海洋运输货物保险的长期实践中,逐渐把它们也并入了海运货物保险的承保范围。

【学中做5—1】 只要是海上发生的风险,保险公司就承保吗?只有在海上发生的风险,保险公司才承保吗?

**分析**:均不是。在保险业务中,海上风险有特定的内容,按国际保险市场一般解释,海上风险并非局限于海上发生的灾害和事故,那些与海上航行有关的发生在陆上或海陆或与驳船相连接处的灾害、事故也属于海上风险。

### (二)外来风险

外来风险(Extraneous Risks)是指由于自然灾害和意外事故以外的其他外来原因造成的风险,但不包括货物的自然损耗和本质缺陷。外来风险分为一般外来风险、特别外来风险和特殊外来风险。

【注意】外来风险必须是意外的,事先难以预料的而不是必然发生的外来因素。

(1)一般外来风险是指被保险货物在运输途中由于失窃、短少或提货不着、渗漏、短量、碰损、破碎、淡水雨淋、锈损、污染、受潮受热和串味等一般外来原因造成的风险。

(2)特别外来风险是指交货不到、进口关税、黄曲霉素、舱面的货物损失、拒收和出口到港存仓失火等外来原因造成的风险。

(3)特殊外来风险是指运输过程中由于军事、政治、国家政策法令以及行政措施改变等外来原因造成的风险,包括战争、罢工及敌对行动等因素。

## 二、保障的损失

海上损失简称海损,是指货物在海上运输过程中由于遭遇到海上风险所造成的损失。根据保险业的惯例,海损还包括与海运相连的陆运及内河运输过程中所遭遇的货物损失。按货物损失的程度划分,海损分为全部损失和部分损失。

### (一)全部损失

全部损失(Total Loss)简称全损,是指被保险货物全部遭受损失。根据实际情况的不同,全损又可分为实际全损和推定全损。

1. 实际全损

实际全损(Actual Total Loss)是指货物完全灭失或变质而失去原有用途,即货物的完全损失已经发生或不可避免。构成被保险货物"实际全损"的情况有下列几种。

(1)保险标的完全灭失(Physical Destruction)。它指保险标的实体已经完全毁损或不复存在,如大火烧掉船舶或货物,糖、盐这类易溶货物被海水溶化,船舶遭遇飓风沉没,船舶碰撞后沉入深海等情况。

（2）保险标的丧失属性（Loss of Specie）。它是指保险标的属性已被彻底改变，不再是投保时所描述的内容，如货物发生了化学变化使得货物分解，在这类情况下，保险标的丧失商业价值或使用价值，均属于实际全损。如水泥遭海水浸泡后变成水泥硬块，无法使用，茶叶被海水浸泡后，丧失了茶叶的香味，无法再食用。

【注意】如果货物到达目的地时损失虽然严重，但属性没有改变，经过一定的整理，还可以以原来的商品名义降价处理，那就只是部分损失。

（3）被保险人无法挽回地丧失了保险标的（Irretrievable Deprivation）。在这种情况下，保险标的仍然实际存在，可能丝毫没有损失，或者有损失但没有丧失属性，但被保险人已经无可挽回地丧失了对它的有效占有。比如，战时保险货物被敌方获得并宣布为战利品。

（4）保险货物的神秘失踪（Mysterious Disappearance）。按照海上保险的惯例，船舶失踪达一定的合理期限，即可宣布为失踪船舶（Mysterious Ship）。在和平时期，如无相反的证据，船舶的失踪被认为是由于海上风险造成的实际损失。船舶如果失踪，船上所载货物也随之发生"不明原因失踪"，货主可以向货物保险人索赔实际损失。

2. 推定全损

推定全损（Constructive Total Loss）是指被保险货物受损后未完全灭失，但施救、恢复、整理受损货物并将其运至原定目的地的费用总和已超过货物到达该目的地的价值，即这种损失已超过被保险货物的保险价值。推定全损主要有以下几种情况。

（1）被保险货物遭受严重损害，完全灭失已不可避免，或者为了避免实际全损而进行施救等所花费用，将超过获救后被保险货物的价值。

（2）被保险货物受损害后，修理费用估计要超过货物修复后的价值。

（3）被保险货物遭受严重损害后，整理和继续运抵目的地的运费已超过残存货物到达目的地的价值。

（4）被保险货物遭受责任范围内的事故，使被保险人失去被保险货物的所有权，而收回其所有权所需费用将超过收回后被保险货物的价值。

【注意】发生推定全损时，被保险人可以要求保险人按部分损失赔偿，也可要求按全部损失赔偿，这时须向保险人发出委付（Abandonment）通知。

【提示】委付是指被保险人将保险货物的一切权利转让给保险人，并要求保险人按全损给予赔偿的行为。委付必须经保险人同意方为有效，保险人一经接受，委付就不得撤回。

实际全损和推定全损虽然都为全损，但两者是有区别的：被保险货物遭受实际全损时，被保险货物确定已经或不可避免地完全丧失，被保险人自然可以向保险人要求全部赔偿，而不需要办理委付手续；在被保险货物遭受推定全损时，被保险货物并未完全丧失，是可以修复或者可以收回的，只是支出的费用将超过被保险货物的价值或者收回希望很小。因此，被保险人可以向保险人办理委付，要求保险人按全部损失赔偿，也可以不办理委付，由保险人按部分损失进行赔偿。

### （二）部分损失

部分损失（Partial Loss）是指被保险货物的损失没有达到全部损失的程度。其包括共同海损和单独海损。

1. 共同海损

共同海损（General Average，GA）指载货船舶在海运途中遇到海上风险使船货面临共同的安全威胁时,为了解除这种共同的安全威胁,船长有意识地采取某些合理措施,造成某些货物的特殊损失或支出的特殊费用。构成共同海损的条件如下:(1)船方在采取紧急措施时,必须确实有危及船、货共同安全的危险存在,不能主观臆测可能有危险发生。(2)船方所采取的措施必须是有意的、合理的,是为了维护船货的共同安全。(3)船方所做出的牺牲或支出的费用是在非常性质下产生的,具有特殊性。(4)构成共同海损的牺牲和费用支出,最终必须是有效支出。例如,①抛弃:指抛弃船上载运的货物或船舶物料。②救火:为扑救船上的火灾,向货舱内灌浇海水、淡水、化学灭火剂造成舱内货物或船舶的灭失。③自动搁浅:为了共同安全,采取紧急的人为搁浅措施造成舱内货物或船舶的灭失。④起浮脱浅:船舶因海上自然灾害或意外事故而造成舱内货物或船舶的损失。⑤船舶在避难港卸货、重装或倒移货物、燃料或物料所造成货物或船舶的损失。⑥将船上货物或船舶物料当作燃料以保证船舶继续航行。⑦割断锚链:为避免发生碰撞等紧急事故,停泊的船舶来不及进行正常起锚,有意识地砍断锚链、丢弃锚具,以便船舶启动,由此造成的断链、弃锚损失。

2. 单独海损

单独海损(Particular Average)是指除共同海损以外的,由海上风险直接导致的船舶或货物的部分损失。这种损失只属于特殊利益方,不属于所有其他的货主或船方,由受损方单独承担。例如,在运输过程中,有面粉、机器设备、钢材三种货物,途中遇到暴风雨,部分海水进入船舱,海水浸泡了部分面粉,使其变质。面粉的损失只是使面粉一家货主的利益受到影响,跟同船所装的其他货物的货主和船东利益无关,因而属于单独海损。

**同步案例 5—1　　　共同海损和单独海损的应用**

一艘载有水泥和儿童玩具的船舶在航行途中不慎搁浅,情况非常紧急,为脱险,船长下令抛货(水泥)300 吨,强行起浮,终于脱险。但船上轮机受损且船底被划破,致使海水渗进货舱,造成船内货物部分受损。该船驶进附近的港口修理并暂卸大部分货物,共花了一周时间,增加了各项费用支出,包括船员工资等。船舶修复后装上原货重新起航。不久,船上 A 舱突然起火,火势有蔓延的趋势,船长下令灌水灭火,灭火后,发现部分儿童玩具和水泥被海水浸湿,造成损失。试分析上述各项损失各属于何种损失。为什么?

【案例精析】　本例中,除船上 A 舱突然起火导致损失属于单独海损外,其他各项损失和费用均属于共同海损。案例中船长抛货、维修以及额外支付的工资费用,包括后来的灌水灭火造成的货物损失都是为了解除船、货的共同风险而人为地、有意识地采取行动造成的损失和费用支出,因此属于共同海损。

3. 共同海损和单独海损的区别

(1)造成海损的原因不同。单独海损是海上风险直接导致的货物损失,而共同海损是为了解除或减轻船、货、运费三方的共同危险而人为造成的损失。

(2)损失的承担者不同。单独海损由受损方自行承担损失,而共同海损则由船、货、运费三方按获救财产价值大小的比例分摊。

(3)损失的构成不同。单独海损一般是指货物本身的损失,不包括费用损失,而共同海损既包括货物损失,又包括因采取共同海损行为而引起的费用损失。

## 同步案例 5－2　　部分损失案中的共同海损和单独海损

某货轮从天津新港驶往新加坡，在航行中船舱货物起火，大火蔓延至船舱，船长为了船货的安全决定采取紧急措施，往舱中灌水灭火，火被扑灭，但由于主机受损，无法继续航行，于是船长决定雇用拖轮，将货船拖回新港修理，检修后，重新驶往新加坡。事后调查，这次事件造成的损失有：①1 000 箱货物被烧毁。②600 箱货由于灌水灭火受到损失。③主机和部分甲板被烧坏。④拖船费用。⑤额外增加的燃料和船长、船员的工资。从上述情况和各项损失的性质来看，哪些属单独海损，哪些属共同海损，为什么？

**【案例精析】**

（1）以上各项损失，属于单独海损的有①③；属于共同海损的有②④⑤。

（2）本案例涉及海上损失中部分损失的问题，部分损失分两种，一种是单独海损，一种是共同海损。所谓单独海损，指损失仅属于特定利益方，并不涉及其他货主和船方。所谓共同海损，是指载货船舶在海上遇到灾害、事故，威胁到船货等各方面的共同安全，为了解除这种威胁，维护船、货的安全使航行得以继续，船方有意识地、合理地采取措施，造成某些特殊损失或支出额外费用。构成共同海损必须具备以下条件：①共同海损的危险必须是实际存在的，或者是不可避免而产生的，不是主观臆测的。②消除船、货共同危险而采取的措施，必须是有意的和合理的。③必须是属于非正常性质的损失。④费用支出是额外的。

（3）结合本案例①③损失是由于货船火灾导致，属意外事故，故其为单独海损；②④⑤损失是船长为避免实际的火灾风险而采取的有意的、合理的避险措施，属于非正常性质的损失，费用支出也是额外的，故其属于共同海损。

### 4. 共同海损的分摊

共同海损的牺牲和费用都是为了使船舶、货物和运费方免于遭受损失而支出的，因而应该由船舶、货物和运费各方按最后获救价值的比例分摊，这种分摊叫共同海损的分摊（General Average Contribution）。

共同海损的分摊有两个原则：分摊以实际遭受的损失或额外增加的费用为准；无论受损方还是未受损方均应按标的物价值比例分摊。进行共同海损分摊时，一般遵循《约克——安特卫普理算规则》。

**【做中学 5－1】**　有一货轮在运输途中遇难，发生共同海损 8 万美元，已知船舶的价值为 100 万美元，船上载有甲、乙、丙、丁四家的货物，分别为 50 万美元、28 万美元、10 万美元、12 万美元。请根据以上信息计算各方分摊共同海损的费用应为多少美元。

**解析：** 各方的总价值为＝（100＋50＋28＋10＋12）＝200（万美元）

船方应分担的共同海损费用为 100÷200×8＝4（万美元）

甲方应分担的共同海损费用为 50÷200×8＝2（万美元）

乙方应分担的共同海损费用为 28÷200×8＝1.12（万美元）

丙方应分担的共同海损费用为 10÷200×8＝0.4（万美元）

丁方应分担的共同海损费用为 12/200×8＝0.48（万美元）

船方应分担的共同海损为 4 万美元，甲方应分担的共同海损为 2 万美元，乙方应分担的共同海损为 1.12 万美元，丙方应分担的共同海损为 0.4 万美元，丁方应分担的共同海损为 0.48 万美元。

## 三、保障的费用

海洋运输货物保险中的费用是指保险标的物发生保险事故后，为减少货物的实际损失而支出的费用。

### (一)施救费用

施救费用(Sue and Labor Charges)又称单独海损费用，是指被保险货物遭受保险责任范围内的自然灾害和意外事故时，被保险人和其代理人或其受雇人为抢救被保险货物，防止损失继续扩大所支付的费用。保险人对这种费用予以赔偿。施救费用是在保险标的实际损失之外另行计算的，以不超过保险金额为限。

### (二)救助费用

救助费用(Salvage Charges)是指被保险货物遭受承保责任范围内的灾害事故时，除保险人和被保险人以外的第三者采取救助措施，获救成功后向救助的第三者支付的报酬。保险人赔偿时，必须要求救助成功。国际上，一般称为"无效果，无报酬"。

在海洋货物保险业务中，如果货物的损失是由于船方或者其他有关方的责任方所引起的，保险公司可以通过使用代位追偿权来向保险人和被保险人以外的第三者主张权利。所谓代位追偿权是指当被保险货物发生了由第三者责任造成的保险责任范围内的损失，保险人按照合同的规定向被保险人履行了损失赔偿的责任后，有权获得被保险人在该项损失中向第三者责任方要求索赔的权利。

## 四、保障的原则

海上货物运输保险的基本原则包括以下几个方面。

### (一)可保利益原则

可保利益是指被保险人对于保险标的具有法律上所承认的可以投保的经济利益。在财产保险中，作为投保人或被保险人，只有当货物损失对其具有可保利益时，其保险合同才能有效。例如，在 CIF 合同中，货物如果在航行途中发生保险范围内的损失，那么保险公司应该赔付给进口商，尽管出口商签订了保险合同，但是在 CIF 术语下，货物装上船之后，风险转移至进口商，因此进口商是损失方，在这种情形下，进口商具有可保利益。

### (二)最大诚实信用原则

最大诚实信用原则是指国际货物运输保险合同的当事人应以诚实信用为基础订立和履行保险合同，主要体现在订立合同时的告知义务和在履行合同时的保证义务上。我国有关诚实信用原则的规定具体体现在告知义务上。根据我国《海商法》第 223 条的规定，被保险人故意未将重要情况如实告知保险人的，保险人有权解除合同，并不退还保险费。合同解除前发生保险事故造成损失的，保险人不负赔偿责任。

## 任务二　我国海运运输货物保险条款

为了适应我国对外经济贸易发展的需要，中国人民保险公司制定了《中国人民保险公司海洋运输货物保险条款》，简称《中国保险条款》(China Insurance Clauses，CIC)，该条款包括保险人的承保责任范围、除外责任、责任起讫、被保险人的义务和索赔期限等。

【提示】我国现行的货物保险条款是 1981 年 1 月 1 日的修订本，根据不同的运输方式分别订有适用不同运输方式的保险条款,以《海洋运输货物保险条款》使用最为普遍,其主要内容有:保险人承保责任范围、除外责任、责任起讫、被保险人的义务和索赔期限。

## 一、承保的责任范围

承保责任范围是指保险人对被保险人的风险和损失承保的险别。它既是保险人承保责任大小的依据,也是被保险人缴纳保险费额度的基础。《中国保险条款》的险别主要分为基本险和附加险。

基本险又称主险,是可以单独投保的险别。海洋运输货物保险的基本险包括平安险(Free from Particular Average,FPA)、水渍险(With Average or With Particular Average,WA or WPA)和一切险(All Risks)。

附加险是不能单独投保的险别,它必须依附于主险项下,即只有投保基本险中的一种之后,才可加保附加险。

### (一)基本险

1. 平安险

平安险(Free from Particular Average,F.P.A),它是我国保险业的习惯叫法,英文原意是"单独海损不赔"。平安险的承保责任范围是:①被保险的货物在运输途中由于恶劣气候、雷电、海啸、地震或洪水等自然灾害造成整批货物的全部损失或推定全损。若被保险的货物用驳船运往或运离海轮时,则每一驳船所装的货物可视作一个整批。②由于运输工具遭到搁浅、触礁、沉没,与流冰或其他物体碰撞以及失火、爆炸等意外事故所造成的货物全部或部分损失。③在运输工具已经发生搁浅、触礁、沉没或焚毁等意外事故的情况下,货物在此前后又在海上遭受恶劣气候、雷电、海啸等自然灾害所造成的部分损失。④在装卸或转船时由于一件或数件甚至整批货物落海所造成的全部或部分损失。⑤被保险人对遭受承保责任内的危险货物采取抢救、防止或减少货损的措施所支付的合理费用,但不可以超过该批被毁货物的保险金额。⑥运输工具遭遇海难后,在避难港由于卸货引起的损失,以及在中途港或避难港由于卸货、存仓和运送货物所产生的特殊费用。⑦共同海损的牺牲、分摊和救助费用。⑧运输合同中如订有"船舶互撞责任"条款,则根据该条款规定应由货方偿还船方的损失。

上述责任范围表明,在投保平安险的情况下,保险公司对由于自然灾害所造成的单独海损不负赔偿责任,而对于因意外事故所造成的单独海损则要负赔偿责任。此外,如在运输过程中运输工具发生搁浅、触礁、沉没或焚毁等意外事故,则不论在事故发生之前或发生之后由于自然灾害所造成的单独海损,保险公司要负赔偿责任。

**同步案例 5—3　　　　　　一起触礁损失案**

某外贸公司按 CIF 术语出口一批货物,装运前已向保险公司按发票总额的 110% 投保平安险,6月初货物装妥顺利开航。载货船舶于 6 月 13 日在海上遭遇暴雨,致使一部分货物受到水渍,损失价值 2 100 美元。数日后,该轮又突然触礁,致使该批货物又遭到部分损失,价值达 8 000 美元,试问:保险公司对该批货物的损失是否赔偿,为什么?

【案例精析】　保险公司对于该批货物的损失应该赔偿。本案例涉及保险理赔问题,现行的中国人民保险公司的《海洋运输货物保险条款》规定平安险的主要保险责任范围有八项,其中二项为:由于运输工具遭受搁浅、沉没、触礁、互撞、与流冰或其他物体碰撞,以及失火、爆炸等意外事故造成货物的全部或部分损失;第三项为:在运输工具已经发生搁浅、触礁、沉没、焚毁等意外事故的情况下，货物在此前后又在海上遭受恶劣气候、雷电、海啸等自然灾害所造成的全部损失。

结合本案例，触礁是因为意外事故导致的，应赔；遇暴风雨受损的 2 100 美元，是在运输途中由于自然灾害造成的部分损失，但又因该批货物是在触礁意外事故前造成的，所以保险公司对上述两项损失都要赔偿。

2. 水渍险

水渍险（With Particular Average，W. P. A）或平均水渍险（With average，W. A），它是我国保险业的习惯叫法，英文原意是"负责单独海损"。水渍险的承保责任范围是：投保水渍险后，保险人除了负责平安险所承保的全部责任外，还负责被保险货物在运输途中，由于恶劣气候、雷电、海啸、地震或洪水等自然灾害所造成的部分损失的赔偿。

3. 一切险

一切险（All Risks）的责任范围除平安险、水渍险的各项保险责任外，还对被保险货物在运输过程中由于一般外来风险造成的被保险货物的全部或部分损失负赔偿责任。

【注意】一切险的承保责任范围是各种基本险中最广泛的一种，因而，比较适宜于价值较高、可能由于较多因素而遭受损失的货物投保。

（二）附加险

附加险不能作为一个单独的项目投保，在海运保险业务中，进出口商除了投保货物的基本险外，还可以根据货物的特点和实际需要，再选择若干适当的附加险。附加险包括一般附加险、特别附加险和特殊附加险。

1. 一般附加险

一般附加险共有 11 种：偷窃提货不着险（Theft, Pilferage and Non-Delivery, TPND）、淡水雨淋险（Fresh and/or Rainwater Damage Risks）、渗漏险（Risk of Leakage）、短量险（Risk of Shortage in Weight）、钩损险（Hook Damage）、污染险（Risk of Contamination）、破碎险（Risk of Breakage）、碰损险（Clashing）、生锈险（Risk of Rust）、串味险（Risk of Odor）和受潮受热险（Sweating and/or Heating）等。如果保险人承保的这些附加险货物在运输途中发生损失，均按条款规定的责任范围予以赔偿。

【注意】一般附加险，不能独立投保，它只能在投保平安险或水渍险的基础上加保。但若投保一切险时，因上述险别均包括在内，故无须加保。

2. 特别附加险

特别附加险包括：交货不到险（Failure to Deliver）、进口关税险（Import Duty Risk）、舱面险（on Deck Risk）、拒收险（Rejection Risk）、黄曲霉素险（Aflatoxin Risk）和港澳存仓火险。

3. 特殊附加险

特殊附加险包括：战争险（War Risk）、罢工险（Risk of Strike, Riots and Civil Commotions, SRCC，或称罢工暴动民变险）。

【学中做 5—2】 我方向澳大利亚出口胚布 100 包，按照合同规定我方加一成投保水渍险。货物在海上运输途中因舱内水管漏水，致使该批胚布中的 30 包遭水渍。请问：对此保险公司是否对这 30 包胚布进行赔偿？为什么？

**分析**：水管漏水属于一般附加险中的淡水雨淋险，本题中投保的是水渍险，而水渍险只对海水浸渍负责而对淡水所造成的损失不负赔偿责任。所以货主不能向保险公司索赔，但是可以凭着清洁提单向船公司交涉。

## 二、除外责任

除外责任，是指保险人不予赔偿的损失和费用。这种除外责任，一般来说属于非意外的、非偶然的，或比较特殊的风险。根据《中国保险条款》的规定，保险公司对下列损失不予赔偿：(1)被保险人的故意行为或过失造成的损失。(2)由于发货人的责任所引起的损失。(3)被保险货物在保险责任开始之前就已存在品质不良或数量短缺所形成的损失。(4)被保险货物的自然损耗、品质特性以及市价跌落、运输延迟所引起的损失和费用。

战争险的除外责任：由于敌对行为使用原子弹或热核制造的武器导致被保险货物的损失和费用不负责赔偿。罢工险的除外责任与战争险一样，如由于劳动力短缺或无法使用劳动力，致使堆放码头的货物遭到雨淋、日晒而受损，冷冻机因无燃料中断制冷而造成的被保险货物的损失，保险公司不负责赔偿。

### 同步案例 5—4　　　　冷冻设备停机是否该赔偿

我方按 CIF 出口冷冻食品一批，合同规定投保平安险加战争/罢工险。货到目的港后适逢码头工人罢工，港口无人作业，货物无法卸载。不久货轮因无法补充燃料以致冷冻设备停机，等到罢工结束，该批冷冻食品已变质。问：这种由于罢工而引起的损失，保险公司是否负责赔偿？

**【案例精析】**　保险公司不负责赔偿。根据《中国保险条款》，保险公司仅承保罢工者、被迫停工工人、参加工潮、暴动和战争的人员采取行动所造成的承保货物的直接损失，对间接损失不负责。案例中该批冷冻食品变质是因为货物到目的港后适逢码头工人罢工，因港口无人作业，无法卸货，导致燃料不足，冷冻设备停机所致，可见是罢工的间接损失而非直接损失，所以保险公司不负责赔偿。

### 同步案例 5—5　　　　皮手套合同引起的保险索赔案

我某外贸公司与荷兰进口商签订一份皮手套合同，价格条件为 CIF 鹿特丹，向中国人民保险公司投保了一切险，生产厂家在生产的最后一道工序将清晰度降到了最低程度，然后用牛皮纸包好装入双层瓦楞纸箱，再装入 20 尺的集装箱，货物到达鹿特丹后检验结果表明：全部货物湿、霉、变色、玷污，损失价值达 80 000 美元。据分析：该批货物的出口地不是异常热，进口地鹿特丹不是异常冷，运输途中无异常，完全属于正常运输，试问：(1)保险公司对该项损失是否赔偿，为什么？(2)进口商对受损货物是否支付货款，为什么？(3)你认为出口商应如何处理此事？

**【案例精析】**　(1)保险公司对该批货物的损失不予赔偿。原因是：根据中国人民保险公司《海洋货物运输保险条款》基本险的除外责任：在保险责任开始之前，被保险货物已存在品质不良或数量短少所造成的损失；被保险货物的自然损耗、本质缺陷、特性及市价跌落、运输延迟所引起的损失或费用保险公司不负责赔偿损失。在本案中，运输途中一切正常，货物发生质变不属于保险公司的责任范围，故保险公司对该批货物的损失不予赔偿。

(2)进口商应支付货款。因为本案中交货条件为 CIF，根据 *INCOTERMS*® 2020》中的解释,按 CIF 条件成交,买卖双方交货的风险界点在装运港船舷,货物越过装运港船舷以前的风险由卖方承担,货物越过装运港船舷以后的风险由买方承担;另 CIF 是象征性交货,卖方凭单交货、买方凭单付款,即使货物在运输途中全部灭失,买方仍需付款,但如货物品质有问题,可凭商检机构的检验证书向卖方索赔。

(3)出品商应对该批货物负赔偿责任,因为该批货物在运输途中并无任何风险导致损失,发生质变完全是因为生产工序问题,这属于货物的品质问题,故其应向买方负赔偿损失的责任。

## 三、责任起讫

责任起讫又称保险期间或保险期限,是指保险人承担责任的起讫时限。

### (一)基本险的责任起讫

根据《中国人民保险公司海洋运输货物条款》的规定,保险公司对平安险、水渍险和一切险的承保责任起讫是采用国际保险业惯用的"仓至仓条款"(Warehouse to Warehouse Clause),简称 W/W。仓至仓条款规定保险责任自被保险货物运离保险单所载明的启运地发货人仓库时开始生效,包括正常运输过程中的海上运输和陆上运输,直至该项货物到达保险单所载明的目的地收货人仓库为止。W/W 条款的限制性条件为:

(1)当货物从目的港卸离海轮时起满 60 天,不论货物是否进入收货人仓库,保险责任均告终止。

(2)如上述保险期限内被保险货物需要转交到非保险单所载明的目的地时,保险责任则以该项货物开始转交时终止。

(3)被保险货物在运至保险单所载明的目的港或目的地以后,在某一仓库发生分组、分派的情况,则该仓库就作为被保险人的最后仓库,保险责任也从货物运抵该仓库时终止。

(4)被保险人可以要求扩展期限。

(5)当发生非正常运输情况时,如运输迟延、绕道、被迫卸货、航程变更等,被保险人及时通知保险人,加交保险费,可按扩展条款办理。

**同步案例 5—6　　　　W/W 条款的应用**

5月,某公司以 CFR 条件在上海从国外进口一批汽车零件,并据卖方提供的装船通知及时向中国人民保险公司投保了水渍险,后来由于国内用户发生变更,我方通知承运人将货物改卸到黄埔港。货物在黄埔港装火车运往南京途中遇到山洪,致使部分货物受损,该进口公司据此向保险公司索赔,但遭拒绝。问:(1)保险公司拒赔有无道理?(2)如果海轮正常于当年 6 月 1 日抵达上海港并开始卸货,6 月 3 日全部卸在码头货棚中而未运往收货人的仓库,保险公司的保险责任至哪一天终止?

【案例精析】　保险公司拒赔是合理的。W/W 条款的限制性条件中有一项规定:在保险期限内被保险货物需要转交到非保险单所载明的目的地时,保险责任则以该项货物开始转交时终止。案例中我方投保水渍险,其保险单所载明的目的地为上海,货物改卸至黄埔港,并从黄埔港装火车运往南京,这两个地点均不是保险单所载明的目的地,而且发生了货物转交。在转交南京的途中遇到山洪,已经超出了保险责任的承保期限,所以保险公司拒赔有道理。根据 W/W 条款,当货物从目的港卸离海轮时起满 60 天,不论货物是否进入收货人的仓库,保险责任均告终止。从 6 月 3 日货物全部卸在码头货棚中开始算起，60 天以后也就是在 8 月 1 日，保险公司的保险责任终止。

### (二)不同价格贸易术语影响 W/W 的责任起讫点

1. CIF 条件下，保险责任起讫期间是"仓至仓"

#### 同步案例 5－7　　　　CIF 合同保险责任起讫

某国一家公司有一份 CIF 合同出售大米 50 吨，卖方在装船前投保了一切险加战争险，自南美内陆仓库起，直至英国伦敦买方的仓库为止。货物从卖方仓库运往码头途中，发生了承保范围内的损失。问：当卖方凭保险单向保险公司提出索赔时，能否得到赔偿？

【案例精析】　卖方能够得到保险公司的赔偿。CIF 条件下，货物装上船前，所有权属于卖方，并由卖方向保险公司投保，所以卖方对承保货物具有可保利益。所谓可保利益是投保人对保险标的具有法律上承认的利益。只有对保险标的拥有所有权的人，才具有保险利益，而只有具有利益的人才有投保权，并且 CIF 合同保险责任起讫期间是"仓至仓"，货物从卖方的仓库运往码头途中，发生了承保范围内的损失，保险公司应该给予赔偿。

2. FOB、CFR 条件下，保险责任起讫期间是"船至仓"

#### 同步案例 5－8　　　　CIF 能改为 FOB 或 CFR 吗？

某国一家公司有一份 CIF 合同出售大米 50 吨，卖方在装船前投保了一切险加战争险，自南美内陆仓库起，直至英国伦敦买方仓库为止。货物从卖方仓库运往码头途中，发生了承保范围内的损失。问：该案例中的贸易术语若改为 FOB 或 CFR，卖方能否得到保险公司的赔偿？

【案例精析】　该例中的贸易术语若改为 FOB 或 CFR，卖方则不能得到保险公司的赔偿。以 FOB 或者 CFR 贸易术语成交，卖方均不需要办理保险，而是由买方为其自身的利益而投保。货物装船前，在 FOB、CFR 条件下，因是买方投保，所以卖方不具备可保利益，卖方也就无法持有保险单向保险公司索要赔偿。同时，FOB、CFR 条件下，保险责任起讫期间是"船至仓"。所以货物从卖方仓库运往码头途中，发生了承保范围内的损失，因其没有在"船至仓"的保险期限内，自然也不属于保险公司的赔偿范畴。

### (三)战争险的责任起讫

保险公司对战争险的责任起讫时限与基本险不同，保险公司只承担货物装上海轮起至货物运抵目的港并卸离海轮为止的水面风险。如果货物不卸离海轮或驳船，则从海轮到达目的港当日午夜起算满 15 日之后责任自行终止；如果中途转船，不论货物在当地卸货与否，保险责任以海轮到达该港可卸货地点的当日午夜起算满 15 天为止，等再装上续运海轮时，保险责任继续有效。由于敌对行为使用原子弹或热核制造的武器导致被保险货物的损失和费用，保险公司不负责赔偿。

## 任务三　伦敦海洋运输货物保险条款

英国伦敦保险协会制定的《伦敦保险协会海运货物保险条款》，一般简称为《协会货物条款》(Institute Cargo Clauses, ICC)，在国际保险业中有着广泛的影响，目前世界上有很多国家在海上保险业务中直接采用，或者在制定本国保险条款时参考、部分采用了上述条款。在我国按 CIF 或 CIP 条件成交的出口交易中,国外商人有时要求按《协会货物条款》投保,我国出口企业和保险公司一般均可接受。目前实行的是其 1982 年修订的条款。

## 一、英国伦敦保险协会修订的海运货物保险条款的种类

1. 协会货物条款(A):ICC(A)
2. 协会货物条款(B):ICC(B)
3. 协会货物条款(C):ICC(C)
4. 协会战争险条款(货物)
5. 协会罢工险条款(货物)
6. 恶意损害险条款

在以上险别中 A、B、C 三种险别是基本险,战争险、罢工险及恶意损害险是附加险。其中,除了恶意损害险外,前五种险别都可以单独投保。另外,A 险包括恶意损害险,但在投保 B 险或 C 险时,应另行投保恶意损害险。

## 二、协会货物保险主要险别的承保范围与除外责任

### (一)ICC(A)

1. 承保范围

ICC(A)类似于我国的一切险,但是其"海盗行为"比我国覆盖面大,采用"一切风险减除外责任"的概括式规定方法,即除了"除外责任"项下所列的风险保险人不予负责外,其他风险均予负责。

2. 除外责任

(1)一般除外责任。如包装或准备不足、不当所造成的损失,使用原子或热核武器所造成的损失和费用。

(2)不适航、不适货除外责任。主要指保险人在被保险货物装船时已知道船舶不适航,以及船舶、运输工具、集装箱等不适货。

(3)战争除外责任。

(4)罢工除外责任。

### (二)ICC(B)

1. 承保范围

ICC(B)类似于我国的水渍险,采用承保"除外责任"之外列明风险的办法,即将承保的风险一一列举出来。ICC(B)具体承保的风险如下。

(1)灭失或损坏合理归因于下列原因者:火灾、爆炸;船舶或驳船触礁、搁浅、沉没或倾覆;陆上运输工具倾覆或出轨;船舶、驳船等运输工具同水以外的外界物体碰撞;在避难港卸货;地震、火山爆发、雷电等自然灾害。

(2)灭失或损坏由于下列原因造成者:共同海损牺牲;抛货;浪击落海;海水、湖水或河水进入船舶、驳船、运输工具、集装箱、大型海运箱或贮存处所;货物在装卸时落海或摔落造成整件的全损。

2. 除外责任

(A)除外责任加上(A)的"海盗行为"与"恶意损害险"。

3. ICC(B)与 ICC(A)的区别

在 ICC(A)中,仅规定保险人对归因于被保险人故意的不法行为所致的损失或费用,不负赔偿责任,而在 ICC(B)中,则规定保险人对被保险人以外的其他人的故意非法行为所致的风险不负赔偿责任。可见,在 ICC(A)中,恶意损害的风险被列为承保风险,而在 ICC(B)中,保险人对此项风险却不负赔偿责任。被保险人如想获得此种风险的保险保障,就需加保"恶意损害险"。

在 ICC(A)中,标明"海盗行为"不属于除外责任,而在 ICC(B)中,保险人对此项风险不负保险责任。

### (三)ICC(C)

1. 承保范围

ICC(C)类似于我国的平安险,仅承保"重大意外事故"的风险,而不承保自然灾害及非重大意外事故的风险,具体承保风险如下。

(1)灭失或损坏合理归因于下列原因者:火灾、爆炸;船舶或驳船触礁、搁浅、沉没或倾覆;陆上运输工具倾覆或出轨;船舶、驳船或运输工具同水以外的外界物体碰撞;在避难港卸货。

(2)灭失或损坏由于下列原因造成者:共同海损牺牲,抛货。

2. 除外责任

除外责任与 ICC(B)完全相同。ICC(A)、ICC(B)和 ICC(C)险的承保范围类似于 CIC 的一切险、水渍险和平安险,不同之处如下。

(1)海盗行为所造成的损失是 ICC(A)的承保范围,而在一切险中是除外责任。

(2)ICC(A)包括恶意损害险,而一切险中不包括此种险。

(3)ICC(B)、ICC(C)改变了水渍险与平安险对承保范围中某些风险不明确的弊病,采取列明风险的办法,即把承保风险和损失列明。

### (四)协会战争险条款(货物)

1. 承保范围

(1)直接由于战争、内战、革命、造反、叛乱,或由此引起的内乱,或任何交战方之间的敌对行为所造成的运输货物的损失。

(2)由于上述原因所引起的捕获、扣押、扣留、拘禁或羁押等所造成的运输货物的损失。

(3)各种常规武器所造成的运输货物的损失。

2. 除外责任

除与 ICC(A)除外责任相同之外,还包括

(1)基于航程、航海上的损失或受阻的任何索赔不负赔偿责任。

(2)由于敌对行为使用原子或热核武器所造成的损失不负赔偿责任。

(3)责任起讫适用于"水面"条款,以"水上危险"为限。

### (五)协会罢工险条款(货物)

1. 承保范围

(1)由于罢工工人、被迫停工工人或参与工潮、暴动或民变的人员所造成的损失或损害。

(2)罢工、被迫停工、工潮、暴动或民变造成的损失和费用。

(3)由于恐怖分子或出于政治动机所造成的人为损失或损害。

2. 除外责任

除与 ICC(A)的一般除外责任相同之外,还包括:(1)因罢工、关厂、工潮、暴动或民变造成的各种劳力流失、短缺或抵制引起的损失、损害或费用不负赔偿责任。(2)基于航程或航海上

的损失或受理的任何索赔不负赔偿责任。(3)由于战争、内战、革命、造反、叛乱,或由此引起的内乱或交战方之间的敌对行为造成的损失、损害或费用不负赔偿责任。

### (六)恶意损害险的承保风险

若要对恶意损害造成的损失取得保障,可以投保 ICC(A),或在投保 ICC(B)或 ICC(C)时加保恶意损害险。

## 三、协会海运货物保险的保险期限

保险期限又称保险有效期,是指保险人承担保险责任的起止期限。ICC(A)、ICC(B)、ICC(C)条款与上节所述的我国海运货物保险条款对期限的规定大体相同,也是仓至仓条款,但比我国条款规定得更为详细、明确。

在我国进出口业务中,特别是以 CIF 条件出口时,外商如要求我国出口公司按《协会货物条款》投保,我国出口企业和中国人民保险公司也可通融接受。

## 任务四  其他运输方式货物保险

在国际贸易中,货物运输除了主要采用海洋运输方式之外,还有陆上运输、航空运输、邮政包裹运输以及由海运、陆运、空运等两种或两种以上运输方式衔接起来所组成的多式联运方式。随着国际贸易的发展,陆上运输、航空运输、邮政包裹运输的保险,在整个保险业务中的重要性也日益显著。

## 一、陆上运输货物保险条款

中国人民保险公司 1981 年 1 月 1 日修订的《陆上运输货物保险条款》规定:陆上货物的运输险分为陆运基本险和陆运一切险两种基本险。

### (一)陆运险

1. 陆运基本险(Overland Transportation Risks)

陆运基本险的承保责任范围是指保险公司负责赔偿被保险货物在运输途中遭受暴风、雷电、洪水、地震等自然灾害或由于运输工具遭受碰撞、倾覆、出轨或在驳运过程中,因驳运工具遭受搁浅、触礁、沉没、碰撞或由于遭受隧道坍塌、崖崩或失火、爆炸等意外事故所造成的全部或部分损失。由此可见,陆运的保险责任范围与海洋运输保险条款中的"水渍险"相似。

2. 陆运一切险(Overland Transportation All Risks)

陆运一切险的承保责任范围除上述陆运险的责任外,还包括运输途中,由外来原因造成的短少、偷窃、渗漏、碰损、破碎、钩损、雨淋、生锈、受潮、受热、发霉、串味或沾污等全部或部分损失,这与海洋运输货物保险条款中的"一切险"相似。

以上陆运基本险和陆运一切险的责任范围均适用于火车和汽车运输。

3. 陆上货物运输保险的除外责任

陆运基本险、陆运一切险的除外责任与海洋运输货物险的除外责任相同。

4. 陆上货物运输保险责任起讫

陆上货物运输保险也采用"仓至仓"条款原则,即保险责任从被保险货物运离保险单所载明的起运地发货人的仓库或储存处所开始,包括正常陆运和有关水上驳运在内,直到该货物送至保险单所载明的目的地收货人仓库或储存处所,或者被保险人用作分配、分派或非正常运输的其他储存处所为止。如果没有送抵保险单所载明的目的地收货人仓库或储存处所,则以到达最后卸载车站之后 60 天为限。如在中途转车,不论货物在当地卸车与否,保险责任从火车到达中途站的当日午夜起满 10 天为止。如果被保险货物在 10 天内继续装车续运,则保险责任继续生效。

### (二)陆上运输冷藏货物险

陆上运输冷藏货物险,它是陆上货物险中的一种专门险。其主要责任范围是:保险公司除负责陆运险所列举的各项损失外,还负责被保险货物在运输途中由于冷藏机器或隔温设备的损坏或者车厢内贮存冰块的溶化所造成的解冻溶化以至腐败的损失。但对由于战争、罢工或运输延迟而造成的被保险冷藏货物的腐败或损失,以及被保险货物开始时因未保持良好状态,包括整理加工和包扎不妥、冷冻上的不合规定及骨头变质所引起的货物腐败和损失则不负责任,至于一般的除外责任条款,也适用本险别。

陆上运输冷藏货物的责任自被保险货物远离保险单所载明起送地点的冷藏仓库装入运送工具开始运输时生效。包括正常陆运和与其有关的水上驳运在内,直至该项货物到达保险单所载明的目的地收货人仓库为止。最长保险责任以被保险货物到达目的地车站后 10 天为限。中国人民保险公司的该项条款还规定:装货的任何运输工具,都必须有相应的冷藏设备或隔离温度的设备;或供应和贮存足够的冰块使车厢内始终保持适当的温度,保证被保险的冷藏货物不致因溶化而腐败,直至目的地收货人的仓库为止。

### (三)陆上运输附加险

陆上运输货物战争险(Overland Transportation Cargo War Risks),是陆上运输货物险的特殊附加险,在投保陆运险和陆运一切险的基础上可加保。陆上运输货物战争险承保直接由于战争、类似战争行为以及武装冲突所造成的损失。保险人的具体责任同海运战争险基本类似,陆上运输货物战争险(火车)的保险责任自被保险货物装上保险单所载明的起运地发货人的火车时开始,到卸离保险单所载目的地的火车为止。如果被保险货物不卸离火车,本保险责任最长期限以火车到达目的地的当日午夜起 48 小时为止。如在中途转车,不论货物在当地卸车与否,保险责任从火车到达中途站的当日午夜起满 10 天为止。如果被保险货物在 10 天内重新装车续运,本保险责任恢复生效。但如运输契约在保险单所载明目的地以外的地点终止,该地即视为本保险单所载目的地,仍照前述规定终止责任。

此外,陆运货物运输罢工险,也是一种陆运附加险,其保险手续的办理也与海运货物罢工险相同,即在加保战争险的同时加保罢工险,不另收费。若仅要求加保罢工险,则按战争险费率收费。

## 二、航空货物运输保险

中国人民保险公司 1981 年 1 月 1 日修订的《航空运输保险条款》规定:航空运输货物保险分为航空运输货物基本险和航空运输货物战争险两种基本险别。

### (一)航空运输货物基本险

第一,航空运输险(Air Transportation Risks)。其承保责任范围与海洋运输保险条款中的"水渍险"相似,包括被保险货物在运输途中遭受雷电、火灾、爆炸或由于飞机遭受恶劣气候或其他危难事故而被抛弃,或由于飞机遭遇碰撞、倾覆、坠落或失踪等自然灾害和意外事故所造成的全部或部分损失。

第二,航空运输一切险(Air Transportation All Risks)。其承保责任范围与海洋运输货物保险条款中的"一切险"相似,除上述航空运输险的各项责任外,还包括被保险货物由于一般外来原因所造成的全部或部分损失。

航空运输险、航空运输一切险的除外责任与海洋运输货物保险条款基本险的除外责任基本相同。

航空货物运输保险责任起讫期限也采用"仓至仓"条款原则,所不同的是,如果货物运达保险单所载明的目的地而未送抵保险单所载明的目的地收货人的仓库或储存处所,则以到达最后卸载地卸离飞机之后30天起保险责任即告终止。如在上述30天内,被保险货物需转送非保险单所载明的目的地时,保险责任以该项货物开始转送时终止。

### (二)航空运输货物战争险

在投保航空运输险时可加保战争险等附加险别。航空运输货物战争险与海洋货物运输战争险的有关规定基本相同。值得注意的是,如果被保险货物不卸离飞机,本保险责任起讫期限则以载货飞机到达目的地的当日午夜起算满15天为止。

此外,航空货物运输险还可以加保罢工险,其保险手续的办理也与海运货物罢工险相同,即在加保战争险的同时,加保罢工险,不另收费。若仅要求加保罢工险,则按战争险费率收费。其责任范围与海洋运输罢工险相同。

## 三、邮政包裹运输保险条款

邮包保险(Parcel Post Risks)的承保责任范围是被保险货物在运输途中遭到自然灾害、意外事故或外来原因造成的损失。按照中国人民保险公司1981年1月1日修订的《邮包险条款》规定:邮包保险分为邮包险和邮包一切险两种基本险。

邮包保险的责任起讫期限是自被保险邮包离开保险单所载明的起运地点寄件人的处所运往邮局时开始生效,直至被保险邮包运达保险单所载明的目的地邮局,自邮局签发到货通知书当日午夜起算,满15天终止,但在此期限内,邮包一经递交至收件人的处所时,保险责任即行终止。

## 任务五 保险条款和货物保险的做法

在国际货物买卖合同中,为了明确交易双方在货运保险方面的责任,通常都订有保险条款,其内容主要包括:保险投保人、保险公司、保险险别、保险费率和保险金额的约定等事项。

### 一、保险投保人的约定

每笔交易的货运保险究竟由买方还是由卖方投保,完全取决于买卖双方约定的交货条件和所使用的贸易术语。由于每笔交易的交货条件和所使用的贸易术语不同,故对投保人的规定也相应有别。一般而言,按EXW、FCA、FAS、FOB、CFR和CPT这六种贸易术语成交的合同,在买卖合同的保险条款中,一般只订明"保险由买方办理"。如买方要求卖方代办保险,则应在合同保险条款中订明"由买方委托卖方按发票金额××%代为投保×××险,保险费由买方负担"。按CIF、CIP、DAP、DPU和DDP这五种贸易术语成交的合同,在合同保险条款中订明"保险由卖方办理"。

## 二、保险公司和保险条款的约定

按 CIF 或 CIP 条件成交时,保险公司的资信情况,与卖方关系不大,但与买方却有重大的利害关系,因此,买方一般要求在合同中限定保险公司和所采用的保险条款,以利于日后保险索赔工作的顺利进行。例如,我国按 CIF 或 CIP 条件出口时,买卖双方在合同中通常都订明:"由卖方向中国人民保险公司投保,并按该公司的保险条款办理。"

## 三、保险险别的约定

按 CIF 或 CIP 条件成交时,运输途中的风险本应由买方承担,但一般保险费则约定由卖方负担,因货价中包括保险费,买卖双方约定的险别通常为平安险、水渍险和一切险三种基本险别中的一种。有时也可根据货物特性和实际情况加保一种或多种附加险;如约定采用《伦敦保险协会海运货物保险条款》,也应根据货物特性和实际需要约定该条款的具体险别。在双方未约定险别的情况下,按惯例,卖方可按最低的险别予以投保。

在 CIF 或 CIP 价格中,一般不包括加保战争险等特殊附加险的费用,因此,如买方要求加保战争险等特殊附加险时,其费用应由买方负担。如买卖双方约定,由卖方投保战争险并由其负担保险费时,卖方为了避免承担战争险的费率上涨的风险,往往要求在合同中规定"货物出运时,如保险公司提高战争险的费率,则其增加部分的保险费应由买方负担"。

## 四、保险金额的约定

保险金额(Insured Amount)是指投保人与保险公司之间实际投保和承保的金额,是保险费的计收依据,是投保人或其受让人索赔和保险人理赔的最高限额。保险金额一般以发票价值为基础确定。

按 CIF 或 CIP 条件成交时,因保险金额关系到卖方的费用负担和买方的切身利益,故买卖双方有必要将保险金额在合同中具体订明。根据保险市场的习惯做法,保险金额一般都是按 CIF 价或 CIP 价加 10%计算,所加的这个百分率称为保险加成率。

保险金额的计算公式为:

$$保险金额 = CIF 货价 \times (1 + 加成率)$$

由于保险金额一般是以 CIF 或 CIP 价格为基础加成确定的,因此,在仅有货价与运费(即已确定 CFR 和 CPT 价格)的情况下,CIF 和 CIP 可按下列公式计算。

$$CIF(或 CIP 价) = CFR(或 CPT)价格 \div [1 - 保险费率 \times (1 + 投保加成率)]$$

为简化计算程序,中国人民保险公司制定了一份保险费率常用表。将 CFR(或 CPT)价格直接乘以表内所列常数,便可算出 CIF 或 CIP 价。

我国进口货物的保险金额在原则上虽也按进口货物的 CIF 或 CIP 价计算,但在实际业务中,我国进口合同大多采用 FOB(或 FCA)条件,为方便计算,可以按平均运费率和平均保险费率直接计算保险金额。其计算公式如下:

$$保险金额 = FOB 货价 \times (1 + 平均运费率 + 平均保险费率)$$

这里的保险金额即估算的 CIF 或 CIP 价格而不再另外进行加成。如果投保人要求在 CIF 或 CIP 价格的基础上加成投保,保险人也可接受。

保险费是保险人经营业务的基本收入,也是保险人所掌握的保险基金(即损失赔偿基金)的主要来源。投保人交付保险费,是保险合同生效的前提条件,在被保险人支付保险费前,保险人可以拒绝签发保险单据。

保险费的计算公式是：

$$保险费 = 保险金额 \times 保险费率$$

**【做中学 5-2】** 某货主在货物装船前，按发票金额的 110% 办理了货物投保手续，投保一切险加战争险。该批货物以 CIF（或 CFR）成交的总价值为 20.75 万美元，一切险和战争险的保险费率合计为 0.6%。问：(1)该货主应缴纳的保险费是多少？(2)若发生了保险公司承保范围内的损失，导致货物全部灭失，保险公司的最高赔偿金额是多少？

解析：保险费 = 保险金额 × 保险费率

保险费 = CIF(CIP)价 × (1 + 投保加成率) × 保险费率
　　　 = 20.75 × 10 000 × 110% × 0.6%
　　　 = 1 369.5(美元)

最高赔偿金额 = 20.75 × 110%
　　　　　　 = 22.825(万美元)

### 五、保险单据的约定

保险单据是一份法律文件，它是保险人与被保险人之间有关权利与义务关系的书面证明，反映了保险人与被保险人之间的权利与义务关系，也是保险人承保的证明。当发生保险责任范围内的损失时，它又是办理索赔和理赔的主要依据。在买卖合同中，如约定由卖方投保，通常还规定卖方应向买方提供保险单据，如被保险的货物在运输过程中发生承保范围内的损失，买方即可凭卖方提供的保险单据向有关保险公司索赔。保险单据有以下几种。

#### (一)保险单

保险单(Insurance Policy)又称大保单，它是一种正规的保险合同，除载明投保单所述各项内容外，还列有保险公司的责任范围以及保险公司与被保险人双方各自的权利与义务等方面的详细条款。

#### (二)保险凭证

保险凭证(Insurance Certificate)又称小保单，它是一种简化的保险合同，除其背面没有列入详细保险条款外，其余内容与保险单相同。保险凭证也具有与保险单同样的法律效力，但保险条款仍以保险单的保险条款为准。

#### (三)预约保险单

预约保险单(Open Policy)又称预约保险合同，它是被保险人(一般为进口人)与保险人之间订立的总合同。订立这种合同的目的是简化保险手续，同时可以使货物一经装运即可取得保障。合同中规定承保货物的范围、险别、费率、责任和赔款处理等条款，凡属合同约定的运输货物，在合同有效期内自动承保。

#### (四)联合凭证

联合凭证(Combined Insurance Certificate)是指为简化手续，在出口公司的商业发票上加注保险编号、保险金额并加盖印戳，作为承保凭证，其他项目以发票所列为准。这种凭证目前仅适用于中国港、澳地区的部分贸易。

### 六、保险索赔

保险索赔是指当被保险货物遭受承保责任范围内的风险损失时，被保险人向保险人提出的索赔要求。

## (一) 免赔率

对容易破碎和易短量的货物,应了解是否有免赔的规定,即不论损失程度(Irrespective of Percentage,IOP),全部均予赔偿。或规定免赔率,免赔率有绝对免赔率和相对免赔率之分。

(1)绝对免赔率:扣除免赔额度内的损失部分,只赔付超过约定免赔额度部分。如损失18%,约定免赔率5%,保险人赔付13%;若损失4%,保险人不赔。

(2)相对免赔率:是所承保货物受损金额达到或超过免赔额度才给予赔偿,但赔偿时不扣除免赔额度以内的损失部分,而是对受损额全额赔付。

中国人民保险公司现在实行的是绝对免赔率,但《伦敦保险协会海运货物保险条款》则无免赔率的规定。

## (二) 赔偿额的计算

全损的赔偿是按保险单载明的保险金额为准,予以赔付;单独海损赔偿是以灭失或短少的数量占保险货物总量之比,计算公式如下。

货物遭受局部损失的赔款额=保险金额×(短少数量÷被保险货物总量)
=保险金额×[(货物完好价值-受损后价值)÷货物完好价值]

难以确定当地市价时,按发票金额计算赔款额:

赔款额=保险金额×(按发票金额计算的损失额÷发票金额)

**【做中学5-3】** 我公司出口某商品净重100吨,装5 000箱,每箱单价为89美元,加一成投保一切险。货到目的港后,买方发现除短少5箱外,还短量380千克。问:保险公司负责赔偿的金额是多少?

**解析:** 总投保金额=5 000×89×110%=489 500(美元)

短少数量=5+[380÷(100 000÷5 000)]=5+19=24(箱)

保险公司负责赔偿的金额=保险金额×(短少数量÷被保险货物总量)
=489 500×(24÷5 000)
=2 349.6(美元)

## (三) 保险索赔手续

中国人民保险公司承保的出口货物,在到达国外目的地以后发现货物损失,收货人或其代理人一般都按保险单规定,委请指定的检验人检验货损,出具检验报告,由国外收货人凭检验报告连同有关权益证明书、保险单正本,直接向保险公司或其代理人索赔。

中国人民保险公司承保的进口货物运抵国内后,如果发现残损或短缺,在港口的收货单位应立即通知当地的保险公司;在内地的收货单位则应立即通知当地的保险公司或中国人民银行,会同有关部门进行联合检验并出具联合检验报告。申请联合检验的期限,一般最迟不能超过保险责任终止日前十天。收货单位应根据残损货物联合检验报告的损失金额或程度,向卸货港的保险公司索赔。为了分清国内、国外有关单位的责任,防止国外不法商人以劣货充好货和国外承运人失职所造成的货损,保险公司应会同各有关贸易单位、港口和运输部门加强港口检验工作,及时发现国外商人的责任事故,立即办好对外索赔手续。

## 七、买卖合同中的保险条款

在国际货物买卖合同中,为了明确交易双方在货运保险方面的责任,通常都订有保险条款,其主要内容有:保险金额、投保险别以及确定适用的保险条款等。以 FOB、CFR 或 FCA、CPT 条件成交的合同,保险一般由买方办理,其保险条款可以简化。比如,保险由买方负责(Insurance:To be covered by the buyer.)。

以 CIF 或 CIP 成交的出口合同由卖方办理保险手续,而实际风险的承担者为国外进口方,所以应在合同中明确规定保险金额、投保险别、适用的保险条款等。比如:

(1)保险由卖方按发票金额的××%投保××险,以中国人民保险公司 1981 年 1 月 1 日的有关海洋运输货物保险条款为准(Insurance:To be covered by the seller for…% of total invoice value against…,…as per and subject to the relevant ocean marine cargo clauses of the People's Insurance Company of China,dated Jan. 1,1981)。

(2)由卖方按照发票金额的 110%投保海运险,按照 1982 年 1 月 1 日伦敦保险业的协会货物(A)险条款负责(Insurance to be covered by the sellers for 110% of invoice value against Marine as per Institute Cargo Clauses(A)dated 1/1/1982)。

## 应知考核

### 一、单项选择题

1. 国际贸易中,货物在运输过程中往往因遭遇各种风险导致货物受损,为了在货物受损后取得一定的经济补偿,通常都要投保(　　)。
   A. 货物平安险　　　B. 货物基本险　　　C. 货物全损险　　　D. 货物运输险
2. 根据《中国人民保险公司海洋运输货物保险条款》的规定,以下选项不属于自然灾害的是(　　)。
   A. 地震　　　　　　B. 海啸　　　　　　C. 爆炸　　　　　　D. 雷电
3. 战争、罢工风险属于(　　)。
   A. 意外事故　　　　B. 一般外来风险　　C. 特别外来风险　　D. 特殊外来风险
4. 有一批出口服装在海上运输途中,因船体触礁导致服装严重受浸。如果将这批服装漂洗后再运至原定目的港所花费的费用将超过服装的保险价值,则这批服装应属于(　　)。
   A. 共同海损　　　　B. 实际全损　　　　C. 推定全损　　　　D. 单独海损
5. 为使搁浅或触礁的船舶脱离险境而求助于第三者,由此支付额外费用的损失属(　　)。
   A. 特别费用　　　　B. 额外费用　　　　C. 施救费用　　　　D. 救助费用
6. 根据《中国人民保险公司海洋运输保险条款》的规定,"一切险"包括(　　)。
   A. 平安险加一般附加险　　　　　　　　B. 一切险加一般附加险
   C. 水渍险加一般附加险　　　　　　　　D. 一般附加险加特殊附加险
7. 为防止运输途中货物被窃,应该(　　)。
   A. 投保偷窃险
   B. 投保一切险
   C. 投保一切险,加保偷窃险
   D. 投保一切险或投保平安险、水渍险的一种,加保偷窃险
8. 某批出口货物投保了水渍险,在运输过程中由于货物被雨淋,致使部分货物遭受损失,这样的损失保险公司将(　　)。

A. 负责赔偿整批货物

B. 负责赔偿被雨淋湿的部分

C. 不给予赔偿

D. 在被保险人同意的情况下,保险公司负责赔偿被雨淋湿的部分

9. 我国海运基本险的责任起讫采用的是(　　)条款。

　　A. 港至港　　　　B. 仓至仓　　　　C. 门至门　　　　D. 船至船

10. (　　)是投保人与保险人之间订立的正式保险合同的书面凭证。

　　A. 保险单　　　　B. 保险凭证　　　C. 联合凭证　　　D. 暂保单

11. 海上保险合同的客体是(　　)。

　　A. 保险标的本身　　B. 保险利益　　　C. 保险责任　　　D. 保险损失

12. 在海洋运输途中,载货的船舶在海上遇到灾害、事故威胁到船、货等各方的共同安全时,为了解除这种共同危险,有意采取合理的救难措施,直接造成了特殊损失和支付特殊费用,这些损失和费用称为(　　)。

　　A. 共同海损　　　　B. 单独海损　　　C. 实际全损　　　D. 推定全损

13. 根据我国《海洋运输货物保险条款》规定,以下不属于一般附加险的是(　　)。

　　A. 短量险　　　　B. 偷窃提货不着险　　C. 交货不到险　　D. 串味险

14. 平安险是中国人民保险公司海洋货物运输保障的主要险别之一。下列选项中(　　)不能包括在平安险的承保范围之内。

　　A. 被保险货物在运输途中由于自然灾害造成的全部损失

　　B. 被保险货物在运输途中由于自然灾害造成的部分损失

　　C. 共同海损的牺牲、分摊

　　D. 共同海损的救助费用

15. 中国甲公司与科威特乙公司以 CIF 价买卖一批棉布,甲公司在中国人民保险公司投保了水渍险,保险公司对下列货损承担赔偿责任的是(　　)。

　　A. 承运船舶在经过马六甲海峡附近海域时,部分棉布被盗

　　B. 由于托运人的过失,造成部分湿潮棉布自燃

　　C. 因承运人绕航导致货物延迟到达目的地所引起的棉布市价损失

　　D. 运输途中由于特大暴风雨的袭击导致海水和雨水灌进货舱,部分棉布被水污损

16. 根据保险市场的习惯做法,保险金额一般都是按(　　)价或 CIP 价加成计算的。

　　A. FOB　　　　　B. CFR　　　　　C. CIF　　　　　D. CPT

17. 我国某公司以 CIF 条件与国外客户达成一笔出口交易后,我公司应负责替国外客户投保,按照 INCOTERMS® 2020 的规定,应投保(　　)。

　　A. 一切险

　　B. 一切险加战争险

　　C. 承担责任范围最小的险别,不应包括战争险

　　D. 承担责任范围最小的险别,但应包括战争险

18. "仓至仓"条款是(　　)。

　　A. 承运人负责运输起讫的条款　　　　B. 保险人负责保险责任起讫的条款

　　C. 出口人负责交货责任起讫的条款　　D. 进口人负责付款责任起讫的条款

19. 保险期限仅限于水上的危险或运输工具上的危险的是(　　)。

A. 短量险　　　　　B. 舱面险　　　　　C. 战争险　　　　　D. 罢工险

20. 一批出口货物CFR价格为9 890 USD,买方要求卖方代为在中国投保,卖方委托A货代公司按CIF加一成投保,保险费率为1‰,请A货代公司代卖方来计算该批货物的保险金额和应交纳的保险费,则计算出的保险金额和保险费应该分别为(　　)USD。

A. 9 890,98.9　　B. 11 000,110　　C. 10 879,108.79　　D. 12 000,120

## 二、多项选择题

1. 我国对外贸易货物运输保险可分为(　　)。
   A. 海上运输保险　　B. 陆上运输保险　　C. 航空运输保险　　D. 邮包运输保险

2. 一般的海上风险包括(　　)。
   A. 自然灾害　　　　B. 意外事故　　　　C. 一般外来风险　　D. 特别外来风险

3. 在海上保险业务中,构成被保险货物"实际全损"的情况包括(　　)。
   A. 保险标的物完全灭失
   B. 保险标的物丧失,且已无法挽回
   C. 保险标的物发生变质,失去原有使用价值
   D. 船舶失踪达到一定期限

4. 关于避难港费用和必要的船舶修理费用,下列选项正确的是(　　)。
   A. 避难港费用是为船、货各方共同的利益而发生的,应由受益的各方来分摊
   B. 船舶的修理费用是为船方的利益而发生的,应由船方来承担
   C. 船舶的修理费用是为安全完成本次航程而发生的,应由受益的各方来分摊
   D. 避难港费用是为船方的利益而发生的,应由船方来承担

5. 共同海损与单独海损的区别是(　　)。
   A. 共同海损属于全部损失,单独海损属于部分损失
   B. 共同海损由保险公司负责赔偿,单独海损由受损方自行承担
   C. 共同海损是为了解除或减轻风险而人为造成的损失,单独海损是承保范围内的风险直接导致的损失
   D. 共同海损由受益方根据受益的大小按比例分摊,单独海损由受损方自行承担

6. 我国海上货物保险的基本险种包括(　　)。
   A. 平安险　　　　　B. 战争险　　　　　C. 水渍险　　　　　D. 一切险

7. 运输工具在运输途中发生搁浅、触礁、沉没等意外事故,不论意外发生之前或之后,如果货物在海上遭遇恶劣气候、雷电、海啸等自然灾害造成被保险货物部分损失的,应属于(　　)的承保范围。
   A. 平安险　　　　　B. 水渍险　　　　　C. 一切险　　　　　D. 附加险

8. 下列有关货物运输保险的陈述正确的是(　　)。
   A. 以各种运输货物作为保险标的
   B. 所承保的货物,除其有商品性质的贸易货物外,还包括个人行李
   C. 保险期限以"仓至仓"条款为依据
   D. 海洋货物运输保险通常属于不定值保险

9. 海上保险合同是指保险人按照约定,对被保险人遭受保险范围内的事故造成保险标的的损失负责赔偿,而由被保险人支付保险费的合同。根据有关规定,海上保险合同的保险标的

包括( )等。

A. 船舶　　　　B. 货物　　　　C. 运费　　　　D. 货物预期利润

10. 我国海运货物保险条款规定的保险人的除外责任包括( )。

A. 被保险人的故意行为或过失所造成的损失
B. 属于发货人责任所引起的损失
C. 被保险货物的自然损耗、本质和特性缺陷以及市价跌落、运输延迟所造成的损失或费用
D. 在保险责任开始前,被保险货物已存在的品质不良或数量短差所造成的损失

### 三、判断题

1. 对外贸易货物运输保险,属于财产保险的范畴。　　　　　　　　　　　　( )
2. 海上保险业务中的意外事故,仅局限于发生在海上的意外事故。　　　　　( )
3. 不论在实际全损情况下,还是在推定全损的情况下,保险公司都要按保险金额全额赔偿。　　　　　　　　　　　　　　　　　　　　　　　　　　　　　　　　( )
4. 因为共同海损属于部分海损,所以,在投保平安险的情况下,对于由于自然灾害产生的共同海损,保险公司是不负责赔偿的。　　　　　　　　　　　　　　　　( )
5. 船舶遇难后,在避难港支出的卸货费属于施救费用。　　　　　　　　　　( )
6. 水渍险的责任范围除了包括平安险的责任范围外,还包括由于暴风、巨浪等自然灾害引起的部分损失。　　　　　　　　　　　　　　　　　　　　　　　　( )
7. 如果被保险货物运达保险单所载明的目的地,收货人提货后即将货物转运,则保险公司的保险责任在货物转运到达目的地仓库时终止。　　　　　　　　　　( )
8. 根据《伦敦保险协会货物保险条款》的规定,三种基本险按由大到小的顺序排列应为 ICC(C)、ICC(B)、ICC(A)。　　　　　　　　　　　　　　　　　　　　　( )
9. 海运保险单的转让,可以无须在事前征得保险人的同意,经被保险人背书后可以自由转让。　　　　　　　　　　　　　　　　　　　　　　　　　　　　　　( )
10. 10 000元的货物损失了650元,如果绝对免赔率为5%,则应赔150元。　( )

### 四、综合题

某年2月,中国某纺织进出口公司与大连某海运公司签订了运输1 000件丝绸衬衫到马赛的协议。合同签订后,进出口公司又向保险公司就该批货物的运输投保了平安险。2月20日,该批货物装船完毕后起航;2月25日,装载该批货物的轮船在海上突遇罕见的大风暴,船体严重受损,于2月26日沉没;3月20日,纺织品进出口公司向保险公司就该批货物索赔,保险公司拒绝赔偿。

请根据以上内容回答下列问题。

1. 本案中发生的风险属于( )。

A. 自然灾害　　B. 意外事故　　C. 外来风险　　D. 特殊风险

2. 本案中进出口公司投保的平安险属于( )。

A. 一般附加险　B. 特别附加险　C. 特殊附加险　D. 基本险

3. 若法院判决保险公司负赔偿责任的话,保险公司应承担货物的( )。

A. 部分损失　　B. 全部损失　　C. 部分价款值　D. 全部价款值

4. 本案中进出口公司的损失属于( )。
A. 实际全损　　　　B. 部分损失　　　　C. 推定全损　　　　D. 共同海损

5. ( )不能包括在平安险的责任范围之内。
A. 共同海损的牺牲、分摊
B. 共同海损的救助费用
C. 被保险货物在运输途中由于自然灾害造成的部分损失
D. 被保险货物在运输途中由于自然灾害造成的全部损失

### 五、计算题

1. 深圳某公司对某商出口茶叶300箱（每箱净重20千克），价格条款CIF伦敦每箱50英镑，向中国人民保险公司投保水渍险，以CIF价格加成10%作为投保金额，保险费率为0.2%。问保险金额及保险费为多少？

2. 山东某公司出口某种商品，对外报价为FOB青岛每吨400美元，现外商要求改为CIF旧金山，已知运费为FOB青岛价的5%，保险费率为0.5%，投保加成率为10%。请问该如何报价？

3. 某商品对外报价每吨320英镑CFR汉堡，但客户要求改报CIF汉堡，并按发票的110%投保一切险和战争险(一切险费率为0.3%，战争险费率为0.05%)，应报价多少？

4. 我国某一出口公司以每吨500英镑CIF伦敦(按发票金额110%投保一切险，保险费率为0.5%)向德商报盘出售一批轻工产品。该外商拟自行投保，要求该报CFR价。问出口人应从CIF价中扣除多少保险费？CFR价格为多少？

### 应会考核

■ 观念应用

以下哪种情况造成的损失属于共同海损？

①船舶航行中，船上意外失火而引起火灾，船长下令灌水灭火，致使部分货物受潮造成的损失。

②航行过程中，船长认为前方可疑船只为海盗船，命令立即掉头远离该船，却意外触礁，导致船壳钢板裂损。事后得知遇到的并非海盗船。

③船因故搁浅，船长为脱浅，命令船员将部分货物抛入海中以卸载。船舶起浮后，船员由于疏忽仍继续抛货。

④船只搁浅之后，为使其脱浅而非正常地使用轮机而致轮机受损。

⑤船在航行中推进器失灵，导致船舶失控，船长向附近港口呼救，要求派拖轮，发生了拖轮费用。

请在了解共同海损的知识点以后，对上述内容进行分析。

■ 技能应用

试填制下列贸易背景下应选择的险别。

| 序号 | 货物名称 | 运输方式 | 贸易术语 | 启运地 | 目的地 | 险别 |
|---|---|---|---|---|---|---|
| 1 | 花生 | 海运 | CIF | 上海 | 纽约 | |

续表

| 序号 | 货物名称 | 运输方式 | 贸易术语 | 启运地 | 目的地 | 险别 |
|---|---|---|---|---|---|---|
| 2 | 茶叶 | 铁路联运 | CIP | 连云港 | 鹿特丹 | |
| 3 | 新闻纸 | 海运 | FOB | 大阪 | 大连 | |

【考核要求】

请分析上述内容,并将表格中的险别填写完整。

■ 案例分析

1. 某外贸公司按 CIF 术语出口一批货物,装运前已向保险公司按发票总值 110% 投保平安险,9 月初货物装运完毕顺利开航。载货船舶于 9 月 8 日在海上遇到暴风雨,致使一部分货物受到水渍损失。数日后,该轮又突然触礁,致使该批货物又遭到部分损失。请问保险公司对该批货物的损失是否赔偿?为什么?

2. 某货轮从上海港驶往温哥华,在航行的途中船舶货舱起火,大火蔓延到机舱,船长为了船货的共同安全,决定采取紧急措施,往舱中灌水灭火。火虽被扑灭,但由于主机受损,无法继续航行,于是船长决定雇用拖轮将货船拖回上海港修理,检修后重新驶往温哥华。事后调查,这次事件造成的损失有:(1)1 000 箱货物被火烧毁。(2)600 箱由于灌水灭火而受到损失。(3)主机和部分甲板被烧坏。(4)拖轮费用。(5)额外增加的燃料和船长、船员的工资。从上述各项损失的性质看,哪些属于单独海损?哪些属于共同海损?

3. 我国某出口公司以 CIF 条件出口纯棉 T 恤一批,装运前按合同规定投保了水渍险,货物装妥顺利起航。但航行不久,在海上遭受暴风雨,海水涌进舱内,致使部分货物遭到水渍,损失价值达 1 000 美元。数日后,又发现部分货物因舱内食用水管破裂漏水致使受损,估计货损达 1 500 美元。试问这些损失应由谁承担?为什么?

4. 我国某出口公司按 CIF San Francisco 成交一批出口货物,后国外来证要求提单上的"Shipping Mark"栏加注"San Francisco OCP New York"字样。我方在投保时为了单证一致,并且考虑到有利于使用内陆运优惠,认为不必要求对方改证,直接照办即可,因此,保险单上的有关项目我方也照此填写。请问这样做是否妥当?为什么?

5. 一货轮载货驶离 A 港口。开航后不久因空气湿度很大,导致已老化的电线短路引起大火,将装在甲舱的毛毯全部烧毁。船到 B 港卸货时发现装在同一货舱中的烟草和茶叶由于羊毛燃烧散发的焦糊味道而遭受不同程度的串味损失。其中茶叶已完全失去原有的芳香,只能作为廉价的填充物处理。而烟草由于包装较好,串味不严重,经过特殊处理仍能销售,但等级已大打折扣,售价下降三成。在继续航行途中,该船不幸又与另一货轮相撞,船舶受损严重,乙舱破裂,舱内进入大量海水,剧烈的撞击及海水浸泡导致舱内装载的精密仪器受损严重。为了救险,船长下令用亚麻临时堵住漏洞,造成大量亚麻损失。在船舶停靠在避难港大修时,船方就受损精密仪器的抢修整理事宜向专家咨询,发现修复费用庞大,已超过货物的保险价值。为了方便修理船舶,不得不将丙舱和丁舱的部分纺织品货物卸下,在卸货时造成一部分货物钩损。试分析各部分损失的类型和性质。

6. 有一批陶瓷制品出口,由甲乙两轮分别载运,货主投保了平安险。甲轮在航行途中与他船发生碰撞事故,陶瓷制品发生部分损失;而乙轮却在航行途中遇到暴风雨天气致使陶瓷制品相互碰撞而发生部分损失。事后,货主向保险人提出索赔。试分析保险人应如何处理。若投保的是水渍险,则又当如何处理?

7. 某出口公司以CIF条件向南美某国出口花生酥糖1 000箱,投保一切险。由于货轮陈旧、航速太慢且沿线到处揽货,结果航行3个月才到达目的港。花生酥糖因受热时间过长而全部软化,难以销售。试问保险公司对此是否负责赔偿?

8. 我国某公司按CIF条件向中东某国出口一批货物,根据合同投保了水渍险附加偷窃提货不着险。但在海运途中,因两伊战起船被扣押,而后进口商因提货不着便向我保险公司进行索赔,我保险公司认为不属于保险责任范围,不予赔偿。试问保险公司是否有理?在投保什么险种的情况下保险公司予以赔偿?

9. 我国某出口公司按CIF条件出口大豆1 000吨,计20 000包。合同规定投保一切险、战争险和罢工险。货物卸至目的港码头后,当地码头工人开始罢工。在工人与政府的武装力量对抗中,该批大豆有的被撒在地面,有的被当作掩体,有的丢失,共损失近半。请问这种损失保险公司是否负责赔偿?

10. 我国某外贸公司与德国某进口商达成一项皮具出口合同,价格条件为CIF汉堡,支付方式为不可撤销即期信用证,投保协会货物保险条款ICC(A)险。生产厂家在生产的最后一道工序将皮具的湿度降低限度,然后用牛皮纸包好装入双层瓦楞纸箱后,再装入集装箱。货物到达目的港后,检验结果表明,全部货物湿、霉、玷污、变色,损失达10万美元。据分析,该批货物进出口地的气候环境均无异常,完全属于正常运输。试问保险公司对该批货物是否负责赔偿?为什么?

11. 以FOB成交的出口合同下,货物装船后卖方及时向买方发出装船通知,买方向保险公司投保了"仓至仓条款一切险"。但货物在从卖方仓库运往码头的途中,被暴风雨淋湿了10%的货物。事后卖方请买方以投保人的名义凭保单向保险公司索赔,但遭到保险公司拒绝。试分析保险公司能否拒赔,能否以CIF成交。

【考核要求】

结合所学的内容,请对上述案例进行分析。

■ 职场在线

1. 专业术语翻译

(1)平安险　　(2)水渍险　　(3)一切险　　(4)仓至仓条款

(5)保险单　　(6)War Risk　　(7)General average　　(8)Particular average

(9)Insurable interest

2. 试翻译以下出口合同的保险条款

(1)由卖方按发票金额加成10%投保中国人民保险公司1981年1月1日制定的海洋运输货物保险条款平安险、串味险和包装破裂险。

(2)To be covered by the Sellers for 110% of invoice value against ICC(C) and Institute War Clauses(Cargo) as per ICC dated 2009/1/1,including warehouse to warehouse clause.

# 项目实训

【实训项目】

国际货物运输保险。

【实训情境】

某出口公司以CIF或CIP贸易术语对外发盘,如按以下险别签订保险条款是否妥当?如有不妥,试予以更正并说明理由。

(1)一切险、短量险、串味险

(2)水渍险、一切险、受潮受热险、战争险

(3)平安险、进口关税险

(4)短量险、钩损险、战争险、罢工险

(5)航空运输一切险、淡水雨淋险

【实训任务】

1. 请分析上述内容是否妥当并说明理由。

2. 撰写《国际货物运输保险》实训报告。

| 《国际货物运输保险》实训报告 |||
|---|---|---|
| 项目实训班级： | 项目小组： | 项目组成员： |
| 实训时间：　　年　　月　　日 | 实训地点： | 实训成绩： |
| 实训目的： |||
| 实训步骤： |||
| 实训结果： |||
| 实训感言： |||
| 不足与今后改进： |||
| 项目组长评定签字： | 项目指导教师评定签字： ||

# 项目六　国际贸易货款支付结算

● **知识目标**

理解：国际贸易货款支付结算方式的结合使用。
熟知：国际贸易货款支付结算的工具：汇票、支票和本票。
掌握：国际贸易货款支付结算的方式：汇付、托收和信用证。

● **技能目标**

掌握国际贸易货款支付结算流程；掌握国际贸易货款支付结算工具和结算方式的内涵。

● **素质目标**

在国际贸易中熟悉掌握汇票、本票和支票的流程；懂得汇付、托收和信用证在国际贸易结算中的具体应用，从而做到学、思、用贯通，知、信、行统一。

● **思政目标**

培养学生具有高度的结汇风险意识。结合贸易实务中的货款收付案例，明确进出口货物交易中货款结算的风险，增强风险防范意识。培养学生具备良好的商业伦理和职业道德，拥有知识产权保护、个人隐私保护意识，明白不论作为进口商还是出口商，要想在商业社会中立足，必须具备起码的商业伦理和职业道德。

● **项目引例**

### 对结算方式理解不够的损失案

大连某国际贸易有限责任公司的一业务员与国外客户商定，货款的结算使用美元电汇支付。货物发出后十余天，该公司业务员收到国外客户电汇付款的银行收据传真，当即书面指示船公司将货物电放（凭提单正本影印件提货）给提单上的通知人，客户将货物提走后，货款却未到账。经查客户在银行办理了电汇付款手续，取得了银行收据，马上传真给卖方，并要求立即电放货物，在拿到卖方给船公司的电放指示附件后，即去银行撤销了这笔电汇付款，造成该公司 80 000 美元的损失。

**引例评析：**

通过本案例我们得知国际货款支付结算涉及信用和使用何种货币、票据，以及在什么时间、以何种方式收付货款等问题。货款顺利收回是一笔交易圆满结束的重要标志，采用什么样的支付结算方式能够及时、安全地收回货款，是业务员应当知道的基本常识。在进出口贸易实务中，买卖双方都极力争取有利于自身的支付结算方式，以便买方融通资金和卖方安全收汇，因此支付结算方式成为合同的重要交易条款，正如案例所示，对汇付的商业性质认识不透，或不能识别信用证中的陷阱条款，以致造成买方随意撤销付款通知，信用证下货款无端收不回来的严重后果。

● **课程思政**

> 通过本项目的学习，大学生要坚定理想信念，坚定"四个自信"，不断增强文化认同、文化自觉和文化自信。加强自我学习调适，培养慎独明辨能力。国际贸易货款支付结算，涉及票据和信用风险、银行风险，应加强自身认知能力和辨别能力的提升，要勤于学习、敏于求知，既术业专攻，又放眼时代。养胸中浩然正气，立民族振兴之志，将所学所知内化于心，增强独立判断和辨析能力，形成正确的价值判断。在笃行务实中找准自身定位，合理做好人生规划，善于将压力转化为动力，以自尊自信的良好心态面对世界和人生。

## 任务一　支付工具

国际贸易货款的收付，是国际贸易实务中的重要环节。货款的收付直接影响着双方的资金周转和融通，以及各种金融风险和费用负担，是关系到买卖双方切身利益的实际问题，因此，买卖双方在洽商交易过程中，都力争对自己有利的支付条件。货款的结算，主要涉及支付工具、支付时间、支付地点及支付方式等问题。由于国际贸易的收付采用现金支付的很少，所以大多使用非现金的信用工具——金融票据来进行。金融票据是国际上通行的结算和信贷工具，国际贸易中使用的金融票据主要有汇票、本票和支票3种支付工具，其中以使用汇票为主。

### 一、汇票

汇票(Bill of Exchange, Draft, Bill)是一个人向另一人签发的，要求在见票时或在将来的固定时间，或是可以确定的时间，对某人或其指定的人或持票人支付一定金额的无条件书面支付命令（见图6—1）。《中华人民共和国票据法》第19条规定：汇票是出票人签发的，委托付款人在见票时或者在指定日期无条件支付确定的金额给收款人或持票人的票据。

#### (一)汇票的基本内容

汇票的基本内容一般有下列几项：①出票人(Drawer)。是开立票据并将其交付他人的法人、其他组织或者个人。出票人有对收款人及正当持票人在提示付款或承兑时必须付款或者承兑的保证责任。出票人一般是供货方，即真正的债权人。②受票人(Drawee)。又称"付款人"(Payer)，即接受支付命令的人。进出口业务中，通常为进口人或进口地银行。在托收支付方式下，付款人一般为买方或债务人；在信用证支付方式下，一般为开证行或其指定的银行。

```
                        BILL OF EXCHANGE
凭                                              信用证  第  号
Drawn under 出票依据_____                    L/C No _____
日期
Dated_____      支取 Payable with interest @ ___%per annum 按年息    付款
号码              汇票金额                        中国南京      年    月
                                                                      日
No____ 汇票号码   Exchange for  汇票小写金额   Nanking China  出票时间与地点
            见票                日后(本汇票之副本未付)付交
            At____付款期限____ sight of this FIRST of Exchange (Second of exchange  金额
being unpaid) Pay to the order of  收款人                         the sum of
汇票大写金额
款已收讫
Value received
此致
To:
  付款人
                                                        出票人
```

图 6—1  汇票范本

③收款人(Payee)。又叫"汇票的抬头人",是指受领汇票所规定金额的人。进出口业务中,一般填写出票人提交单据的银行。④付款的金额。金额必须是确切的或可以准确计算的,不能含混不清。⑤付款期限。⑥出票日期和地点。⑦付款地点。⑧出票人签字。

【注意】汇票不仅是一种支付命令,而且是一种可转让的流通证券。

### (二)汇票的种类

1. 按出票人不同,可分为银行汇票(Banker's Draft)和商业汇票(Commercial Draft)

银行汇票是出票人和付款人均为银行的汇票。商业汇票是出票人为企业法人、公司、商号或者个人,付款人为其他商号、个人或者银行的汇票。

2. 按有无附属单据,可分为光票(Clean Draft)和跟单汇票(Documentary Draft)

光票指汇票本身不附带货运单据,银行汇票多为光票。跟单汇票又称信用汇票、押汇汇票,是需要附带提单、仓单、保险单、装箱单和商业发票等单据,才能进行付款的汇票。

【提示】在国际贸易中经常使用的商业汇票多为跟单汇票。

3. 按付款时间不同,可分为即期汇票(Sight/Demand Draft)和远期汇票(Time/Usance Draft)

即期汇票是持票人向付款人提示后对方立即付款,又称见票即付汇票。远期汇票是在出票一定期限后或特定日期付款。

关于远期汇票的付款时间,通常有以下 4 种:①见票后若干天付款(At ×× days after sight),(业务中较常见)。②出票后若干天付款(At ×× days after date of draft)。③提单签发日后若干天付款(At ×× days after date of Bill of Lading)。④指定日期付款(Fixed Date)、(Payment before the end of May,2023)。

4. 按承兑人不同,可分为商业承兑汇票(Commercial Acceptance Draft)和银行承兑汇票

(Banker's Acceptance Draft)

商业承兑汇票是以银行以外的任何商号或个人为承兑人的远期汇票;银行承兑汇票是以银行为承兑人的远期汇票。

【注意】一张汇票往往可以同时具备几种性质,例如,一张商业汇票同时又可以是远期跟单汇票;一张远期商业跟单汇票,同时又可以是银行承兑汇票。

### (三)汇票的票据行为

票据行为是依票据上规定的权利和义务所确定的法律行为,包括出票、背书、承兑、付款等。其中,出票是主票据行为,其他票据行为都是以出票所设立的票据为基础,在出票行为完成之后进行的行为。汇票的基础票据行为如图6-2所示。

图 6-2 汇票的基础票据行为

1. 出票

出票(To draw or Issue)是把汇票投入流通的第一个环节。出票包括两部分内容:①由出票人制作汇票,并在其上签名;②将票据交给收款人。两部分内容缺一不可。

【提示】如果已制好票据却不把它交给收款人,则该出票过程只完成了一半。

出票人在制作汇票时必须按照《票据法》的规定,把法定内容记载于汇票之上,才能产生法律效力。它基本上应包括以下项目内容:(1)标明"汇票"字样。(2)必须无条件支付一定金额。汇票是一种无条件的支付命令,如果夹带某种附加条件付款人才予以付款,那这就不能算作汇票。(3)必须载明付款人的姓名。(4)汇票的收款人(抬头)。通常有以下三种写法:①限制性抬头(即收款人)。例如,汇票上载明"仅付给 A 公司"(Pay to A Co. Only)或"付给 A 公司,不可转让"(Pay to A Co not Transferable),这种抬头的汇票不能流通转让,只限于××公司收取货款。②指示性抬头。例如,汇票上载明"付给 A 公司或其指定人"(Pay to the Order of A Co.)。这是使用最为广泛的一种写法,这种抬头的汇票,除××公司收取票款外,也可以经过背书转让给第三者。③来人抬头。汇票上不写明收款人的姓名,只写上"付与持票人"(Pay Bearer)字样,这种汇票无须由持票人背书,仅凭交付汇票即可流通转让。(5)汇票的出票日期及地点。(6)汇票的到期日,即汇票金额的支付日期。它可以有以下四种规定方式:①定日付款,这种形式极少使用;②见票即付,即于持票人提示汇票时付款;③出票日后定期付款,即从出票日起算,于一定期间内(如一个月)付款;④见票后定期付款,即从持票人提示汇票后起算,于见票后的一定时期内付款。(7)必须由出票人在汇票上签名。

【提示】由于目前尚无一条被广泛承认的国际性汇票公约,故各国对汇票的内容仍有很大分歧。为保险起见,最好将以上七项内容都载入汇票。

2. 背书

"背书"(Endorsement)是因签字多在汇票背面得名。它是转让票据权利的一种法定手续,是指汇票转让时,由汇票抬头人(执票人)在汇票背面签上自己的名字和背书日期或再加上受让人(被背书人)的名字,并把汇票交给受让人的行为。转让人称为"背书人",被转让人称为"被背书人"。被转让人可以再加背书,再转让出去,如此,一张票据可以多次被转让。按照各国的法律规定,除无记名式汇票(来人抬头汇票)外,记名汇票和指示性汇票都必须以背书的方式进行转让。

背书的效力有:①通过背书,汇票上的权力便转移给了被背书人;②如果汇票被拒付或拒绝承兑,任何后手都有权向前手背书人进行追索,请求偿还票据的金额。

背书的方式有:①空白背书:又称无记名背书,背书人仅在汇票背面签上自己的名字,而不填写被背书人的姓名和商号名称。经空白背书的汇票可仅凭交付而转让,其结果与来人抬头的汇票相同。这是国际贸易结算中最为常见的一种票据背书方式。②记名背书:持票人在背书时,在汇票背面写上被背书人的姓名、商号,并签上自己的名字,然后将汇票交付给被背书人,汇票的转让即告完成,这种背书受让人可继续背书将汇票转让。③限制性背书:指背书人对支付给被背书人的指示带有限制性的词语,即不可转让背书,如"付给 S 银行,不可转让"(Pay to S bank, not transferable)。

3. 提示

提示(Presentation)是指持票人向付款人出示汇票,请其承兑或付款的行为。持票人如要取得汇票金额的支付或承兑,必须向付款人做出正式的汇票提示。

提示一般分为提示付款和提示承兑。所谓提示付款,是指各种票据的持票人向票据主义务人或关系人出示票据请求对方支付票款。所谓提示承兑,是指远期汇票的持票人向票载付款人出示票据,请求对方在票据上表示待票据到期日愿意无条件支付票据金额。

【注意】一般而言,远期汇票都应先向付款人进行提示承兑,到期时再进行提示付款。即期付款的汇票,则只需进行提示付款,无须进行提示承兑。

4. 承兑

承兑(Acceptance)是指汇票的付款人为了表示接受出票人的提示付款,同意承担支付汇票金额的义务,而将此意愿以书面文字形式记载于汇票之上的行为。

【注意】承兑的方式通常是由付款人在汇票正面横写"承兑"字样,注明承兑日期,并签上自己的名字。

承兑的作用在于确定付款人对汇票金额的付款义务。因为汇票是出票人(通常是卖方)单方面的行为,付款人对汇票的内容一无所知,所以未在汇票上签名前的付款人是毫无责任的。只有当付款人在汇票上签字承兑之后,他才对汇票的付款承担法律上的责任。如果付款人拒绝承兑,持票人不能对付款人起诉,只能对其前手背书人或出票人进行追索。

前文已提到,只有远期付款的汇票需要承兑,尤其是属于见票后定期付款(如见票后 30 天付款)的汇票,持票人必须向付款人提示承兑。因为只有经过承兑之后才能确定具体的付款日期。

【提示】一般来说,付款人收到提示承兑的汇票之日起 3 日内承兑或拒绝承兑。如未注明承兑日期,则以付款人收到汇票之日起的第三天为承兑日期。

5. 付款

付款(Payment)是指汇票的持票人于汇票到期日,向汇票的付款人提示汇票,要求支付汇票金额的行为。持票人必须在法定时间内向付款人进行提示付款。如果持票人不及时进行提示付款,即丧失了对出票人及其前手的追索权。汇票经付款人如数照付后,汇票上的一切债权债务关系即告解除。付款人在付款时要求持票人在汇票上签名并注明"收讫(Receipt)"字样,并把汇票交给付款人。

6. 拒付

持票人提示汇票要求承兑时，遭到拒绝承兑(Dishonour by Non-Acceptance)，或持票人提示汇票要求付款时，遭到拒绝付款(Dishonour by Non-Payment)，均称拒付，又称退票。除拒绝承兑或拒绝付款外，付款人死亡或宣告破产以致付款事实上已不可能时，也称拒付。当汇票被拒付时，最后的持票人有权向所有的"前手"直至出票人追索，因此，持票人应及时做成拒付证书(Protest)，以作为向其"前手"进行追索的法律依据。

7．追索权

追索权(Right of Recourse)是指票遭到拒付，持票人对其前手、出票人有请求其偿还汇票金额及费用的权利。追索的对象：票款。

8．贴现

远期汇票承兑后，持票人如想在汇票到期前取得票款，可以将汇票背书转让给银行，银行从汇票面额中扣除按照一定贴现率计算的贴现利息后，将余款付给执票人，这就是通常所说的贴现(Discount)。

【学中做 6-1】 面额 100 000 美元见票 60 天付款的汇票，5 月 10 日得到付款人的承兑，该汇票到期日为 7 月 9 日，持票人于 5 月 30 日去银行要求贴现，如果贴现年利率为 5%，一年按 360 天计算。试分析银行贴现利息和持票人净收款各多少？

分析：

$$贴现利息 = 汇票金额 \times 贴现利息 \times 贴现天数 \div 360$$
$$= 100\,000 \times 5\% \times 40 \div 360 = 555.55 美元$$

$$银行向持票人净付款 = 汇票金额 - 贴现利息$$
$$= 100\,000 - 555.55 = 99\,444.45 美元$$

银行于 7 月 9 日向付款人提示，收取票款 100 000 美元。

【做中学 6-1】　　　　　　　　对汇票当事人的理解

A 在 B 处存有一笔款项，A 与 C 签订了购货合同，从 C 处购买一批商品。交易达成后，A 于 6 月 20 日签发了一张 B 为付款人的汇票，命令 B 按照票面金额见票后 30 天内付款。A 将汇票交付给 C。C 作为收款人拿到票据后，于 6 月 25 日向 B 作了承兑提示。B 于 6 月 25 日见票，当日承兑后将汇票退还给 C。C 因曾向 D 借过一笔资金，为了清偿与 D 之间的借贷关系，于 6 月 30 日将票据转让给 D。D 因接受了 E 的劳务，于 7 月 5 日将票据转让给 E。E 也因为某种对价关系，于 7 月 8 日将票据转让给 F。如果 F 不再转让票据，则，F 作为持票人，于汇票到期日(7 月 25 日)向 B 作付款提示。B 于 7 月 25 日付款。请分析它涉及哪些当事人，以及使用票据的业务流程(涉及的票据行为)。

解析：A 为出票人，B 为受票人，C 为收款人及第一背书人，D 为第一被背书人及第二背书人，E 为第二被背书人及第三背书人，F 为最后被背书人和持票人(见表 6-1 所示)。

表 6-1　　　　　　　　　　　　　　汇票使用流通程序

| 行为日期 | 使用流通程序 | 行为人 | 行为指向人 | 与当事人之间的关系 |
| --- | --- | --- | --- | --- |
| 6 月 20 日 | 出票 | 出票人 A | 收款人 C | 原因关系 |
| 6 月 25 日 | 承兑提示 | 持票人 C | 受票人 B | 法律关系 |
| 6 月 25 日 | 承兑 | 承兑人 B | 持票人 C | 法律关系 |
| 6 月 30 日 | 背书 | 第一背书人 C | 第一被背书人 D | 对价关系 |

续表

| 行为日期 | 使用流通程序 | 行为人 | 行为指向人 | 与当事人之间的关系 |
|---|---|---|---|---|
| 7月5日 | 背书 | 第二背书人D | 第二被背书人E | 对价关系 |
| 7月8日 | 背书 | 第三背书人E | 第三被背书人F | 对价关系 |
| 7月25日 | 付款提示 | 持票人F | 受票人B | 法律关系 |
| 7月25日 | 付款 | 付款人B | 持票人F | 法律关系 |

## 二、本票

本票(Promissory Note)是一个人向另一个人签发的,保证在见票时或在将来的固定时间对某人或其指定人或持票人支付一定金额的无条件书面承诺的款项。本票分为商业本票和银行本票(见表6—2所示)。根据《中华人民共和国票据法》第73条规定,本票是出票人签发的,承诺自己在见票时无条件支付确定的金额给收款人或者持票人的票据。该法第74条又规定,本票的出票人必须具有支付本票金额的可靠资金来源,并保证支付。由定义可知,本票的当事人只有两个,一个是出票人,另一个是受款人。出票人也是付款人,这是本票与汇票的根本区别。

表6—2　　　　　　　　　　　本票式样

```
Promissory Note
GBP 10 000.00                    London, 25th Apr., 2024
On the 28th July, 2024 fixed by the promissory note
We promise to pay China Export Corporation or order
The sum of pound sterling Ten Thousand Only
                           For and on behalf of the
                              Trading company
                                   London
```

根据我国《票据法》关于本票的规定和国际上关于本票种类的划分方法,我国《票据法》所调整的本票种类如下。

(1)即期本票。根据本票付款期限的不同,国际上本票可分为即期本票和远期本票。所谓即期本票是见票即付的本票;远期本票包括定日付款本票、出票后定期付款的本票和见票后定期付款的本票。我国《票据法》第73条第1款只规定了"本票是出票人签发的,承诺自己在见票时无条件支付确定的金额给收款人或者持票人的票据",因此,我国《票据法》只调整"见票时无条件支付"的即期本票,而不调整远期本票。

(2)银行本票。根据签发本票的主体不同,国际上本票可分为企事业单位和个人签发的商业本票和银行签发的银行本票。我国《票据法》第73条第2款规定"本法所称本票,是指银行本票",所以,我国票据法只调整银行本票,而不调整商业本票。

(3)记名本票。根据本票上是否记载收款人的名称,国际上本票可分为记名本票和无记名本票。我国《票据法》第76条规定,本票必须记载收款人名称,否则,本票无效;所以,我国《票据法》只调整记名本票。

我国《票据法》之所以只调整即期本票、银行本票和记名本票,而不调整远期本票、商业本票和无记名本票,其原因是我国的社会主义市场经济处于创新驱动阶段,信用制度不断完善。本票具有通过信用进行融资的功能,如果利用不当,流通中的本票没有相应的货币或商品作为保障,有可能产生信用膨胀,并扰乱经济秩序,特别在目前我国信用制度尚不健全的阶段,上述情况更有可能发生。所以,我国《票据法》在现阶段只调整信用度较高的即期本票、银行本票和记名本票。

本票与汇票在很多方面是相似的。例如,汇票中有关出票、背书、付款等规定,基本适用于本票,但是二者也有明显差别:

(1)本票是无条件支付承诺,而汇票是无条件支付命令。

(2)本票的票面有两个当事人,即出票人和受款人,出票人本身就是付款人;而汇票票面有三个当事人,即出票人、付款人与受款人。

(3)本票的出票人即付款人。远期本票无须办理提示承兑和承兑手续,远期汇票则须办理承兑手续。

(4)本票在任何情况下的出票人都是主债务人。而汇票在承兑前,出票人是主债务人;在承兑后,承兑人是主债务人。

(5)本票只能开出一张,而汇票可以开出一套。

### 三、支票

根据《中华人民共和国票据法》第8条规定,支票(Cheque or Check)是出票人签发的,委托办理支票存款业务的银行或者其他金融机构在见票时无条件支付确定金额给收款人或持票人的票据。

动漫视频

支票、汇票和本票的区别

支票的当事人与汇票当事人相同,共有三个出票人、付款人和收款人。出票人在签发支票后,应负票据上的责任和法律上的责任。前者是指出票人对收款人担保支票的付款;后者是指出票人签发支票时,应在付款银行存有不低于票面金额的存款。如果存款不足,支票持有人在向付款银行出示支票要求付款时,就会遭到拒付。这种支票叫空头支票。

【注意】开出空头支票的出票人要负法律责任。

支票可分为现金支票和转账支票。《中华人民共和国票据法》第83条规定,支票可以支取现金,也可以转账,用于转账时,应当在支票正面注明。支票中专门用于支取现金的,可以另行制作现金支票,现金支票只能用于支取现金。

【提示】支票中专门用于转账的,可以另行制作转账支票,转账支票只能用于转账,不得支取现金。

在其他许多国家,支取现金或是转账,通常可由持票人或收款人自主选择,但一经"划线"只能通过银行转账,而不能直接支取现金,因此,就有"划线支票"和"未划线支票"之分。

由于支票遗失后很容易被冒领,而且难以追回,为了防止冒领,出票人或持票人可以在支票左上角划两道平行线,这样的划线支票(Crossed Cheque)就只能通过银行收款,不得由持票人直接提取现款。划线支票又称平行线支票。

#### 同步案例6—1　　　一起空头支票引发的思考

我国某公司在广交会上与外商签订了一份出口合同,并凭外商所给的以国外某银行为付款人的、金额为60 000美元的支票,在2天后将货物装运出口。随后,我出口公司将支票通过我国国内银行向国外付款行托收支票时,被告之该支票为空头支票。试分析我方应吸取的教训。

**【案例精析】** 此案例属于利用空头支票进行诈骗的案件,我方应吸取的教训:应了解客户资信情况,加强与国外银行联系,掌握支票的使用,避免造成损失。

## 任务二　支付方式

目前,进出口业务中所使用的支付方式,主要有汇付、托收和信用证。汇付和托收属于商业信用,信用证属于银行信用。汇付为顺汇方式(支付工具与资金的流动方向相同),托收和信用证为逆汇方式(支付工具与资金的流动方向相反)。

### 一、汇付

汇付(Remittance)又称汇款,指付款人(通常是进口商)通过银行或其他途径将款项汇交给收款人(通常是出口商)。例如,合同规定"买方应于××××年××月××日前将全部货款用电汇(信汇/票汇)方式汇付给卖方""合同签署后30天内,买方应以电汇方式付给卖方合同价格的10%(××美元)"。

#### (一)汇付的当事人

在汇付业务中通常有四个当事人:

(1)汇款人(Remitter)。即汇出款项的人。在国际贸易中,通常为进口人。

(2)收款人(Payee)。即收取款项的人,在国际贸易中,通常为出口人。

(3)汇出行(Remitting Bank)。即受汇款人的委托,汇出款项的银行,通常为进口地的银行。

(4)汇入行(Paying Bank)。即受汇出行委托解付汇款的银行,通常为出口地的银行。

#### (二)汇付的方式

汇付方式分为电汇、信汇和票汇三种。

(1)电汇(Telegraphic Transfer,T/T)。是指汇出行应汇款人的申请,拍发加押电报、电传或SWIFT给在另一国家的分行或代理行(即汇入行),指示解付一定金额给收款人的一种汇款方式。其优点是收款人可迅速收到汇款;其缺点是费用较高。

(2)信汇(Mail Transfer,M/T)。是指汇出行应汇款人的申请,将信汇委托书寄给汇入行,授权解付一定金额给收款人的一种汇款方式。其优点是费用较为低廉;其缺点是收款人收到汇款的时间较迟。

(3)票汇(Remittance by Banker's Demand Draft,D/D)。是指汇出行应汇款人的申请,在汇款人向汇出行交款并支付一定费用的条件下,代替汇款人开立的以其分行或代理行为解付行支付一定金额给收款人的银行即期汇票(Banker's Demand Draft),寄交收款人,由收款人凭此向汇入行取款。

**【学中做6—2】** 采用票汇支付货款时,由卖方向银行提示买方寄来的银行汇票凭以收款,可见,票汇是银行信用。这句话对吗?

**分析:** 不对。双方以票汇结算时,虽然开立的银行汇票,但是需要由买方向银行申请开立,否则卖方无法取得汇票,也无法取得货款。可见,票汇还是商业信用。

票汇与电汇、信汇有两点不同：
(1)票汇的汇入行，即汇票的付款行无须通知收款人，而由收款人自行持票上门取款。
(2)电汇、信汇的收款人不能将收款权转让，所以涉及的当事人较少，而票汇的收款人可以通过背书转让汇票，可能涉及的当事人较多。

表6－3所示的是三种汇付方式的比较。

表6－3　　　　　　　　　　　　　三种汇付方式的比较

| 汇付方式 | 结算手段 | 特点 优点 | 特点 缺点 | 成本 | 速度 |
|---|---|---|---|---|---|
| 电汇（T/T） | 委托汇出行以电报、电传等电信手段发出付款委托通知书 | 较安全，款通过银行付给指定的收款人；汇款人可充分利用资金；减少利息损失。 | 银行不能占用资金；汇款人费用高，如电讯费和手续费。 | 高 | 最快 |
| 信汇（M/T） | 委托汇出行以信件方式寄发信汇委托书或支付通知书 | 银行可占用客户的资金，费用较低。 | 结算时间长，收款速度较慢，有可能在邮寄中延误或丢失。 | 较低 | 比T/T慢 |
| 票汇（D/D） | 以银行即期汇票为支付工具，由汇款人自行寄交收款人 | 汇入行不必通知取款；背书后可流通转让；汇出行可占用客户资金。 | 可能丢失、被窃，速度慢。 | 最低 | 最慢 |

### (三)汇付的操作程序

1. 电汇/信汇的操作程序

电汇/信汇的操作程序如图6－3所示。

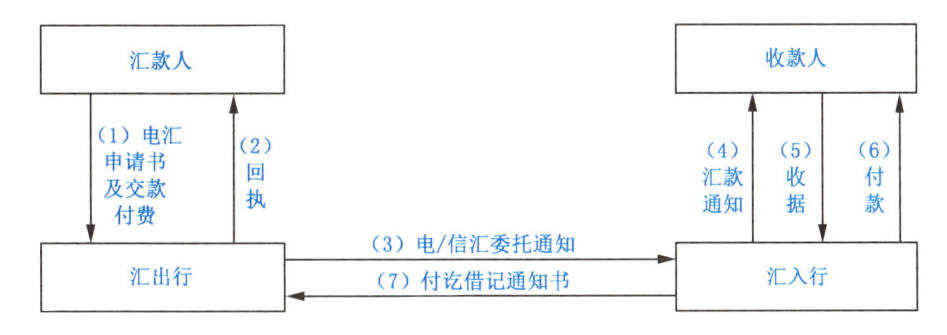

图6－3　电汇/信汇操作流程

电汇/信汇的操作程序如下：(1)交易双方签订贸易合同，约定电汇/信汇的支付方式。汇款人填写并呈交电汇/信汇汇款申请书，缴款付费。(2)汇出行给汇款人汇款回执。(3)汇出行通过加押电报、电传、SWIFT等方式向汇入行发出支付授权书，或邮寄支付授权书。(4)汇入行向收款人发出汇款通知。(5)收款人接到汇款通知，到汇入行提交收据。(6)汇入行付款，并将收款人的收据留存。(7)汇入行告知汇出行付款情况。

2. 票汇的操作程序

票汇的操作程序如图6－4所示。

票汇的操作程序如下：(1)交易双方签订贸易合同，约定票汇的支付方式。汇款人填写并呈交票汇汇款申请书，缴款付费。(2)汇出行开立银行即期汇票，交给汇款人。(3)汇出行向汇

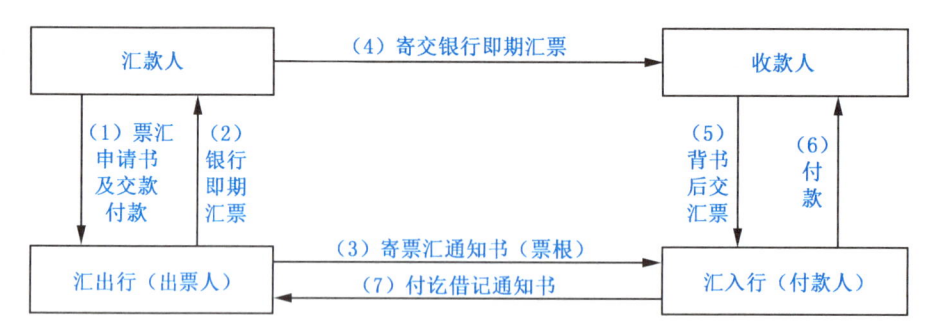

```
                （4）寄交银行即期汇票
    汇款人 ─────────────────→ 收款人
      │ ↑                        ↑ ↑
   (1)│ │(2)                  (5)│ │(6)
   票汇│ │银行                  背书│ │付
   申请│ │即期                  后交│ │款
   书及│ │汇票                  汇票│ │
   交款│ │                        │ │
   付款│ │                        │ │
      ↓ │   （3）寄票汇通知书(票根)   │ │
    汇出行(出票人) ────────────→ 汇入行(付款人)
              （7）付讫借记通知书
```

图6—4　票汇操作流程

入行寄送汇票票根或发出支付授权书。(4)汇款人将汇票寄交给收款人。(5)收款人进行付款提示。(6)汇入行付款。(7)汇入行告知汇出行付款情况。

在汇付中,汇款人出具汇款申请书。申请书是汇款人和汇出行之间的一种契约。汇出行一经接受申请,就有义务按照汇款申请书的指示通知汇入行。汇出行与汇入行之间事先订有代理合同,在代理合同规定的范围内,汇入行对汇出行承担解付汇款的义务。

## 同步案例6—2　　　电汇和票汇的流程应用

我国一出口企业签订的某出口合同规定的支付条款为装运月前15天电汇付款,买方延至装运月中从邮局寄来银行汇票一张。为保证按期交货,出口企业于收到汇票的次日即将货物托运,同时委托银行代收票款。1个月后,收到银行通知,因该汇票是伪造的,已被退票。此时,货物已运抵目的港,并被买方凭出口企业自行寄去的单据提走。事后追偿,对方早已人去楼空。对此,我方的教训是什么？试从电汇与票汇角度对本案加以评论。

【案例精析】　虽然电汇与票汇都属于汇付,但其内容和操作程序存在不同,电汇是汇款人直接汇款给收款人,票汇则是付款人先买入银行汇票再将汇票寄给收款人,因此存在一定的风险。

### (四)汇付的特点及在贸易中使用时的注意事项

汇付简便、快捷,可单独使用,也可与其他方式结合使用。汇付的特点及在贸易中使用时的注意事项如下。

1. 风险大

汇付属于商业信用。对于预付货款的买方或货到付款的卖方来说,能否按时收汇或能否按时收货,完全取决于对方的信用。如果对方信用不好,则可能钱货两空。

(1)预付货款(Payment in Advance)。它是指买方在订货时汇付或交货前汇付货款的方法,分为全部预付和部分预付两种。预付货款对于卖方来说有预先得到一笔资金的明显好处。但对于买方来说,却要过早地垫付资金,承担卖方延迟交货或不交货的风险,因此,这种付款方式不易被普遍接受,只能在个别小额交易中使用。

(2)货到付款(Payment after Arrival of the Goods)。它是指卖方在没有收到货款以前,先交出单据或货物,然后由买方主动汇付货款的方法。这种方法实际上是一种赊账业务(Open Account Transaction,O/A)。卖方在发货后能否按时顺利收回货款,取决于买方的信用,因此,除非买方的信誉可靠,否则卖方一般不宜轻易采用此种方式。

2. 资金负担不平衡

对于货到付款的卖方或预付货款的买方来说,资金负担较重,整个交易过程所需的资金,几乎全部由他们提供。

3. 手续简便,费用少

汇付的手续办理比较简单,银行的手续费用也较少,因此,在交易双方相互信任的情况下,或是跨国公司各子公司之间的结算,可以采用汇付方式。

## 二、托收

托收(Collection)是委托收款的简称,是指由债权人(出口人)出具汇票,委托银行向债务人(进口人)收取货款的一种支付方式。

### (一)托收方式的当事人

托收方式所涉及的当事人如下:①委托人(Principal)。是指委托银行办理托收业务的客户,通常为出口人。②托收银行(Remitting Bank)。是指接受委托人的委托,办理托收业务的银行,一般为出口地银行。③代收银行(Collection Bank)。是指接受托收行的委托向付款人收取票款的进口地银行。代收银行通常为托收银行的国外分行或代理行。④提示行(Presenting Bank),是指向付款人做出提示汇票和单据的银行。可以是与付款人有往来账户关系的银行,也可以由代收银行自己兼任提示银行。⑤付款人(Payer)。通常为进口人,即债务人。如使用汇票,即为汇票的受票人。

### (二)托收的方式

托收可根据所使用汇票的不同,可分为光票托收和跟单托收。国际贸易实务中货款的收取大多采用跟单托收方式。

1. 光票托收

光票托收(Clean Collection)是指卖方仅开汇票而不提供任何货运单据,并委托银行收取货款的托收方式。在国际贸易中,光票托收主要用于小额交易、预付货款、分期付款以及收取贸易的从属费用等。

2. 跟单托收

跟单托收(Documentary Collection)是指卖方将汇票和货运单据一起交给银行委托代收货款。有时只交货运单据,不开汇票。

(1)付款交单(Documents against Payment,D/P)

被委托的代收行必须在进口人付清货款后才可将货运单据交给付款人,即出口人的交单是以进口人的付款为条件的。付款交单又可分为即期付款交单和远期付款交单两种。

①即期付款交单(Documents against Payment at Sight,D/P at Sight)。进口商于见票时立即付款,付款后领取货运单据。例如,买方应凭卖方开具的即期跟单汇票于见票时立即付款,付款后交单。

②远期付款交单(Documents against Payment at ×× Days after Sight,D/P after Sight)。出口商开具远期汇票通过银行向进口商提示,进口商予以承兑,直到汇票到期日付清货款,才能取得货运单据。例如,买方对卖方开具的见票后××天付款的跟单汇票,于第一次提示时应立即予以承兑,并应于汇票到期日立即予以付款,付款后交单。

进口商如果要提前取得货运单据,可通过两种方法:①提前付款;②凭"信托收据"借单。信托收据(Trust Receipt,T/R)是进口人向银行出具的一种信用担保文件,表示愿意以银行受托人的身份代银行提货、报关、存仓及出售货物,并承认货物的所有权属于银行,货物出售后货

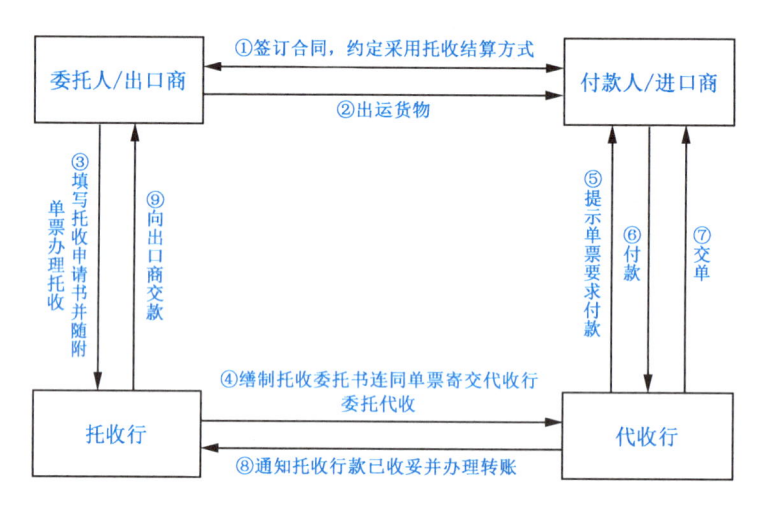

图 6-5 即期付款交单业务流程

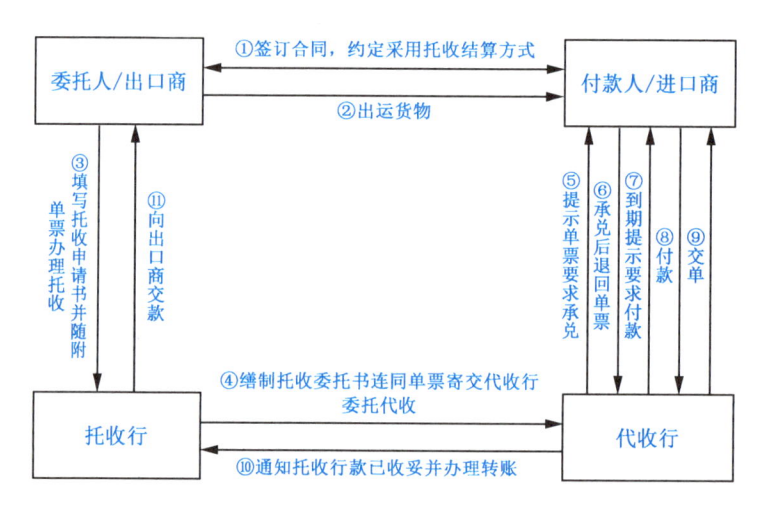

图 6-6 远期付款交单业务流程

款交给银行保管,这种情况下,风险由代收行承担;还有一种情况是,出口商授权银行凭信托收据借单(即所谓远期付款交单凭信托收据借单,D/P·T/R)取得货运单据,此种情况下,由出口商自己承担风险。

### 同步案例 6-3　　付款交单的应用

我国某公司向一日本客户以即期付款交单的支付方式推销某种商品,而日商则提出如果我方同意采用见票后 90 天付款交单的支付方式,并以日商指定的 A 银行为代收行,则日商愿意接受我方提出的其他交易条件,与我方达成交易。试分析日商提出这种要求的原因是什么?为什么指定代收行?

【案例精析】即期付款交单方式下卖方开具的是即期跟单汇票,进口商要得到单据必须见票时立即付款。远期付款交单方式下卖方开具的是远期跟单汇票,因此进口商可先承兑,待汇票到期再付清货款,取得单据。可以从两者的差别上考虑本案例。

(2)承兑交单(Documents against Acceptance at ×× Days after Sight 或 Documents against Acceptance at ×× Days after B/L Date, D/A)

承兑交单是指代收方按出口人的指示,在进口人承兑后即交出单据。付款人在汇票到期时再付款。例如,买方对卖方开具的见票后××天付款的跟单汇票,于第一次提示时应立即予以承兑,并应于汇票到期日立即付款,承兑后交单。

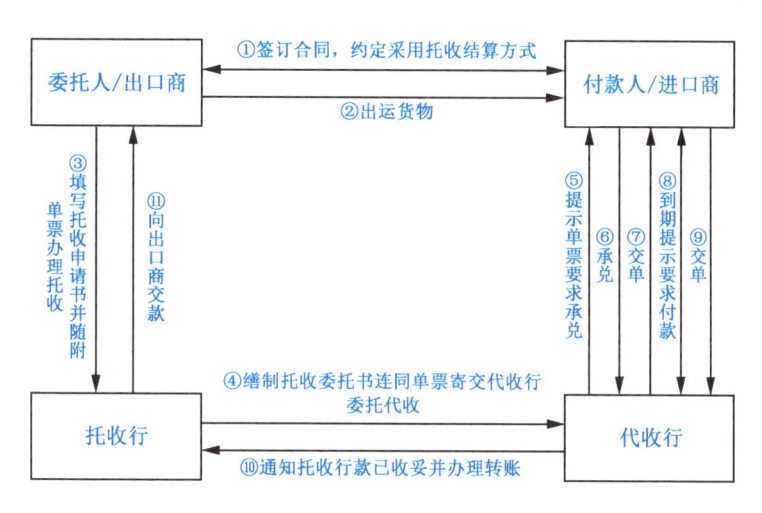

图6-7 承兑交单业务流程

### 【做中学6-2】 托收业务中的提示日、承兑日、付款日和交单日

某公司出口三批货物,合同分别规定以D/P即期、D/P60天和D/A90天托收方式付款。如果邮寄的时间为8天托收日为6月10日。那么这三笔业务的提示日、承兑日、付款日和交单日各为何日?(不计银行合理工作时间)

**解析**:D/P即期的提示日、承兑日、付款日和交单日都是6月18日;D/P60天的提示日、承兑日为6月18日、付款日和交单日都是8月18日;D/A90天的提示日、承兑日和交单日为6月18日、付款日为9月18日。

### (三)托收的程序

银行托收的基本做法是:出口人根据买卖合同先发运货物,然后开立汇票(或不开汇票)连同商业单据,向出口地银行提出托收申请,委托出口地银行(托收行)通过其在进口地的代理行或往来银行(代收行)向进口人收取货款。出口人在委托银行办理托收时,须附具一份托收指示书,在指示书中对办理托收的有关事项进行明确指示。银行在接受托收后,即按托收指示书的指示办理托收。

以跟单托收为例,托收的一般程序如图6-8所示。

(1)出口商与进口商在合同中约定以托收为支付方式后,出口商按货物买卖合同中的规定备货装运出口。

(2)出口商从船运公司获取提单。

(3)出口商按合同规定装货后,填写托收申请书,同时开立以进口商为付款人的即期(或远期)汇票,连同货运单据送交托收行,委托其收款。

(4)托收行以托收申请书为依据,缮制托收委托书,将委托书、汇票和货运单据寄交代收行

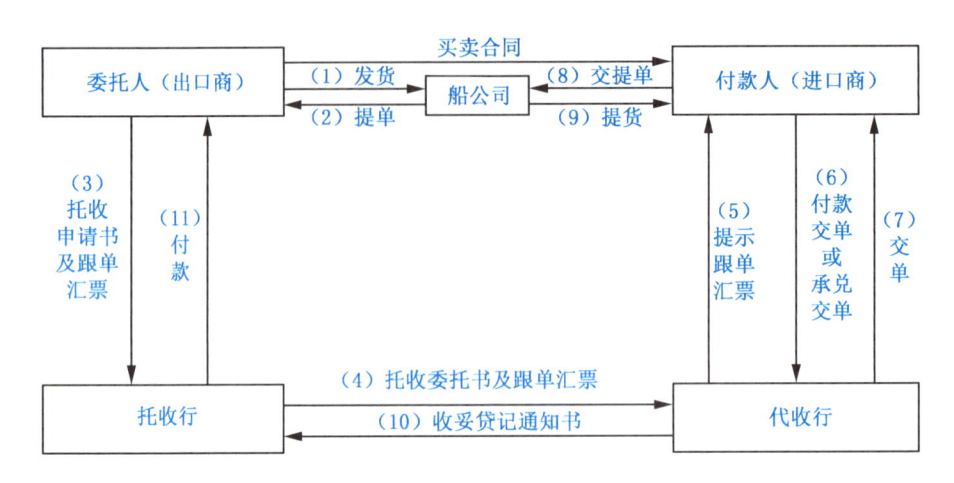

```
委托人（出口商） ──(1)发货──→ 船公司 ──(8)交提单──→ 付款人（进口商）
              ←──(2)提单──              ──(9)提货──→
```

图中流程：
- (3) 托收申请书及跟单汇票
- (11) 付款
- (5) 提示跟单汇票
- (6) 付款交单或承兑交单
- (7) 交单
- (4) 托收委托书及跟单汇票
- (10) 收妥贷记通知书
- 托收行 ⇄ 代收行

**图6－8　跟单托收操作流程**

委托其代收。

(5)代收行按委托书的指示向进口商提示跟单汇票,要求进口商承兑或付款。

(6)进口商按规定承兑或付款。

(7)代收行收到货款后,向进口商交单。

(8)进口商向船运公司提交海运提单。

(9)船运公司将货物交给进口商。

(10)代收行办理转账并向托收行发出付讫通知。

(11)托收行将收到的货款交给出口商。

### 同步案例6－4　　　　托收的应用

在海口注册的ER进出口公司于某年年初与韩国GI公司签订出口麻纺织品合同,合同总额为8万美元,付款方式为D/P AT Sight,ER公司委托中国银行海南分行为托收行,并指定韩国兴业银行为代收行。某年1月22日代收汇票和全套单据由托收行寄给了代收行,2月2日托收行要求代收行按汇票付款。一个多月过去了,代收行未进行任何答复。经委托人自行与韩国GI公司联系后,该公司承认已收到货物,但无钱可付,致使ER公司遭受巨大损失,唯一的途径是寻求司法保护。那么谁是原告,谁是被告呢?试从托收业务各当事人的责任角度对本案加以评论。

【案例精析】 托收方式下,出口商与托收行存在委托代理关系,托收行与代收行存在委托代理关系,本案可以从当事人之间的法律关系上进行考虑。

### (四)托收的特点

托收的性质是商业信用。银行有"三不管":一是不负责审查单据,二是不负责买方是否付款,三是不负责查验货物的真实情况。因此跟单托收对出口商有一定风险,但对进口商却很有利,其可以免去申请开立信用证的手续,不必预付银行押金,减少费用开支,而且有利于资金融通和周转。由于托收对进口商有利,所以在出口业务中采用托收有利于调动进口商采购货物的积极性,从而有利于促进成交和扩大出口,故出口商会将托收作为推销库存货物和加强对外竞销的手段。

### (五)《托收统一规则》

国际商会为统一托收业务的做法,减少托收业务各有关当事人可能产生的矛盾和纠纷,曾于1958年草拟了《商业单据托收统一规则》(The Uniform Rules for Collection,ICC Publication No.322),1995年再次修订后,称为《托收统一规则》(国际商会第522号出版物,《URC 522》),于1996年1月1日起实施。《托收统一规则》自公布实施以来,被各国银行所采用,已成为托收业务的国际惯例。

《托收统一规则》共7部分、26条,包括总则、定义、托收的形式和结构、提示方式、义务与责任、付款、利息、手续费及其他费用、其他规定。根据《托收统一规则》的规定,托收亦指银行根据所收到的指示,处理金融单据或商业单据,目的在于取得付款和(或)承兑,凭付款和(或)承兑交单,或按其他条款及条件交单。上述定义中所涉及的金融单据是指汇票、本票、支票或其他用于付款或款项的类似凭证。商业单据是指发票、运输单据、物权单据或非金融单据之外的任何其他单据。

【提示】《托收统一规则》本身不是法律,因而对一般当事人没有约束力。只有在有关当事人事先约定的情况下,才受该惯例的约束。

### (六)托收方式下卖方应注意的问题

(1)要切实了解买方的资信情况和经营作风,成交金额不宜超过其信用额度。

(2)对于贸易管理和外汇管制较严格的进口国家和地区不宜使用托收方式,以免货物到目的地后,由于不准进口或收不到外汇而造成损失。

(3)要了解进口国家的商业惯例,以免由于当地的习惯做法,影响收汇的安全和迅速。例如,有些拉美国家的银行,对远期付款交单的托收按照当地的法律和习惯,在进口人承兑远期汇票后立即把商业单据交给进口人,即把远期付款交单(D/P远期)改为按承兑交单(D/A)处理,这会使出口人增加收汇的风险,并可能引起争议和纠纷。

(4)出口合同应争取按CIF或CIP条件成交,由出口人办理货运保险,也可投保出口信用保险。在不采用CIF或CIP条件时,应投保卖方利益险。

(5)采用托收方式收款时,要建立健全管理制度,定期检查,发现问题应当迅速采取相应措施,以避免或减少可能产生的损失。

> **同步案例6—5　　即期与远期付款交单引发的思考**

我国一企业向日本一进口商出售某商品,其中付款条件为D/P at sight,对方答复可以接受,但付款按以下条件:D/P at 90 days after sight,并通过A银行代收,按一般情况,货物从我国运至日本最长不超过10天。试分析进口商为什么提出此条件。

【案例精析】　在本案例中,日商提出付款条件为见票后90天付款的远期付款交单,并通过它制定的A银行代收,一是为了推迟付款,二是为了利用其与A银行的关系采取"付款交单凭信托收据接单"的方式,提前借单提货。

## 三、信用证

### (一)信用证的含义

UCP 600规定,信用证(Letter of Credit,L/C)是指由银行(开证行)依照客户(申请人)的要求和指示开立或客户主动开立的,在符合信用证条款的条件下凭规定单据承诺付款的书面文件。

在信用证业务中,银行不仅直接参与结算,而且以自己的信用做出付款保证,因此,信用证结算方式是一种银行信用。通过这种方式,可缓解买卖双方互不信任的矛盾,扩大国际贸易的范围;使一些资历和声誉一般的中小企业以及本来彼此不熟悉或不信任的买卖双方也可以较为顺利地进行交易,有利于贸易商向银行融通资金。

### (二)信用证的特点

**1. 开证行负第一性付款责任**

按 UCP 600 的规定,在信用证业务中,开证行对受益人的付款责任是首要的、独立的,处于第一性付款人的地位。即使开证申请人事后丧失偿付能力,只要出口人提交的单据符合信用证条款,开证行也必须承担付款责任。

#### 同步案例 6—6　　　　开证行应履行付款责任案

我国某出口公司,通过通知行收到一份国外开来的不可撤销的信用证,该公司按信用证要求将货物装船后,但在尚未交单议付时,突然收到开证行的通知,称"开证申请人(进口商)已经倒闭,本开证行不再承担付款责任",开证行的做法是否正确?为什么?

【案例精析】　开证行的做法是错误的,无理的。因为,信用证一旦开出,开证行就要承担第一性的付款责任,即使开证申请人倒闭,开证行仍然应该履行付款责任。因此,该公司应指出开证行的错误,且仍按正常程序交单议付,向开证行索取货款。

**2. 信用证是一项自足的文件**

开证申请书是依据买卖合同的内容提出的,因此,信用证与合同有一定的逻辑关系。但信用证是依据买卖合同开立的,但一经开立,即成为独立于买卖合同之外的契约。

【提示】信用证各当事人的权利和责任完全以信用证条款为依据,不受买卖合同的约束。

#### 同步案例 6—7　　　　议付行对合同与信用证不符案的处理

我国某公司向美国出口一批货物,合同规定 8 月份装船,后国外开来信用证将装船期定为 8 月 15 日前,但 8 月 15 日前无船去美国,我方立即要求美商将装船期延至 9 月 15 日前装运,美商来电称:同意修改合同将装船期的有效期顺延一个月,该公司于 9 月 10 日装船,15 日持全套单据向指定银行办理议付,但被银行以单证不符拒绝议付,问:议付行的做法合理吗?

【案例精析】　议付行的做法合理。因为美商来电同意装船期展延,相当于合同的修改,而信用证并没有修改,该公司于 9 月 10 日的装船提单与信用证规定的 8 月 15 前的装船日期明显不符,故银行拒绝议付。

**3. 信用证是一项纯单据文件**

在信用证业务中,银行只审查受益人所提交的单据是否与信用证条款相符,以决定其是否履行付款责任。银行处理信用证业务只凭单据,不问货物的真实状况如何。银行以受益人提交的单据是否与信用证条款相符为依据,决定是否付款。如开证行拒付,也必须以单据上的不符点为理由。这种"相符"必须是"严格符合",不仅要求单证一致,而且要求单单一致。

【注意】只要受益人提交符合信用证条款规定的单据,开证行就应承担付款责任。

#### 同步案例 6—8　　　　"严格符合"的理解

中国某出口企业收到国外开来的不可撤销的即期议付信用证,正准备按信用证规定发运货物时,突然接到开证银行通知,声称开证申请人已经倒闭,此信用证无效。对此,出口企业应如何处理?依据何在?

【案例精析】 信用证是开证行有条件的书面付款承诺,其受益人是出口商,只要单证相符,单单相符,开证行必须履行其付款责任。

### 同步案例6—9　　外贸业务中需谨慎查看单据

某开证行按照自己所开出的信用证的规定,对受益人提交的、经审查符合要求的单据履行了付款责任。但进口商向开证行付款赎单后发现单据中的提单是倒签的,于是进口商立即要求开证行退回货款,并赔偿其他损失。问:进口商的要求合理吗?

【案例精析】 不合理。进口商于付款赎单后才发现提单日期是倒签的,银行对此没有向受益人追偿的责任,也无向开证申请人退回货款的义务,这项损失,作为进口商只能按买卖合同向出口商、承运人索赔,而与开证行无关。

### (三)信用证方式的当事人

信用证方式涉及的当事人较多,主要有以下几个。

(1)开证申请人。开证申请人(Applicant)又称开证人(Opener),指向银行申请开立信用证的人,即进口人或实际买主。

(2)开证银行。开证银行(Opening Bank/Issuing Bank)指接受开证申请人的委托,开立信用证的银行,它承担保证付款的责任,开证行一般是进口人所在地的银行。

(3)通知银行。通知银行(Advising Bank/Notifying Bank)指受开证行的委托,将信用证转交出口人的银行。它只证明信用证的真实性,并不承担其他义务。通知银行通常是出口人所在地的银行。

(4)受益人。受益人(Beneficiary)指信用证上所指定的有权使用该证的人,即出口人或实际供货人。

(5)议付银行。议付银行(Negotiating Bank)指愿意买入受益人交来的跟单汇票的银行。它可以是指定的银行,也可以是非指定的银行,此项根据信用证的条款来决定。

(6)付款银行。付款银行(Paying Bank/Drawee Bank)指信用证上指定的付款银行。一般是开证银行,也可以是它指定的另一家银行,此项根据信用证的条款来决定。

(7)保兑银行。保兑银行(Confirming Bank)指根据开证银行的请求在信用证上加具保兑的银行。保兑银行在信用证上加具保兑后,即对信用证独立负责,承担必须付款或议付的责任。

(8)偿付银行。偿付银行(Reimbursement Bank)指接受开证银行在信用证中的委托,代开证行偿还垫款的第三国银行,即开证行指定的对议付行或代付行进行偿付的代理人。

(9)受让人。受让人(Second Beneficiary)又称为第二受益人,指接受受益人转让使用信用证权利的人,大都是提供货物的实际生产者。

### (四)信用证的主要内容

《跟单信用证统一惯例UCP 600》2007年修订本,国际商会第600号出版物,适用于所有在正文中标明按本惯例办理的跟单信用证(包括本惯例适用范围内的备用信用证)。除非信用证中另有规定,本惯例对一切有关当事人均具有约束力。

信用证的基本内容大致如下。

(1)对信用证本身的说明,如种类、性质、信用证号码、开证日期、有效期、到期地点和交单期限等。

（2）对汇票的说明，如使用汇票，要明确汇票的出票人、受票人、交款人、汇票金额、汇票期限及主要条款等内容。

（3）对货物的描述，如货物的名称、规格、数量和单价等，应与买卖合同规定一致。

（4）对运输事项的说明，如装运港（地）、目的港（地）、装运期限以及可否分批、转运等内容。

（5）对货运单据的说明，如商业发票、运输单据、保险单及其他单据。

（6）其他事项。其他事项主要包括：开证行对议付行的指示条款、开证行保证付款的文句、开证行的名称及地址及其他特殊条款。

SWIFT信用证实例如表6－4所示。

表6－5　　　　　　　　　　　　SWIFT信用证实例

```
MT 700                      ISSUE OF A DOCUMENTARY CREDIT
:27 SEQ OF TOTAL:1/1
:40A FORM OF DC: IRREVOCABLE
:20 DOC. CREDIT No. :LC332251000393
:31C DATE OF ISSUE:20240315
:40E APPLICABLE RULES:UCP LATEST VERSION
:31D EXPIRY DATE AND PLACE:MAY 10,2024 AT NEGOTIATING BANK'S COUNTER
:50 APPLICANT:×××  IMP. AND EXP. CO. ,LTD
          UNIT 1001 TRUMP BUILDING
          208－212 WALLSTREET，NEW YORK，U. S. A
:59 BENEFICIARY:*** KNITWEARS AND HOMETEXTILES IMP. AND EXP. CO. ,LTD
          ZMC BUILDING,101－2,CANGWU ROAD
          LIANYUNGANG, CHINA 222005
:32B AMOUNT:          USD 31 986. 00
:41D AVAILABLE WITH/BY:ANY BANK IN CHINA BY NEGOTIATION
:42C DRAFTS AT:SIGHT
:42D DRAWEE:          ISSUING BANK
:43P PARTIAL SHIPMENTS:NOT ALLOWED
:43T TRANSHIPMENT:NOT ALLOWED
:44E LOADING PORT/DEPART AIRPORT:LIANYUNGANG PORT
:44F DISCHARGE PORT/DEST AIRPORT:NEWYORK PORT
:44C LATEST DATE OF SHIPMENT:20240415
:45A GOODS:
      COMMODITY:MEN'S SHIRT(CONTRACT NO. GUOMAO18161)
          ST/NO.       Q'TY       UNIT PRICE
          71－80067     1 000PCS   USD10. 43/PC
          71－80148     800PCS     USD10. 46/PC
          71－80227     600PCS     USD10. 29/PC
          71－80321     600PCS     USD11. 69/PC
      PRICE TERM:CIF NEWYORK PORT
:46A DOCUMENTS REQUIRED:
      +SIGNED COMMERCIAL INVOICE IN 3 COPIES INDICATING L/C NO
      +FULL SET OF CLEAN ON BOARD BALNK ENDOWSED OCEAN BILL OF LADING CON-
SIGNED TO ORDER MARKED FREIGHT PREPAID NOTIFYING APPLICANT
      +PACKING LIST/WEIGHT MEMO IN 3 COPIES ISSUED BY BENEFICIARY INDICATING
QUANTITY/GROSS AND NET WEIGHT OF EACH PACKAGE
      +INSURANCE POLICY IN DUPLICATE FOR 110 PCT OF THE INVOICE VALUE COVERING
ALL RISKS AS PER CIC OF PICC INCLUDED IN THE SAME CURRENCY OF THE DRAFTS CLAIM
PAYABLE IN USA
      +BENEFICIARY's CERTIFIED COPY OF FAX/TELEX DISPATCHED TO THE APPLICANT
WITHIN 7 DAYS AFTER SHIPMENT ADVISING FLIGHT NO. , SHIPPING DATE,ETA,CON-
TRACT NO. , L/C NO. ,COMMODITY, QUANTITY AND VALUE OF SHIPMENT
```

+CERTIFICATE OF ORIGIN IN 3 COPIES ISSUED BY BENEFICIARY
:47A ADDITIONAL CONDITIONS:
+ALL DOCUMENTS MUST INDICATE CONTRACT NO. ABCDB096411.
+DOCUMENTS ISSUED EARLIER THAN L/C ISSUING DATE ARE NOT ACCEPTABLE
+THIRD PARTY AS SHIPPER IS NOT ACCEPTABLE
+A DISCREPANCY FEE USD 50.00 OR EQUIVALENT WILL BE DEDUCTED FROM THE PROCEEDS IF DOCUMENTS ARE PRESENTED WITH DISCREPANCY:71B DETAILS OF CHARGES:ALL BANKING CHARGES OUTSIDE ISSUING BANK AND REIMBURSEMENT COMMISSION ARE FOR ACCOUNT OF BENEFICIARY
:48 PERIOD FOR PRESENTATION:DOCUMENTS SHOULD BE PRESENTED
WITHIN 21 DAYS AFTER THE DATE OF ISSUANCE OF TRANSPORT DOCUMENTS, BUT WITHIN THE L/C VALIDITY
:49 CONFIRMATION INSTRUCTIONS: WITHOUT
:78 INFO TO PRESENTING BK:
+ALL DOCUMENTS ARE TO BE DISPATCHED IN ONE LOT BY COURIER TO US
+UPON RECEIPT OF DRAFTS AND DOCUMENTS IN COMPLIANCE WITH THE CREDIT TERMS,WE SHALL REMIT THE PROCEEDS ACCORDING TO THE NEGOTIATING/PRESENTING BANK'S INSTRUCTIONS

### （五）信用证的操作程序

信用证类型不同，其收付程序的具体做法也有所不同，但其基本环节大致相同。以不可撤销跟单信用证为例，信用证操作程序如图6－9所示。

（1）进出口双方签订贸易合同，在合同中规定以信用证方式付款。

（2）进口商按合同规定向当地银行提出申请，填写开证申请书并缴纳保证金或提供其他担保，要求开证行开证。开证人申请开证时，应填写开证申请书，内容包括：①要求开立信用证的内容，也就是开证人按照买卖合同条款要求开证银行在信用证上列明的条款，这是开证银行向受益人或议付银行付款的依据；②开证人对开证银行的声明，用以表明双方的责任。

（3）开证行按申请书的内容开立信用证，并寄交通知行办理信用证的通知事宜。

（4）通知行核对印鉴或密押无误后，将信用证传递给受益人。

（5）受益人审证、改证，确定信用证与合同无误后，备货装运出口。

（6）出口商发货装船后，从船运公司获取正本提单。

（7）出口商将缮制、核对后的全套单据和正本信用证在信用证的有效期内交给议付行，要求议付。

（8）议付行审单无误后，向受益人承兑或垫付货款，即按汇票金额扣除利息等费用后付款给受益人。

（9）议付行将汇票和单据寄交付款行索偿。单据通常分为正副两批先后寄发，以免遗失。

（10）付款行收到单据、核对无误后，即对议付行付款。

（11）开证行通知进口商付款赎单。

（12）进口商核对单据无误后，付款赎单。

（13）开证行将单据交给进口商。

（14）进口商将单据交给船运公司提货。

（15）船运公司将货物交给进口商。

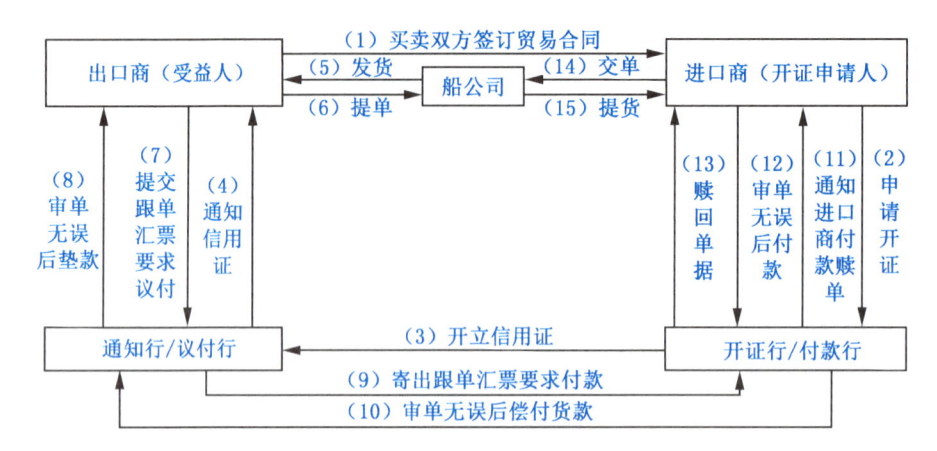

```
出口商（受益人） ←(1)买卖双方签订贸易合同→ 进口商（开证申请人）
              ←(5)发货— 船公司 ←(14)交单—
              —(6)提单→      —(15)提货→
```

（8）审单无误后垫款 ｜ （7）提交跟单汇票要求议付 ｜ （4）通知信用证 ｜ （13）赎回单据 ｜ （12）审单无误后付款 ｜ （11）通知进口商付款赎单 ｜ （2）申请开证

通知行/议付行 ←(3)开立信用证— 开证行/付款行
            —(9)寄出跟单汇票要求付款→
            ←(10)审单无误后偿付货款—

图 6—9　不可撤销跟单信用证操作流程

### （六）信用证的主要种类

**1. 按汇票是否附有货运单据，可分为跟单信用证和光票信用证**

（1）跟单信用证。跟单信用证（Documentary L/C），是指开证行凭跟单汇票或仅凭单据付款的信用证。国际贸易所使用的绝大部分是跟单信用证。

（2）光票信用证。光票信用证（Clean Credit）是指开证行仅凭不附单据的汇票付款的信用证。在采用信用证方式预付货款时，通常使用光票信用证。

**2. 按是否有另一银行加以保兑，可分为保兑信用证和不保兑信用证**

（1）保兑信用证。保兑信用证（Confirmed L/C）是指开证行开出的信用证，由另一银行保证对符合信用证条款规定的单据履行付款义务。对信用证加保兑的银行，称为保兑行（Confirming Bank）。信用证的"不可撤销"是指开证行对信用证的付款责任；"保兑"则是指开证行以外的银行保证对信用证承担付款责任。不可撤销的保兑信用证，意味着该信用证不但有开证行不可撤销的付款保证，而且还有保兑行的兑付保证。两者都负有第一性付款责任，所以这种有双重保证的信用证对出口商最为有利。

【提示】保兑行通常是通知行，有时也可以是出口地的其他银行或第三国银行。保兑的手段一般是由保兑行在信用证上加列下述保兑文句："兹对此证加具保兑并保证于提示符合此证条款的单据时履行付款义务。"

（2）不保兑信用证。不保兑信用证（Unconfirmed L/C）是指开证银行开出的信用证没有经另一家银行保兑。当开证银行资信较好和成交金额不大时，一般可使用这种不保兑信用证。

**3. 按付款期限的不同，可分为即期付款信用证、远期付款信用证和假远期信用证**

（1）即期信用证（Sight L/C）。它是指开证行或付款行收到符合信用证条款的跟单汇票或装运单据后，立即履行付款义务的信用证。

【提示】此种信用证一般不需要汇票，也不需要领款收据，付款行或开证行只凭货运单据付款。即期付款信用证的付款行通常由指定的通知行兼任。

（2）远期信用证（Usance L/C）。它是指开证行或付款行收到信用证的单据时，在规定期限内履行付款义务的信用证。此种信用证不要求受益人出具远期汇票，因此，必须在证中明确付款时间，如"装运日后××天付款"或"交单日后××天付款"。

（3）假远期信用证（Usance Credit Payable at Sight）。信用证规定受益人开立远期汇票，由付款行负责贴现，并规定一切利息和费用由开证人承担。

【注意】 这种信用证对受益人来讲，实际上仍属即期收款，在信用证中有"假远期"（usance L/C payable at sight）条款。

【提示】 按 UCP 600 规定，任何一份信用证均须明确表示其适用于何种兑现方式。凡注明"付款兑现"（Available by Payment）的信用证即称为付款信用证。

4. 按受益人对信用证的权利可否转让，可分为可转让信用证、不可转让信用证和红条款信用证

（1）可转让信用证（Transferable L/C）是指信用证的受益人可以要求授权付款、承担延期付款的责任、承兑或议付的银行，或当信用证是自由议付时，可以要求信用证中特别授权的转让银行将信用证全部或部分转让给一个或数个受益人的信用证。唯有开证行在信用证注明"可转让"，信用证才可转让。此证只能转让一次，即只能由第一受益人转让给第二受益人，第二受益人不得再要求将信用证转让给其后的第三受益人，但若再转让给第一受益人，不属于被禁止转让的范畴。

【提示】 在国际上，该种信用证的受益人往往是中间商，他们将信用证转让给实际供货人，由后者办理装运手续，以便从中间赚取差额利润。

【学中做6—3】 为什么说可转让信用证中的第二受益人的风险比背对背信用证的新证受益人的风险大？

分析：可转让信用证中第二受益人是否能顺利收款，不仅自己要相符交单，还要取决于第一受益人是否相符交单，而背对背信用证中新证的受益人只要自己做到根据新证要求相符交单即可顺利收款。

（2）不可转让信用证（Non-transferable L/C）。指受益人不能将信用证的权利转让给他人的信用证。凡信用证中未注明"可转让"，即是不可转让信用证。

（3）红条款信用证（Red Clause L/C）。此种信用证可让开证行在收到单证之后，向卖家提前预付一部分款项。这种信用证常用于制造业。

5. 其他信用证

（1）承兑信用证

承兑信用证（Acceptance L/C）是指信用证指定的付款行在收到信用证规定的远期汇票和单据并审单无误后，先在该远期汇票上履行承兑手续，等到该远期汇票到期，付款行才进行付款的信用证。由于这种信用证规定的远期汇票是由银行承兑的，也称其为"银行承兑信用证"（Banker's Acceptance Credit），因此，这种信用证业务除了要遵循有关信用证的国际惯例外，也要遵守有关国家的票据法的各项规定。采用此种信用证时，指定银行应承兑信托受益人向其开具的远期汇票，并于汇票到期日履行付款义务。

（2）议付信用证

议付信用证（Negotiation L/C）是指开证行在信用证中邀请其他银行买入汇票及（或）单据的信用证，即允许受益人向某一指定银行或任何银行交单议付的信用证。由于开立信用证银行与受益人一般分处两国，由受益人向开证行索款存在不便，所以受益人可以邀请一家本地银行（议付行）先行审单垫款，这不但有利于出口商资金融通，对信用证申请人和开证行也有好处，即单证相符的单据没

有到达柜台前不需付款,且单证是否相符最终由开证行确认,开证行可以在认为议付行寄来的单据有不符点时拒付。

议付信用证通常可以分为公开议付信用证和限制议付信用证。公开议付信用证(Open Negotiation L/C)是指开证行对愿意办理议付的任何银行做公开议付邀请和普通付款承诺的信用证,即任何银行均可按信用证条款自由议付的信用证;限制议付信用证(Restricted Negotiation L/C)是指开证行指定某一银行或开证行自己进行议付的信用证。

(3)对背信用证

对背信用证(Back to Back L/C)又称背对背信用证、桥式信用证、从属信用证或补偿信用证,是指中间商收到进口商开来的信用证后,要求原通知行或其他银行以原证为基础,另开一张内容相似的新信用证给另一受益人。对背信用证的受益人可以是国外的,也可以是国内的。开证银行只能根据不可撤销信用证来开立对背信用证。对背信用证的开立通常是在中间商转售他人货物以从中图利时,或两国不能直接办理进出口贸易时,通过第三人以此方式来沟通贸易。

(4)循环信用证

循环信用证(Revolving L/C)是指信用证的部分或全部金额被使用后可以恢复到原金额再被利用的信用证。若进出口双方签订了长期的销售合约,需要均衡地分批装运货物,为了节省开证手续费和保证金,进口商可以申请开立循环信用证。

循环信用证分为两种,一种是按时间循环使用的信用证,另一种是按金额循环使用的信用证。按时间循环的信用证是指受益人可以在若干个连续的规定时间段(如一个月)内连续使用该信用证,直至使用次数达到该证规定的次数。按金额循环的信用证是指受益人按照该证规定的一定金额进行议付后,该证仍恢复到原金额,可供再行议付使用,直到该证规定的总金额用完为止。

当信用证规定的每期金额用完后再恢复到原金额循环使用时,其具体的恢复方式分为以下三种:①自动恢复循环,即每期金额用完不必等待开证行通知,即可自动恢复到原金额使用。②非自动恢复循环,即每期金额用完必须等待开证行通知到达后,信用证才能恢复原金额使用。③半自动恢复循环,即每次议付后一定时期内开证行未提出停止循环使用的通知,则在下一期开始起,就可自动恢复到原金额使用。

### (七)跟单信用证统一惯例

从19世纪开始,信用证支付方式逐渐成为国际贸易中常用的一种支付方式。但是,由于对跟单信用证有关当事人的权利、责任、术语和付款的定义在国际上缺乏统一的解释和公认的准则,因而争议和纠纷经常发生,国际商会为了减少因解释不同而引起的争端,于1930年拟订了《商业跟单信用证统一惯例》(Uniform Customs and Practice for Commercial Documentary Credits),建议各国银行采用。在1951年、1962年、1967年、1974年、1983年及1993年又先后对该惯例进行了修订。

自2007年7月起,《商业跟单信用证统一惯例(1993年修订本)》第500号出版物被《商业跟单信用证统一惯例(2007年修订本)》第600号出版物所代替,即UCP 600。UCP 600共有39个条款,比UCP 500减少10条,但却比UCP 500更准确、清晰,更易读、易掌握、易操作。

《商业跟单信用证统一惯例》不是国际性的法律,但它已被世界各国银行普遍接受和使用,并成为一种公认的国际惯例,至今已被170多个国家的银行所采用。

## 任务三　其他支付方式及信用融资

### 一、其他的支付方式

在国际贸易的具体业务中,有时一方当事人履行了义务,担心另一方违约,通常要求对方的往来银行出具保证文件,担保该方的履约义务。所以,银行保函与备用信用证常常被作为一种银行信用凭证在业务中加以使用。

#### (一)国际保理

1. 国际保理的含义

国际保理即是国际保付代理(International Factoring)又叫承购应收账款业务,是指在使用托收、赊销等非信用证方式结算货款时,保理商向出口商提供的一项集买方资信调查、应收款管理和追账、贸易融资及信用管理于一体的综合性现代金融服务。简言之,它是一种出口商以商业信用方式出售商品,如 D/A、O/A,装运后将发票等应收账款凭据转让给保理商,取得保理商资金融通的业务。

出口保理的一般做法:出口商发货后,把合同副本和发票副本提交给保理商,在约定的时间内,如 90 天,进口商未履行付款义务,保理商将对出口商付款。保理商一经付款,就获得了出口商的一切权利,可以强制进口商付款,也可以诉诸法院。保理商在提供保收服务的同时,也提供资金融通。

出口保理有两种做法:一是"双保理制度"。出口商和本国的出口保理商签订保理合同,出口保理商和进口国的保理商签订相应的保理合同。二是"直接保理制度"。由出口商直接同进口国保理商签订合同,但出口商的银行直接监督合同和有关文件的签署。

2. 国际保理的当事人

根据国际保理联合会《国际保理通则》规定,国际保理业务的当事人包括:(1)出口商(Exporter)。提供货物或服务的当事方,其应收账款由出口保理商负责保付。(2)进口商(Importer)。因购买货物或接受服务而应负责付款的当事方。(3)出口保理商(Export Factor)。根据协议负责办理销售商的保理业务的当事方。(4)进口保理商(Import Factor)。同意追收由销售商委托予出口保理商的应收账款并依照本法承担信用风险 负责支付应收账款的当事方。

3. 国际保理业务流程

国际保理业务流程如图 6—10 所示。

4. 国际保理业务的类型

(1)按是否涉及进出口两地的保理商,可分为单保理和双保理

单保理是指仅涉及一方保理商的保理方式。例如,在直接进口保理方式中,出口商与进口保理商进行业务往来;而在直接出口保理方式中,出口商与出口保理商进行业务往来。

双保理是指涉及买卖双方保理商的保理方式。国际保理业务中一般采用双保理方式,即出口商委托本国出口保理商,本国出口保理商再从进口国的保理商中选择进口保理商。进出口国两个保理商之间签订代理协议,整个业务过程中,进出口双方只需与各自的保理商进行往来。

2. 按保理商对出口商提供预付融资与否,可分为融资保理和非融资保理

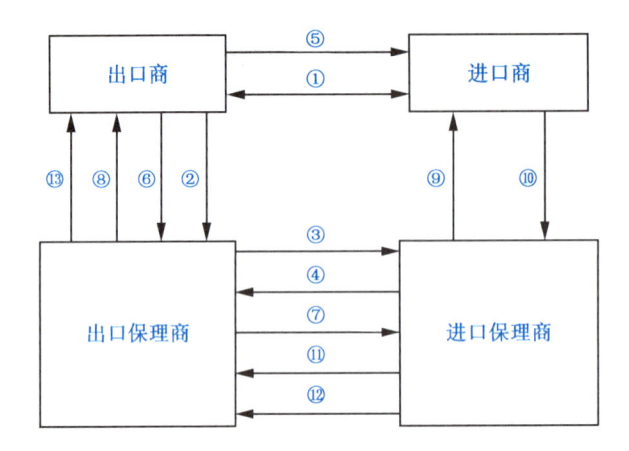

注：
①出口商寻找有合作前途的进口商。
②出口商向出口保理商提出叙做保理的需求并要求为进口商核准信用额度。
③出口保理商要求进口保理商对进口商进行信用评估。
④如进口商信用良好，进口保理商将为其核准信用额度。
⑤如果进口商同意购买出口商的商品或服务，出口商开始供货，并将附有转让条款的发票寄送进口商。
⑥出口商将发票副本交出口保理商。
⑦出口保理商通知进口保理商有关发票详情。
⑧如出口商有融资需求，出口保理商付给出口商不超过发票金额的80%的融资款。
⑨进口保理商于发票到期日前若干天开始向进口商催收。
⑩进口商于发票到期日向进口保理商付款。
⑪进口保理商将款项付出口保理商。
⑫如果进口商在发票到期日90天后仍未付款，进口保理商做担保付款。
⑬出口保理商扣除融资本息（如有）及费用，将余额付出口商。

图6—10 国际保理业务流程

融资保理又叫预支保理，是一种预支应收账款业务。当出口商将代表应收账款的票据交给保理商时，保理商立即以预付款方式向出口商提供不超过应收账款80%的融资，剩余20%的应收账款待保理商向债务人（进口商）收取全部货款后，再行清算。融资保理是比较典型的保理方式。

非融资保理是指保理商在保理业务中不向企业提供融资，只提供资信调查、销售款清收以及账务治理等非融资性服务。

### （二）银行保函

1. 银行保函的含义

银行保函（Banker's Letter of Guarantee）是指银行、保险公司、担保公司或个人（保证人）应申请人的请求，向受益人开立的一种书面担保凭证，保证在申请人未能按双方协议履行其责任或义务时，承担赔偿责任。

2. 银行保函的当事人

（1）委托人（Principal）。又称申请人、被保证人，是要求银行开立保证书的人。

（2）受益人（Beneficiary）。指接受保证书有权索偿的一方。

(3)保证人(Guarantor)。即开立保证书的银行或某一其他金融机构。

3. 银行保函的种类

(1)根据索偿条件,可分为见索即付银行保函和一般银行保函

见索即付银行保函(First Demand Guarantee)又称无条件保函,是指保证人在受益人第一次索偿时,就必须按保函所规定的条件支付款项。

一般银行保函又称有条件保函,是指只有在符合保函规定的条件下,保证人才予以付款。

(2)根据不同的用途,可分为投标保函、履约保函和还款保函

投标保函(Tender Letter Of Guarantee)是指保证人(银行或其他金融机构)根据投标人(委托人)的申请向招标人(受益人)开立的保证书。保证投标人在开标前不中途撤销投标或片面修改投标条件,中标后不拒绝签约和不拒绝交付履约金。否则,保证人负责赔偿招标人的损失。

履约保函(Performance Guarantee)是指保证人(银行)应签约一方的请求向另一方(受益人)承诺,在被保证人不履行其与受益人之间订立的合同时,保证按约定金额负赔偿责任。在国际贸易中,履约保函又分为进口保函和出口保函。①进口保函。它是指保证人(银行)应进口商的申请开给出口商(受益人)的保证书。保证书规定如出口商按合同交货后,进口商未能按期付款,由银行负责偿还。②出口保函。它是指保证人(银行)应出口商的申请开给进口商(受益人)的保证书。保证书规定如出口商未按合同规定交货,银行负责赔偿进口商的损失。

还款保函(Repayment Guarantee)是指保证人(银行)受债务人的请求开给债权人的书面保证,承诺在债务人不支付款项给债权人时,银行承担付款责任。还款保函主要用于大的国际承包工程项目或银团贷款,有时也用在成套设备或大型交通工具的国际货物买卖合同中,如进口商预付货款后,出口商未能履行交货义务,银行保证偿还进口商已付的本金及所产生的利息。

4. 银行保函的特点

(1)银行保函属于银行信用。保证人所承担的付款责任是第二性的。在使用银行保函时,保证人的责任是在委托人未能履行保函所规定的条款时,才负责偿付。如委托人已按照保函规定履行了责任,保证人的责任也就被解除。所以保函只有在委托人违约情况发生时才会支付,付款责任属于从属性。

(2)银行保函是不受合同约束的独立文件。一般情况下,保证人只是根据保函的条款来确定是否赔付,而不受合同的约束。当受益人在保函项下合理索赔时,担保行就必须承担付款责任,而不论委托人是否同意付款,也不管合同履行的实际事实。即保函是独立的承诺,并且基本上是单证化的交易业务。

### (三)备用信用证

1. 备用信用证的含义

备用信用证(Standby Letter of Credit,SBLC)是指开证行根据申请人的请求,向受益人开立的承诺某义务的凭证。它不以清偿商品交易的价款为目的,而以贷款融资,或担保债务偿还为目的所开立的信用证。由于备用信用证所具有的担保性质,所以有时也称担保信用证。

如果开证申请人没有履约,开证行负责支付;如果开证申请人已经履约,则此证不必使用,也就是说,备用信用证在申请人具有履约能力时,银行风险为零;在申请人没有履约能力时,银行风险为100%。

【提示】备用信用证集担保、融资、支付及相关服务为一体的多功能金融产品,因其用途广泛及运作灵活,故在国际商务中得以普遍应用。

2. 备用信用证的特点

(1)除非在备用信用证中另有规定或经双方当事人同意,开证人不得修改或撤销其在该备用信用证下的义务。

(2)备用信用证下开证行义务的履行并不取决于开证行从申请人那里获得偿付的权利和能力;受益人从申请人那里获得的付款的权利,也不取决于在备用信用证中对任何偿付协议或基础交易的援引,或开证行本身对任何偿付协议或基础交易的履约或违约的了解与否。

(3)备用信用证和修改书在开立后即具有约束力,无论申请人是否授权开立,开证行是否收取了费用,或受益人是否收到或因信赖备用信用证或修改而采取了行动,对开证行都具有约束力。

3. 备用信用证的内容

备用信用证的内容主要包括:开证行的名称、开证日期、开证申请人名称和地址、受益人名称和地址、备用信用证的性质、备用信用证的金额、使用的货币种类、对单据的要求、备用信用证的有效期、保证文句、保证适用的惯例等。

## 二、信用融资

融资是指借贷资本的获取,它的实质是一种信用行为。贸易融资是银行对进口商或出口商提供的与进出口贸易结算相关的资金融通。议付则是最终了结,延期利息就是融资成本。国际贸易融资既可以由银行向客户直接提供资金融通,也可以有银行为客户提供信用保证,使客户能从贸易对方或第三方取得融资的方便。

### (一)对出口商的融资

1. 打包贷款

打包贷款(packing credit)又称信用证抵押贷款,它是银行在货物出运前,以信用证做抵押向出口商提供的贷款,是银行凭信用证的开证行有条件的信用承诺而发放的贷款,因而属于信用放款。这部分放款期限自信用证抵押之日起到出口商提供货运单据并向开证行寄单收回货款之日止。提供贷款的银行承担议付行义务,收回信用证项下的贷款后,将贷款收回。在信用证打包放款中,银行提供的贷款不是信用证的全部金额,通常为信用证金额的70%~80%。目前,有的银行也接受凭出口合同申请打包贷款的,但贷款金额只是贷款的60%。

2. 出口押汇

出口押汇(Export Bill Purchase)是银行对出口商提供的一种短期融资。出口商发运货物后,将货运单据交给银行,银行在审核单证相符之后,向出口商付款,这一付款行为称为议付。银行将单据寄交开证行索回货款冲回原来垫付的资金。这种议付直到收回货款的全过程就是押汇。

出口押汇也可以用于托收支付方式。具体做法:出口商发货后,开立以进口商为付款人的汇票连同全套货运单据提交托收行,银行审单无误买入票据,按照汇票金额扣除从付款日到预计收到票款日的利息和手续费,将款项付给出口人,待买方付款后偿还银行垫款。

3. 远期汇票贴现

远期信用证项下的汇票经银行承兑后可向贴现市场货银行贴现。在远期 D/P 和 D/A 托收方式中,也要使用远期汇票,经进口方承兑后远期汇票同样可以贴现。

4. 凭银行保函融资

大宗交易中,经常采用银行保函项下的远期付款方式。合同签订后,进口地银行应买方申请,出具以卖方为受益人的保函,担保买方如期付款,否则由担保银行付款。卖方即可以凭此银行保函到出口地银行要求贷款。此种方法就是依靠银行信用使出口商从第三方获得融资的。

### (二)对进口商融资

1. 进口押汇

进口押汇是银行应客户要求在进口结算业务中垫款并对外支付的一项业务,是银行向买方提供的一种资金融通。

进口押汇是在开证行与进口商签订进口押汇协议的基础上,由开证行收到信用证项下的单据后现行付款,然后,根据押汇协议以及进口商签发的信托收据将单据交进口商,进口商凭单提货并在市场销售后,将货款连同这一期间的利息交换原开证银行,换回信托收据。进口押汇有时也在托收业务中使用。

2. 银行担保提货

在信用证方式中,有时单证未到而货物先到,进口商可以向银行申请开立提货担保函,双方会签后向船公司提货。在这种情况下,日后无论单据是否存在不符点,买方均须付款。

## 任务四　不同支付方式的结合使用

每一种结算方式都有其利弊,如何采用有利于出口商的结算方式,需要考虑到商品、客户、市场、价格和双方各自承担风险的能力以及收汇的安全性等诸多因素,而不同结算方式的结合使用可以降低某些单一结算方式带来的风险。

### 一、信用证与汇付结合使用

信用证与汇付结合使用,具体有两种做法。

第一种做法是部分货款采用信用证方式付款,余额用汇付方式结算,即进口商先开信用证支付发票金额的一部分,余额部分待货物到达目的地后,根据检验结果计算出确切金额,以汇付的方式另支付。

例如,成交的契约货物是散装物,如矿砂、煤炭、粮食等。进出口商同意采用信用证支付总金额的90%,余下的10%待货到后经过验收,确定其货物计数单位后,再将余下货款采用汇付的办法支付。

第二种做法是先汇付部分货款,余额部分在出口商发货时由进口商开立信用证支付。这主要用于须预付定金的交易(如成套设备的交易)。

### 二、信用证与托收结合使用

信用证与托收结合,是指部分货款采用信用证支付,余额用托收方式结算的做法。这种做法既减少了进口商的开证费用,又使出口商的收汇有一定的安全保障。一般做法是:出口人开具两张汇票,属于信用证部分的货款凭光票付款,而全套装运单据附在托收的汇票之下,按即期或远期托收。但信用证要明确种类和支付金额以及托收方式的种类等。

例如,"货款的××%应开立不可撤销即期信用证,其余的××%见票立即(或见票后××天)付款交单。全套装运单据随附于托收项下。在发票金额全数付清后方可予以交单。如××%托收金额被拒付,开证行应掌握单据听凭卖方处理"(××% of the value of goods by irrevocable letter of credit and remaining ××% on collection basis D/P at sight(or as ×× days sight), the full set of shipping documents are to accompany the collection item. All the documents are not to be delivered to the buyers until full payment of the invoice value. In case of non-payment of the ××% in collection item, the documents should be held by the issuing bank at the entire disposal of the sellers)。

**【学中做6—4】** 为什么在信用证与托收相结合时,信用证项下光票付款,而全套单据应附在托收汇票项下?此时的托收是否可以采用承兑交单方式?

**分析:** 如果单据随信用证交单,托收仅凭光票交付,进口商只需要支付信用证项下的款项即可取得全套单据,托收项下的汇票则不需要付款赎单。此时如果托收采用承兑交单,进口商承兑后即可取得全套单据,出口商则可能承担到期收不到货款的风险。

### 三、汇付和托收结合使用

汇付和托收结合使用时的一般做法是:由进口商先预付部分货款或一定比例的押金作为保证,余额部分在出口商发运货物后委托银行以付款交单的方式收取。如托收金额被拒付,则出口商可将货物运回,并从已收款项中扣除来往运费、利息及合理的损失费用。

采用这种支付方式时,应在合同中订明:装运以合同规定的预付款或押金汇到卖方账户为条件,余额按托收(即凭付款交单)的方式收取,如货款未付清,则货物所有权属于卖方。

### 四、备用信用证与跟单托收结合使用

备用信用证与跟单托收相结合,是为了防止跟单托收项下的货款一旦遭到进口商拒付时,可利用备用信用证的功能追回货款。

为了表示其功能,在备用信用证中须载明如下条款:凭即期付款交单与备用信用证相结合为付款方式,在备用信用证中应列明以卖方为受益人,其金额为×××并明确依×××号信用证项下跟单托收,若付款人于到期拒付时,受益人有权凭本信用证签发汇票和出具证明书,依×××号信用证项下收回货款(Payment available by D/P at sight with a stand-by L/C in favor of seller for the amount of ××× as undertaking. The stand-by L/C should bear the cause: In case the drawer of the documentary collection under credit No. ××× fails to honor the payment upon due date, the Beneficiary has the right to draw under this L/C by their draft with a statement stating the payment on credit No. ××× was not honored)。

**【注意】** 采用这种支付方式的特点是跟单托收被拒付时,出票人可凭备用信用证所列的条款,予以追偿。

### 五、跟单托收与提交预付金结合使用

跟单托收与提交预付金结合,这种方式采用跟单托收并需由进口商提交预付款或一定数量的押金作为保证,于契约货物装运后,出口商通过银行可获得货款的部分金额。若托收遭到进口商拒付时,出口商可将货物运回,而从已获款额中扣除来往运费、利息及合理的损失费用。

关于预付金和一定数量的押金的数目,应以协商方式视情况而定。

但为表示上述功能,在契约和信用证中,必须明确如下内容:装运货物系以第×××号即期信用证规定的电汇或信汇方式向卖方提交预付金×××为前提,其余部分采用托收凭即期付款交单(Shipment to be made subject to an advanced payment or payment amounting×××to be remitted in favor of seller by T/T or M/T with indication of S/C No. ×××and the remaining part on collection basis, documents will be released against payment at sight)。

### 六、不同支付方式与分期付款、延期付款结合使用

在国际贸易中,进出口商双方对大型设备、成套机械及大型交通工具经谈判成交时,可采用上述支付方式。这种特定的贸易方式的特点是契约货物金额大、制造生产周期长、检验手段复杂、交货条件严格及产品质量保证期较长等,可采用下面两种不同的支付方式。

第一,进出口商双方对开保函与分期付款相结合。进口商依契约规定开具银行保函(Letter of Guarantee),而依生产进度分期交付货款。

进口商为了保障本身的利益,防止出口商延迟交货,或产品质量与契约不符,或因故违约等,故亦要求出口商提供保函。

第二,预付定金与延期付款相结合。依契约由进口商提交一定数额的合同货币作为定金,并依契约规定延期付款。延期付款的金额系在交货后若干年付款,亦称赊购支付方式。对进口商来讲,必须支付延期付款期间的利息。

在实务中,除采用上述相结合的办法作为支付方式外,还有一些其他的方式可以运用,如采用部分现汇、部分托收,或部分金额采用信用证作为支付方式等。

## ◆ 应知考核

### 一、单项选择题

1. 持票人将汇票提交付款人要求承兑的行为是(　　)。
   A. 转让　　　　　　B. 出票　　　　　　C. 见票　　　　　　D. 提示
2. 属于顺汇方法的支付方式是(　　)。
   A. 汇付　　　　　　B. 托收　　　　　　C. 信用证　　　　　　D. 银行保函
3. 托收是出口人委托并通过银行收取货款的一种支付方式,在托收方式下,使用的汇票是(　　),属于(　　)。
   A. 商业汇票,商业信用　　　　　　B. 银行汇票,银行信用
   C. 商业汇票,银行信用　　　　　　D. 银行汇票,商业信用
4. 下列几种结算方式中,对卖方而言风险最大的是(　　)。
   A. 票汇　　　　　　B. 承兑交单　　　　　　C. 即期付款交单　　　　　　D. 远期付款交单
5. 属于银行信用的国际贸易支付方式是(　　)。
   A. 汇付　　　　　　B. 托收　　　　　　C. 信用证　　　　　　D. 票汇
6. 国外开来的不可撤销信用证规定,汇票的付款人为开证行,货物装船完毕后,闻悉申请人已破产倒闭,则(　　)。
   A. 由于付款人破产,货款将落空
   B. 可立即通知承运人行使停运权

C. 只要单证相符,受益人仍可以从开证行取得货款
D. 待付款人财产清算后才可以收回货款

7. 在信用证项下,出票人开具的汇票,如遭到付款人拒付,(　　)。
   A. 开证行有权行使追索权　　　　　B. 保兑行有权行使追索权
   C. 议付行有权行使追索权　　　　　D. 通知行有权行使追索权

8. 信用证修改通知书的内容在两项以上者,受益人(　　)。
   A. 要么全部接受,要么全部拒绝　　B. 可选择部分接受,部分拒绝
   C. 必须全部接受　　　　　　　　　D. 只能部分接受

9. 支票是以银行为付款人的(　　)。
   A. 即期汇票　　B. 远期汇票　　C. 即期本票　　D. 远期本票

10. D/P at sight 指的是(　　)。
    A. 远期付款交单　B. 即期付款交单　C. 跟单托收　D. 承兑交单

11. 信用证严格相符原则是指受益人必须做到(　　)。
    A. 单证严格与合同相符
    B. 单据和信用证严格相符
    C. 单据和单据相符,单据和信用证严格相符
    D. 信用证与合同严格相符

12. 信用证的第一付款人是(　　)。
    A. 进口商　　B. 开证行　　C. 出口商　　D. 通知行

13. 进口商作为信用证的开证申请人,一般向银行(　　)。
    A. 缴纳信用证100%的押金金额　　B. 无须缴纳任何押金
    C. 缴纳一定比例的押金　　　　　　D. 以上均可以

14. 保兑行对保兑信用证承担的付款责任是(　　)。
    A. 第一性的　　B. 第二性的　　C. 第三性的　　D. 第四性的

15. 在对外成交的L/C、D/P和D/A三种方式下,就卖方风险而言,其风险的顺序排列是(　　)。
    A. D/A>D/P>L/C　　　　　　　　B. D/P>D/A>L/C
    C. L/C>D/A>D/P　　　　　　　　D. L/C>D/P>D/A

16. T/T 指的是(　　)。
    A. 信汇　　B. 电汇　　C. 票汇　　D. 信用证

17. 托收是出口方根据合同规定装运货物后,开具汇票连同货运单据委托银行代向进口方收取货款的一种方式。在国际贸易的货款结算中,通常采用(　　)。
    A. 跟单托收　　B. 光票托收　　C. 信汇　　D. 电汇

18. 信用证是依据买卖合同开立的,出口商要保证安全收汇,必须做到(　　)。
    A. 提交的单据与买卖合同规定相符
    B. 提交的单据与信用证规定相符
    C. 提交的单据既要与买卖合同规定相符,又要与信用证规定相符
    D. 当信用证与买卖合同规定不一致时,提交的单据应以买卖合同规定为主,适当参照信用证有关规定

19. 在国际贸易中用以统一解释调和信用证各有关当事人矛盾的国际惯例是(　　)。

A.《托收统一规则》 B.《国际商会600号出版物》
C.《合约保证书统一规则》 D.《国际商会434号出版物》

20. 根据UCP 600规定,可转让信用证可以转让(　　)。
A. 一次　　　　　B. 二次　　　　　C. 多次　　　　　D. 没有明确规定

## 二、多项选择题

1. 国际货款结算工具的主要分类是(　　)。
A. 支票　　　　　B. 汇票　　　　　C. 外币现钞　　　D. 票据

2. 按照有无随附单据,汇票可分为(　　)。
A. 即期汇票　　　B. 远期汇票　　　C. 光票　　　　　D. 跟单汇票

3. 国际货物买卖中,汇款的方式有(　　)。
A. 电汇　　　　　B. 即期付款交单　C. 信汇　　　　　D. 票汇

4. 国际贸易的货款结算可以采用多种支付方式,其中建立在商业信用基础上的是(　　)。
A. 汇付　　　　　B. 托收　　　　　C. 信用证　　　　D. 备用信用证

5. 在跟单托收业务中,根据交单条件的不同可以分为(　　)。
A. 提示交单　　　B. 见票交单　　　C. 付款交单　　　D. 承兑交单

6. 某公司分别以D/P at 90 days after sight 和 D/A at 90 days after sight 两种支付条件对外出口了两批货物,关于这两笔业务,下列叙述正确的是(　　)。
A. 前者是进口人在到期日付清货款才可取得货运单据,后者是进口人在见票时承兑后即可取得货运单据
B. 前者没有遭进口人拒付的风险,而后者存在这种风险
C. 前者的风险比后者大
D. 后者的风险比前者大

7. 信用证最基本的当事人是(　　)。
A. 开证申请人　　B. 开证行　　　　C. 通知行　　　　D. 受益人

8. 保兑信用证中保兑行的付款责任是(　　)。
A. 在开证申请人不履行付款义务时履行付款义务
B. 在开证行不履行付款义务时履行付款义务
C. 承担第一性的付款义务
D. 在开证行倒闭时履行付款义务

9. 汇付的方式可以分为(　　)。
A. 汇款　　　　　B. 信汇　　　　　C. 电汇　　　　　D. 票汇

10. 信用证支付方式的特点是(　　)。
A. 信用证是一种商业信用　　　　　B. 信用证是一种银行信用
C. 信用证是一种单据的买卖　　　　D. 信用证是一种自足的文件

### 三、判断题

1. 汇票经背书后,即是汇票的收款权利转让给背书人,背书人若日后遭到拒付,可以向前手行使追索权。（  ）
2. 只有银行承兑汇票才可在贴现市场上贴现。（  ）
3. 在票汇情况下,买方购买银行汇票寄给卖方,因其采用的是银行汇票,故这种付款方式属于银行信用。（  ）
4. 在承兑交单情况下,是由代收行对汇票进行承兑后向进口商交单。（  ）
5. 根据UCP 600的规定,凡信用证上未注明可否转让字样的,即视为可转让信用证。
（  ）
6. 在保兑信用证下,就付款责任而言,开证行和保兑行同样承担第一性付款的责任。
（  ）
7. L/C、D/P、D/A三种支付方式中,买方最容易接受D/A方式,为有助于达成交易,扩大出口,我方应增加对D/A的使用。（  ）
8. 信用证是银行应进口商的申请,向出口商开出的保证付款凭证。因此,进口商应承担第一付款人的责任。（  ）
9. 票汇是汇付的一种方式,属于商业信用,故使用商业汇票。（  ）
10. 信用证是一种银行开立的无条件的付款承诺的书面文件。（  ）

### 四、综合题

我国A公司出口一批货物,付款方式为D/P90天。汇票及货运单据通过托收银行寄抵国外代收行后,买方进行了承兑。但货物到达目的地后,恰逢行市上涨,于是买方出具信托收据(T/R)向银行借出单证。货物出售后,买方由于其他原因倒闭。但此时距离汇票到期日还有30天。

1. "承兑"这个票据行为是指（   ）。
A. 远期汇票的出票人明确表示同意承担汇票到期付款的义务
B. 即期汇票的付款人明确表示同意承担汇票的付款义务
C. 远期汇票的背书人明确表示同意承担汇票到期付款的义务
D. 以上答案均不对

2. 下列叙述中属于托收特点的是（   ）。
A. 它属于一种商业信用　　　　　　B. 它是一种单证的买卖
C. 它有利于调动买方订货的积极性　　D. 存在着难以收回货款的风险

3. 国际货物买卖使用托收方式,委托并通过银行收取货款,使用的汇票是（   ）。
A. 商业汇票,属于银行信用　　　　B. 银行汇票,属于银行信用
C. 商业汇票,属于商业信用　　　　D. 银行汇票,属于商业信用

4. D/P的含义是（   ）。
A. 付款交单　　B. 承兑交单　　C. 电汇　　D. 票汇

5. 买方出具信托收据(T/R)向银行借出单证后,无力偿还货款的责任由（   ）承担。
A. 买方　　　　B. 托收行　　　C. 代收行　　　D. 开证行

## 应会考核

■ 观念应用

开证行审核单据的同时一般要通知进口商付款赎单,为什么开证行通常先把全套单据的复印件交给开证申请人审核,而不是直接交全套单据给开证申请人审核?既然信用证是由开证行保证付款,为什么开证行还要让开证申请人审单?受益人提交的单据只要存在不符点,开证行就必须拒付吗?

请能结合所学的知识,对上述内容进行分析。

■ 技能应用

1. 某提单条款约定出口方提交"全套正本海运提单",进口方如何确定出口方所交提单是不是全套呢?3/3 中分子 3 和分母 3 分别表示什么意思?

2. 某公司收到国外开来即期信用证,部分内容为:①Expiry Date:2024 年 1 月 16 日。②Latest Date of Shipment:2024 年 10 月 1 日。③Presentation Period:Documents to be presented within 15 days after the date of shipment but within the validity of the credit. 该公司的实际装船日为 2024 年 10 月 20 日,请问最晚交单期是哪一天?如果该信用证没有规定交单期时,最晚交单期是哪一天?

3. 某汇票的受票人是中国银行,汇票的付款期限为"60 days after B/L date",假定提单日为 2024 年 2 月 21 日(周一),请问汇票的到期日是哪一天?如果提单为 2024 年 2 月 22 日(周二),该银行应在哪一天付款?

【考核要求】

请分别回答上述业务。

■ 案例分析

1. 某公司收到国外买方通过开证行开来的即期跟单信用证,证中规定卖方不得迟于 2 月 15 日装运。我方因港口舱位紧缺,无法如期装运,于 2 月 6 日电请买方将装运期延展至 3 月 15 日,信用证的有效期同时延展。2 月 10 日接买方来电称:"同意你 2 月 6 日电,将装运期改为不得迟于 3 月 15 日,信用证的有效期同样延展一个月。"接电后,我方在没有收到信用证修改书的情况下立即组织出运,于 3 月 12 日装船完毕并于 15 日备齐全套结汇单据向银行交单议付,但银行拒绝收单。问:银行的拒收是否有理?为什么?

2. 我方某食品进出口公司向澳大利亚出口鲜活品一批,双方规定以即期信用证为付款方式。买方在合同规定的开证时间内开来信用证,证中规定:"一俟开证人收到单证相符的单据并承兑后,我行立即付款。"我方银行在审核信用证时,把问题提出来,要求受益人注意该条款。但某食品进出口公司的业务员认为该客户为老客户,应该问题不大,遂根据信用证的规定装运出口。当结汇单据交到付款行时,付款行以开证行认为单据不符不愿承兑为由拒付。问:(1)银行拒绝付款有无道理?(2)我方的失误在哪里?

3. 我方某贸易有限公司以 CIF 大阪向日本出口一批货物,4 月 20 日由日本东京银行开来一份即期信用证。信用证金额为 50 000 美元,装船期为 5 月份,证中还规定议付行为纽约花旗银行。我中国银行收到信用证后,于 4 月 22 日通知出口公司,4 月底该公司获悉进口方因资金问题濒临倒闭。问:在此情况下我方应如何处理?

4. 我方某贸易有限公司向国外某客商出口货物一批,合同规定的装运期为 6 月,D/P60 天付款。合同订立后,我方及时装运出口,并收集好一整套结汇单据及开出以买方为付款人的 60 天远期汇票委托银行托收货款。单证寄抵代收行后、付款人办理承兑手续时,货物已到达目的港,且行情看好,但付款期限未到。为及时提货销售取得资金周转,买方经代收行同意,向代收银行出具信托收据、借取货运单据、提前提货。不巧,在销售的过程中,因保管不善导致货物被火焚毁,付款人又遇其他债务关系倒闭,无力付款。问:在这种情况下,责任应由谁承担?我方于汇票到期日还能收回货款吗?

5. 某笔进出口业务,约定分两批装运,支付方式为即期信用证。第一批货物发送后,买方办理了付款赎单手续,但收到货物后,发现货物品质与合同严重不符,便要求开证行通知议付行对第二批信用证项下的货运单据不要议付,银行不予理睬。后来议付行对第二批信用证项下的货运单据仍予议付。议付行议付后,付款行通知买方付款赎单,遭到买方的拒绝。问:(1)银行处理方法是否合适?(2)买方应如何处理此事为宜?

6. 我方某轻工业进出口公司向国外客户出口某商品一批,合同中规定以即期信用证为付款方式,信用证的到期地点规定在我国。为保证款项的收回,应议付行的要求,我方商请香港某银行对中东某行(开证行)开立的信用证加以保兑。在合同规定的开证时间内,我方收到通知银行(即议付行)转来的一张即期保兑信用证。我出口公司在货物装运后,将有关单据交议付银行议付。不久接保兑行通知:"由于开证行已破产,我行将不承担该信用证的付款责任。"问:保兑行的做法是否正确?为什么?

【考核要求】

结合所学的内容,请对上述案例进行分析。

■ 职场在线

1. 专业术语翻译

(1)汇票　　(2)票汇　　(3)即期信用证　　(4)付款交单

(5)跟单托收　　(6)Telegraphic Transfer

(7)Back to Back Credit　　(8)D/P. T/R　　(9)D/A

2. 试翻译以下货款支付条款

(1)买方应于合同签署后5天内,以电汇方式预付合同总值的20%给卖方。买方在收到卖方的提单传真复印件后5个工作日内将剩余货款以电汇方式支付给卖方。

The Buyers shall pay the Sellers 20% of the contract price in advance by T/T within five days after signing this contract. The Buyers shall pay the remaining value to the Sellers by T/T within 5 working days after receipt of the fax copy of B/L.

(2)买方应凭卖方开具的即期跟单汇票,于第一次见票时付款,付款后由代收行代理出口方交付以下单据。

①手签商业发票一式三份。

②签署的装箱单一式三份。

③全套清洁已装船海运提单,做成空白抬头空白背书,注明运费"到付",通知买方。

(3) The Buyers shall open through a bank acceptable to the Sellers a 60days after sight Letter of Credit, to reach the Sellers before May 10, 2023, valid for negotiation in China until the 15th day after the date of shipment upon the first complying presentation of the following documents required. Application for L/C shall be subject to the final confirmation of the Seller. The banking charges outside the issuing bank are for the account of the sellers. Documents required:

①Signed commercial invoice in 3 copies showing L/C No., Proform Invoice Date and

No.

②Packing List in 3 copies showing package No. ,quantity,gross weight and net weight.

③Full set of clean on board ocean B/L made out "to order of Issuing Bank",blank endorsed,marked "freight prepaid" and notify the Buyers.

④Certificate of Origin in 3 copies issued by public recognized surveyor at the loading port.

⑤Insurance policy in 2 copies for 110% of invoice value,blank endorsed covering All Risks and War Risks.

## 项目实训

【实训项目】

国际贸易货款支付结算。

【实训情境】

试判断以下货款支付条款有无不妥之处,如有,请更改并说明理由。

(1)中国某公司拟出口 10 000 条浴巾到匈牙利,货物将于 7 月和 8 月分两批等量装运。该出口合同的货款支付条款为:买方应在签署合同后尽快支付 2 000 美元给卖方,余款在收到货物后 3 天内支付。

(2)中国某公司拟出口 300 套沙发到阿根廷,单价是 340 美元/套 FOB 宁波,合同总值 102 000 美元。该出口合同的货款支付条款为:D/P30 天。

(3)中国某公司拟出口 3 000 台电视机到墨西哥,信用证结算。该出口合同的货款支付条款为:The Buyers shall open a Letter of Credit before shipment date,valid for negotiation in the Buyer's country until the 7 days after the B/L date.

【实训任务】

1. 请分析上述内容有无不妥,并说明理由。
2. 撰写《国际贸易货款支付结算》实训报告。

| 《国际贸易货款支付结算》实训报告 |||
| --- | --- | --- |
| 项目实训班级: | 项目小组: | 项目组成员: |
| 实训时间:　　年　　月　　日 | 实训地点: | 实训成绩: |
| 实训目的: |||
| 实训步骤: |||
| 实训结果: |||

续表

| 实训感言： |
|---|
| 不足与今后改进： |
| 项目组长评定签字：            项目指导教师评定签字： |

# 项目七　国际贸易争端的预防及处理

● **知识目标**

　　理解：不可抗力的含义；仲裁的意义和仲裁协议的作用。
　　熟知：进出口商品检验及索赔的基本知识。
　　掌握：不可抗力条款的内容；仲裁条款的内容以及仲裁规则和仲裁裁决的执行。

● **技能目标**

　　能够熟知进出口商品检验的程序，清楚索赔时限的规定以及索赔金额的计算；了解不可抗力的具体规定；掌握仲裁的程序和仲裁条款的格式；熟悉解决争端的程序。

● **素质目标**

　　具有办理进出口商品检验的工作、处理具体的索赔理赔事宜、解决意外事故等能力；具有在合同中订立进出口商品检验、索赔、不可抗力和仲裁方面条款的能力，做到学、思、用贯通，知、信、行统一。

● **思政目标**

　　通过学习，培养学生的诚信经营意识，具备良好的职业道德，能够根据商业社会规则和经济形势进行谈判与磋商，签订合同后，能够按照合同法的要求及时履行合同，既保证自身的商业利益，又能够考虑到合作伙伴的权益。

● **项目引例**

不完全履行的违约责任

　　A 国的甲公司与 B 国的乙公司签订了购销麻纺织品的合同，约定由甲公司于 12 月底之前交付 200 吨麻纺织品给乙公司，而当乙公司收到 100 吨货物后，于 5 月明确通知甲公司由于麻纺织品销路不畅，不会接收甲公司的继续供货。这时甲公司仓库已存下麻纺织品 10 吨。甲公司为了赢利，在收到乙公司通知后，继续按双方合同约定为乙公司收购了其余的 90 吨麻纺织品。后因乙公司拒绝接收后 100 吨麻纺织品，酿成纠纷。问：本案谁违约？属于哪种违约行为？本案应如何处理？

**引例评析：**

在本案中乙公司是属于违约的一方当事人是毫无疑问的,他的行为构成了不完全履行的违约责任。依法当事人一方不履行合同义务或者履行合同义务不符合约定的,应当承担继续履行、采取补救措施或者赔偿损失等违约责任。一方违约后,另一方应当采取适当措施防止损失的扩大;没有采取适当措施致使损失扩大的,不得就扩大的损失要求赔偿。在本案中应该要求乙方承担继续履行的责任;但是由于甲方在乙方明确告知即将违约的情况下仍然继续采购了90吨的麻纺织品,扩大了损失的范围,所以甲方在本案中也要承担相应的责任。

● **课程思政**

> 通过本项目的学习,让大学生明白对于争端的预防与争端解决的融合发展是实现市场主体和国际社会"法治健康"的可行路径,它符合法律和法治的发展规律,能够推动构建完善的国际商事争端治理体系,有利于推动"一带一路"建设和国际贸易投资的繁荣发展。因此,我们要树立依法办事的法律意识,强化公正与法治观念的理解,砥砺前行,把我国建设成为富强、民主、文明、和谐、美丽的社会主义强国。

## 任务一　商品检验

### 一、商品检验的作用

国际货物买卖中的商品检验(Commodity Inspection)简称商检,它是指商品检验机构对卖方拟交付货物或已交付货物的品质、规格、数量、重量、包装、卫生及安全等项目所进行的检验、鉴定和管理工作,以确定所交商品是否符合合同及有关法律、法规和标准。约定商品检验、检疫是国际货物买卖中不可缺少的一个重要环节,也是买卖合同中不可缺少的一项内容,检验检疫在国际贸易中起着重要的作用。

当我们作为一个消费者购买一件商品时,总要凭我们掌握的消费知识对这件商品进行仔细验看,这就是检验。当然有些商品只凭我们自己的眼看手摸,难以断定是否合格,这时就要送到专门的机构进行检验了。

在任何贸易中,买卖双方交接货物一般都经过交付、察看或检验、接受或拒收三个环节。按照一般贸易常识以及规则,当卖方履行交货义务后,买方有权对货物进行检验,如果发现货物与合同规定的不符,而的确又属于卖方责任时,买方有权向卖方提出索赔。如果未经检验就接受了货物,即使事后发现货物有问题,也不能再行使拒收的权利。而且,买方收到货物后发现商品的品质不合格或数量短缺等情况,不一定是发货人造成的,有可能是属于承运人、保险公司、装卸部门或(和)仓储部门等多方面的责任。为了避免发生纠纷,或在纠纷发生后,便于确定责任的归属,就需要一个与有关各方没有利害关系的、公正的、权威的机构来检验、鉴定和提供证明,并以其检验结果作为交接货物、结算货款和提出索赔、理赔的依据,以维护对外贸易关系中有关各方的合法权益。

在国际贸易活动中,进出口国家还要对涉及人、动物、植物的传染病、病虫害、疫情等进行强制性的检疫工作,以保障国家和社会的安全与健康。

因此,商品检验在国际贸易中有着重要的地位和作用。首先,商检工作是使国际贸易活动能够顺利进行的重要环节,商品检验是进出口货物交接过程中不可缺少的一个重要环节;其次,商品检验是一个国家为保障国家安全、维护国民健康、保护动物、植物和环境而采取的技术法规和行政措施。关检融合后由海关对进出口商品实施检验;凡未经检验的进口商品,不准销售、使用,凡未经检验合格的商品不准出口。

检验条款主要包括检验权、检验机构、检验证书、检验时间与地点以及检验的方法与标准等内容。

### 二、检验权

检验权是指依照合同的约定,买方或卖方所享有的对进出口商品进行检验鉴定,以确定其是否与合同相符的权力。一般说来,哪一方享有检验权,哪一方就有权指定检验机构检验货物,其检验证书就作为对货物的品质、数量、包装等是否与合同一致的最后评定。我国《民法典》第六百二十条规定:买受人收到标的物时应当在约定的检验期限内检验。没有约定检验期限的,应当及时检验。

目前,在国际贸易中有以下几种做法。

#### (一)离岸品质和离岸数量

这种条款规定:出口货物在装船前需进行品质的检验和数量的衡量,以装船口岸的商品检验机构出具的品质证明书和数量证明书作为决定商品品质、重量和包装的最后依据。

具体做法是在合同中明确规定,以装船口岸的中国进出口商品检验机构出具的商品检验证书作为品质、数量的最后依据。如规定:双方同意以装船口岸的中国进出口商品检验机构所签发的品质/数量证明书作为"最后依据"。这种规定虽然没有载明"离岸品质、重量"的字样,但由于使用了"最后依据"的文句,就意味着买卖双方以离岸品质、数量为准。采用离岸品质、数量这种做法时,如果买方在货物到达目的港后,对货物的品质、数量提出异议,卖方在法律上是有权予以拒绝的。

【注意】"离岸品质、离岸重量(数量)"(Shipping Quality and Shipping Weight/Quantity),由于买方对到货品质和重量无权向卖方提出异议,对买方不利,故买方一般不愿采取这种做法。

#### (二)到岸品质,到岸数量

这种条款规定:货物到达目的港卸货后由目的地的检验机构进行商品的品质、重量的检验,以该检验机构出具的品质和数量检验证书作为交货品质和数量的最后依据。在这种规定下,如证明货物品质和数量不符合合同规定且确属卖方责任,买方可据此向卖方提出品质或数量上的任何异议,卖方应负赔偿之责。这种做法显然是对买方有利。

【注意】"到岸品质、重量(或数量)"(Landing Quality and Landing Weight/Quantity),由于买方有权根据货物到达目的港(地)时的检验结果,在分清卖方、船方和保险人责任的基础上,对属于卖方应负的责任向卖方提出索赔。对卖方不利,故卖方一般不愿采取这种做法。

#### (三)离岸数量,到岸品质

这种做法的特点是把品质与数量分别处理。交货的数量以卖方所委托的装运口岸的商品检验机构出具的数量检验证明书作为最后依据,这一规定方法,习惯上称为"离岸重量和到岸品质"(Shipping Weight and Landing Quality)。货到目的港后,买方有权对商品的品质进行检验,并以目的口岸商品检验机构出具的品质检验证明书作为检验或索赔的依据。例如,伦敦有些协会制定的"标准合同",就是采用这种做法的。

### （四）离岸检验，到岸复验

按照这样的规定：货物必须在装运前由装运港的检验机构进行检验，其检验证书作为卖方向银行收取货款时提交的单据之一。

在货物运抵目的港卸货后，买方有复验权，如经复验发现货物与合同规定的不符，并证明这种不符是在卖方交货时（即货物风险由卖方转移到买方时）就已存在，买方可以凭复验证书向卖方提出异议和索赔。这种规定方法同时承认买卖双方所提供的检验证书。由于这种做法同时照顾到买卖双方的利益，在国际贸易中的使用比较普遍。

具体规定办法是：如果是出口合同，则应当订明"将装船口岸的中国进出口商品检验机构签发的品质（重量）证明书作为向银行议付的单据的一部分。如有品质异议及（或）数量异议，买方须于货到目的口岸之日起××天内向卖方提出索赔，同时须提供卖方同意的公认的公证机构出具的检验报告"。如果是进口合同，则应订明"货物卸至目的港后，买方有权申请中国进出口商品检验机构进行检验，如发现货物品质及（或）数量（重量）与合同不符，买方有权在货物卸至目的口岸后××天内根据中国进出口商品检验机构出具的证明书向卖方提出索赔"。

## 三、商品检验机构和检验证书

### （一）国际上的商品检验机构

在进出口货物的检验过程中，商品检验机构作为公正的第三方，对商品进行各方面的检验和鉴定，并出具真实、公正、具有权威性的检验证书。凡是开展进出口贸易的国家或地区，一般都设有商品检验机构，虽然它们名称各异，但按其性质划分，主要包括以下几种类型。

1. 官方商品检验机构

这类机构由政府出资设立，依据国家有关法律、法规对进出口商品进行强制性检验、检疫和监督管理。如美国食品药物管理局（FDA）、美国粮谷检验署、法国国家实验室检测中心和日本通商产业检验所等都是世界著名的商品检验机构。

2. 半官方商品检验机构

这类机构就其性质而言应属于民间机构，但它们却由政府授权，代表政府进行某项商品检验或某一方面的检验管理工作。例如，在国际上具有相当知名度的美国担保人实验室就属于这种情况，各国出口到美国的与防盗信号、化学危险品以及与电器、供暖、防水等有关的产品都要通过其检验并贴上"UL"标志后，才能在美国市场销售。

3. 非官方机构

这类机构由私人开设，具有专业检验、鉴定技术的能力，并被当地法律所认可，如同业公会、协会开办的公证行、检验公司等。这类机构中有些机构历史悠久，在全球具有较高的权威性，如英国劳埃氏公证行、中国香港天祥公证化验行。还有些更是发展为规模庞大、具有垄断性的全球性检验机构，如瑞士日内瓦通用鉴定公司等。

### （二）我国的商品检验机构

1998年我国成立的中国出入境检验检疫局（CIQ），主管卫生检疫、动植物检疫和商品检验（三检合一）；2001年，该局的职能又并入当时成立的国家质量监督检验检疫总局（简称质检总局）。2018年6月，根据《国务院关于机构设置的通知》将国家质量监督检验检疫总局的出入境检验检疫管理职责和队伍划入海关总署；将国家质量监督检验检疫总局的原产地地理标志管理职责整合，重新组建中华人民共和国国家知识产权局。

我国的商品检验机构工作职责如下。

(1)对进出口商品实施法定检验。法定检验是指商品检验机构或者国家商检部门、商品检验机构指定的检验机构,根据国家的法律、行政法规,对规定的进出口商品和有关的检验事项实施强制性检验。通过法定检验的商品才可出口,未经过检验和检验不合格的一律不准出口,凡属于法定检验的进口商品,未经检验,一律不准安装投产、销售和使用。

法定检验的范围包括:①对列入《商品检验机构实施检验的商品种类表》的进出口商品的检验。②对出口食品的卫生检验。③对出口危险货物包装容器的性能鉴定和使用鉴定。④对装运出口易腐烂变质食品、冷冻品的船舱、集装箱等运载工具的适载检验。⑤对有关国际条约规定须经商品检验机构检验的进出口商品的检验。⑥对其他法律、行政法规规定必须经商品检验机构检验的进出口商品的检验。

(2)对进出口商品的质量和检验工作进行监督管理。海关总署是我国主管出入境卫生检疫、动植物检疫和商品检验的行政机构,它与其设在各地的分支机构负责实施各项相关工作。

(3)办理进出口商品的公证鉴定。除对部分商品实施法定检验外,对不属于法定检验范围的进出口商品,进出口商也可以根据贸易合同,在规定范围内向出入境检验检疫机构提出检验申请,并要求出具检验证书。

### (三)检验证书

进出口商品经过商品检验机构检验后,都要由检验机构出具一定的证明书,以证明商品的品质和数量是否符合合同的规定,这种证明书称为商检证书。

目前在国际贸易中常见的检验证书主要有以下几种:①检验证明书(Inspection Certificate)。②品质证明书(Quality Certificate)。③重量证明书(Weight Certificate)。④卫生证明书(Sanitary Certificate)。⑤兽医证明书(Veterinary Certificate)。⑥植物检疫证明书(Plant Quarantine Certificate)。⑦价值证明书(Value Certificate)。⑧产地证明书(Origin Certificate)。

商品不同,检验要求及所应提供的检验证书也有所不同。如一般轻纺产品只需提供品质、数量或重量证明书即可,而有些农副土特产品则除需要出具品质(重量)证明书外,还需出具卫生证明书、兽医证明书或植物检疫证明书,因此,在签订合同时,应根据商品的特性,对所需的检验证书做出明确的规定。

**同步案例 7—1    对商检证书的错误理解**

进口方委托银行开出的信用证上规定:卖方须提交"商品净重检验证书"。进口商在收到货物后,发现除质量不符外,卖方仅提供重量单。买方立即委托开证行向议付行提出拒付,但货款已经押出。事后,议付行向开证行催付货款,并解释卖方所附的重量单即为净重检验证书。试问:(1)重量单与净重检验证书一样吗?(2)开证行能否拒付货款给议付行?

【案例精析】 (1)商品净重检验证书是由商检机构签发的关于货物重量的公证文件,而重量单为发货人所出具的货物重量说明文件,二者是不同的。(2)信用证中要求卖方提供商品净重检验证书,而议付行误以为重量单即商品净重检验证书,则议付行必须为此过失承担责任。按《跟单信用证统一惯例》的规定,开证行有权对议付行拒付,而议付行可向出口商追索押汇款项。

### 四、复验权

复验权是指买方在到货后有重新检验的权力。它不是强制性的,也不是买方接收货物的前提条件。根据《公约》的规定,除非双方另有约定,否则买方在接受货物之前有权要求利用合理的机会检验货物。在此之前不能认为买方已经接受货物,买方也没有丧失拒收货物的权利。但当买方收到货物后未经复验便先行使用,此时发现货物不符也不能索赔。若买方选择复验时,合同中应对复验期限、地点、检验机构和方法加以明确规定。

复验期限,实际上就是索赔期限,超过复验期限买方就失去索赔权。复验期限的长短,应视商品的性质和港口情况而定,通常为到货日起30～180天不等。对容易变质的商品,复验期限不宜太长;对机械设备等需在安装试车投产后方能看出问题的所在,复验期限一般为一年或一年以上。复验地点,除非双方当事人另有协议,否则按照国际惯例和某些国家的法律而定。在我国,进口产品的复验地点是:对于一般商品,是在口岸或集中储存的地点进行;对于成套设备、机电仪器等,是在收货、用货地点;对于集装箱运输的货物,是在拆箱地点。复验机构,一般应以卖方认可的检验机构为宜。复验方法,一般与检验方法相同。

## 五、检验方法和检验标准

### (一)检验方法

对进出口商品的检验方法应在合同中具体约定。同一种商品如果检验方法不同,其检验结果就可能相差较大,所以为避免日后双方因此而产生纠纷,最好在合同中规定检验方法。合同中没有规定检验方法的,出口商品按我国商检部门规定的方法检验,如对方要求按对方或第三国的标准进行检验,则应和商检部门研究,征得有关部门同意后再定,但不宜接受与我国不进行贸易的国家的标准进行检验或复验;进口商品按国际贸易习惯通用的方法检验。

### (二)检验标准

检验标准是指判断进出口商品的某些指标是否合格于所依据的标准。出口商品与进口商品检验标准的确定原则有所区别。

出口商品检验依据的确定原则是:凡买卖合同中对品质、包装条件有具体规定的商品,以合同的规定为检验标准。凡合同规定按某项标准检验的商品,即以该项标准作为检验依据。若合同中未规定检验标准或规定不明确,则以国家标准作为检验标准;无国家标准的,以专业标准为检验标准;无专业标准的,以企业标准为检验标准;目前尚无标准的,一般参照同类商品的标准,或由国内生产部门与商品检验机构共同研究后决定。如果国外买方要求按对方国家或第三国的标准实施检验时,亦须与有关部门研究后再定。

进口商品检验依据的确定原则是:凡合同对检验项目的指标有具体规定的,以合同的规定为检验标准;合同规定有检验参照标准的,以该标准为检验标准;合同中未规定或规定不明确的,首先以生产国的现行标准作为检验标准,无该项标准的,以国际通用标准作为检验标准,这两项标准都没有的,以进口国的标准作为检验标准。此外,卖方提供的品质证明书、使用说明书也可作为检验标准。

另外,对进口商品进行残损检验时,以合同的有关条款、发票、装箱单、重量单、提单或运单、保险单、外轮理货报告或船务记录等有效单证作为检验标准。

【注意】在实践业务中,合同中规定的作为检验依据的各种标准应符合国家有关法律、行政法规的规定,否则该项合同内容无效。

## 六、合同中的检验条款

### (一)出口合同检验检疫条款

买卖双方同意以装运港(地)的中国出入境检验检疫机构签发的质量和重量(数量)检验证

书作为信用证项下依附单据的一部分。买方有权复检,复检费用由买方承担。如发现质量和(或)重量(数量)与合同规定的不符,买方有权向卖方索赔,但必须提供经双方同意的公证机构出具的检验报告,索赔期为货物到达目的港后××天内。

It is mutually agreed that the certificate of quality and quantity(or weight)issued by general administrator of quality supervison inspection and quarantine of the People's Republic of China at the port/place of shipment shall be part documents to be presented for negotiation under the relevant L/C. The buyers shall have the right to reinspect the quality and quantity(or weight)of the cargo. The reinspection fee shall be by the buyers. Any claim by the buyers the goods regarding the goods shipped shall be lodged within ×× days after the arrival of the goods at the port/place of destination and supported by a surrey report issued by a surveyor approved by both parties.

### (二)进口合同检验检疫条款

买卖双方同意以制造厂(或某公证行)出具的质量和重量检验证书作为有关信用证项下付款单据之一,但不作为商品检验的最后依据,货物抵达目的港卸货后××天内经中国出入境检验检疫机构复检,发现质量和(或)重量(数量)与本合同规定的不符时,除属保险公司或承运人负责外,买方凭中国出入境检验检疫机构出具的检验证书,可向卖方提出退货和索赔。因退货和索赔引起的一切费用(包括检验费)及损失均由卖方负担。在这种情况下,如果抽样是可行的,买方可应卖方要求将有关货物的样品寄给卖方。

It is mutually agreed that the certificate of quality and quantity(or weight)issued by surveyor shall be part of the documents for payment under relevant L/C. However, the inspection of quality and quantity or weight shall be made in accordance with the following factors. In case quality, quantity or weight of goods be founded not in conform with those stipulated in the contract after rein specification by state administration for entry-exit inspection and quarantine of the Republic of China within ×× days after arrival of the goods at the port of destination, the buyers shall return the goods to or lodge claim the sellers for compensation of losses upon the strength of Inspection Certificate issued or the carriers are liable. All expenses(including insures fees)and losses arising from the return of the goods claims should be borne by the sellers. In such case, the buyers may if so practicable, can send a sample of the goods in question to the sellers. Provided that the Sampling is feasible.

## 任务二 索 赔

### 一、索赔概述

#### (一)违约与索赔

国际货物买卖合同对合同双方当事人具有法律约束力,任何一方当事人都必须按照合同的规定严格履行其合同义务,否则即构成违约。在国际货物买卖的过程中,因为种种原因,违约事件时有发生,而且主要集中在交货的品质、数量(重量)和交货日期等问题上。违约一方面会引起买卖双方的争议,另一方面也会给对方造成经济损失。对此,违约的一方当事人应承担相应的违约责任。

索赔(Claim),是指合同的一方违反合同的规定,直接或间接地给另一方造成损害时,受损方向违约方提出损害赔偿的要求。责任方就受损方提出的索赔要求进行处理,即为理赔(Claim Settlement)。

索赔在实践中不仅指向责任方提出损害赔偿的要求,它还包括行使法律上规定的其他救济方法,如解除合同、拒收货物和实际履行等。

### (二)违约后果的法律规定

不同的法律和文件对于违约方的违约行为、由此产生的法律后果以及对该后果的处理有不同的规定和解释,目前国际上主要有三种观点。

英国的法律把违约分成"违反要件(Breach of Condition)"与"违反担保(Breach of Warranty)"两种。违反要件是指违反合同的主要条款,在合同的一方当事人违反要件的情况下,另一方当事人即受损方有权解除合同,并有权提出损害赔偿。违反担保是指违反合同的次要条款,在违反担保的情况下,受损方只能提出损害赔偿,而不能解除合同。至于在每份具体的合同中,哪些要素属于要件,哪些属于担保,该法并无明确具体的解释,一般认为,违反与商品有直接关系的如品质、数量、交货期等属于要件,与商品无直接关系的如付款时间等属于担保范畴。近年来,英国司法实践还承认一种新违约类型,即违反中间性条款或无名条款,它是一种既不是要件,也不是担保的合同条款。违反这类条款应承担的责任须视违约的性质及其后果是否严重而定。损失严重的,受损方有权解除合同并要求损害赔偿,否则就只能要求损害赔偿。

美国的法律将违约分为"重大违约(Material Breach)"与"轻微违约(Minor Breach)"两种。重大违约是指当事一方没有履行合同或履行合同有缺陷,致使他方当事人不能得到该项交易的主要利益,受损害的一方当事人可以解除合同并请求损害赔偿。轻微违约是指当事一方在履约中尽管存在一些缺陷,但受损害的一方当事人已经从合同履行中得到该交易的主要利益,如履行的时间略有延迟,交付的货物数量和品质与合同略有出入等。

《公约》将违约分为"根本性违约(Fundamental Breach of Contract)"和"非根本性违约(Non-Fundamental Breach of Contract)"两类。根本性违约是指违约方的故意行为造成的违约,如卖方完全不交货,买方无理拒收货物、拒付货款,其结果给受损方造成实质性损害(Substantial Detriment)。如果一方当事人发生根本性违约,另一方当事人可以宣告合同无效,并可要求损害赔偿。非根本性违约是指违约的状况尚未达到根本违反合同的程度,受损方只能要求损害赔偿,而不能宣告合同无效。

我国法律中也有类似《公约》的规定。我国《民法典》第 562 条规定:当事人协商一致,可以解除合同。当事人可以约定一方解除合同的事由。解除合同的事由发生时,解除权人可以解除合同。第 563 条规定,有下列情形之一的,当事人可以解除合同:①因不可抗力致使不能实现合同目的;②在履行期限届满前,当事人一方明确表示或者以自己的行为表明不履行主要债务;③当事人一方迟延履行主要债务,经催告后在合理期限内仍未履行;④当事人一方延迟履行债务或者有其他违约行为致使不能实现合同目的;⑤法律规定的其他情形。

### 同步案例 7—2　　　　　根本性违约案

有一美国公司 A 向外国一贸易商 B 购买一批火鸡,供应圣诞节市场。合同规定卖方应在 9 月底以前装船。但是卖方违反合同,推迟到 10 月 7 日才装船。结果货到时圣诞节销售时机已过,火鸡难以销售。因此,买方 A 拒收货物,并主张撤销合同。请问,在这种情况下,买方有无拒收货物和撤销合同的权利?

【案例精析】 根据《公约》的规定,贸易商的延迟装运违反了合同构成根本性违约,A 公司有权拒收货物和撤销合同。

### (三)索赔对象

对于索赔应该负责的对象主要有出口方、进口方、船运公司(或承运人)和保险公司。他们所负的责任根据造成损失的原因和有关合同的规定而有所不同。

#### 1. 向出口商索赔

对于因出口商品短装、漏装、损毁、品质内在缺陷、包装不良、交货时间不符或品质、规格不符及交单不符等原因给进口商造成的损失,出口商应承担责任。

**同步案例 7—3    一起食品索赔案**

我国某进出口公司以 CIF 鹿特丹条件出口食品 1 000 箱,并向中国人民保险公司投保一切险。货到目的港后,经进口人复验发现下列情况:(1)该批货物共 10 个批号,抽查 20 箱,发现其中 1 个批号,即 100 箱内出现玷污现象;(2)收货人实收 998 项,短少 2 箱,(3)有 15 箱货物外表良好,但箱内货物共短少 60 千克。根据以上情况,进口人应当分别向谁索赔?

【案例精析】 (1)属于一般附加险,包含在一切险范围内,应向保险公司索赔。(2)属于短量险,应向保险公司索赔。(3)由于外表良好,应为出口商所装食品量不足,是交货以前发生的,向出口商索赔。

#### 2. 向进口商索赔

进口商要承担因自己的商业行为不当给卖方造成损失的责任,具体包括:①信用证结算方式下,进口商故意不开或迟开信用证,或在信用证中提出了过高的条件,使卖方难以履约。②在 FOB 条件成交下,买方延迟租船订舱,使卖方不能按时装运造成的损失。③托收方式下,货物发出后,买方无理拒收货物、拒付货款。

#### 3. 向船运公司索赔

货物在运输过程中发生短失,船运公司就要接受货主按照运输合同的有关规定向其提出的赔偿要求,如短卸、误卸、破损、破漏、毁坏、水渍及其他污染等。船运公司所负的责任自货物装船起至货物卸离船舶为止,即自签发提单起至收回提货单为止。

#### 4. 向保险公司索赔

货物发生属于保险责任范围内的损失,保险公司就要接受被保险人按保单的有关规定向保险人提出的赔偿要求。凡由于不可抗力造成货物的损失、无适当责任人可交涉,遭到有关责任人合理拒赔或赔偿不足者,都可以向保险公司索赔。保险公司的承保责任均以保险单为限,发生的损失必须在保险责任范围内。

若存在除以上所列的其他责任人,则应向其他责任人索赔。如银行在托收或信用证方式下未按规定处理单据,擅自释放单据给进口商从而对出口商造成的损失应向银行索赔;装卸公司在港口装卸过程中发生的损害则应向装卸方索赔等。

以上是各个索赔对象应负担的单独责任。有时损失的发生牵涉到几个方面,例如保险的货物到达目的港后发生短卸,由于船运公司对每件货物的赔偿金额有一定的限制,往往不能根据货物的价值足额赔付,其不足部分就应由保险公司负责。这里涉及船运公司和保险公司两方面,因此收货人应向船运公司和保险公司同时提出索赔。

> **同步案例 7—4　　　　　　　　进口商向谁索赔呢？**

中国某公司与欧洲某进口商签订一份皮具买卖合同，以 CIF 鹿特丹成交，向保险公司投保一切险，用信用证支付。货到鹿特丹后，检验结果表明：全部货物潮湿、发霉、变色，损失共计 100 000 美元。据分析，货物损失的主要原因是生产厂家在生产的最后一道工序中，未将皮具湿度降到合理程度。问：(1)进口商对受损货物是否支付货款？(2)进口商可向谁索赔？

【案例精析】　(1)进口商应对受损的货物支付货款。因为合同规定以信用证为支付方式。信用证方式的基本特征之一即信用证是一种单据交易，银行凭单付款。银行只审核单据而不管货物、服务和实际的履约行为，只要受益人提交的单据与信用证条款一致，银行就要履行付款的责任，并要求开证申请人付款赎单，因此，进口商无法以货物受损为由拒绝支付货款。

(2)进口商可以依法向出口商即卖方进行索赔。根据《联合国国际货物销售合同公约》的规定，卖方对交付的货物承担品质担保的义务，即要求货物与合同规定的相符。本案例中，经检验，货损产生是因为生产厂家在生产过程中的失误，使得交付的货物品质无法符合合同的规定，因此出口商应对此货损承担责任，进口商可依法向出口商索赔。

## 二、合同中的索赔条款

合同中的索赔条款有两种形式：一种是异议和索赔条款(Discrepancy and Claim Clause)，另一种是罚金或违约金条款(Penalty Clause or Liquidated Damage Clause)。

### (一)异议和索赔条款

异议与索赔条款主要是针对卖方交货的品质、规格、数量、包装不符合合同的规定或卖方装运不当而订立的。异议和索赔条款除了明确规定一方如果违约，另一方有权索赔外，还包括索赔依据、索赔期限、索赔的处理办法及索赔的金额等。

1. 索赔依据

索赔依据(Claim Foundation)分为法律依据和事实依据。前者是指合同和有关国家法律的规定，后者是指违约的事实证据和出证的机构。如果证据不全、不清，出证机构不符合要求，就可能遭到拒赔。

2. 索赔期限

索赔期限(Period of Claim)是指受害方向违约方提出的索赔的有效期限，超过期限即丧失索赔权。索赔期限有约定和法定之分，约定索赔期限是在合同中规定的索赔期限，法定索赔期限是根据有关法律规定的索赔期限。法定索赔期限是在合同中未约定具体索赔期限时才启用的，如合同中有约定索赔期限，则约定索赔期限的效力超过法定索赔期限的效力。所以，处理索赔时，如发现理由不充分、所附证明不符或不全，应在有效期内函请有关方面保留索赔权。根据《公约》的规定，国际贸易索赔期限为自买方实际收到货物之日起两年之内。索赔期限的长短，应根据不同商品的特性及检验所需的时间等因素决定。一般合同中约定索赔期的起算时间通常有以下几种：①以货物到达目的港(地)后××天起算，此种方法较常见。②以货物到达目的港卸离海轮后××天起算。③以货物到达买方营业处所或用户所在地后××天起算。④以货物检验后××天起算。

3. 索赔的处理办法

索赔的处理办法一般只作笼统规定，但确定索赔金额有三条原则：①索赔金额应等于因违约造成的、包括利润在内的损失。②应该以可以预料的合理损失为准。③由于受害方未采取合理的措施使有可能减轻的损失未减轻的,应在赔偿金额中扣除。

4. 异议和索赔条款示例

买方对于装运货物的任何索赔,必须于货物到达提单或运输单据所定目的港(地)之日起30天内提出,并提供卖方同意的由公证机构出具的检验报告。属于保险公司、船运公司或其他有关运输机构责任范围内的索赔,卖方不予受理。

Any claim supported by the buyer regarding the goods shipped should be filed within 30 days after the arrival of the goods at the port/place of destination specified in the relative bill of lading or transport document and supported by a survey report issued by a surveyor approved by the seller. Claims in respect of matters within responsibility of insurance company, shipping company /other transportation organization will not be considered or entertained by the seller.

### (二)罚金或违约金条款

1. 违约金的含义

违约金条款又称罚金条款,是指如果一方未能按约定履行合同,应向另一方支付一定的罚金,以弥补损失。如果是履行迟延造成的违约方支付违约金,通常违约一方被罚后仍须履行合同。否则,除罚金外,还要承担不能履约造成的损失。此条款适用于卖方延期交货,或买方延迟开立信用证和延期接运货物、拖欠货款等情况。

2. 违约金的性质

在买卖合同中规定罚金或违约金条款,是促使合同当事人履行合同义务的重要措施,能起到避免和减少违约行为发生的预防性作用。在发生违约行为的情况下,能对违约方起到一定的惩罚作用,对守约方的损失能起到补偿性作用。罚金是不以造成损失为前提的,数额以约定为主,分为惩罚性和补偿性两种。必须指出的是,英美法系的国家,惩罚性的违约金是不受法律承认的,即使在合同中将有惩罚性的违约金定为补偿性的违约金也是如此。

3. 我国《民法典》对违约金的规定

我国《民法典》第三编合同中第八章违约责任第585条规定:当事人可以约定一方违约时应当根据违约情况向对方支付一定数额的违约金,也可以约定因违约产生的损失赔偿额的计算方法。

约定的违约金低于造成的损失的,人民法院或者仲裁机构可以根据当事人的请求予以增加;约定的违约金过分高于造成的损失的,人民法院或者仲裁机构可以根据当事人的请求予以适当减少。

当事人就延迟履行约定违约金的,违约方支付违约金后,还应当履行债务。

**【学中做7-1】** 罚金金额是否制定的越高越好?

**分析:**罚金数额不宜定得过高,防止产生有些国家法律不承认的风险。罚金数额一般不超过合同总金额的5%。如约定的违罚金过分高于实际造成的损失,当事人也可请求法院或仲裁庭予以适当减少。

4. 罚金或违约金条款示例

买方因自身原因不能按合同规定的时间开立信用证,应向卖方支付罚金。罚金按迟开证每×天收取信用证金额的×%计算,不足×天者按×天计算,但罚金不超过买方应开信用证金额的×%。该罚金仅作为因延迟开信用证引起的损失赔偿。

Should the Buyer for its own sake fail to open the letter of credit on time stipulated in the contract, the Buyer shall pay a penalty to the Seller. The penalty shall be charged at the rate of ×‰ of the amount of letter of credit for every × days of delay in opening the letter of credit, however, the penalty shall not exceed ×‰ of the total value of the letter of credit which the Buyer should have opened. Any fractional days less than × days shall be deemed to be ×days for the calculation of penalty. The penalty shall be the sole compensation of the damage caused by such delay.

### (三)定金罚则

在成套设备、运输工具、精密仪器仪表等技术性产品的交易中,合同中通常规定定金罚则。

#### 1. 定金的含义

定金是指合同一方当事人根据合同的约定预先付给另一方当事人一定数额的合同货币,以保证合同的履行,它是作为债权的担保而存在的。

定金不同于预付款,预付款是合同当事人预先付给对方一定数额的价款,即对合同义务的预先履行,其本身就是预付的价款或价款的一部分,而不是对合同履行的担保。

#### 2. 合同中定金条款的意义

如支付定金的一方违约,即丧失定金的所有权,定金由另一方当事人所有;如收取定金的一方违约,则除返还定金外,还须付给对方同定金数额相等的款项。这种规定和做法,就称为定金罚则。

运用定金条款时应注意以下事项:①在合同中,如需要订立定金条款,要注意定金条款内容与预付款条款内容的区别,二者不能混同使用。②定金条款的规定应明确具体。③在合同中同时约定违约金和定金的情况下,如出现一方违约,另一方只能选择其中之一适用,不能并用。

## 任务三 不可抗力

### 一、不可抗力的含义和范围

#### (一)不可抗力的含义

目前,国际条约和国际惯例对不可抗力(Force Majeure)还没有一个统一的定义,各国国内法规的解释也差别较大。例如,法国的法律称这类事件为"不可抗力";英美法系国家则称之为"合同落空";大陆法系国家称之为"情势变迁"或"契约失效";《公约》则称为"履行合同的障碍"。本书对其的解释为:不可抗力(Force Majeure),又称人力不可抗拒,是指在货物买卖合同签订以后,不是由于订约者任何一方当事人的过失或疏忽,而是由于发生当事人既不能预见和预防,又无法避免和克服的意外事故,以致不能履行或不能如期履行合同。遭受意外事故的一方,可以免除履行合同的责任或可以延期履行合同。

尽管各国法律和各种国际公约、国际惯例对不可抗力的名称与解释存在差别,但却都承认构成这类事件需要具备四个条件:第一,这种事件是在订立合同之后发生的;第二,这种事件是当事人在订立合同时不能预见的;第三,这种事件不是当事人所能控制的,而且它是无法避免、无法预防和不可克服的;第四,此种事件不是任何一方当事人的疏忽或过失造成的。

【提示】当发生不可抗力时,遭受意外事故的一方可以据此免除履行合同的责任或延迟履行合同,对方无权要求损害赔偿。

### (二)不可抗力的范围

不可抗力包括三种情况:①自然原因。如水灾、火灾、风灾、旱灾、雨灾、冰灾、雪灾、雷电、地震、火山爆发和海啸等自然灾害。②政府行为。政府行为(Act of Government)是指当事人签约后,有关政府当局发布了新的法律、法规、行政措施,如颁布禁令、调整政策制度等。③社会异常事故。社会上出现的异常事故(如骚乱、暴动、战争等)往往构成当事人履约的障碍,但是汇率变化、市场风险、商品价格波动、货币贬值、能源危机、机器故障、怠工及船期改变等均不能视为不可抗力事件。

**同步案例 7-5    不可抗力的应用**

有一份合同,印度 A 公司向美国 B 公司出口一批黄麻。在合同履行的过程中,印度政府宣布对黄麻实行出口许可证制度和配额制度。A 公司因无法取得出口许可证而无法向美国 B 公司出口黄麻,遂以不可抗力为由主张解除合同。问:印度公司能否主张这种权利?为什么?

【案例精析】 印度 A 公司可以以不可抗力为由主张解除合同。因为印度政府在买卖双方履行合同的过程中,宣布对黄麻实行出口许可证制度和配额制度。A 公司无法取得出口黄麻的许可证即无法向美国 B 公司出口黄麻,这属于由政府行为引起的不可抗力事故。所以 A 公司可以以不可抗力为由主张解除合同,而美国 B 公司无权要求赔偿。

## 二、不可抗力的法律后果

不可抗力的法律后果,是指当不可抗力事件出现时,合同是否即告解除,或者视不同情况,可以解除合同,也可以只是推迟履行合同。对不可抗力事件法律后果的规定,各国也有分歧。英美法系国家认为,一旦出现"合同落空",合同即告终结,从而就自动解除了当事人的履约义务。而有些国家法律则认为,出现不可抗力事件不一定使合同全部解除,而应根据不可抗力事件的原因、性质、规模和对履约的实际影响区别对待。

我国对不可抗力事件规定了三种可能产生的法律后果。

第一,如果发生不可抗力事件,致使合同的全部义务不能履行,当事人可解除合同,并免除全部责任。

第二,如果发生不可抗力事件,致使合同的部分义务不能履行,则当事人可免除部分义务。

第三,如果发生不可抗力事件不是导致合同不能履行,而是不能按约定的时间履行,则当事人可以延迟履行合同,并在该事件的后果影响持续的时间内,免除其延迟履行的责任。

除规定了不可抗力事件可能产生的几种法律后果外,我国还规定在不可抗力事件中要求免责的一方应承担以下两项义务。

第一,应当及时通知另一方,以减轻可能给另一方造成的损失。如果因为没有及时通知而给另一方造成损失的,怠于通知的一方应对此承担责任。

第二,应在合理的时间内向另一方提供有关机构出具的证明,以证明不可抗力事件的发生。在我国,出具不可抗力证明的机构包括公证机构、中国国际贸易促进委员会等。

**同步案例 7-6    不可抗力事故法律后果的应用**

我国某出口企业以 CIF 纽约条件与美国某公司订立了 200 套家具的出口合同。合同规定 12 月交货。11 月底,该企业出口商品仓库因雷击发生火灾,致使一半以上的出口家具被烧毁。我企业遂以不可抗力为由要求免除交货责任，美方不同意，坚持要求我方按时交货，我方经多方努力，于次年1月初交货，而美方以我方延期交货为由提出索赔。问：(1)我方可主张何种权利？为什么？(2)美方的索赔要求是否合理？为什么？

【案例精析】 (1)本例中，我方遭遇了出口商品仓库因雷击发生火灾，致使一半以上的出口家具被烧毁的事故，此遭遇属于不可抗力事故，我方可以遭遇不可抗力事故为由，向对方提出延期履行合同的要求。(2)美方的索赔要求是不合理的。因为，既然发生了不可抗力事故，且已备好的货物一半以上被烧毁，这必然会影响卖方交货的时间。另外，不可抗力事故是一项免责条款，可免除遭遇不可抗力事故的一方不能如期履行合同的责任。所以，美方应考虑实际的情况同意延期履行合同，因此，美方的索赔要求是不合理的。

### 三、不可抗力条款

#### (一)不可抗力条款的规定方法

关于不可抗力的性质与范围，通常有以下三种规定方法。

1. 列举式

列举式即以一一列举的方式，详细列明不可抗力事件的范围。这种规定方法虽然明确、肯定，在理解和解释上不容易产生分歧，但是，由于在合同中难以将所有不可抗力事故一一列举，一旦出现未列举的其他事故，就丧失了援引不可抗力条款达到免责的权利。

2. 概括式

概括式即对不可抗力事件范围只作笼统规定，而不具体规定哪些事件属于不可抗力事件的范围。如在合同中规定，"如果由于不可抗力的原因，致使卖方不能全部或部分装运或延迟装运合同货物，卖方对于这种不能装运或迟缓装运本合同货物不负有责任"。这种规定方法虽然包括面广，但范围含糊不清，在解释上容易产生纠纷。

3. 综合式

综合式这种规定方式一方面要列出比较常见的不可抗力事件(如战争、洪水、地震、火灾等)，另一方面还要再加上"以及双方同意的其他不可抗力事件"一类的补充说明。这种规定方法既比较明确具体，又考虑到履行合同中可能发生的一些意想不到的事件，具有一定的灵活性。在我国进出口业务中，多采用这种规定方法。

#### (二)规定不可抗力条款时应注意的问题

(1)要规定不可抗力事件发生后，遭受不可抗力的一方当事人将不可抗力事件通知给对方的期限和通知方式。如果遭受不可抗力的当事人未能在规定的期限内、以规定的方式向对方发出发生不可抗力事件的通知，则要对对方因此而受到的损失承担赔偿责任。另外，对方当事人在收到不可抗力通知时也应该及时回复，如果认为所发生的事件不属于不可抗力，或认为对方对该事件提出的解决方案不妥，要及时向对方提出异议。

(2)要规定遭受不可抗力的一方提供不可抗力的证明文件，并对该证明文件的出具机构做出规定。在国外，不可抗力证明文件的出具机构往往是发生不可抗力事件地区的合法的公证机构，或是当地的商会。在我国，则由中国国际贸易促进委员会或其设在口岸的分会出具。

(3)要对不可抗力的法律后果，即在什么情况下才可以撤销合同，在什么情况下只能部分撤销合同或延期履行合同做出明确规定。

#### (三)不可抗力条款示例

如因战争、地震、火灾、雪灾、暴风雨或其他不可抗力事故，致使卖方不能全部或部分装运或延迟装运合同货物,卖方对于这种不能装运或延迟装运本合同货物的情况不负有责任。但卖方须用电报或电传方式通知买方,并须在15天以内以航空挂号信件向买方提交由中国国际经济贸易促进委员会出具的证明此类事件的证明书。

Force Majeure:if the shipment of the contracted goods is prevented of delayed in whole or in part by reason of war,earthquake,fire,heavy snow,storm or other causes of force majeure,the sellers shall not be liable for non-shipment or late shipment of the goods of this contract. However,the sellers shall notify the buyers by cable or telex and furnish the letter within 15 days by registered airmail with a certificate issued by the China Council for the Promotion of International Trade attesting such event or events.

【学中做7-2】 商业风险和不可抗力事件有什么区别?

分析:商业风险是属于商业活动中正常存在的风险,如汇率风险、价格风险等。而不可抗力事故/事件是指不是任何一方当事人的疏忽或故意行为造成的;事故的发生及其造成的后果也是当事人无法预见、无法控制、无法避免和不能克服的。

## 任务四　仲　裁

在国际贸易中,买卖双方发生争议后的解决方式有友好协商、调解、仲裁和诉讼等。

采用友好协商的方法或第三者调解的方式,气氛比较友好,可以节省仲裁或诉讼的费用,有利于双方贸易的开展。这是买卖双方解决争议常用的两种方法,当这两种方式都不能解决时,才采用仲裁或诉讼的方式。

仲裁(Arbitration)又称公断,是指买卖双方在争议发生之前或发生之后,签订书面协议,自愿将争议提交双方同意的第三者裁决,以解决争议的一种方式。仲裁依照法律允许的仲裁程序裁定争端,裁决对双方都具有法律约束力,当事人双方必须遵照执行。

仲裁是国际货物买卖的交易双方解决争议的一种方式。虽然说仲裁并非解决交易双方争议的最好方式,但与通过司法诉讼解决争议相比,仍具有气氛比较友好、程序比较简单、所需时间比较少和费用比较低廉的优势,而且仲裁的裁决又是终局性的,可以在法院的支持下得到执行,因此许多当事人都愿意通过仲裁来解决彼此之间的争议。

### 一、仲裁协议

签订仲裁协议是交易双方将彼此间的争议提交仲裁的条件。在仲裁协议中要对仲裁地点、仲裁机构和仲裁程序规则进行选择,也要对仲裁费用的负担做出规定,还要对仲裁裁决的效力进行强调。

#### (一)仲裁协议的形式

仲裁协议是在争议发生之前或发生之后,双方当事人订立的自愿将双方发生的争议提交仲裁解决的书面文件。仲裁协议包括合同中的仲裁条款和双方签订的将已发生的争议提交仲裁的协议。

合同中的仲裁条款是买卖双方在争议发生前约定的书面仲裁协议,表示双方愿意将未来彼此间可能发生的争议提交仲裁机构解决;仲裁协议是在争议发生之后,由双方当事人共同签署的、将已发生的争议提交仲裁解决的书面协议。虽然这两种协议表现形式不同,签订时间也

动漫视频

仲裁协议

不同,但它们的效力与作用是相同的。

### (二)仲裁协议的作用

1. 约束双方只能以仲裁方式解决争议,不得向法院起诉。
2. 排除法院对有关案件的管辖权。
3. 使仲裁机构和仲裁员取得对有关争议案的管辖权。

仲裁协议的以上三方面的作用是互相联系的,其中,排除法院对有关争议案的管辖权是核心,就是说,只要双方订立了仲裁条款或其他形式的仲裁协议,就不能把有关争议案件提交法院审理,如果任何一方违反协议,自行向法院提起诉讼,对方可根据仲裁协议要求法院停止司法诉讼程序,把有关争议案发还仲裁庭审理。

因此,双方当事人在签订合同时如果愿意把日后可能发生的争议交付仲裁,而不愿诉诸法律程序,就应在合同中订立仲裁条款,以免一旦发生争议,双方因不能达成提交仲裁的协议而不得不诉诸法律。根据中国法律,有效的仲裁协议必须载有请求仲裁的意思表示、选定的仲裁委员会和约定仲裁事项;必须是书面的;当事人具有签订仲裁协议的行为能力;形式和内容须合法。否则,依中国法律,该仲裁协议无效。

**同步案例 7-7　　　　仲裁条款履行中的争议处理**

我国某公司与外商订立一项出口合同,在合同中明确规定了仲裁条款,约定在履约过程中如发生争议,在中国进行仲裁。后来,双方对商品的品质发生争议,对方在其所在地法院起诉我方,法院也发来了传票,传我国公司出庭应诉。对此,你认为应如何处理?

**【案例精析】** 我方应出庭抗诉。因为在合同中明确规定了仲裁条款,就排除了法院的管辖权。我方可向对方法院出示合同中的仲裁条款,要求法院停止诉讼程序,将该项争议移交合同规定的仲裁机构进行仲裁。

## 二、仲裁地点

仲裁地点是进行仲裁的所在地,是买卖双方在磋商仲裁条件时的一个重点。这主要是因为仲裁地点与仲裁所适用的程序法以及合同所适用的实体法有着十分密切的关系。按照一些国家法律的解释,凡属程序方面的问题,除非仲裁协议另有规定,否则一般都适用于审判地的法律。至于确定合同双方当事人权利、义务的实体地,如果合同中未规定,一般是由仲裁员根据仲裁地点所在国的法律冲突规则予以确定。由此可见,由于仲裁地点不同,同一合同适用的法律可能不同,就可能会对买卖双方当事人的权利、义务做出不同的解释,从而仲裁结果也会不同。正是由于这些原因,交易双方都非常重视仲裁地点的确定,都力争在本国或在自己比较了解和信任的地方仲裁。

国际上对仲裁地点的选择一般有以下几种情况:在买方国家仲裁;在第三方国家仲裁;被诉方国家或原诉方国家仲裁;在货物所在地仲裁。

我国各进出口公司在规定仲裁地点时主要有三种方式:①在我国仲裁;②在被诉方所在国仲裁;③在双方所同意的第三国仲裁。一般来说,首先应当争取在我国进行仲裁,其次才考虑在被诉方所在国仲裁,或在第三国进行仲裁。

## 三、仲裁机构

国际贸易仲裁机构有临时机构和常设机构两种。临时仲裁机构是为了解决特定的争议而组成的仲裁庭,争议处理完毕,临时仲裁庭即告解散;常设仲裁机构又可分为两种:一种是国际性和全国性的特设机构,国际性的如国际商会仲裁院,全国性的如英国伦敦仲裁院、英国仲裁协会、美国仲裁协会、瑞典斯德哥尔摩商会仲裁院、瑞士苏黎世商会仲裁院和日本国际商事仲裁协会等。另一种是附设在特定的行业组织之内的专业性仲裁机构,如伦敦谷物商业协会等。常设仲裁机构有负责组织和管理有关事项的人员,为仲裁提供方便,在仲裁条款中通常都选用适当的常设机构。

我国的常设仲裁机构是中国国际经济贸易仲裁委员会及其在深圳、山东、湖北和上海等地的分会。规定进出口合同中的仲裁条款时,如双方同意在中国仲裁,便都规定在中国国际经济贸易仲裁委员会仲裁。

## 四、仲裁程序

(1)仲裁申请。申请仲裁时应提交仲裁协议、仲裁申请书、证据和证据来源并附清单、证人姓名和住所以及申请人的身份证明文件。

(2)仲裁庭的组成。仲裁庭可以由三名仲裁员或一名仲裁员组成,由三名仲裁员组成的,设首席仲裁员。

(3)仲裁审理。仲裁庭依法组成后,按照仲裁法以及仲裁规则规定的程序和方式,对当事人之间发生争议并交付仲裁的争议案件进行审理并作出仲裁裁决的活动。仲裁审理的方式可以分为开庭审理和书面审理两种。

(4)仲裁裁决。仲裁裁决是仲裁庭审理案件后,根据事实和证据,对当事人提交的、请求的事项做出的书面决定。仲裁庭应当自组庭之日起 6 个月内做出裁决。做出裁决书的日期即为裁决发生法律效力的日期。

## 五、仲裁裁决的效力

仲裁裁决的效力主要是指由仲裁庭做出的裁决对双方当事人是否具有约束力,是否为终局裁决,败诉方能否向法院起诉要求变更裁决。仲裁的裁决是终局性的,当事人不得再向法院上诉。假如有一方上诉,法院也只是审查裁决在法律手续上是否存在问题,不涉及裁决本身。如果法院发现裁决缺乏有效的仲裁协议依据,或者仲裁员行为不当或越权做出裁决,或者提交仲裁的事项属于法律规定不得提交仲裁处理的问题,或者裁决违反了某些国家的"公共秩序",或者程序不当,或者裁决不符合法定的要求等,法院有权撤销仲裁裁决,宣布仲裁无效。但是在实践中,对仲裁裁决提出上诉的情况很少。

仲裁的裁决应由当事人自动执行。对于由我国的对外经济贸易仲裁委员会的裁决,如果一方逾期不予执行,另一方可申请中国人民法院依法执行。

外国仲裁机构的裁决可以根据具体情况向仲裁所在地国家的法院或向与仲裁地国家订有相互承认和执行仲裁公约或条约的国家申请执行。

仲裁费用由谁承担应在合同中明确规定。通常由败诉方承担,也可另作具体规定。仲裁的费用,一般按争议价值的 0.1%～1%收取。

### 同步案例 7-8　　　　仲裁裁决的效力应用

甲方与乙方签订了出口某货物的合同一份,合同中的仲裁条款规定"凡因执行本合同发生的一切争议,双方同意提交仲裁,仲裁在被诉方国家进行。仲裁裁决是终局的,对双方都有约束力"。合同履行过程中,双方因品质问题发生争议,于是将争议提交甲国仲裁。经仲裁庭调查审理后认为乙方的举证不实,裁决乙方败诉。事后甲方因乙方不执行裁决向本国法院提出申请,要求法院强制执行,乙方不服。问:乙方可否向本国法院提起诉讼?为什么?

**【案例精析】** 乙方不可向本国法院提请上诉。因为双方在合同中规定,如发生争议则提交仲裁。这一仲裁协议表明双方当事人愿意将争议提交仲裁机构裁决,而且排除了法院对该案件的管辖权。同时,仲裁裁决的效力是终局的,对争议双方都具有约束力,因此,本例中乙方败诉,应按裁决的内容执行,不得向法院提起上诉。

### 六、仲裁条款的常用格式

#### (一)我国仲裁的条款格式

"凡因本合同引起的或与本合同有关的任何争议,双方应通过友好协商的办法解决。如果协商不能解决,均应提交中国国际经济贸易仲裁委员会,按照申请仲裁时该会现行有效的仲裁规则进行仲裁。仲裁裁决是终局的,对双方都有约束力"。

#### (二)被申请人所在国仲裁的条款格式

"凡因本合同引起的或与本合同有关的任何争议,双方应通过友好协商来解决,如果协商不能解决,应提交仲裁。如在××国(被申请人所在国名称),由××国××地仲裁机构(被申请人所在国家的仲裁机构的名称)根据该组织的仲裁程序规则进行仲裁。现行有效的仲裁裁决是终局的,对双方都有约束力"。

#### (三)第三国仲裁的条款格式

"凡因本合同引起的或与本合同有关的任何争议,双方应通过友好协商来解决,如果协商不能解决,应由××国××地××仲裁机构,根据该仲裁机构现行有效的仲裁程序规则进行仲裁。仲裁裁决是终局的,对双方都有约束力"。

## 应知考核

### 一、单项选择题

1. 商检机构依据《商检法》的有关规定,对非法定检验的进出口商品可以实施( )。
   A. 强制检验　　　B. 抽查检验　　　C. 随机检验　　　D. 定期检验
2. 在众多检验商品品质的方法中,最常用的是( )。
   A. 装运港检验　　　　　　　　　B. 目的港检验
   C. 离岸检验,到岸复验　　　　　D. 离岸数量,到岸品质
3. 下列选项中属于法定检验商品的是( )。
   A. 列入《种类表》中的商品
   B. 有关法律和行政法规定须经商检机构检验的进出口商品
   C. 各地商检机构自行规定的进出口商品
   D. A 和 B
4. 罚金的数额通常取决于( )。
   A. 违约时间的长短　　　　　　　B. 违约事件的严重程度
   C. 违约事件的起因　　　　　　　D. 当时当地的政策

5. 在合同中规定对卖方较为有利的索赔期限,可规定为( )。
   A. 货物运抵目的港(地)后××天内
   B. 货物运抵目的港(地),卸离海轮后××天内
   C. 货物运抵最终目的地后××天内
   D. 货物装上船后××天内

6. 不可抗力在英美法中的规定是( )。
   A. 自动失效    B. 情势变迁    C. 契约失效    D. 合同落空

7. 不可抗力的界定总体认为需具备四个条件,以下哪种说法不正确( )。
   A. 这种事件不是在订立合同之后发生的
   B. 这种事件是当事人在订立合同时不能预见的
   C. 这种事件不是当事人所能控制的
   D. 这种事件不是任何一方当事人的过失或故意造成的

8. 不可抗力条款是一项( )。
   A. 维护卖方权益的条款    B. 维护买方权益的条款
   C. 免责条款              D. 无法免责的条款

9. 中国国际经济贸易仲裁委员会是我国的( )。
   A. 官方性常设仲裁机构    B. 民间性常设仲裁机构
   C. 官方性临时仲裁机构    D. 民间性临时仲裁机构

10. 在仲裁条款中,一般规定仲裁费的承担者是( )。
    A. 败诉方                B. 胜诉方
    C. 仲裁方                D. 提起仲裁的一方

11. 以下选项中不属于检验证书作用的是( )。
    A. 作为证明卖方所交货物的品质、重量(数量)、包装以及卫生条件等是否符合合同规定及索赔、理赔的依据
    B. 确定检验标准和检验方法的依据
    C. 作为卖方向银行议付货款的单据之一
    D. 作为海关验关放行的凭证

12. 以下国际贸易货物检验方法中比较公平合理的是( )。
    A. 在出口国产地检验        B. 在装运地检验
    C. 在目的地检验            D. 在装运地检验,在目的地复验

13. 我国在出口冻禽、冻兔、皮张、毛类、猪鬃和肠衣等货物时,需提供( )。
    A. 品质检验证书            B. 重量检验证书
    C. 价值检验证书            D. 兽医检验证书

14. 罚金实质上是( )。
    A. 违约金    B. 订金    C. 定金    D. 预付货款

15. 异议与索赔条款适用于在品质、数量、包装等方面的违约行为,它的赔偿金额( )。
    A. 一般预先规定            B. 一般不预先规定
    C. 由第三方代为规定        D. 由受损方确定

16. 以下不属于《公约》规定的根本性违约的是( )。
    A. 卖方完全不交货          B. 买方无理由拒收货物

C. 卖方延误交货　　　　　　　　　　D. 拒付货款

17. 不可抗力事件是指当事人(　　)。
   A. 不能预见、不能避免的事件
   B. 不能预见、不能避免、不能克服的事件
   C. 不能预见、不能避免、不能克服、可以预防的事件
   D. 可以预见、不能避免的事件

18. 不可抗力免除了遭受意外事故的一方当事人(　　)。
   A. 履行合同的责任　　　　　　　　B. 对损害赔偿的责任
   C. 交付货物的责任　　　　　　　　D. 付货款的责任

19. 仲裁协议是仲裁机构受理争议案件的必要依据,仲裁协议(　　)达成。
   A. 必须在争议发生之前
   B. 只能在争议发生之后
   C. 必须在争议发生的过程中
   D. 既可以在争议发生之前达成,也可以在争议发生之后

20. 以下不属于仲裁程序的是(　　)。
   A. 仲裁申请　　　B. 仲裁审理　　　C. 仲裁和议　　　D. 仲裁裁决

## 二、多项选择题

1. 合同的商品检验一般规定买方在接受货物之前享有对所购买的货物进行检验的权利。但在一定条件下,买方对货物的检验权丧失。这些条件是(　　)。
   A. 买卖双方另有约定　　　　　　　B. 买方没有利用合理的机会检验货物
   C. 合同规定以卖方的检验为准　　　D. 卖方已经检验了货物

2. 商检证书(　　)。
   A. 是证明卖方所交货物符合合同规定的依据
   B. 是海关放行的依据
   C. 是卖方办理货款结算的依据
   D. 是办理索赔和理赔的依据

3. 商检的主要内容包括(　　)。
   A. 品质检验　　　B. 包装检验　　　C. 残损检验　　　D. 数量检验

4. 涉及国际货物买卖索赔的,通常包括(　　)。
   A. 买卖双方之间的贸易索赔　　　　B. 卖方向承运人提出的运输索赔
   C. 买方向承运人提出的运输索赔　　D. 卖方向保险人提出的保险索赔

5. 在进出口合同中,索赔条款有两种规定方式,即(　　)。
   A. 异议条款　　　　　　　　　　　B. 索赔条款
   C. 罚金条款　　　　　　　　　　　D. 异议和索赔条款

6. 《公约》规定,对于买方的违约行为,卖方可以采取的救济方法包括(　　)。
   A. 请求买方履行合同义务　　　　　B. 扣交货物
   C. 解除合同　　　　　　　　　　　D. 请求损害赔偿

7. 一个事故被判定为不可抗力事故的原则是(　　)。
   A. 意外事故的发生是偶然性的,是当事人无法预见或控制、克服的

B. 意外事故必须发生在合同签订之后

C. 由于合同双方当事人自身的过失或疏忽而导致的

D. 不是因为合同双方当事人自身的过失或疏忽导致的

8. 某公司对外订立出口合同后,发生火灾,供出口的商品全部被毁。如果该合同中订有不可抗力条款,该公司可援引该条款(　　)。

A. 要求进口方按期付款　　　　　　B. 要求免除对买方的赔偿责任

C. 要求撤销合同　　　　　　　　　D. 要求延期履行合同

9. 仲裁协议是仲裁机构受理争议案件的必要依据,下列说法正确的是(　　)。

A. 仲裁协议可以在争议发生之前达成

B. 仲裁协议可以在争议发生之后达成

C. 若仲裁协议事前与事后达成的内容不同,则应以事前达成的为准

D. 按照我国法律,仲裁协议必须是书面的

10. 我国C公司与日本D公司签订了一份销售合同,其中仲裁条款规定在被诉人所在国仲裁。双方在履约过程中发生争议时,日方为申诉人,其可以在(　　)进行仲裁。

A. 北京　　　　B. 深圳　　　　C. 东京　　　　D. 大阪

### 三、判断题

1. 凡是出口商品,必须经过商检机构的检验才能出口。（　　）

2. 由于国际贸易中大多采用装运港交货的贸易术语成交,因此,在合同中规定检验地点时,应采用"离岸品质、离岸质量"的规定方法。（　　）

3. 在进出口业务中,进口商收货后发现货物与合同的规定不符,进口商在任何时候都可以向供货方索赔。（　　）

4. 一方违反合同规定,没有违约的一方所能得到的损失赔偿金额最多不超过违约方在订立合同时所能预见到的损失金额。（　　）

5. 按惯例国际货物买卖合同的罚金数额不应超过货物总金额的10%。（　　）

6. 采用综合式说明不可抗力事故的范围,既明确又具有一定灵活性。（　　）

7. 从西欧某商进口在当地通常可以买到的某化工产品,在约定的交货期限前,该商所属的生产上述产品的工厂之一因爆炸被毁,该商要求援引不可抗力免责条款免除交货责任。对此,我方应予以同意。（　　）

8. 有关当事人一旦接到不可抗力事故的通知,无论同意与否,应及时给对方答复。（　　）

9. 仲裁协议必须由合同当事人在争议发生之前达成,否则不能提请仲裁。（　　）

10. 国际贸易中的争议案件只能用仲裁方式解决。（　　）

### 四、综合题

某贸易商以FOB价向国内某厂订购一批货,在买卖合同中订明如工厂未能于7月底以前交运该批货物,则该厂应赔付货款5%的违约金。后因工厂交货延迟5天,以致贸易商向其索赔。

请根据以上内容回答下列问题。

1. "在买卖合同中订明的如工厂未能于7月底以前交运该批货物,则该厂应赔付货款5%

的违约金",此条款属于合同中的( )条款。
  A. 装运条款　　　　B. 支付条款　　　　C. 索赔条款　　　　D. 保险条款
 2."工厂交货延迟 5 天",此种违约属于《公约》规定的( )。
  A. 重大违约　　　　B. 轻微违约　　　　C. 根本性违约　　　D. 非根本性违约
 3. 根据《公约》的规定,此案例中,买方可以主张的权利包括( )。
  A. 宣告合同无效,并要求损害赔偿
  B. 只能要求损害赔偿
  C. 要求解除合同并退货
  D. 可以要求双倍赔偿损失,但不能宣告合同无效
 4. 若买方索赔,索赔的对象应为( )。
  A. 国内某厂　　　　B. 承运方　　　　　C. 出口检验机关　　D. 保险公司
 5. 若买方索赔,其应索赔( )。
  A. 货款的 3%　　　 B. 货款的 5%　　　 C. 损失的 97%　　　D. 损失的 95%

## ▼ 应会考核

■ 观念应用

①买方未经检验便接受了货物,事后发现货物有严重质量问题,可否再行拒收权利?
②只要卖方违约,买方便可以要求拒收货物、解除合同?
③合同中的罚金或违约金制定的过高或过低于实际损失,应该如何处理?
④不可抗力免责是否意味着只要遭遇不可抗力便可以不履行自己的合同义务?
⑤哪一种不可抗力事件规定方法较为理想?
⑥为什么国际贸易中买卖双方更倾向于选择仲裁方式解决争议?
⑦是否只有在合同中订立仲裁条款才能申请仲裁?
⑧仲裁地点一定要在本国吗?
⑨在仲裁机构做出裁决后,如对裁决不服,可否向上一级仲裁机构提请仲裁? 可否上诉法院要求重新裁决?
请结合所学的知识,回答上述问题。

■ 技能应用

试根据具体情况选择适当的检验证书。
①出口冷冻虾仁一批,以 CIF 术语成交,自青岛运往加拿大的温哥华。
②出口山羊毛大衣一批,以 FOB 术语成交,自大连运往德国的汉堡。

【考核要求】

请分析上述内容,能对上述内容做出回答。

■ 案例分析

1. 我国 A 公司与美国 B 公司以 CIF 纽约的条件出口一批农产品,订约时,我国 A 公司已知该批货物要转销到加拿大。该货物到纽约后,立即转运加拿大。货到加拿大后,B 公司获知货物检验不合格,遂即凭加拿大商检机构签发的在加拿大检验的证书,向我方提出索赔。问:我国 A 公司应不应该接受这次索赔?

2. 我国某公司从国外进口货物一批,检验条款约定:由装运港检验局出具的有关证书证明的品质和数量是终局的。货到目的港后,我国海关检验发现部分货物霉变,且交货数量与合

同规定的不符。该公司经当地检验机构出具检验证书向卖方提出索赔。但卖方以检验条款的规定为由拒赔。请问卖方是否有权拒赔？

3. 某公司以 FOB 广东广州出口 2 000 吨油籽,合同规定油籽含油量最低 28%,杂质最高 3%,但未规定检验方法。该公司装运前取得我商检局的以干态乙醚浸出物的检验方法得到检验结果品质检验证书,证明货物含油量 29.3%。货到目的港后,买方以湿态,乙醚浸出物的检验方法进行检验的复验结果含油量只有 27.2% 要求索赔。试分析此案例。

4. 有一份 CIF 合同,出售 100 吨大米,单价为每吨 500 美元,总值 50 000 美元,事后卖方只交货 5 吨,在此种情况下,买方可主张何种权利？如果卖方交货 90 吨,买方可主张何种权利？为什么？

5. 我 A 公司向意大利 B 公司进口机器 1 台,合同规定索赔期限为货到目的港后 30 天。货到目的港卸船后,因 A 公司厂房未建好,机器无法安装试机。半年后厂房完工试机发现不能正常运转。经检验部门检验证明该机器为旧货。于是,A 公司向 B 公司提出索赔,但遭到拒绝,A 公司遭受重大经济损失。试分析此案。

6. 某年 5 月我国南方一外企与日方签订一份大米出口合同,交货期为当年 10～11 月。夏季南方发生特大洪水灾害,我方以不可抗力为由,要求免除交货责任。但对方回电拒绝,称大米市场价格已上涨,因我方未交货已造成其损失,要求我方赔偿。双方因此产生争议。试分析此案。

7. 我方某企业与外商按国际市场通用规格进口某化工原料。订约后不久,市价明显上涨。交货期届满前,该商生产该化工原料的两家工厂之一失火被毁,该商以火灾为不可抗力为由要求解除其交货义务。对此,我方如何处理？为什么？

8. 我方某出口公司向外商出口货物一批,合同规定凡发生争议,双方应通过友好协商解决；如协商不成,将争议提交中国国际经济贸易仲裁委员会在北京仲裁。后来在履约中双方就货物品质发生争议,对方在其所在地法院起诉我方,法院也发了传票传我方公司出庭应诉。对此,我方应如何处理？

9. 我方从某国进口粮食一批,合同规定 9 月交货,恰逢该国当年 7、8 月产地干旱,粮食歉收,外商以不可抗力要求免责,我方应如何处理？

10. 我方 A 公司与日本 B 公司以 CFR 横滨的条件出口一批陶瓷餐具。订约时,我方 A 公司被明确告知,该批货物要转销新加坡。该货物到大阪后,立即转运新加坡。货到新加坡后,B 公司获知货物检验不合格,遂即凭新加坡商检机构签发的检验证书,向我方提出退货。问：我方 A 公司应如何处理？

11. 我方出口公司向外商出口某商品 5 000 箱,价格条件 CIF 大阪,合同规定允许有 5% 溢短装幅度,我方实装 5 000 箱,提单亦载明 5 000 箱。货抵目的港后,买方即来电反映只收到 4 800 箱,并取得船公司短少证明,向我方索赔。问：我方应如何处理？

12. 某年 6 月大连 A 公司与英国 B 公司成交小麦 2 000 吨,每吨 300 英镑 CIF 伦敦,交货期为当年的 9 月。签约后,东北发生水灾,小麦价格上扬,于是大连 A 公司以不可抗力为由,要求免除交货责任。但英国 B 公司回电拒绝,并称因价格上涨,A 公司未交,致其损失 20 000 英镑,要求赔偿损失。双方因此引发争议,提交仲裁机构解决。如果你是仲裁员,你将如何裁决？大连 A 公司要求以不可抗力免除交货的理由是否充足？为什么？英国 B 公司要求的赔偿金额是否合理？为什么？

【考核要求】

结合所学的内容,请对上述案例进行分析。

■ 职场在线

1. 专业术语翻译

(1)离岸品质、重量(或数量)

(2)到岸质量、重量(或数量)

(3)品质检验证书、数量检验证书、产地检验证书、卫生检验证书

(4)Fundamental Breach,Non-Fundamental Breach

(5)Discrepancy and Claim Clause,Penalty Clause

2. 翻译以下条款

(1)以装运港中国商品检验局签发的品质、重量/数量检验证书作为有关信用证项下议付所提交单据的一部分,买方对于装运货物的任何索赔,需于货物到达目的港20天内提出,并须提供经卖方同意的公证机构出具的检验证书。

(2)由于不可抗力事故致使延期交货或不能交货,卖方概不负责。卖方在不可抗力事故发生后,应立即通知买方并在事发14天内,将事故发生所在地当局签发的证书航空邮寄给买方以作证据。即使在此情况下,卖方仍有责任采取必要的措施,尽快交货。

(3)Any dispute arising from or in connection with this contract shall be submitted to China International Economic and Trade Arbitration Commission for arbitration which shall be conduced in accordance with its arbitration rules effective. The arbitral award is final and binding upon both parties.

## 项目实训

【实训项目】

国际贸易争端的预防及处理。

【实训情境】

试分析下列出口贸易合同条款,指出其中错误或不合理的地方。

(1)品质异议须于货到目的地口岸之日起30天内提出,数量异议须于货到目的地口岸之日起15天内提出,买方仅需提供当地检验机构的检验证明。卖方将根据具体情况解决异议。由自然原因或船方、保险商责任造成的损失,卖方将不予考虑任何索赔。信用证未在合同之指定日期到达卖方,在FOB条款下,买方未按时派船到指定港口,或信用证与合同条款不符,买方未在接到卖方通知所规定的期限内电改有关条款时,卖方有权提出索赔,但无权撤销合同或延迟交货。

(2)卖方如不能按合同规定如期交货,并同意支付罚金,买方可同意延期交货,付款银行相应减少议定的支付金额,但罚款不得超过迟交货物总额的150%。卖方如逾期10个星期仍不能交货,买方有权撤销本合同。尽管合同已撤销,但卖方仍应如期支付上述罚金。

(3)If the shipment of the contracted goods is prevented or delayed in whole or in part by reason of Force Majeure such as war, earthquake, fire, flood or heavy snow, the Sellers shall not be liable for non-shipment or late shipment of the goods of this contract. The Sellers should furnish the letter immediately by registered airmail with a certificate attesting such event or events.

(4)All disputes arising from the execution or in connection with this contract, shall be settled amicably through friendly negotiation. In case no settlement can be reached through negotiation, the case shall then be submitted for arbitration. The arbitral award is not final. The arbitration fee shall be borne by the losing party unless otherwise awarded by the arbitration court.

【实训任务】

1. 请分析上述出口合同条款，并指出不合理之处。
2. 撰写《国际贸易争端的预防及处理》实训报告。

| 《国际贸易争端的预防及处理》实训报告 |||
|---|---|---|
| 项目实训班级： | 项目小组： | 项目组成员： |
| 实训时间：    年    月    日 | 实训地点： | 实训成绩： |
| 实训目的： |||
| 实训步骤： |||
| 实训结果： |||
| 实训感言： |||
| 不足与今后改进： |||
| 项目组长评定签字： | 项目指导教师评定签字： ||

# 项目八　国际贸易合同的履行

● 知识目标

　　理解：进出口贸易业务的流转程序。
　　熟知：出口合同履行中的催证、审证和改证。
　　掌握：进出口合同履行的各个环节。

● 技能目标

　　了解国际货物交易中的出口合同和进口合同的履行过程，以及其中的重要环节和注意事项，能熟练进行单证处理。

● 素质目标

　　具有履行国际货物交易中的出口合同和进口合同的实际业务操作能力，做到学、思、用贯通，知、信、行统一。

● 思政目标

　　进一步强化"重合同，守信用"的重要性，培养学生诚实守信的品质。本着诚实守信的原则和外贸人员的职业素养和职业精神，善于运用法治思维和法律武器，灵活解决各个环节可能出现的问题；激发学生的爱国情怀，强化商业伦理、价值塑造和社会责任感，增强学生学习专业知识的兴趣；启发学生的思辨精神，开拓学生的学科视野，让学生学会规划自身未来的发展。

● 项目引例

**仲裁机构对买卖钢板的裁决**

　　6月，上海某A公司与加拿大B客户按L/C方式签订了一份买卖钢板的合同。合同订立后，钢板价格上涨，A公司按约定开出了信用证，但B公司拒不按约交货。A公司见信用证已过期，为减少损失，便从别的公司购买了相同品质的替代货物。之后，A公司以B违约为由，向B索赔差价损失。双方经协商未果，A公司遂向中国国际经济贸易仲裁委员会提请仲裁。仲裁庭开庭审理后，对A采取的补救措施予以支持，裁定B方应赔偿买方购买合同替代货物所造成的货物差价损失。

**引例评析：**

本案合同项下的 B 方在收到 A 方依约开来的信用证后，理应履行约定的交货义务，而卖方见其出售货物的市价上涨，即拒不交货，违反了诚信原则，实属严重违约行为。由于 B 方未按约定时间交货，导致信用证过期。为了减少损失，A 方采取了合理补救措施，从别的厂家购买了合同替代货物，并要求卖方赔偿其差价损失。A 方的上述补救措施和索赔请求，是有合同依据的，也符合国际贸易的一般惯例，理应得到支持。

● **课程思政**

> 通过本项目的学习，大学生今后从事财经商贸工作时要树立诚实守信的职业品格，针对进出口贸易合同的履行，要学会分析道德与经济利益的冲突，学会在职业操守方面的"诚实守信"，认识到严格遵守诚信原则的重要性。具备坚定正确的政治方向和爱国情怀，提升爱国主义思想和信念；掌握进出口合同的履行专业技能，不断提高与时代发展和事业要求相适应的素质和能力。在实践中学真知、悟真谛，不断增加知识储备，优化知识结构，在社会历练中增长本领、锤炼品格，以积极进取的精神，奋发有为的行动，直面风险挑战，勇担时代重任。

## 任务一　出口合同的履行

买卖双方经过交易磋商签订合同后，双方就必须履行合同规定的义务。在合同履行中最主要的是货（货物）、证（信用证）、船（租船装运）、款（货款收付）四个关键点。相对于进口业务而言，履行出口合同的工作环节繁多，并需要运输、银行、商检等有关部门的配合和协作，手续也比较繁杂。实践中，由于每笔合同所采用的贸易术语、交货方式、付款方式等交易条件的不同，出口工作的具体操作也有所差异。本任务主要讨论按 CIF 贸易术语成交、采用信用证付款的合同的出口业务的具体做法。业务流程如图 8—1 所示。

### 一、备货

备货，是指卖方根据合同规定的品质、数量、包装准备货物，并保证在合同规定的交货期内保质、保量地完成交货。备货是卖方履行合同的基本义务。

#### （一）备货工作的具体内容

出口企业的性质不同，所以备货工作的内容也有一些差异。目前，外贸企业有两种，一种是生产型外贸企业，另一种是纯贸易公司。现就不同性质的外贸企业备货的工作内容进行介绍。

(1)生产型外贸企业。合同订立后，工厂外销部门的业务员与生产部门沟通，向生产部门下单，生产车间要根据合同要求的品质、规格、数量和包装安排生产计划，组织原料采购等。业务员要经常到车间了解生产情况，如果交易的商品是本企业无法生产的，外贸部门则要寻找其他的加工厂家，具体的做法与下面讨论的贸易型公司相同。

(2)纯贸易公司。对于纯贸易公司而言，由于自己没有生产实体，所以合同订立后，要寻找

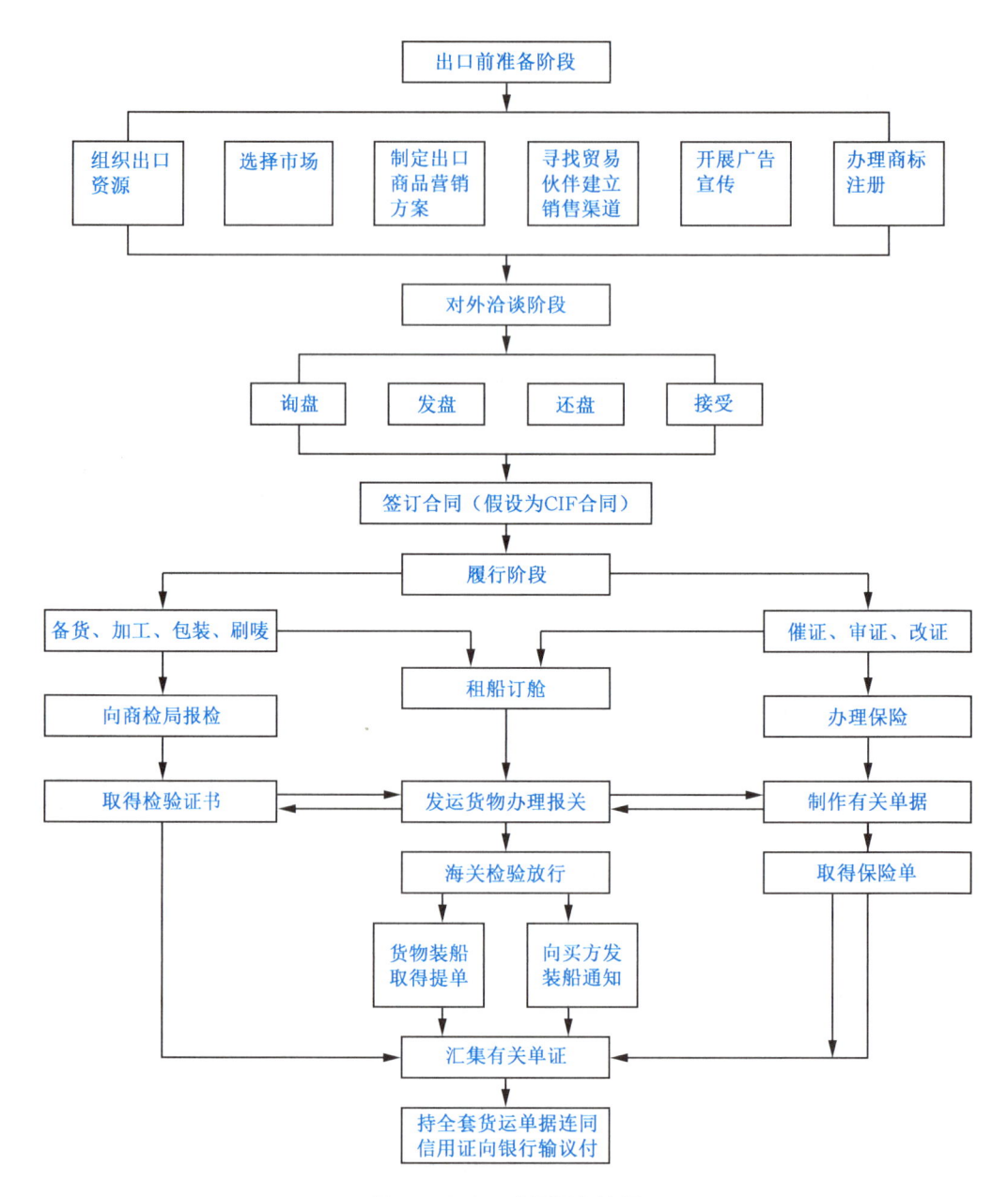

图 8—1　出口合同履行流程

有生产能力的供货商。纯贸易公司寻找生产企业时,要考虑到企业的生产能力、技术水平和商业信用,最好能建立几个稳定的客户关系。

**(二)备货的基本要求**

无论是生产型外贸企业还是纯贸易公司,备货工作都必须做到:(1)货物的品质必须符合合同的规定。(2)交货的数量必须与合同规定的相一致。(3)货物的包装必须符合合同的规定和运输要求。(4)备货时间要与合同规定的交货期相适应。(5)如果是 L/C 付款,要保证上述条件与 L/C 的规定相一致。

### (三) 备货时应注意的问题

在规定的装运时间内备妥货物。有的生产企业盲目地接受订单,使生产进度与交货期不能相适应,结果到了交货期因生产任务不能完成而延迟交货,出口方不得不花大量的精力再与外商协商,严重的会引起对方的索赔。许多中小企业不重视交货期的问题,由此引起的纠纷比较多。

备货过程中外贸业务员要检查产品的质量情况,如发现质量问题要及时解决,以免交货后引起质量纠纷。

凡属法定检验的出口商品,或合同、信用证中约定由某个检验部门检验的商品,应按规定及时报验,并取得合同要求的检验证明。

向生产部门下单时,应同时告知其唛头,以便工厂及时刷制唛头。

【注意】对于资信一般的客户或初次交易的客户,最好收到对方银行开来的信用证之后再向生产部门下订单,以防止对方不履行合同而造成产品积压。

## 二、催证、审证和改证

### (一) 催证

催证是指以某种通信方式催促买方办理开证手续,以便卖方履行交货义务。及时开证是买方的主要义务,因而在正常情况下,不需要催证。但在实际业务中,有时国外进口方遇到国际市场发生变化或资金短缺情况时,往往拖延开证或不开证。为了保证按时交货,有必要在适当时候催促对方办理开证手续。

### (二) 审证

审证是指出口企业收到信用证后,对信用证性质、内容等项目进行审核。实际业务中,审证分为两部分:一是通知行审核,二是出口企业审核。两者审核的重点不同。通知行审核主要是审核开证行的资信,辨别信用证的真伪,对信用证的政策性和政治性进行审核,如不允许来证中有歧视性、错误的或政治性条款,以及审核信用证是否有明确的保证付款的责任等。出口企业审证主要是审核信用证的性质、种类、内容等项目与合同是否一致。如果信用证中有不能接受的条款,应及时要求进口方修改。

### (三) 改证

修改信用证是指对已开出的信用证的某些条款通过银行修改的行为。改证有两种情况:一种是由开证申请人提出的,另一种情况是由受益人提出的。对于不可撤销的信用证,任何一方提出的修改都必须要经各当事人同意方才有效。

从出口方的角度看,对信用证中无法履行或不能保证履行的条款,要向进口方提出修改要求,进口方即开证申请人接到修改申请后,把修改后的条款通知开证行,开证行发出修改通知书,但必须经原通知行传递才有效。修改条款是原信用证的一个补充,它和原信用证一起作为银行付款的依据。

**同步案例 8—1　　　　信用证改证的应用**

中方某公司与加拿大商人在某年 10 月份按 CIF 条件签订了一份出口法兰绒的合同,支付方式为不可撤销即期信用证。加拿大商人于次年 3 月通过银行开来信用证,经审核与合同相符,其中保险金额为发票金额的 110%。我方正在备货期间,加拿大商人通过银行传递给我方一份信用证修改书,内容为将保险金额改为发票金额的 120%。我方没有理睬,按原证规定投保、发货,并于货物装运后在信用证有效期内向议付行议付货款。议付行议付货款后将全套单据寄到开证行,开证行以保险单与信用证修改书不符为由拒付。问:开证行拒付是否有道理?为什么?

**【案例精析】** 开证行拒付理由不成立。根据《跟单信用证统一惯例》的规定,不可撤销信用证一经开出,在有效期内未经信用证各有关当事人的同意,开证行不得单方面修改或撤销。同时,在受益人对信用证修改表示同意之前,原信用证的条款仍然有效。受益人对信用证修改的拒绝或者接受的表态,可以推迟至交单时。本例中,我方收到信用证修改书后并未表示同意,故原证条款仍然有效,交单时我方按原证规定投保,即表示我方拒绝修改,因此开证行不得拒付货款。

### 三、报验

出口报验是指出口方向海关申报检验的行为。海关经过抽验,检验合格后,向出口商颁发证明商品合格的检验证书。并不是任何交易的商品都要进行商检,进出口商品是否需要商检可根据我国《出入境检验检疫机构实施检验检疫的进出境商品目录》的规定,对规定要检验的商品报验,对于不属于法定检验范围的出口商品,可以由生产、经营单位或委托其他检验机构检验,海关对其进行定期或不定期的抽查,抽查不合格的,不准出口。

报验的商品,由海关进行检验。检验的依据是法律法规规定的标准、其他必须执行的检验标准(如进口国法律法规规定的标准)或合同规定的检验标准。当合同的约定和法定标准不同时,以高标准为准。经检验合格,由海关签发检验证书,或在"出口货物报关单"上加盖检验印章。

### 四、办理货运、报关和投保

#### (一)办理货运的步骤

在 CIF 或 CFR 条件下,租船订舱是卖方的责任之一。如果出口货物的数量较大,需要整船运输,则需要办理租船手续;如果出口货物的数量不大,不需要整船运输,则可由外运公司代为洽订舱位。

租船订舱的基本程序为:①查看船期表,外贸公司填写托运单(Booking Note,B/N),作为订舱依据;②船运公司或其代理人在接受托运人的托运单后,发给托运人装货单(Shipping Order,S/O);③货物装船以后,由船长或大副签发收货单(Mate's Receipt);④托运人到船运公司换取正式提单(Bill of Lading,B/L)。

#### (二)报关

1. 报关的含义

报关(Customs Declaration)是指货物装运前向海关办理申报手续。各进出口公司须通过"国际贸易单一窗口"填写出口货物报关单,连同其他必要的单证,如装货单、合同副本或信用证副本、发票、装箱单、商检证和出口许可证等交海关申报。货物经海关检验货、证、单相符无误,并在装货单上加盖放行章后,即可放行装船。

目前,我国的出口企业在办理报关时,既可以自行办理报关手续,又可以通过专业的报关经纪行或国际货运代理公司来办理。

2. 报关企业的类型

动漫视频

报关

报关企业的类型有三种：专业报关企业、代理报关企业和自理报关企业。

3. 报关的程序

出口公司在装船前，必须填写"出口报关单"向海关申报，并应随附商业发票、装货单、商检证书和出口许可证等，必要时提供合同、信用证副本。海关对货、证核查无误后，在装货单上加盖"放行"章，即可凭此装船。

【提示】出口公司可以自行办理报关手续，也可以通过专业的报关行和国际货运代理公司来办理报关手续。

### (三) 投保

对于按 CIF 条件成交的出口合同，出口商应在装船前，及时向保险公司办理投保手续。出口公司填制投保单，将货物名称、保险金额、运输路线、开航日期以及投保险别等列明。保险公司接受投保后，即签发保险单或保险凭证。

## 五、交单、结汇和出口退税

### (一) 交单与结汇

交单是指出口企业在规定时间内向指定银行提交信用证规定的全套出口单据，这些单据经过银行审核后，银行即可根据信用证规定的付款条件办理结汇。

结汇是指银行收到出口商交来的单据并对这些单据审核无误后，将外汇货款按当日人民币市场价结算成人民币支付给出口企业。

目前，我国出口企业大多使用议付信用证，议付信用证下，议付行审核无误后，立即将单据寄给开证行或其指定的付款行索偿，并按约定的方式给出口企业付款。议付信用证下出口企业的结汇方式有三种：收妥结汇、买单结汇和定期结汇。

1. 收妥结汇

收妥结汇又称先收后结、收妥付款，是指信用证议付行收到出口商的出口单据后，经审查无误，将单据寄交国外付款行索取货款，待收到付款行将货款拨入议付行账户的贷记通知书(Credit Note)时，议付行才按当日外汇牌价，按照出口商的指示，将货款折成人民币拨入出口商的账户。

2. 买单结汇

买单结汇又称出口押汇，是指议付行在审查无误的情况下，按信用证的条款贴现买入出口商的汇票和单据，从票面金额中扣除从议付日到估计收到票款之日的利息，将余款按议付日外汇牌价折成人民币付给出口商。议付行向受益人垫付资金、买入跟单汇票后，即成为汇票持有人，可凭票向付款行索取票款。银行之所以做出口押汇，是为了给出口商提供资金融通的便利，这有利于加速出口商的资金周转，有利于扩大出口业务。

3. 定期结汇

定期结汇是指议付行根据向国外付款行索偿所需时间，预先确定的一个固定的结汇期限，并与出口商约定，该期限到期后，无论是否收到国外付款行的货款，都要主动将票款金额折成人民币拨交出口商。

### (二) 出口退税

出口退税是指有进出口经营权的企业或代理出口企业，可在货物报关出口并在财务上作销售处理后，凭要求的凭证报送税务机关批准，退还企业产品出口前在生产和流通环节中已缴纳的全部或部分增值税或消费税，使产品以无税价格进入国际市场。国家实行出口退税制度是为了降低出口产品的成本,增强出口产品的竞争力,从而鼓励产品出口,出口退税也是各国政府普遍采取的做法。

### 六、索赔和理赔

在实际业务中,履行出口合同时,常常是由于卖方违约,因而主要是处理买方的索赔。在处理国外客户索赔时的注意事项包括:①认真细致地审核国外客户提供的单证和出证机构的合法性,防止弄虚作假;②认真做好调查研究,弄清事实,分清责任;③注重商业信誉,该赔偿时要赔偿;④合理确定损失程度、金额和赔付方法。

**【学中做 8-1】** 中国某进出口公司与某国某公司签订了 1 亿条沙包袋的出口合同,交货期限为合同成立后的 3 个月内,价格条款为 1 美元 CIF 香港,违约金条款为:如合同一方在合同履行期内未能履行合同规定的义务,则必须向另一方支付合同总价 3.5% 的违约金。中方公司急于扩大出口,赚取外汇,只看到合同利润优厚,未实际估计自己是否有能力履行合同,便与外商订立了合同。而实际上中方公司并无在 3 个月内加工 1 亿条该类沙包袋的能力。合同期满,能够向外方交付的沙包袋数量距 1 亿条还相差很远。中方无奈,只有将已有的沙包袋向外方交付并与之交涉合同延期。外方态度强硬,以数量不符合同的规定拒收,并以中方公司违约而要求按合同支付违约金。双方协商未果,最后中方某进出口公司只得向对方支付违约金 300 多万美元,损失巨大。

**分析:** 这是一起以合法手段掩盖非法目的、利用合同违约金条款欺诈的较为典型的案例。防范违约金条款欺诈,主要措施在于对自己的实际履约能力做到心中有数,在签订合同时能够从自己的实际能力出发,实事求是,不要被表面的优厚利润所迷惑,丧失判断事物的理性,毫无欺诈防范意识。卖方应逐项分析己方履约能力的构成因素,诸环节落实,确保能够在合同规定的履约期内完全履行自己的义务。一般说来,中方作为出口方时,其履约能力的构成因素主要包括:①货源;②生产加工能力;③原材料供应;④收购资金;⑤出口许可;⑥履约期限。

在本案中,中方进出口公司如果在合同签订之初,能理性地分析自己的履约能力,并充分考虑对方的违约金条款,加强防范意识,就不至于遭受那么大的经济损失。

## 任务二 进口合同的履行

进口合同的履行,是指进口人按照合同规定履行付款等一系列义务,直至收取货物的整个过程。在我国的进口业务中,大多数交易采用 FOB 条件成交,并采用信用证付款方式。假设以 FOB 条件成交,并采用即期信用证作为支付方式,则履行这类进口合同一般需要经历的环节如图 8-2 所示。

### 一、开立信用证

凡是进口合同规定采用信用证支付,即由进口公司按合同规定填写开立信用证申请书,向银行办理开证手续。

如果国外受益人提出修改信用证的要求,经进口公司同意后,可以向开证行办理改证手续。

开立和修改信用证时应注意以下问题:(1)在申请开立信用证时,必须以进口合同为依据,信用证的内容应与合同条款一致,以减少或避免修改信用证。(2)如果合同中有开证时间的规

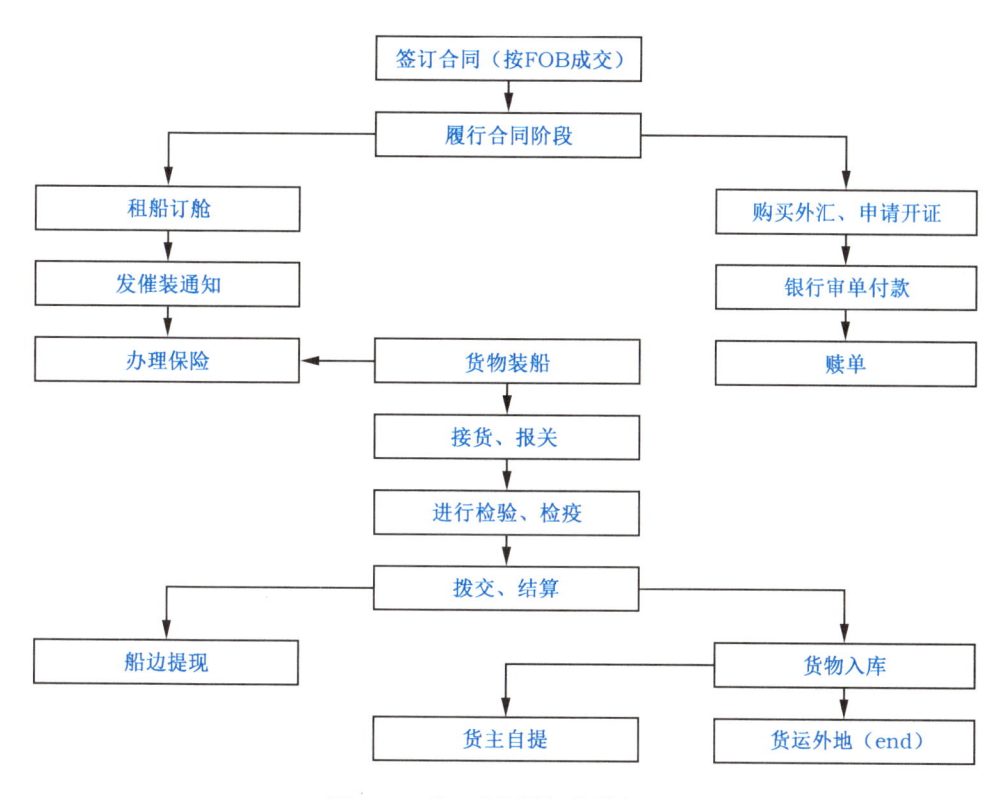

```
                    ┌─────────────────────┐
                    │ 签订合同（按FOB成交）│
                    └──────────┬──────────┘
                               │
                    ┌──────────┴──────────┐
                    │    履行合同阶段     │
                    └──────────┬──────────┘
          ┌────────────────────┼────────────────────┐
    ┌─────┴─────┐                            ┌──────┴──────┐
    │  租船订舱 │                            │购买外汇、申请开证│
    └─────┬─────┘                            └──────┬──────┘
          │                                          │
    ┌─────┴─────┐                            ┌──────┴──────┐
    │ 发催装通知│                            │  银行审单付款│
    └─────┬─────┘                            └──────┬──────┘
          │                                          │
    ┌─────┴─────┐    ┌─────────────┐         ┌──────┴──────┐
    │  办理保险 │◄───│  货物装船   │         │    赎单     │
    └───────────┘    └──────┬──────┘         └─────────────┘
                            │
                     ┌──────┴──────┐
                     │  接货、报关 │
                     └──────┬──────┘
                            │
                     ┌──────┴──────┐
                     │进行检验、检疫│
                     └──────┬──────┘
                            │
                     ┌──────┴──────┐
                     │  拨交、结算 │
                     └──────┬──────┘
          ┌─────────────────┼─────────────────┐
    ┌─────┴─────┐                       ┌─────┴─────┐
    │  船边提现 │                       │  货物入库 │
    └───────────┘                       └─────┬─────┘
                ┌─────────────┐               │
                │  货主自提   │◄──────────────┤
                └─────────────┘               │
                                        ┌─────┴──────┐
                                        │货运外地（end）│
                                        └────────────┘
```

图 8—2　进口合同履行的基本程序

定，应按合同的规定办理。如果合同规定在出口方确定交货期后开证，应在接到出口方的通知后再办理开证手续；如果合同规定在出口方领到出口许可证或支付履约保证金后开证，则应在收到出口方已经履行上述义务的通知后再办理开证手续。（3）对于国外受益人提出的修改要求，如延长装运期、改变装运港口等，应慎重考虑。

## 二、租船订舱

按 FOB 贸易术语订立的合同，由进口方安排运输，订立运输合同并办理投保。通常进口货物的租船、订舱工作可委托外运公司或货代公司办理，租船、订舱的时间应以合同为依据。如合同规定，卖方在交货前一定时期内，应将预计装运日期通知进口方，进口方在接到上述通知后，应及时向外运公司或货代公司办理租船、订舱手续。一般是填写租船、订舱的联系单，连同合同副本交给船运机构。在办妥租船、订舱手续后，按规定期限将船名、船次及船期通知卖方，以便卖方准备货物装船。同时，进口方还应随时了解和掌握对方备货和装船前的准备工作情况，及时检查督促，以防止船货脱节。

## 三、投保货运险

按照 FOB 或 CFR 条件成交的进口合同，由进口方办理投保货运险。

我国大多数外贸公司与保险公司签订有海运进口货物预约保险合同。在收到国外装运通知后，将进口货物名称、数量、船名、装运港、装船日期和目的港等有关情况通知保险公司，即视为已经办妥保险手续。

### 四、审单和付汇

卖方交货后,将汇票和全套单据经国外银行寄交开证行收取货款。开证行收到国外寄来的单据后,根据"单证一致、单单一致"的原则,对照信用证的条款,核对单据的种类、份数和内容,如果相符,即由开证行按即期或远期汇票向国外付款或承兑。

如经开证行审核国外单据时发现单证不符,应立即处理。由开证行与我国进口企业取得联系,询问进口企业是否愿意接受有不符点的单据。如不接受,即向国外银行提出异议,根据 UCP 600 的规定,银行必须在收到单据次日起的 7 个工作日内,以电信或其他快捷方式通知寄单银行或受益人,说明拒收单据的不符点及如何处理单据。在实践中,可根据不同情况采取相应的处理办法,如国外银行通知发货人更正单据;由国外银行书面担保后付款,改为货物到达检验后付款;拒绝付款,改为跟单托收等。

开证行在审单无误对外付款的同时,通知我进口企业按国家规定的外汇牌价,向开证行付款赎单,进口企业凭银行的付款通知书与订货单进行结算。

### 五、报关和纳税

进口公司付款赎单以后,应立即着手准备接货。待货物运抵目的港后,必须立即向海关办理申报,通过"国际贸易单一窗口"填写"进口货物报关单",并随附发票、提单、保险单和检验证书等。经海关检验有关单据和货物后,在提单上签章放行,即可提取货物。

### 六、验收和拨交货物

进口货物到达后,应及时进行检验,并取得有效的检验证明,以便出现问题时向有关责任方提出索赔。

属于法定检验的商品,必须向卸货口岸的商品检验机构报验,未经检验的货物不得销售和使用。

货物经报关和检验后,由进口公司委托货运代理提取货物并拨交订货或用货部门。关于进口关税和运往内地的费用,一般由货运代理向进出口公司结算后,进出口公司再向订货部门结算。

### 七、索赔和理赔

在进出口业务中,有时会出现由于责任方不履行合同使另一方遭受损失的情况,或在装运储存过程中货物的品质、数量、包装受到损害的情况,此时受损方要向有关责任方提出索赔要求。

#### (一)索赔对象

根据责任划分,索赔对象有卖方、承运人和保险公司三种。

1. 向卖方索赔

买方收货时,如发现数量短少属于原装数量不足、货物的品质或规格不符合合同的规定、包装不良致使货物受损、拒不交货或未按期交货等,可根据卖方违约所造成的结果,依照合同和事实依据向卖方索赔。

2. 向承运人索赔

在进口业务中,如果到货数量少于运输单据所载的数量,且运输单据是清洁的,进口人可根据不同运输方式的相关规定,及时向承运人或其代理人提出索赔。

3. 向保险公司索赔

由于自然灾害、意外事故、外来原因或运输装卸过程中其他事故致使货物受损,且属于承保险别范围以内的,应及时向保险公司索赔。即使是因为承运人的过失造成的货物残损、遗失,在承运人不予赔偿或赔偿金额不足以抵补损失时,只要属于保险公司的承保范围,也应及时向保险公司提出索赔。

### (二)进口索赔时应注意的问题

进口索赔时应注意以下几个问题。

1. 索赔证据问题

无论向哪一方提出索赔,都需要提供足够的证据。索赔证据包括:检验证书、公证报告、发票、装箱单、运输单据副本、来往函电、港务局理货员签发的理货报告及承运人签发的短卸或残损证明等。如索赔时证据不足、问题不清、责任不明或不符合索赔条款的规定,都可能遭到对方的拒绝。在未得到索赔前,应保持索赔商品原状,有的还要拍照存查,以便必要时作为举证材料。

2. 索赔金额问题

根据国际贸易惯例,买方向卖方索赔的金额,应是卖方违约造成的实际损失再加上合理的预期利润。计算时根据商品的价值和损失程度,加上支出的各种费用(如商品检验费、装卸费、银行手续费、清关费用、税捐、仓租和利息等),合理的预期利润也计入索赔金额。

3. 索赔期限问题

索赔方必须在合同规定的索赔期限内向责任方提出索赔,逾期索赔,责任方有权不予受理。如商检可能需要较长时间,可在合同规定的索赔有效期限内向对方要求延长索赔期限,或在合同规定的索赔有效期限内向对方提出保留索赔权。

如买卖合同中没有规定索赔期限,而在货物检验中又不易发现货物缺陷,则按《联合国国际货物销售合同公约》的规定,买方行使索赔权的最长期限为货物到达目的港交货后1年之内;向保险公司提出海运货损索赔的期限则为被保险货物在卸载港全部卸离海轮后2年之内。

4. 买方责任问题

凡是货物的风险由卖方转移到买方时所存在的任何不符合合同规定的情况,卖方都负有责任,买方应以事实为依据向卖方要求赔偿。但在卖方同意赔偿前,买方应妥善保管货物,保持货物的原状。根据国际贸易惯例,如果买方不能按实际收到的货物的原状归还货物,其就丧失了宣告合同无效或要求卖方交付替代货物的权利。

进口索赔的操作比较复杂,要做好这项工作,进口方须熟悉国际惯例和有关法律规定,同时还要与订货单位、外运机构、保险公司及商品检验机构密切配合、通力协作,才能做好进口索赔工作。

## ▼ 应知考核

### 一、单项选择题

1. 出口报关的时间应是(  )。
A. 备货前      B. 装船前      C. 装船后      D. 货到目的港后

2. 向海关申报进出口货物,供海关验关估税和放行的法定单据是(  )。
A. 提单        B. 报验单      C. 报关单      D. 投保单

3. 当信用证条款与合同规定不一致时,受益人可以要求何人修改( )。
   A. 议付行　　　　　B. 开证行　　　　　C. 通知行　　　　　D. 保兑行
4. 海关发票的作用是( )。
   A. 主要是为了送银行议付
   B. 主要是为了允许进口
   C. 主要是作为估价完税和征收差别待遇关税或征收反倾销税的依据
   D. 主要是为了允许出口
5. 提单日期为7月15日,信用证的有效期为8月15日,按UCP 600规定,受益人向银行交单的最迟日期为( )。
   A. 7月15日　　　　B. 8月5日　　　　　C. 8月15日　　　　D. 9月5日
6. 在进口贸易中,进口关税的计算是以( )术语为基础的。
   A. FOB　　　　　　B. CFR　　　　　　C. CIF　　　　　　D. EXW
7. 我国进出口业务中,进口合同多数是以( )术语成交的。
   A. FOB　　　　　　B. CFR　　　　　　C. CIF　　　　　　D. EXW
8. 我国进出口业务中,出口合同多数是以( )术语成交的。
   A. FOB　　　　　　B. CFR　　　　　　C. CIF　　　　　　D. EXW
9. 在申请开立信用证前,应落实( )。
   A. 货物的报关手续　　　　　　　　　B. 进口批准手续及用汇问题
   C. 商品检验手续　　　　　　　　　　D. 商品的运输手续
10. 在进出口业务中,信用证的开证申请书由( )开立
    A. 出口商　　　　　B. 进口商　　　　　C. 出口方银行　　　D. 进口方银行
11. 出口公司收到银行转来的信用证后,侧重审核( )。
    A. 信用证内容与合同是否一致　　　　B. 信用证的真实性
    C. 开证行的政治背景　　　　　　　　D. 开证行的资信
12. 信用证的基础是买卖合同,当信用证与买卖合同不一致时,受益人应要求( )。
    A. 开证行修改　　　B. 开证申请人修改　C. 通知行修改　　　D. 议付行修改
13. 如果信用证未规定交单期限,则认为在运输单据签发日期后( )天内向银行交单有效,但不能迟于信用证有效期。
    A. 7天　　　　　　B. 15天　　　　　　C. 21天　　　　　　D. 30天
14. ( )是指议付行收到收益人的单据和(或)汇票后,经审查无误,将单据和汇票寄交国外付款行索取货款,待收到付款行将货款拨入议付行账户的贷记通知书时,即按当日外汇牌价折成人民币收入受益人账户。
    A. 定期结汇　　　　B. 收妥结汇　　　　C. 交单结汇　　　　D. 票据结汇
15. 出口结汇时,由出口商签发的,作为结算货款和报关纳税依据的核心单据是( )。
    A. 海运提单　　　　B. 商业汇票　　　　C. 商业发票　　　　D. 海关发票
16. 进口货物的质量与合同规定不符,则进口方应向( )提出索赔。
    A. 卖方　　　　　　B. 承运人　　　　　C. 保险公司　　　　D. 银行
17. 向出口方索赔时,在以下的索赔依据中不必出具的是( )。
    A. 提单　　　　　　B. 装箱单　　　　　C. 发票　　　　　　D. 保险单
18. 审核信用证的依据是( )。

A. 合同　　　　　　B. 一整套单据　　　　C. 开证申请书　　　　D. 商业发票
19. 信用证修改通知书的内容在两项以上者,受益人(　　)。
A. 要么全部接受,要么全部拒绝　　　　B. 可选择接受
C. 必须全部接受　　　　　　　　　　　D. 只能部分接受
20. 所谓单证相符的原则,是指受益人必须做到(　　)。
A. 单据与合同相符　　　　　　　　　　B. 单据和信用证相符
C. 信用证和合同相符　　　　　　　　　D. 修改后信用证与合同相符

## 二、多项选择题

1. 进口索赔的对象可能涉及(　　)。
A. 进口地银行　　B. 保险公司　　C. 承运人　　D. 出口方
2. 履行出口合同的程序可概括为(　　)。
A. 货　　　　　　B. 证　　　　　C. 船　　　　　D. 款
3. 在交易的过程中,卖方的基本义务是(　　)。
A. 提交货物　　　　　　　　　　B. 提交有关单据
C. 转移货物的所有权　　　　　　D. 投保
4. 进出口时都必须包括(　　)等环节。
A. 办理保险　　　B. 海关报关　　C. 租船订舱　　D. 付款
5. 信用证的修改可以有(　　)提出。
A. 开证申请人　　B. 受益人　　　C. 通知行　　　D. 议付行
6. 信用证的审核包括(　　)两部分。
A. 通知行审核　　B. 出口企业审核　C. 开证行审核　D. 议付行审核
7. 议付信用证下出口企业的结汇方式包括(　　)。
A. 收妥结汇　　　B. 买单结汇　　C. 定期结汇　　D. 任何形式
8. 在实际业务中,履行进出口合同时,某方可能会出现违约行为,主要处理的是(　　)违约行为。
A. 进口商　　　　B. 出口商　　　C. 通知银行　　D. 议付银行
9. 进口合同履行过程中,有时会出现由于责任方不履行合同使另一方遭受损失的情况,此时受损方要向有关责任方提出索赔要求。根据责任划分,索赔对象有(　　)。
A. 卖方　　　　　B. 买方　　　　C. 承运人　　　D. 保险公司
10. 我国进出口合同签订时常采用的术语包括(　　)。
A. 出口时采用 FOB　B. 进口时采用 FOB　C. 出口时采用 CIF　D. 进口时采用 CIF

## 三、判断题

1. 进口国要求提供海关发票主要是作为其海关减免关税的依据。(　　)
2. 在制作和审核结汇单据时一般应本着"正确、完整、及时、简明、整洁"的原则。(　　)
3. 某公司进口设备到货后,发现与合同规定的不符,但卖方及时自费对设备进行了修理,使设备达到了原定的标准。在此情况下,买方就不能提出任何损害赔偿要求。(　　)
4. 某信用证金额为 25 775 美元,而卖方向银行结汇时提供的汇票的金额为 25 750 美元,对此,开证行认为单证不符,予以拒付。(　　)

5. 开证行收到国外寄来的单据后,根据"单证一致、单单一致"的原则,对照信用证的条款,核对单据的种类、份数和内容,如果相符,即由开证行按即期或远期汇票向国外付款或承兑。（  ）

6. 如经开证行审核国外单据,发现单证不符,应立即处理。（  ）

7. 进口货物到达后,应及时进行检验,并取得有效的检验证明,以便出现问题时向有关责任方提出索赔。（  ）

8. 买方收货时,如发现数量短少属于原装数量不足、货物的品质或规格不符合合同的规定、包装不良致使货物受损、拒不交货或未按期交货等,可根据卖方违约所造成的结果,依照合同和事实依据向卖方索赔。（  ）

9. 在进口业务中,如果到货数量少于运输单据所载的数量,不管运输单据是不是清洁的,进口人可根据不同运输方式的相关规定,及时向承运人或其代理人提出索赔。（  ）

10. 由于自然灾害、意外事故、外来原因或运输装卸过程中其他事故致使货物受损,且属于承保险别范围内的,应及时向保险公司索赔。（  ）

## 应会考核

■ 观念应用

我国某公司与意大利商人在2023年10月份按CIF条件签订了一份出口某商品的合同,支付方式为不可撤销即期信用证。意大利商人于5月通过银行开来信用证,经审核与合同相符,其中保险金额为发票金额的110%。我方正在备货期间,意大利商人通过银行传递给我方一份信用证修改书,内容为将保险金额改为发票金额的120%。我方没有理睬,按原证规定投保、发货,并于货物装运后在信用证有效期内,向议付行议付货款。议付行议付货款后将全套单据寄开证行,开证行以保险单与信用证修改书不符为由拒付。

请问:开证行拒付是否有道理?为什么?

■ 技能应用

我国某公司向国外出口某商品,L/C中规定的装运期为5月份,交单期为6月10日前,L/C的有效期为6月25日。该公司收到L/C后,及时准备货物,但因产品制作时间较长,货物于5月27日才全部赶制出来,装运后取得5月29日签发的提单。我方制作好单据于6月8日交单时,恰逢6月8日和9日是银行非营业日。

【考核要求】

请问:我方最终能否从银行取得货款?为什么?

■ 案例分析

我国A公司向印度B公司以CIF条件出口货物一批,国外来证中单据条款规定:商业发票一式两份;全套清洁已装船提单,注明"运费预付";保险单一式两份。A公司在信用证规定的装运期限内将货物装上船,并于到期日前向议付行交单议付,议付行随即向开证行寄单索偿。开证行收到单据后来电表示拒绝付款,理由是单证有下列不符:(1)商业发票没有受益人的签字;(2)正本提单是一份组成,不符合全套要求;(3)保险单上的保险金额与发票金额相等,所以投保金额不足。

【考核要求】

试分析开证行拒付的理由是否成立。

■ 职场在线

翻译下列条款。

（1）很高兴收到贵方 4 月 15 日的来函，我方仔细研究了贵方试订购玩具使用承兑交单的建议。

（2）you will be clear that our general terms of payment are by confirmed, irrevocable letter of credit in our favor, available by draft at sight, arriving at us one month ahead of shipment, remaining valid for negotiation in China till the 15th day after the prescribed time of shipment, and transhipment and partial shipment are allowed.

## 项目实训

【实训项目】

国际贸易合同的履行。

【实训情境】

我国某公司与国外某客商订立一份农产品的出口合同，合同规定以不可撤销即期信用证为付款方式。买方在合同规定的时间内将信用证开抵通知银行，并经通知银行转交我公司。我出口公司审核后发现，信用证上有关装运期的规定与双方协商的不一致。为争取时间，尽快将信用证修改完毕，以便办理货物的装运，我方立即电告开证银行修改信用证，并要求开证银行修改完信用证后，直接将信用证修改通知书寄交我方。

【实训任务】

1. 请问：(1)我方的做法可能会产生什么后果？(2)正确的信用证修改渠道是怎样的？
2. 撰写《国际贸易合同的履行》实训报告。

| 《国际贸易合同的履行》实训报告 |||
|---|---|---|
| 项目实训班级： | 项目小组： | 项目组成员： |
| 实训时间：　年　月　日 | 实训地点： | 实训成绩： |
| 实训目的： |||
| 实训步骤： |||
| 实训结果： |||
| 实训感言： |||
| 不足与今后改进： |||
| 项目组长评定签字： | 项目指导教师评定签字： ||

# 项目九　国际贸易方式

● **知识目标**

　　理解：各种国际贸易方式的要领和特征。
　　熟知：各种国际贸易方式的基本做法及对当事人的利弊；跨境电子商务。
　　掌握：能够运用不同国际贸易方式进行实际业务操作；正确把握协议中的内容及注意事项。

● **技能目标**

　　了解不同国际贸易方式的基本做法与运用中的注意事项，具备运用不同国际贸易方式进行实际业务操作的能力，熟知无纸贸易及其运行模式。

● **素质目标**

　　能够以全局性的观念选择国际贸易的多种贸易方式，理解和掌握各种国际贸易方式的适用范围，从而做到学、思、用贯通，知、信、行统一。

● **思政目标**

　　培养学生严谨规范的工作态度；树立精益求精的工匠精神；通过贸易方式的选择注意风险责任意识，正确认知，善于反思，求真务实；教育学生国家利益高于一切，尊重规则，尊重权利，追求公正，维护国家的利益和形象。

● **项目引例**

一批寄售方式引起的思考

　　大连某实业有限公司拟向南亚某国出口一批轻工产品。由于该批货物在其仓库搁置很久，属于积压物资，因此双方当事人通过多次协商，决定以寄售方式在国外销售。货物经由我方运到目的地后，由于同类商品在当地市场竞争激烈，虽经代销商多方努力，货物销售情况仍非常不理想，最后只得再装运回国内。

**引例评析：**

　　寄售是一种委托代售的贸易方式，是指寄售人先将货物运往国外寄售地，委托当地代销人,按照寄售协议规定的条件,替寄售人进行销售,在货物出售后,由代销人向寄售人结算货款的一种贸易做法。寄售方式对寄售人来说,有利于增加交易机会、开拓市场和扩大销路。通过寄售可以与实际用户建立关系,扩大贸易渠道,便于了解和适应当地市场需要,不断改进产品的品质和包装。寄售人还可以根据市场供求情况,掌握有利的推销时机,随行就市,卖上好价。但同时,寄售的缺点针对寄售人而言,主要表现为贸易风险大、资金周转期长、收汇不够安全等。

● **课程思政**

> 通过本项目的学习,财经商贸人员要体会从业人员应该持有和坚持的"敬业""真诚友善""诚实守信"等职业素养和道德品质。具备从业人员在劳动态度、社会品质等方面的"敬业""真诚""友善"。通过国际贸易方式内容的融合学习,在具备专业能力的基础上,达到思想道德要求,扩大贸易视野,增强整体素质,为今后从事相关工作打下坚实的基础。

## 任务一 经销、代理与寄售

贸易方式是指国际贸易中买卖双方所采用的各种交易的具体做法。在对外贸易活动中,每一笔交易都要通过一定的贸易方式来进行。贸易方式是在买卖双方交易过程中随着不同商品、不同地区和不同对象,根据双方的需要形成的。当前在国际贸易中流行着各种各样的贸易方式,各种贸易方式也可交叉进行,随着国际贸易的发展,贸易方式亦日趋多样化,主要有经销、代理、加工贸易以及跨境电子商务等。

### 一、经销

#### (一)经销的含义及分类

经销(Distribution),是指出口商(即供货商,Supplier)通过经销协议把某一种或者某一类商品在某个地区和一定期限内的购销权给予国外进口商(即经销商,Distributor),以"款、货两讫"的买断形式达成的一种商品买卖关系。根据经销商权限的不同,经销可以分为总经销、独家经销和一般经销三种类型。

1. 总经销

总经销(General Distribution)是指出口供货方(只限于出口生产企业)赋予进口中间商在规定的时间和区域内(可以是全部市场,也可以是某个大区域或某个国家范围内),对指定商品享有独家分销权、最低进价权和优先进货权的一种方式。而出口生产企业在此期间和区域内则不能再向任何其他商人分销该指定商品,如在该地区销售该指定商品的商人均需向总经销商处进货。总经销商在享有指定商品的独家分销权的同时也必须承担一定的义务方面的限制,这些限制往往在特许协定中有明确规定。

2. 独家经销

独家经销(Sole Distribution)又称包销(Exclusive Sales),是指出口人(即供货商)通过包销协议把某一种或某一类货物在某一个地区和期限内的独家专营权给予国外商人(即进口商、包销商)的贸易做法。包销方式下,双方当事人通过包销协议建立起一种较为稳固的购销关系。在协议所规定的时间和区域内,该指定商品除由独家经销商销售外,该区域内任何其他商人均不得销售此种商品。

动漫视频

包销

此外，独家经销商一般也要承担一定数量的销售、维护授权商品的知识产权、承担生产企业委托的商品促销活动和部分商品的售后服务工作等义务。

**【学中做9-1】** 我A公司与台湾B公司签订了独家经销协议，授予该公司W产品的独家经销权，但该产品并非A公司的自产商品，而是由国内C公司生产、由A公司销往台湾B公司。C公司在向A公司供货的同时，也自营进出口业务，又向另一家台湾D公司授予了该产品的独家经销权。这样，在台湾就有了同种产品的两个独家经销商，这两家经销商得知该情况后，都向A公司和C公司提出索赔的要求。请问：这起案件应如何处理？

**分析**：此案中，C公司既然向台湾D公司授予了该产品的独家经销权，就有义务保证其产品不会经过其它渠道进入其他地区内。因此，C公司要么授予台湾D公司一般经销权，要么保证A公司不向该地区出口产品。

3. 一般经销

一般经销（Common Distribution）又称定销，是指出口供货方对挑选经销商的条件不苛刻，不强调经销商要承担过多的义务，也不对经销商授予任何特权。只要经销商有进口积极性，能满足供货方的交易条件，及时付足货款，即可得到出口供货方提供的货物。在这种方式下，供货方与经销方之间存在的只是相对长期、稳定的买卖关系，实质上与一般的国际货物买卖并无区别。

### （二）经销的性质和特点

经销的性质和特点包括以下几方面：①经销关系实际上是一种买卖关系，供货商是出口方，经销商是进口方。②经销商承担在规定的期限和地域内购销指定商品的义务，且自筹资金、盈亏自负、风险自担。③从法律上讲，供货商与经销商之间是个人对个人的关系，经销商以自己的名义购进货物并转售。购买商品的当地客户与供货商之间不存在合同关系。

### （三）经销协议的内容

经销协议（Distribution Agreement）是供货商和经销商订立的确定双方法律关系的契约，其内容的繁简可根据商品的特点、经销地区的情况以及双方当事人的意图加以确定。我国在实际业务中一般只在协议中规定双方当事人的权利义务和一般交易条件，以后每批货的交付要依据经销协议订立具体的买卖合同，明确价格、数量、交货期甚至支付方式等具体交易条件。通常，经销协议主要包括以下几方面的内容。

1. 经销商品的范围

经销商品可以是供货商经营的全部商品，也可以是其中的一部分，因此，在协议中要明确指明商品的范围，以及同一类商品的不同牌号和规格。确定经销商品的范围要与供货商的经营意图和经销商的经营能力、资信状况相适应。如商品范围规定为供货商经营的全部商品，为避免争议，最好在协议中明确经销的商品停止生产或有新产品推出时对协议是否适用。

2. 经销地区

经销地区是指经销商行使经营权的地理范围。它可以是一个或几个城市，也可以是一个甚至是几个国家。其大小的确定，除应考虑经销商的规模、经营能力及其销售网络外，还应考虑地区的政治区域划分、地理和交通条件以及市场差异程度等因素。对经销地区的规定也并非一成不变，可根据业务发展的具体情况由双方协议后加以调整。

**【提示】** 在包销方式下，供货商在包销区域内不得再指定其他经销商经营同类商品，以维护包销商的专营权。为维护供货商的利益，有的包销协议规定包销商不得将包销品越区销售。

### 3. 经销数量或金额

经销协议还应规定经销商在一定时期内的经销商品的数量和金额,在包销协议中这更是必不可少的内容之一。此项数量或金额的规定对协议双方有同等的约束力,它也是卖方应供应的商品的数量和金额。经销数额一般采用最低承购额的做法,规定一定时期内经销商应承购的数额下限,并明确经销数额的计算方法。为防止经销商订约后拖延履行,可以规定最低承购额以实际装运数为准。规定最低承购额的同时,还应规定经销商未能完成承购额的处罚办法,这是卖方的权利。

### 4. 作价方法

经销商品可以在规定的期限内一次作价,结算时以协议规定的固定价格为准。这种方法出于交易双方要承担价格变动的风险,故采用较少。在大多数经销协议中采用分批作价的方法,也可由双方定期根据市场情况加以商定。

### 5. 经销商的其他义务

对经销商来说,要负责做好广告宣传、市场调研和维护供货人权益等问题。协议通常规定,经销商有促进销售和广告宣传的义务;有的协议也规定,供货商应提供必要的样品和宣传资料;对于广告宣传的方式以及有关费用的负担问题,也应明确规定,一般多由经销商自己承担。在协议中,还可规定经销商承担市场调研的义务,以供出口商参考制定销售策略和改进产品质量。有的包销协议还规定,如在包销地区内发现供货商的商标权或专利权受到侵害,包销商要及时采取保护性措施。

### 6. 经销期限

经销期限即协议的有效期,可规定为签字生效起一年或若干年。一般还要规定延期条款,可以经双方协商后延期,也可规定在协议到期前若干天如没有发生终止协议的通知,则可延长一期。经销期限届满协议即终止,但为了防止一方利用对方履约中的一些微不足道的差异作为撕毁协议的借口,在协议中还应规定终止条款,明确在什么情况下解除协议。

除上述主要内容外,还应规定不可抗力及仲裁条款等一般交易条件,其规定方法与一般买卖合同大致相同。采用经销方式应注意的问题:①慎重选择经销商和经销方式;②适当规定经销商品的范围、地区及最低承购数量或金额;③为防止出现经销商销售不力的情况,应在协议中规定中止条款和索赔条款。

## 二、代理

### (一)代理的含义

代理(Agency)是以委托人(Principal)为一方,接受委托的代理人为另一方达成协议,规定代理人(Agent)在约定的时间和地区内,以委托人的名义与资金从事业务活动,并由委托人直接负责由此产生的后果。

### (二)代理的性质

代理商与出口商之间的关系,因不是买卖关系,故销售代理商不垫资金、不担风险和不负盈亏,只获取佣金。代理人在代理业务中只是作为委托人的代表行事。双方通过代理协议建立的是委托代理关系。

### (三)代理的特点

代理方式,具有下列基本特点:①代理人只能在委托人的授权范围内,代理委托人从事商业活动;②代理人一般不以自己的名义与第三者签订合同;③代理人通常是运用委托人的资金从事业务活动;④代理人不管交易中的盈亏,只取佣金;⑤代理人只居间介绍生意、招揽订单,但不承担履行合同的责任。

### (四)代理的种类

1. 按委托人授权大小分类,可分为总代理、独家代理和一般代理。

(1)总代理(General Agency),是指委托人在指定地区的全权代表。总代理有权代表委托人从事一般商务活动和某些非商务性的事务。

(2)独家代理(Sole Agency or Exclusive Agency),是指在指定地区和期限内单独代表委托人行事,从事代理协议中规定的有关业务的代理人。委托人在该地区内,不得委托其他代理人。在出口业务中采用独家代理的方式,委托人须给予代理人在特定地区和一定期限内代销指定商品的独家专营权。

(3)一般代理(Agency)又称佣金代理(Commission Agency),是指在同一地区和期限内委托人可同时委派几个代理人代表委托人行为,代理人不享有独家专营权。佣金代理完成授权范围内的事务后按协议规定的办法向委托人计收佣金。

【学中做9-2】 我公司与马来西亚ABC公司签订一份独家代理协议,我公司把公司经营的净水器在马来西亚的代理权授予了ABC公司,期限为两年。两年来,由于ABC公司销售不利,致使我公司蒙受很大损失。我公司为什么受损?从中应汲取什么教训?

分析:(1)我公司受损失是由于选用包销商不当所致。选用的包销商缺乏经营能力,致使货物在包销期限内推销不出去,而我方又不能在规定的包销区域内与其他客户发生业务往来,这就极大地影响我商品在该地区的销售,使我方蒙受损失。(2)应吸取的教训是:①要慎重选择包销商。选择的包销商要信誉好、经营能力强、地理位置佳。②包销期限定的过长。③应在包销协议中约定最低销售额及相关的鼓励措施。④我方应该在两年的包销期限内进行定期的监督检查,而不能等待两年后才查看业绩,此时损失已定。

2. 按行业性质不同分类,可分为销售代理、购货代理、货运代理、船方代理和保险代理。

(1)销售代理,是代理方式中常见的一种,是指代表出口商或制造商为其商品在国际市场上的销售提供服务的代理人。

(2)购货代理又称采购代理,即代理人受进口人的委托,为其在国际市场上采购商品提供服务。

(3)货运代理,一般是以货主的受托人身份为货主办理有关货物的报关、交接、仓储、调拨、检验、包装、转运以及订舱等项业务。

(4)船方代理,是指承运人的代理人,包括外轮代理,为承运人承揽货载提供服务。

(5)保险代理,是指保险人的代理,代表保险人与被保险人打交道。还有一种代理称作保险经纪人(Broker),是作为被保险人的代理,为其办理投保手续服务。

除以上几种以外,业务中还有广告代理、诉讼代理、仲裁代理等。

### (五)独家代理与独家经销的异同

独家代理与独家经销有其相同点,均是给国外客户在特定地区和一定期限内以销售指定商品的专营权。但两者又有不同点,独家经销是售定性质,买方自负盈亏,以赚取利润为主。独家代理是委托代销,中间商一般可垫付资金,以赚取佣金为主。

### 同步案例 9-1　　　　　　　　一起销售代理纠纷案

大连 A 公司是一家专业生产运动鞋的企业。为拓展国际业务,扩大销售渠道,3 月,A 公司与大连某轻工进出口 B 公司签订委托代理合同,委托 B 公司代其联系国外客户。美国 M 公司与 B 公司有长期的贸易往来,于是,B 公司向 M 公司介绍了 A 公司的生产销售业务情况。6 月,M 公司派员在 B 公司人员的陪同下考察了 A 公司业务流程以及生产线等情况。同年 8 月,M 公司通过 B 公司同意将一笔加工 7 万双运动鞋的订单下给 A 公司。但由于 A 公司不具有自营进出口经营权,因此,在签订进出口合同中,买方为 M 公司,卖方为 B 公司。A 公司与 B 公司另行签订了代理协议。其后 M 公司将运动鞋的式样图纸通过特快专递直接寄给 A 公司。12 月,由于 A 公司不能按期交货,双方发生纠纷,M 公司作为本案的申请人,按进出口合同中规定的仲裁条款,拟向中国国际经济贸易仲裁委员会上海分会提出仲裁申请。但在谁是被申请人的问题上发生了争议。请根据上述案例分析:①本案的被申请人是 A 公司,还是 B 公司？为什么？②该案将如何处理？

**【案例精析】** 国际贸易中的销售代理是指出口商(委托人)与国外的代理商达成协议,由出口商作为委托人,授权代理人推销其商品、签订合同,由此产生的权利和义务直接对出口商发生效力。代理人在出口商授权的范围内行事,不承担销售风险和费用,不必垫付资金,通常按达成交易的数额提取约定比例的佣金而不管交易的盈亏。本案例涉及对我国外贸代理制和代理法中代理行为的正确理解和区分。B 公司与美国 M 公司签订进出口合同后,实际就成为合同的卖方,要承担履行合同的责任,但 B 公司并没有注意到自身作为进出口合同一方当事人的法律责任和义务,导致其在合同履行过程中出现问题时,未获任何利益,却担负了全部的责任。

### (六)代理协议

1. 代理协议的含义

代理协议又称代理合同,是用以明确委托人和代理人之间权利与义务的法律文件。协议内容由双方当事人按照契约自由的原则,根据双方的合意加以规定。

2. 代理协议的内容

国际贸易中的代理种类繁多,代理协议的形式和内容也各不相同。业务中常见的销售代理协议主要包括以下内容。

(1)代理的商品和区域。应在代理协议中明确、具体地规定代理商品的名称、品种、花色、规格等,以及代理权行使的地区范围。

(2)代理人的权利与义务。这是代理协议的核心部分,一般应包括下述内容:①明确代理人的权利范围,以及是否享有专营权。②规定代理人在一定时期内应推销商品的最低销售额(按 FOB 价或 CIF 价计)。③代理人应在代理权行使的范围内,保护委托人的合法权益;④代理人应承担市场调研和广告宣传的义务。

(3)委托人的权利与义务。委托人的权利主要体现在对客户的订单有权接受,也有权拒绝。委托人有义务维护代理人的合法权益,保证按协议规定的条件向代理人支付佣金。

(4)佣金的支付。这需要明确以下几点:①代理人有权索取佣金的时间;②佣金率;③计算佣金的基础;④支付佣金的方法。

除上述基本内容外,还可以在协议中规定不可抗力条款、仲裁条款以及协议的期限和终止办法等条款。这些条款的规定办法与包销协议的做法大致相同。

### (七)我国的外贸代理制

在我国的实际业务中,外贸代理有三种不同情况:①国内享有外贸经营权的企业之间的代理,代理人以被代理人(委托人)的名义对外签订进出口合同。②国内享有外贸经营权的企业之间的代理,代理人以自己的名义对外签订进出口合同。③享有外贸经营权的企业受国内不享有外贸经营权的企业的委托,以自己的名义对外签订进出口合同。

## 三、寄售

### (一)寄售的含义和性质

寄售(Consignment)是一种委托代售的贸易方式。它是指委托人(货主,Consignor)先将货物运往寄售地,委托国外一个代销人(受托人,Consignee),按照寄售协议规定的条件,由代销人代替货主进行销售,在货物出售后,由代销人向货主结算货款的一种贸易方式。寄售具有委托代售的性质。

### (二)寄售方式的特点、优点和缺点

1. 寄售业务的特点

寄售业务的特点包括:①寄售人与代销人是委托代售关系;②寄售是凭实物进行的现货交易;③寄售方式下,代销人不承担任何风险和费用。

2. 寄售的优点

寄售的优点包括:①寄售货物出售前,寄售人持有货物的所有权,有利于随行就市;②寄售方式是凭实物买卖,货物与买主直接见面,利于促进成交;③代销人不负担风险与费用,一般由寄售人垫资,代销人不占用资金,可以调动其经营的积极性。

3. 寄售的缺点

寄售的缺点包括:①出口方承担的风险较大,费用较大;②寄售货物的货款回收缓慢。

### (三)寄售协议的主要内容

寄售协议(Agreement of Consignment)是委托人与代销人为明确双方的权利、义务和有关寄售的条件签订的协议。

1. 协议双方的关系条款

寄售人与代销人之间的关系,是一种委托代理关系。货物在出售前其所有权仍属寄售人。

2. 关于寄售商品的价格条款

该条款主要规定寄售商品的作价办法,通常有规定最低售价、随行就市、销售前征求寄售人意见。

3. 佣金条款

规定佣金的比率,有时还可增加佣金比率增减额的计算方法。通常,佣金由代销人在货款中自行扣除。

4. 协议双方当事人的义务条款

(1)代销人的义务。①提供储存寄售商品的仓库,雇用工作人员,取得进口商品的许可证;②努力保证货物在仓库存放期间,其品质和数量完好无损。③代垫寄售商品在经营、仓储期内所产生的有关费用。④代垫费用,对寄售商品办理保险。⑤宣传广告、展示商品或提供售后服务;⑥及时向委托人进行市场行情反馈。

(2)委托人的义务。①按质、按量、按期提供寄售商品。②偿付代销人在寄售过程中所代垫的费用。

## 【视野拓展 9—1】 采用寄售方式应注意的事项

1. 选好寄售地和代销人

在寄售前,必须对寄售地的市场情况、当地政府的有关对外贸易政策和法令、运输仓储条件以及拟委托的代销人的资信情况、经营作风等做好调查研究。

2. 对寄售货物的存放地点做好安排

一般有这样几种办法:①直接运交代销人存栈出售;②先存入关栈,随售随取;③将货物运进自由港或自由贸易区存放,确定买主后再运出;④直接将货物发往国外资信好的银行,由银行负责售货付款。

3. 寄售货物存放海关仓库时应注意存放期限

一般海关仓库的存放期限比较短,逾期有被拍卖的风险。

4. 签好寄售协议,保证货、款安全

在协议中对货物所有权与代销人的责任和义务、决定售价的办法、货款的结算、各项费用的负担和佣金的支付等都应做出明确的规定。

## 【视野拓展 9—2】 包销、寄售、代理三种方式的比较

包销、寄售、代理三种方式的比较如表 9—1 所示。

表 9—1　　　　　　　　　　包销、寄售、代理三种方式的比较

| 贸易方式 | 当事人 | 合同性质 | 特　点 |
|---|---|---|---|
| 包销 | 供货人和包销人 | 买卖 | 包销人自担风险,自负盈亏获取商业利润 |
| 寄售 | 寄售人和代销人 | 行纪 | 代销人以自己的名义推销商品,行为后果自负,一般以佣金作为报酬 |
| 代理 | 委托人和代理人 | 委托 | 代理人以委托人的名义从事商业活动,后果由委托人承担,以佣金作为报酬 |

## 任务二　招标、投标与拍卖

### 一、招标与投标

#### (一)招标与投标的含义

招标与投标常用在政府机构、国有企业或公用事业单位采购物资、器材或设备的交易中,也多用于国际承包工程。目前,国际上政府的贷款项目和国际金融机构的贷款项目,往往在贷款协议中规定,接受贷款方必须采用国际竞争性招标采购项目物资或发包工程。

招标(Invitation to Tender),是指招标人发出招标通告,提出拟购或拟销商品的具体交易条件,邀请投标人在规定的时间、地点,按照一定的程序进行投标,然后招标人择优取标,达成商品交易的一种方式。

投标(Submission of Tender),是指投标人应招标人的邀请,按照招标的要求和条件,在规定的时间内向招标人递价、争取中标的行为。

### (二)招标的分类

1. 国际竞争性招标

国际竞争性招标是指招标人在世界范围内邀请几个乃至几十个投标人参加投标,通过多数投标人竞争,选择其中对招标人最有利的投标人达成交易。它属于竞卖的方式。

2. 谈判招标

谈判招标又称议标,是非公开的,是一种非竞争性的招标。这种招标由招标人物色几家客商直接进行合同谈判,谈判成功,交易达成。它不属于严格意义上的招标方式。

3. 两段招标

两段招标是指无限竞争招标和有限竞争招标的综合方式,采用此类方式时,则先用公开招标,再用选择性招标,分两段进行。

### (三)招标与投标的特点

招标和投标与一般贸易的做法有所不同。采用该种方式交易,双方当事人不经过交易措施程序,也不存在讨价还价,而是由各投标人同时、一次性报价,投标人中标与否主要取决于投标时的递价是否有竞争力,因而,这是一种竞卖的交易方式。招标与投标具有以下特点。

1. 招标的组织性

招标投标是一种有组织、有计划的商业交易活动,它的进行过程,必须按照招标文件的规定,在规定的地点、时间内,按照规定的规则、办法和程序进行,有着高度的组织性。

2. 招标与投标的公开性

招标机构要通过招标公告广泛通知有兴趣、有能力投标的供货商或承包商,并向投标人说明交易规则和条件,以及招标的最后结果。

3. 投标的一次性

投标人只能应邀作一次性投标,没有讨价还价的权利。标书在投递之后,一般不得撤回或修改。

4. 招标与投标的公平性

在招标公告发出后,任何有能力履行合同的卖方都可以参加投标。招标机构在最后取舍投标人时,要完全按照预定的招标规则进行。招标所具有的组织性和公开性本身,也是招标投标公平和合理的有效保证。

### (四)招标与投标的一般程序

国际招标需要经过招标前的准备工作、投标、开标、评标与决标、中标与签约等基本步骤。

1. 招标前的准备工作

其中包括发布招标公告、资格预审和编制招标文件等。

2. 投标

当投标人参加投标之前,需做许多准备工作。其中,包括编制投标资格审查表、分析招标文件和寻找投标担保单位等。投标人一旦决定参加投标,就要根据招标文件要求的规定编制和填报投标文件。招标人通常要求投标人提供投标保证金或投标保证函。最后,投标人将投标文件在投标截止日期之前送达招标人,逾期失效。

3. 开标、评标与决标

招标人在指定的时间和地点将全部投标寄来的投标书中所列的标价予以公开唱标,使全体投标人了解最高标价以及最低标价。开标后,有些可以当场决定由谁中标,有的还要由招标人组织人员进行评标。参加评标的人员原则上要坚持评标工作的准确性、公开性和保密性。

经过评标,最终选定中标人。

4. 中标与签约

中标是从若干投标人中选定交易对象,中标即为得标。中标者必须与招标人签约,否则保证金予以没收。但为了确保中标人签约后履约,招标人仍然要求中标人缴纳履约保证金或保证函。

此外,根据国际招标惯例的有关规定,招标人在评标过程中,认为不能选定中标人,可以宣布招标失败,拒绝全部投标,这种行为称为拒绝投标。

## 二、拍卖

### (一)拍卖的含义及分类

拍卖(Auction)是一种较为古老的交易方式,至今仍被广泛采用。拍卖为现场实物交易,是由专营拍卖业务的拍卖行接受货主的委托,在一定的时间和地点,按照一定的规则,以公开叫价竞购的方式,把货物卖给出价最高买主的一种现货交易方式。拍卖的分类主要有以下四种。

1. 增价拍卖

增价拍卖又称淘汰式拍卖,是指拍卖时,由拍卖人宣布预定的最低价格,然后由竞买者相继叫价,竞相加价,直到拍卖人认为无人再出更高的价格时,则用击槌动作表示竞买结束,将这(批)商品卖给最后出价最高的人。在拍卖人击槌前,竞买者可以撤销出价。

2. 减价拍卖

减价拍卖又称荷兰式拍卖,这种方法先由拍卖人喊出最高价格,然后逐渐减低叫价,直到有某一竞买者认为已经低到可以接受的价格,表示买进为止。常用于拍卖易腐和鲜活商品,如水果、花卉、蔬菜和鲜鱼等。增价拍卖和减价拍卖,都是公开竞买并当场成交。

3. 密封递价拍卖

密封递价拍卖又称招标式拍卖,采用这种方法时,先由拍卖人公布每批商品的具体情况和拍卖的条件等,然后由各买方在规定时间内将自己的出价密封后递交拍卖人,以供拍卖人进行审查比较,决定将该货物卖给哪一个竞买者。

4. 网上拍卖

网上拍卖又称网上竞拍,是指商品所有者或某些权益所有人利用互联网通信传输技术,有偿或无偿使用网络供应商或拍卖网站(通称网络服务提供者)提供的互联网技术平台,展示所有产品或所具有的使用权益,通过不断变换的标价,向网上竞买人(包括自然人和法人)销售产品或有偿转让权益,竞买人通过上网竞买,购买商品或某些权益的一种商业贸易形式。

### (二)拍卖的特点

拍卖的特点包括以下几个方面:(1)拍卖是在一定的机构内有组织地进行的。拍卖一般是在拍卖中心按规定的时间和规则由拍卖行统一组织进行的。(2)拍卖具有自己独特的法律和规章。许多国家的货物买卖法中对拍卖业务有专门的规定,各个拍卖行一般也有自己的章程和惯例,这些都使得拍卖方式具有自己的特色。(3)拍卖的货物须由买主事先看货,一经成交,卖主不负品质和赔偿责任。(4)拍卖的商品一般是非标准规格化的商品。

### (三)拍卖的基本程序

1. 准备阶段

参加拍卖的货主先要把货物运到拍卖地点,存入仓库。在规定的时间内,允许参加拍卖的买主到仓库查看货物,有些还可抽取样品。查看货物的目的,是按质论价。

2. 正式拍卖

拍卖会在规定的时间和地点开始,并按照拍卖目录规定的先后顺序进行。从法律上讲,拍卖过程中也包含有发盘和接受两个环节。买方喊价相当于发盘,主持人落槌则属于接受。按照拍卖业务的惯例,在主持人的木槌落下之前,买主可以撤回其出价,这类似于一般买卖活动中,发盘人在受盘人表示接受前撤销其发盘。

同样,货主在货物出售前也可以撤回要拍卖的货物。如果竞买者喊出的最高价仍低于货主所拟定的最低可接受价,货主无法接受,他可以要求主持人不敲木槌,将货物撤下。

3. 成交与交货

拍卖以其特有的方式成交后,拍卖行的工作人员即交给买方一份成交确认书,由买方填写并签字,表明交易正式达成。在买方付清货款后,买方凭拍卖行开出的栈单或提货单到指定的仓库提货。提货也必须在规定的期限内进行。

## 任务三　对销贸易

### 一、对销贸易的含义

对销贸易(Counter Trade)是指在互惠的前提下,由两个或两个以上的贸易方达成协议,规定一方的进口产品可以部分或者全部以相对的出口产品来支付。对销贸易实质上是进口和出口相结合的方式,一方商品或劳务的出口必须以进口为条件,体现了互惠的特点。在对销贸易方式下,一方从国外进口货物,不是用现汇支付,而是用相对的出口产品来支付。这有利于保持国际收支的平衡。

对销贸易有多种形式,如易货贸易(Barter Trade)、补偿贸易(Compensation Trade)、互购贸易(Counter Trade)、转手贸易(Switch Trade)和抵销贸易(Offset Trade)。但在我国对外经贸活动中采用较多的是易货贸易和补偿贸易。对销贸易源自易货,它包含的各种交易形式都具有易货的基本特征,但又不是易货的简单再现,而是具有时代的烙印和新的经济内涵。如抵销贸易,即是商品交换和资本流动融为一体,贸易活动和投资活动结合进行。

### 二、易货贸易

易货(Barter)的原义是以物易物,它本是一种非常古老的贸易方式,是把进口与出口结合起来组成相互联系的整体交易。在目前的国际贸易中,易货有狭义易货和广义易货两种方式。

动漫视频

易货贸易

狭义的易货是纯粹的以货换货方式,不用货币支付。其特征是交换商品的价值相等或相近,这种易货方式具有很大的局限性,在现代国际贸易中很少采用。现代的易货贸易大多采用比较灵活的方式,即所谓广义的易货。这种易货方式主要有以下两种不同的做法。

#### (一)记账易货贸易

这是指一方用一种出口货物交换对方出口的另一种货物,双方都将货值记账,互相抵冲,货款逐笔平衡,无须使用现汇支付,或者在一定时期内平衡(如有逆差,再以现汇或商品支付)。采用这种方式时,进出口可以同时进行,也可以先后进行。

### (二)对开信用证方式

这是指进口和出口同时成交,金额大致相等,双方都采用信用证方式支付货款,也就是双方都开立以对方为受益人的信用证,并在信用证中规定一方开出的信用证,要在收到对方开出的信用证时才生效。

## 三、补偿贸易

### (一)补偿贸易的含义

补偿贸易(Compensation Trade)是指在信贷基础上进口设备,然后以回销产品或劳务所得的价款,分期偿还进口设备的价款及利息。与上述的产品回购相比,我国的补偿贸易内涵更广,做法更灵活。

### (二)补偿贸易的种类

1. 直接产品补偿

这是基本的补偿,即设备、技术进口方不用现汇支付价款,而以进口设备、技术所生产的直接产品按双方的约定分期偿还。

2. 间接产品补偿

即进口设备、技术的价款不用现汇支付,也不用设备、技术所生产的产品偿还,而是用双方约定的其他产品在设备投产后分期偿还。

3. 劳务补偿

即进口方不是用产品,而是接受对方委托的加工业务,用所得的劳务费分期摊还进口设备的价款。这种做法多为与来料加工和来件装配结合进行的中小型补偿贸易。

在上述三种基本的补偿方式基础上,实际交易中还常常采用一些灵活变通的做法,如部分补偿,即部分用直接产品补偿,部分用现汇偿还;或综合补偿,即直接产品补偿、间接产品补偿或现汇补偿等相互结合、综合运用的补偿方式;或多边补偿,即由第三方接受或者提供补偿产品。

### (三)补偿贸易的特征

1. 信贷是进行补偿贸易必不可缺的前提条件

在实际业务中,信贷可以表现为多种形式,但大多是商品信贷,即设备的赊销。

2. 设备供应方必须同时承诺回购设备进口方的产品或劳务

这是构成补偿贸易的必备条件。在信贷基础上进行设备的进口并不一定构成补偿贸易。例如,在延期付款方式下,进口所需的大部分货款是分期摊付本金及利息的,货款的偿还与产品的销售本身没有直接的关系,所以,并不构成补偿贸易。可见,补偿贸易不仅要求设备供应方提供信贷,还要承诺回购对方的产品或劳务,以使对方用所得货款偿还贷款。这两个条件必须同时具备,缺一不可。

### (四)补偿贸易的作用

1. 对设备进口方的作用

对设备进口方的作用包括:①通过这种方式,可以利用国外资金。②通过补偿贸易,可以引进先进的技术和设备,发展和提高本国的生产能力,加快企业的技术改造,使产品不断更新及多样化,增强出口产品的竞争力。③通过对方回购,还可在扩大出口的同时,得到一个较稳定的销售市场和销售渠道。

2. 对设备供应方的作用

对设备供应方的作用包括:①对于设备供应方来说,进行补偿贸易,有利于突破进口方支付能力的不足,有利于扩大出口。②在当前市场竞争日益激烈的条件下,通过承诺回购义务加强自己的竞争地位,争取更多的贸易伙伴。

### 同步案例9－2　　　　　　拒绝补偿贸易赔偿案

非洲某国A公司与我国B公司双方签订协议,我国以补偿贸易方式向A公司出口一条纺织机械生产线,A公司须在投入生产后补偿给B公司30吨毛线制品。但是当生产线开工后,国际市场毛线制品的价格直线上升。在这种情况下,A公司拒绝补偿B公司30吨毛线,只愿意支付生产线的市场价格。请根据上述案例进行分析。

【案例精析】 补偿贸易一般是使用进口设备生产的产品或双方商定的其他产品或劳务偿还设备贷款,不同于使用现汇延期付款的国际贸易,既然双方约定以30吨毛线作为生产线的价格,那么A公司无权拒绝支付30吨毛线,除非B公司同意以其他方式支付。

## 四、互购贸易

互购贸易(Counter Purchase)又称互惠贸易(Reciprocal)、平行贸易(Parellel Trade),是指出口的一方向进口的一方承担购买相当于它出口货值一定比例的商品。即交易中,双方签订两份既独立又有联系的合同,一份是约定先由进口的一方用现汇购买对方的货物;另一份则由先出口的一方承诺在一定的期限内购买对方的货物。顾名思义,就是交易双方互相购买对方的产品。

互惠贸易的特点是,两笔交易都用现汇,一般是通过即期信用证或即期付款交单,有时也采用远期信用证付款。因此,先出口的一方除非接受远期信用证,否则不会出现垫付资金的问题,相反还可以在收到出口货款到支付回头货款这段时间里,利用对方资金。

这种方式在使用过程中,一般是先由发达国家提供设备。这对进口国家来说,要先付一笔资金,并且还可能承担汇率变动的风险。但它的好处是可以带动本国货物的出口。

【注意】互购贸易与一般交易的不同之处在于,先出口的一方在第一份合同中做出回购对方货物的承诺,从而把先后两笔不一定等值的现汇交易结合在一起。

## 五、转手贸易

转手贸易(Switch Trade)又称三角贸易(Triangular Trade),是专为从事这种贸易的交易方取得可自由兑换的硬通货而产生的。

在实践中,转手贸易的内容比较复杂,往往涉及许多方面,环环相扣。因此,这种贸易通常不是一般商人可以完成的,而是要通过专门从事转手贸易的转手商(Switcher)来进行。他们往往是资本雄厚、在许多国家和地区有分支机构或专门网络的大贸易商,有的甚至是跨国公司的某一专门部门。

## 六、抵销贸易

抵销(Offset)贸易目前多见于军火和大型设备,如飞机等的交易。它可分为两种类型:直接抵销和间接抵销。

在直接抵销的情况下,先出口的一方同意从进口方购买在出售给进口方的产品中所使用的零部件或与该产品有关的产品。有时,先出口方对进口方进行生产这些零部件会提供技术或进行投资。这种直接抵销有时也被称为工业参与(Industrial Participation)或工业合作(Industrial Cooperation）。

在间接抵销的情况下，先出口方同意从进口方购买与其出口产品不相关的产品。

进入 20 世纪 80 年代后，西方国家将它作为一种争夺大型工厂设备和技术许可交易的方法。它还可为西方国家的公司提供长期有保证的能源产品、原料或工业制成品。同时，一些国家之间的军火、飞机等类巨额交易也常用这种方式。

其基本做法是：军火出口方承诺购买进口方的有关零部件，或承诺将进口货款转化为资本，在进口国开办零部件工厂或其他工业，然后以分红的形式取得利润。如东道国实行外汇管制，也可以用利润购买当地产品出口取得外汇的方式实现利润汇回。从本质上看，这种方式已突破商品交换的范围，成为直接投资、通过贸易进一步推动生产国际化进程的一种特殊方式。

【视野拓展 9—3】 补偿贸易与易货贸易比较

从交易双方相互交换产品的特征看，补偿贸易与易货贸易相似，但它们之间又有重要区别：(1)易货贸易中双方互换商品应等值或基本等值。补偿贸易中提供设备一方所承担的回购义务不以贷款全额为限，在进口方还清贷款后，补偿产品仍然可以在一定时期返销。(2)易货贸易中，双方商品之间没有联系。补偿贸易不仅是进出口相结合，而且补偿产品与进口设备也有一定联系。(3)补偿贸易是与信贷相结合的贸易方式。进口方是在出口方提供信贷的基础上购进设备，有时有银行介入。这既是一种贸易方式，又是一种利用外资的形式。(4)补偿贸易与生产相联系。因为出口方要接受直接产品作为补偿，所以关心进口方的工程进展和生产情况及产品质量，不仅对所提供的设备、技术承担责任，还往往承担提供零件、技术协助、培训进口方人员的义务。(5)补偿贸易中进口方分期偿付货款。它的执行期一般比较长，有的长达一二十年，在买卖双方之间形成长期的合作关系。

## 任务四　对外加工装配贸易

### 一、对外加工装配贸易的含义、特点及作用

#### （一）对外加工装配贸易的含义

对外加工装配是来料加工和来件装配的总称。

来料加工（Processing with Customer's Materials）贸易是指外商提供原材料、辅料和包装物料等，由国内的承接方按外商提供的要求加工为成品提交给对方，并按双方约定的标准收取工缴费（加工费）的一种贸易方式。

来件装配（Assembling with Customer's Parts）贸易是指由外商提供零部件、包装物料等，由国内的承接方按其工艺设计的需求装配为成品提交给对方，并按双方约定的标准收取工缴费（加工费）的一种贸易方式。

三来一补指来料加工、来样加工、来件装配和补偿贸易，其中，来样加工是由外商提供样品、图纸，间或派出技术人员，由中方工厂按照对方的质量、样式、款式、花色、规格和数量等要求，用中方工厂自己的原材料生产，产品由外商销售，中方工厂按合同规定的外汇价格收取货款。

动漫视频

三来一补

#### (二)对外加工装配贸易的特点

对外加工装配业务是一种委托加工的交易方式,既直接与产品的加工装配相结合,又与利用外资相联系。它与其他进出口贸易方式相比较,具有如下特点。

1. 对外加工装配业务不同于通常的商品进出口贸易

通常的商品进口或出口业务,进口和出口体现出两笔交易,而加工装配贸易是一项有进有出、进口和出口紧密结合的交易。即承接方将进口的料、件按需求经过加工装配使之成为合格成品而出口,加工装配的过程就是使用技术和投入劳务的过程。因此,加工装配业务实质上是劳务出口的一种形式,加工费可看作是劳务出口的货币表现。同时,加工装配业务中所需的料件是由国外委托方提供的,承接方对所加工或装配的料件等均只有使用权,而没有所有权。所以不存在所有权的转移问题,当然,也就无须担负因市场价格涨落所带来的经营风险。

2. 对外加工装配贸易不同于补偿贸易

补偿贸易形式虽然不需要筹集大笔资金,机器设备或技术由外商提供,不需现汇支付,仅是加工生产的产品或其他商品以返销或回购的方式作抵偿,但事实上已发生了买卖关系,机器设备的所有权在成交之初已经转移,后期作价抵偿仍受国际市场价格波动的影响,设备进口方要担负生产经营的风险。而对外加工装配贸易只承接外商来料、来件,不构成商品买卖行为,不承担产成品的销售风险,只按规定收取一笔工缴费。

3. 对外加工装配贸易不同于国际租赁贸易

国际租赁贸易虽然商品所有权不曾转移,也不属商品买卖关系,承租之初也不承诺回购商品的义务,但租赁者并不承担商品经营的责任,也不承诺回购商品的义务,只限于收取一定的租赁费。相反,承租者必须自主经营、自负盈亏及自担商品经营的风险。而对外加工装配贸易的承租方并不承担商品经营的风险,只要加工装配合格按期交货,即可按事先约定的标准收取工缴费。

#### (三)对外加工装配贸易的作用

开展对外加工装配业务,无论是对国内承接方还是对外商都有积极作用。对承接方来说,可以克服国内生产能力有余而原材料不足的矛盾;可以充分利用国内劳动力资源,增加就业机会;有利于扩大出口,增加外汇收入。对外商即委托方来说,可降低其产品的成本,从而增强其产品在国际市场上的竞争力;有利于外商所在国的产业结构调整,这主要是指一些工业发达国家通过委托加工方式将一些劳动密集型产品的生产转移到发展中国家。当然,对外加工装配贸易也并非完美无缺,也存在着不少缺陷,诸如业务范围较窄、规模效益有限以及承接方往往处于被动地位等。

### 二、对外加工装配贸易的基本做法

#### (一)对外加工装配贸易的业务程序

对外加工装配贸易的业务程序与一般进出口贸易的基本程序相比,既有相同之处,如确定商品、选择客户、洽谈条件、合同签订及其履行等,也有相异之处,如对来料和来件的验收、加工中的损耗定额、费用核算、交货期限、工缴费的确定以及支付方式等都不是一次性行为,而必须按交货的次数连续多次才能完成。

对外加工装配业务的具体做法比较灵活多样。就承接业务的机构而言主要有三种形式:①外贸(工贸)企业直接对外承接业务,然后交由本企业加工装配生产;②外贸企业对外承接来料来件加工装配业务,对内提供料、件委托工厂加工装配;③接受加工装配业务的工厂参加对外谈判、对外交流技术、同外贸公司一起对外签订合同。工厂在生产和交货方面直接承担交货责任,外贸公司只收取一定的手续费。

不管采取哪种形式,加工装配贸易一般要经过加工装配项目的确定、交易磋商、合同的签订、报批及履行几个基本步骤。其中,交易磋商和合同的签订是关键。

### (二)订立对外加工贸易装配合同要注意的问题

对外加工装配贸易合同是业务能否顺利开展的关键一环,各项条款必须十分具体、明确和完整,以规定双方当事人的权益。在订立合同时,尤其应注意下列条款的规定。

1. 来料、来件要求和到货时间条款

来料、来件是开展加工装配业务的物质基础,来料、来件能否及时均衡供应,关系到加工装配生产业务能否顺利进行。因此,在合同中必须就来料、来件的质量要求、具体数量和到达时间做出明确规定。为防止不必要的争端,一般应同时规定来料、来件的验收办法和来料、来件不符合要求而造成承接方停工、生产中断的补救措施。

2. 成品交付要求和时间条款

按规定要求保质、保量地交付加工装配成品是承接方的义务,它关系到委托方的销售经营。因此,对成品的质量规格要求及交付的时间、交付的数量,必须在合同中做出明确规定。

3. 工缴费条款

工缴费是合同的核心问题,直接涉及合同双方当事人的利益。所以,工缴费的核定既要合理又要有竞争性。

4. 工缴费的支付方法条款

工缴费的支付方法有两种:①对来料、来件和成品均不计价,由委托方按装配进度或成品交付进度支付;②对来料、来件和成品分别计价,两者之间的差额即属工缴费。对于后者,必须坚持先收后付的原则,用成品的货款来偿付来料、来件的款项,以避免我方垫付外汇。

5. 运费、保险费条款

加工装配的工缴费是净收入,因此来料、来件及成品的运费应由委托方负责。如委托方委托承接方代办运输事宜,一切有关费用应在工缴费以外另行计算。委托人若提供设备,设备的运输由哪一方负担可经协商后在合同中订明。

至于保险,目前我国的做法是:来料、来件及设备的进口由委托人在国外办理保险,成品出口由承接方代为办理保险但费用由委托人负担。在工厂内加工装配期间的保险费究竟由哪一方负担,经由双方协商后在合同中订明。

6. 担保和责任条款

对外加工装配贸易是按委托方提供的品质、规格、式样等要求生产的,委托方必须保证其所提供的产品和外观设计没有侵犯第三者的权益。如果发生侵权事件,则由委托方承担一切法律和经济责任。对此,必须在合同中明确规定。

### (三)加工装配贸易需办理的手续

就我国来说,要接受对外加工装配业务需办理以下手续:①来料、来件进口前的申报手续;②办理来料、来件进口和成品出口手续;③海关的核销结案手续。

【视野拓展9—4】　开展加工装配贸易应注意的问题

我国的加工装配贸易起步虽晚,但发展较快,已成为对外经贸合作的一种行之有效的方式,日益受到广泛的重视。根据我国的实践,为更好地开展这项业务,需注意以下问题。

**1. 要有全局观念,防止影响正常出口**

对外加工装配贸易虽是我国增收外汇的一种途径,但与出口贸易相比,它毕竟是次要的。因此,开展这项业务时,必须要有全局观念,使之服从产业结构调整和生产力布局的需要,符合国家的规定要求,并注意处理好与正常出口的关系。

**2. 要注意搞好经济核算,提高经济效益**

对我方来说,工缴费的多少直接体现了经济效益的大小。由于我国国内加工成本低于国外,因此在决定工缴费时,不仅要考虑本单位是否合算,还要考虑国际市场条件、加工水准进行核算,防止各加工单位自相竞争,任意降低收费标准,使外商得益。因此,应建立必要的制度,定期交流信息,统一对外,谨防肥水外流。

**3. 要注意发挥企业现有的生产条件,逐步扩大采用国产料件的比重**

**4. 对外加工装配合同期限不宜订得过长**

合同期限一般以 3~5 年为宜,以免造成被动。

**5. 加强监督管理。** 严格审批制度,加强海关对来料、来件进口和成品出口的监督,严禁以开展加工装配业务之名行走私、偷漏税和套汇之实。

## 任务五 跨境电子商务

### 一、跨境电子商务概述

#### (一)跨境电子商务的含义和特点

对于电子商务(Electronic Commerce,E-commerce)在实践中经常有不同的理解,我们可以从狭义和广义的角度来理解电子商务。狭义的电子商务指通过互联网寻找商机并完成交易的行为,如网上采购、网上支付、网上拍卖和网上订阅等。广义的电子商务,又称电子业务(E-business),是指通过现代信息技术手段从事各种商务活动的行为,它不仅指产品和服务的买卖,还包括客户服务、商业伙伴间的合作、网上学习和企业内部的电子交易。狭义的电子商务强调的是网上交易过程,而广义的电子商务则包含了企业所有用网络实现的各种商业活动。目前,国际上越来越倾向于从广义的角度来理解电子商务。我们这里提到的电子商务指的是广义的电子商务,即 E-business。

对于跨境电子商务(Cross-Border E-commerce)在实践中也有狭义和广义两种不同的理解。狭义的跨境电子商务又称在线国际贸易(online international trade),是指分属不同关境的交易主体,在互联网上达成交易并完成支付、办理运输等一系列过程的跨境商品交换活动。广义的跨境电子商务,是指分属不同关境的交易主体,通过电子商务手段从事各种商业活动的行为。

国际上更多的是从狭义的角度来理解跨境电子商务。狭义的跨境电子商务具有如下特点:①交易双方分处不同的经济体(国家或地区);②在互联网上以网络形式交易;③在网上完成支付、办理运输等一系列业务流程;④从事的是实物买卖活动。

实际上,目前能够实现网络形式跨境交易的主要是针对个人物品买卖的跨境网络零售(cross border online Retailing)。跨境电子商务与国内电子商务的不同主要体现在政府监管上,因为跨境电子商务要通过海关、商检、外汇管理和退税等各环节。跨境网络零售的发展给各国外贸监管提出了新的挑战。

【提示】跨境电子商务既包含狭义的跨境网络零售,也包含广义的与国际贸易各环节相关的电子商务应用,还包括无纸贸易。

### (二)跨境电子商务的种类

1. 按照经营主体来划分

跨境电子商务企业可分为企业自营平台、独立销售平台、第三方服务平台和代运营平台。

①企业自营平台。自营企业是指自己生产也自己销售的企业,一般是指生产商本身。

②独立销售平台。独立销售平台是指独立销售平台运营商与生产厂商签订协议,或由供应商提供产品进行统一定价销售的独立跨境电商平台。独立销售平台一般直接对接海外终端消费者或者海外零售商。

③第三方服务平台是独立于供需双方,而向供需者或者买卖者提供一揽子服务的服务运营平台。

④代运营平台通常指的是建立自己的网络销售渠道或者销售管理中心,承揽网络销售的外包业务,替生产厂家或者外贸经营者从事网上销售的服务商。

2. 按照贸易流程不同将跨境电子商务可分为跨境网络零售、跨境 B2B 业务和跨境海外仓业务。

①跨境网络零售指的是针对跨境或海外消费者以小批量或者单个商品进行网上销售。网络零售通常都是在网上达成交易,完成支付,并通过邮政或快递方式将货物配送给海外的消费者。

②跨境 B2B 业务指的是通过互联网方式,在不同国家或经济体的企业之间的贸易活动。

③跨境海外仓业务指的是出口商为了给在进口国的客户或者消费者提供更方便的采购体验,而先通过一般贸易方式把货物运交处于进口国的海外仓,等一旦达成交易后,即可从海外仓进行快速配送的业务。

### (三)跨境电子商务的商业模式

商业模式指的是商业运行独特的存在形式,也可以被理解为某种程度上的商业存在。国际互联网的出现和普及产生了新的市场空间,也孕育了新的商业模式。跨境电子商务的商业模式主要有以下几种:①跨境网上商店模式。跨境网上商店模式是最基本的商业模式,也是最广泛存在的商业模式,制造企业或者经销商可以开设自己的独立销售网站或平台,也可以注册成会员依附在第三方服务平台上,成为一家网上商店。②跨境网络信息撮合模式。跨境网络信息撮合模式也被通俗地称为黄页模式,指的是跨境电子商务中基于第三方平台的商业模式的一种。③跨境交易市场模式。跨境交易市场模式是指企业提供交易平台,买卖双方通过交易平台进行交易,跨境交易市场模式也是基于第三方平台的商业模式,它与黄页模式最大的不同在于,买卖双方不仅可以在网上进行信息撮合,还可以在线达成交易,目前提供交易服务的平台,一般都提供信息撮合服务。④综合服务平台模式。综合服务平台模式是指为了某一个特定的目的,通过网络整合不同市场主体的业务流程,从而实现最小成本规模化服务的第三方平台模式。⑤跨境供应链管理模式。跨境供应链管理模式是指企业通过电子商务的手段进行行业垂直整合,即把供应链上下游的价值创造活动连接起来的模式。这种模式的具体表现有两种,一种是大型企业自身建立的供应链管理体系,另一种是为企业提供服务的第三方平台。⑥跨境价值链整合模式。跨境价值链整合模式是指为了更好地体现供应链上的企业的核心优势,对供应链的价值创造进行重新整合。是行业纵向与横向的重新整合。⑦跨境协同商务模式。跨境协同商务模式是指为了达到最佳的市场效率或市场效果,企业通过技术手段,把不同市场主体的服务整合到一个平台上,以便能够产生协同效应。协同的商务模式一般都是在服务领域。

## 二、无纸贸易及其运行模式

无纸贸易至今尚无统一公认的定义,最早无纸贸易主要是实现政府对国际贸易监管的电子化和数字化。人们通常将"无纸贸易(Paperless Trading)"理解为是以电子形式进行贸易数据交换的活动。具体地说,无纸贸易是指在国际贸易链各个参与方(供应商、采购商、海关、行政机构、银行、物流公司等)之间利用信息技术手段,实现参与方应用系统间标准化的业务数据传输和处理,以完成贸易活动的全过程。

无纸贸易具有以下几种运行模式:①点对点模式(Point to Point)。点对点模式是指贸易双方,或者进出口一方与相关的贸易服务方之间进行的一对一的电子数据交换。这种方式的电子数据交换,只是在双方之间进行数据共享,通常也没有经过第三方认证机构对数据传输进行认证。传递商业数据的双方最主要的目的,就是进行数据的共享。②外联网模式(Extranet)。外联网模式是指企业基于其与外界各方当事人之间(包括贸易伙伴和贸易服务商等)的商业往来所实施的一对多的电子商业数据交换。在通常情况下,只有大的企业才有实力建立自己外联网模式,以利于有关的供应商、下游的经销商、物流服务商以及银行等进行数据交换。③增值网络模式(Value Added Network)。增值网络模式是在社会网络增值服务体系比较健全的情况下,将全社会的商业数字交换有效整合的结果。此种模式通常是在政府的推动下,建立一家或者若干家统一标准的增值网络服务机构。无论是大企业还是小企业,都可以利用增值网络服务机构进行有效的电子商业数据交换。④单一窗口模式(Single Window System)。单一窗口模式是指企业在与不同的贸易伙伴和不同的贸易相关方进行数据交换时,通过单一的数据交换渠道就可以一次性地完成所有的数据提交,完成数据传输和无纸贸易运行。该模式是将企业外联网模式的优势与增值网络模式的优势结合起来的效率最高的无纸贸易模式。单一窗口模式是跨国无纸贸易流程整合的最终目标,也是目前APEC所提倡的无纸贸易发展目标。

## 三、电子商务为进出口业务带来的变化

### (一)电子商务加速外贸业务运作的电子化趋势

电子商务作为信息技术的应用,在外贸领域日益起到关键作用,它主要突出表现在计算机及其网络技术越来越多地帮助外贸企业从事业务的运作。通常,可将外贸业务从运作角度笼统地分为三个阶段:交易准备阶段、交易磋商阶段和合同履行阶段。这三个阶段概括了每一笔外贸业务自始至终的业务程序。现代信息技术的应用,逐渐充斥到了外贸业务的各个环节中。

### (二)电子商务使外贸业务流程面临转型

国际互联网作为电子商务信息交流的新媒体拉近了企业与客户之间的距离,特别是国际互联网交互式的特点,使企业的业务运作走向虚拟化。企业的在线交易系统,如在线采购管理、在线销售管理等,已经成为从事国际化经营企业的现实选择。另外,具有互动性多媒体特征的国际互联网的发展,使全球信息交流的障碍越来越少,电子商务的飞速发展,也使得传统中间商的地位发生了动摇。国外的研究表明,传统低附加值的中间商的服务,终究要被电子商务的发展所淘汰。从国外的发展经验看,一个企业的发展应视其是否处在某个行业的价值链中的一环,是否为其客户创造价值。企业为客户所创造的价值并不一定只是业务的处理过程,将来更多的是从服务方面来体现价值的增值。

因此,我国外贸企业业务运作流程的转型,将来应体现在以下几个方面:①从单一交易到综合服务的转型;②从人为垄断优势向自然竞争优势的转型;③从分散管理向集中管理的转型。

### 四、我国外贸企业业务运作流程的转型

#### (一)从单一交易到综合服务的转型

传统上以交易流程为核心的外贸企业将逐步向以服务为核心的服务型企业转变,这是未来发展的必然趋势。在我国,传统的外贸企业都是以单一的交易为核心,其组织结构没有能够体现服务的价值。随着电子商务打破市场原有的竞争格局,企业的生存和发展要更多依赖综合服务的素质和能力。建立以服务为核心的外贸运作模式是多数外贸公司的发展方向。而服务型企业的核心问题是管理。电子商务的发展恰恰为企业管理提供了最先进的手段。许多国外成功的电子商务案例,都是企业以满足客户的需求为核心发展起来的。

#### (二)从人为垄断优势向自然竞争优势的转型

我国传统外贸行业是在特殊的历史背景下发展起来的。传统的外贸行业长期存在一定的人为垄断优势。然而,随着改革开放的不断深入,外贸行业已经出现了多元化的竞争格局。在人为垄断优势被打破的情况下,无论是传统的外贸企业,还是新型的外贸企业,都需要在全球电子商务飞速发展的背景下,重新再造外贸的业务流程,逐步建立自己的竞争优势。网上、网下业务的结合,以及企业内联网和外联网电子商务系统的发展,都将是为客户创造价值的来源和渠道。转型快的企业,将在市场上迅速获得竞争优势。

#### (三)从分散管理向集中管理的转型

全球电子商务的发展,逐步削弱了传统的以单一经营和低附加值为中心的中介交易的服务地位。企业的各种资源,如客户资源、品牌资源、市场资源、业务流程控制、资金优势和技术优势等能否被有效地整合,并集中管理,发挥企业员工的团队作业精神,是企业能否在新形势下生存和发展的基本条件。

## 应知考核

### 一、单项选择题

1. 包销业务中,包销商和出口商之间是一种(      )。
   A. 买卖关系       B. 委托代理关系       C. 互购关系       D. 代销关系
2. 包销协议从实质上说应该是一份(      )。
   A. 买卖合同       B. 代理合同       C. 寄售合同       D. 招标合同
3. 代理业务的两个基本当事人之间的关系是(      )。
   A. 买卖关系       B. 委托代理关系       C. 委托寄售关系       D. 代销关系
4. 代理人所获得的收入为(      )。
   A. 工资           B. 奖金           C. 佣金           D. 利润
5. 不享受独家专营权的代理是(      )。
   A. 总代理         B. 独家代理       C. 一般代理       D. 以上都可
6. 寄售人与代销人之间的关系为(      )。
   A. 委托代理       B. 买卖           C. 委托受托       D. 雇佣
7. 寄售方式中,寄售人要承担(      )为止的一切风险和费用。

A. 货物出运前	B. 货物出售前
C. 货物到达寄售地点前	D. 货物交付前
8. 下列商品中,适合采用寄售方式的是(　　)。
A. 粮食	B. 电视机	C. 书籍	D. 汽车配件
9. 如果寄售货物未售出,将货物运回寄售人的费用应该由(　　)承担。
A. 代销人	B. 寄售人
C. 代销人和寄售人	D. 代销人或寄售人
10. 投标人发出的标书应该被视为是一项(　　)。
A. 不可撤销的发盘	B. 可撤销的发盘
C. 可随时修改的发盘	D. 有条件的发盘
11. 机器设备的出口方承诺购买用于该机器设备生产的产品的方式是(　　)。
A. 易货	B. 互购	C. 回购	D. 补偿贸易
12. 关于补偿贸易的特征,错误的说法是(　　)。
A. 在信贷基础上进行
B. 设备供应方必须承诺回购产品或劳务的义务
C. 设备供应方是直接投资方
D. 当事人双方存在买卖关系
13. 下列贸易方式中,原材料运进与成品运出,实际并未发生所有权转移的是(　　)。
A. 传统的商品买卖	B. 进料加工	C. 补偿贸易	D. 来料加工
14. 属于现货交易的贸易方式是(　　)。
A. 补偿贸易	B. 寄售	C. 代理	D. 招标与投标
15. 下列说法错误的是(　　)。
A. 在寄售业务中,代销人只享有对货物的控制权而不享有所有权,因此,货物出售前的风险应由寄售人承担
B. 在寄售业务中,货物售出前,其所有权属寄售人
C. 在寄售业务中,代销人不得以自己的名义出售货物,收取货款
D. 代理人在不低于最低限价的前提下,可以任意出售货物,否则必须事先征得寄售人同意
16. 在补偿贸易业务中,购进技术设备的一方用该技术设备投产后生产出来的产品偿还技术设备的价款或购买技术设备所用贷款的本息,这种方式称作(　　)。
A. 部分补偿	B. 间接补偿	C. 综合补偿	D. 直接补偿
17. 下列对比包销、代理的描述中,正确的是(　　)。
A. 包销商、独家代理商均享有指定商品的专营权
B. 包销商、代理商均得到货物实体
C. 包销商、代理商均得到货物的所有权
D. 包销商、代理商经营的目的均为获取佣金
18. 在来料加工业务中,料件与成品的所有权(　　)。
A. 成品属于供料方,料件属于加工方	B. 料件属于供料方,成品属于加工方
C. 属于供料方	D. 均属于加工方
19. 在独家代理和包销两种贸易方式中(　　)。

A. 前者是买卖关系,后者是代理关系　　　B. 前者是代理关系,后者是买卖关系
C. 都是代理关系　　　　　　　　　　　　D. 都是买卖关系

20. 在寄售协议下,货物的所有权在寄售地出售前属于(　　)。
A. 代理人　　　　B. 寄售人　　　　C. 代销人　　　　D. 包销人

## 二、多项选择题

1. 按照行业性质的不同,代理的形式有(　　)。
A. 销售代理　　　B. 购货代理　　　C. 独家代理　　　D. 一般代理

2. 对独家代理与包销的正确说法是(　　)。
A. 代理中当事人为委托代理关系,而包销中的当事人为买卖关系
B. 代理人赚取的是佣金,包销商赚取的是商业利润
C. 两者都属于逐笔售定的贸易方式
D. 两者的专营权不同

3. 下列对寄售业务的说法中,正确的是(　　)。
A. 是一种现货交易
B. 代销人以自己的名义出售货物
C. 代销人拥有寄售货物的所有权
D. 代销人要承担寄售货物售出前的风险

4. 补偿贸易的分类包括(　　)。
A. 以直接产品补偿　　　　　　　　　　B. 以间接产品补偿
C. 以劳务补偿　　　　　　　　　　　　D. 以外汇补偿

5. 以下对进料加工说法正确的是(　　)。
A. 在我国被称为"以进养出"
B. 包括进口原材料和出口制成品两笔业务
C. 国内企业可以获得加工利润
C. 国内企业与原材料供应商之间是委托关系

6. 包销协议一般应包含以下内容(　　)。
A. 包销期限　　　B. 佣金　　　　　C. 专营权　　　　D. 包销地区

7. 下列对拍卖业务的描述恰当的有(　　)。
A. 拍卖是一种公开竞买的现货交易
B. 参与拍卖的买主,一般须向拍卖机构缴存一定数额的保证金
C. 拍卖有自己独特的法律和规章
D. 拍卖是在一定的机构内有组织地进行的

8. 下列对招标业务的描述正确的有(　　)。
A. 招标业务双方当事人之间为买卖关系
B. 招标、投标属于竞卖性质
C. 招标业务中一般没有还盘环节
D. 在招标过程中,投标人一般处于被动地位

9. 来料加工与进料加工业务的主要区别在于(　　)。
A. 前者是一笔交易,后者是两笔交易

B. 前者属于对销贸易,后者属于加工贸易
C. 前者获取加工费,后者赚取利润
D. 前者的创汇率一般低于后者

10. 对销贸易的种类分为(　　)。
A. 易货贸易　　　B. 反购或互购　　　C. 补偿贸易　　　D. 转手贸易

### 三、判断题

1. 拍卖贸易方式属于一种现货买卖,一旦拍卖成交,无论在何种情况下,拍卖人和货主都对商品的品质不承担异议和索赔的责任。(　　)
2. 拍卖是在规定的时间和场所,按照一定的章程和规则,以公开叫价的方式,把货物卖给出价最高的买主。所以,拍卖是一种公开竞卖的贸易方式。(　　)
3. 进料加工和来料加工均为一进一出的两笔交易。(　　)
4. 投标人递出的投标书为实盘;递标后不得更改。(　　)
5. 招标人在评标中,认为不能选定中标人,可以宣布招标失败而拒绝全部投标。(　　)
6. 包销与独家代理的根本区别在于:前者是买卖关系,后者是委托代理关系。(　　)
7. 招标业务中,招标人既可以根据对本身最优惠的条件选定中标人,也可以宣布招标失败,而拒绝全部投标。(　　)
8. 在独家代理方式下,只要在指定地区和期限内做成的指定商品的交易,无论是由代理商做成,还是由出口企业自己做成,代理商均有权获得佣金。(　　)
9. 寄售与代理的一个共同之处,就是每一业务的双方当事人之间均为委托关系。(　　)
10. 拍卖业务中,都是由拍卖人宣布最低起点价,再由竞买人竞相加价,直至无人加价时,拍卖人落槌成交。(　　)

## 应会考核

■ 观念应用

某公司在拍卖行经竞买获得精美瓷器一批。在商品拍卖时,拍卖条件中规定:"买方对货物的过目与不过目,卖方对商品的品质概不负责。"该公司在将这批瓷器通过公司所属商行销售时,发现有部分瓷器出现网纹,严重影响这部分商品的销售。卖方因此向拍卖行提出索赔,却遭到拍卖行的拒绝。

请问:拍卖行的拒绝是否有道理? 为什么?

■ 技能应用

我国某公司和外商洽谈一笔补偿贸易,外商提出可以信贷方式向我方提供一套设备,并表示愿意为我方代销产品。

【考核要求】

根据补偿贸易的要求,你认为这些条件我们能接受吗? 为什么?

■ 案例分析

某公司新研制出一种产品,为打开产品的销路,公司决定将产品运往俄罗斯,采用寄售方式出售商品。在代售方出售商品后,我方收到对方的结算清单,其中包括商品在寄售前所花费的有关费用的收据。

【考核要求】

请问:寄售方式下,商品寄售前的有关费用应由谁承担?为什么?

■ 职场在线

翻译下列条款。

(1)We are very interested in an exclusive arrangement with your factory for the promotion of your products in Great Britain, Belgium and Luxembourg.

(2)I regret to say that, at this stage, such an arrangement would be rather premature. We would, however, be willing to engage in a trial collaboration with you company to see how the arrangement works.

(3)贵公司必须能建立并保持更大的成交量来担任代理。

(4)我们十分荣幸由贵公司来担任我们在该地区的独家代理。

## 项目实训

【实训项目】

国际贸易方式。

【实训情境】

美国某公司与香港 A 公司签订一份独家代理协议,指定香港公司为独家代理。在订立协议时,美国公司正在试验改进现有产品的性能。不久美国公司试验成功,并把这项改进后的同类产品,指定给香港另一家公司做独家代理。

【实训任务】

1. 请问:美国公司有无这种权利?为什么?
2. 撰写《国际贸易方式》实训报告。

| 《国际贸易方式》实训报告 |||
| --- | --- | --- |
| 项目实训班级: | 项目小组: | 项目组成员: |
| 实训时间:　年　月　日 | 实训地点: | 实训成绩: |
| 实训目的: |||
| 实训步骤: |||
| 实训结果: |||
| 实训感言: |||
| 不足与今后改进: |||
| 项目组长评定签字: | 项目指导教师评定签字: ||

# 参考文献

[1] 宣昌勇,王贵彬. 国际贸易理论与实务[M]. 3 版. 大连:东北财经大学出版社,2024.

[2] 莫莎. 国际贸易实务[M]. 3 版. 大连:东北财经大学出版社,2018.

[3] 李贺. 国际贸易实务[M]. 2 版. 上海:上海财经大学出版社,2020.

[4] 于强. 国际贸易术语解释通则 INCOTERMS 2020 深度解读与案例分析[M]. 北京:团结出版社,2021.

[5] 中国国际商会,国际商会中国国家委员会 译. 国际贸易术语解释通则 2020[M]. 北京:对外经济贸易大学出版社,2020.

[6] 黎孝先,王健. 国际贸易实务[M]. 7 版. 北京:对外经济贸易大学出版社,2020.

[7] 喻跃梅. 国际贸易实务[M]. 大连:东北财经大学出版社,2018.

[8] 陈岩. 国际贸易理论与实务[M]. 5 版. 北京:清华大学出版社,2021.

[9] 李贺. 外贸单证实务[M]. 4 版. 上海:上海财经大学出版社,2023.

[10] 李贺. 国际货物运输与保险[M]. 5 版. 上海:上海财经大学出版社,2024.

[11] 李贺. 国际结算[M]. 上海:上海财经大学出版社,2016.

[12] 喻淑兰. 国际贸易理论与实务[M]. 2 版. 北京:北京大学出版社,2019.

[13] 周桂荣. 国际贸易理论与实务[M]. 厦门:厦门大学出版社,2018.

[14] 李贺. 报检与报关实务[M]. 5 版. 上海:上海财经大学出版社,2022.

[15] 李贺. 国际贸易理论与实务[M]. 3 版. 上海:上海财经大学出版社,2024.

[16] 余庆瑜. 国际贸易实务:原理与案例[M]. 3 版. 北京:中国人民大学出版社,2021.

[17] 胡丹婷,成蓉. 国际贸易实务[M]. 4 版. 北京:机械工业出版社,2022.

[18] 冷柏军. 国际贸易实务[M]. 4 版. 北京:中国人民大学出版社,2023.

[19] 李贺. 国际商法[M]. 2 版. 上海:上海财经大学出版社,2021.

[20] 李贺. 外贸英语函电[M]. 2 版. 上海:上海财经大学出版社,2024.

[21] 黄海东. 国际贸易实务[M]. 4 版. 大连:东北财经大学出版社,2021.

[22] 李贺. 国际商务英语会话[M]. 2 版. 上海:上海财经大学出版社,2024.

[23] 李贺,王海涛. 国际货运代理[M]. 2 版. 上海:上海财经大学出版社,2023 年.